한반도 국제관계사

이 도서의 국립중앙도서관 출판예정도서목록(CIP)은 서지정보유통지원시스템 홈페이지(http://seoji.nl.go.kr)와 국가자료종합목록 구축시스템(http://kolis-net.nl.go.kr)에서 이용하실 수 있습니다.
CIP제어번호: CIP2019051034(양장), CIP2019051035(무선)

한반도 국제관계사

김계동·김근식·김동엽·문용일·박정진·이상만·이완범·이웅현·정재정·조성렬·조재욱·조진구·홍용표 지음

한울
아카데미

1950년 한국 전쟁을 겪고, 분단으로 단절된 남북 관계는 벌써 반세기를 지나 70년이 넘었다. 제2차 세계대전 이후 일본제국주의로부터 갓 벗어난 한국에서 동북아의 북쪽으로부터 자라난 현실사회주의와 자유민주주의 진영이 충돌함으로써 한반도 국제관계는 냉전의 소용돌이에 빠졌고, 그 영향은 냉전이 종식된 이후에도 남과 북에 그대로 남았다.

냉전시대 남과 북은 국내 정치와 국제정치에 그 영향을 고루 받았고, 특히 각자 국내 정치에 받은 영향이 컸다. 데탕트 시대를 맞은 1970년대 초의 '7·4 남북공동성명'은 대결 구도였던 남북 관계의 변화를 통해 국제관계가 얼마나 국내 정치 및 체제에 영향을 미칠 수 있는지 잘 보여주었던 사건일 것이다. 이후 1970년대 말을 거치면서 중국은 덩샤오핑(鄧小平)의 중국 공산당 제12기 3중전회를 전후로 지금과 같은 중국의 길을 걸었고, 구소련은 데탕트 이후 수정주의 노선과 체제적 변화를 겪으면서 한반도 주변에도 많은 변화를 가져온다.

이후 베를린장벽의 붕괴와 함께 찾아온 독일통일은 한반도에서 노태우 대통령의 북방 정책에 영향을 미쳤고, 당시 사회주의 진영의 붕괴는 북한이 지금의 자력갱생, 핵개발 노선을 걷는 계기가 되었다. 당시 탈냉전은 프랜시스 후쿠야마(Francis Fukuyama)가 "역사의 종언"(Fukuyama, 2006)으로 언급할 만큼 큰 세계사적 흐름의 변화였고, 이 흐름의 변화가 한반도에도 와서 사회주의 진영인 북한이 조금 지나면 찬 달이 기울 듯 스러지리라는 생각을 가지도록 했던 듯하다.

그러나 북한은 살아남았다.

비록 고난의 행군을 겪고 1대 수령인 김일성 주석을 잃고도, 김정일 국방위원장의 선군정치와 핵개발, 7·1 경제관리개선조치 등으로 위기관리 체제를 이어왔다. 한편으로는 남북정상회담을 통한 6·15 공동성명과 2·13 합의, 10·4 선언 등 굵직한 남북 관계 개선과 화해 무드를 진행하면서도 또 한편으로는 1993년 1차 북핵위기와 극적으로 이루어진 제네바 합의, 이후 다시 6차에 걸친 핵실험 등으로 롤러코스터를 타왔다.

6·15 공동성명 이후 남북 간 화해 분위기는 탈냉전 이후 찾아온 남북 관계 개선의 더할 나위없는 기회의 창(Evera, 1999)이었다. 그리고 연이은 개성공단 건설과 금강산 관광 등은 남북 모두에게 통일을 위한 경제협력의 절호의 기회였다. 그러나 국내의 정치적 중단과 미국의 9·11 테러 여파로 북한이 부시 대통령의 악의 축(axis of evil)에 포함된 테러 지원국으로 지정되면서, 당시 방코델타아시아은행에 대한 금융 제재를 신호탄으로 북한에 대한 미국의 제재가 시작되었다.

불운은 겹친다고 했다. 금강산 관광객 박왕자 씨에 대한 북한군의 오인 총격까지 겹쳐 그 후 금강산 관광은 중단되었다. 이후 북한은 금강산 관광 관련 사업을 중국과 연결했고 북한의 명승지종합개발지도국이 금강산 관광을 국제화하면서, 남북 관계에 전속되었던 경제협력은 그 구도가 다변화되고 의미도 퇴색되었다. 이후 현재까지 북한은 국가관광총국과 명승지종합개발지도국, 중앙특구개발지도총국이 관장하는 관광산업의 90% 이상을 중국에 의존하고 있으며, 남북 관계 개선으로 출발한 북한 관광사업은 북한식 특수 관광과 함께 국경 관광 중심으로 옮겨갔다.

마지막 남북 관계의 보루였던 개성공단도 2016년 북한의 4차 핵실험 이후 우리 정부의 개성공단 전면 중단 발표(2016.2.10) 후에 북측이 공단을 폐쇄하고 군사통제구역 선포 및 남측 자산의 동결을 발표하면서 현재까지 중단되어 있다.

한편 북한은 핵개발을 계속했다. 핵 위기 이후 북한은 NPT 탈퇴를 선언하고 영변 등 핵재처리 시설을 가동했다. 국제사회는 북한의 핵문제를 유엔 안보리에 상정해 제재 조치를 강화하는 방식으로 대응했다. 현재 북한의 수많은 개인과 회사 등이 안보리 제재 리스트에 올라 있다.

그럼에도 현재 3대 계승자인 김정은 국무위원장은 당·국가 체제 안정화와 핵무력 경제 병진노선에 의거해 미국의 트럼프 대통령과 북·미 정상회담을 개최하고 북한 비핵화와 맞바꾸는 제재 국면 돌파를 꾀함으로써, 경제발전을 통한 '국가건설사상'을 실현하고자 하고 있다.

한반도는 태생적으로 냉전과 함께 분단을 겪은 터라 국제관계에 매우 민감하다. 또한 아시아로 조금씩 옮겨 온 국제경제 무대는 일본, 중국과 깊이 연관되어 있고 각 국가 간 이익 관계와 새로운 미래 사회의 대리전 형태가 되어가는 경제보복 조치들로 몸살을 앓고 있다.

오바마 대통령의 연설에서 시작된 미국의 '아시아 재균형 정책'은 이후 트럼프 대통령을 통해 '아메리카 퍼스트(America first)', 즉 미국 우선주의로 변동되었고, 세계에서 G1 국가의 자리를 담당하는 미국의 정책 변화에 따라 과거 민족주의보다 더 경제적으로 치우친 국가이익 내셔널리즘이 전 세계질서의 흐름을 바꿔가고 있다.

신내셔널리즘으로 불러도 손색이 없을 이 흐름은 전 세계를 강타하고 있으며, 이를 계기로 각국의 수장들이 국제정치를 매우 단순한 흐름으로 만들고 국내 문제의 해결 방법을 국제사회에서 찾으려 하면서 수많은 '스트롱 맨' 시대에 돌입했다.

예를 들면 영국의 새로운 총리 보리스 존슨(Boris Johnson), 프랑스의 에마뉘엘 마크롱(Emmanuel Macron) 대통령의 등장과 그 반대 조직인 노란 조끼 운동, 명실상부한 스트롱 맨 미국의 도널드 트럼프(Donald Trump)와 중국의 시진핑 국가주석, 러시아의 블라디미르 푸틴(Vladimir Putin) 대통령, 북한의 3대 후계자 김정은 등 ……. 바야흐로 세상은 스트롱 맨들에 의한 새로운 국가 질서를 요구하고 있다. 그리고 그 흐름과 흐름 사이의 충돌은 과거 체제에 머물러 있던 세계질서의 흐름을 다시금 우리가 알지 못하는 방향으로 돌리려 준비하고 있는 것처럼 보인다.

최근 우리는 그동안 맞물려 있던 여러 질서 간의 충돌을 경험했다. 그 질서의 흐름 안에서 글로벌리즘과 내셔널리즘 간의 충돌, 가진 자와 가지지 못한 자 간의 충돌, 남성과 여성 간의 충돌은 물론 체제와 반체제 간의 충돌 등으로 인한 사건이 국제사회를 물들이고 있다. 물론 과거와 같이 전쟁이나 학살로 이어지지는 않고 있지만, 이러한 충돌은 새로운 국제질서가 한반도에 미치는 영향이 결코 녹록지 않으리라는 것을 예고하고 있다.

홍콩의 '검은 대행진' 시위, 미·중 무역 전쟁, 멕시코 장벽 문제, 한일청구권협정 논란에서 비롯된 일본의 한국 제재와 그로 인한 노 재팬 운동, 미국과 북한의 핵개발·미사일 관련 군사적 갈등*…… 그리고 한미연합훈련으로 인한 남북 간 긴장 고조는 앞으로 역내 국가 간 직간접 충돌의 가능성과 그로 인한 경제보복, 무역 갈등을 예상하게 한다.

마찬가지로 자국의 경제적 이익을 위해 타국과의 관계를 어지럽히거나 여러 국제관계를 전략적으로 규정하여 자국 경제와 국민을 보호하려는 움직임이 동북아시아는 물론 동남아시아까지 번져나가기 시작했다. 신규 투자를 위해 상호 간 협력을 긴밀하게 진행하면서도, 국제시장에서 자국 상품의 시장점유율을 높이기 위해 타국 제품을 여러 이유를 들어 국가적으로 공격하는 움직임 또한 늘고 있다.

남북 관계도 이러한 국제사회의 변화로부터 자유로울 수 없다. 먼저 북한은 현재의 제재 국면 아래 경제개발 5개년 계획 성과지표 달성과 자립경제를 앞세우면서 전통 우방인 러시아·중국과 긴밀한 경제협력을 이끌고 있다. 북한은 관광특구 건설 등 국제적 관광 사업을 통해 달라진 북한 경제를 국제사회에 보여주면서 북한이 독특한 체제를 가진 '정상 국가'임을 알

* 사실 미국과 북한은 정상회담 전 북한의 괌 사격에 대한 대응 타격 등으로 인한 일종의 군사적 긴장 고조, 즉 에스컬레이션이 있었다.

리고 북·미 협상을 통해 제재를 푸는 것을 제1 목표로 하고 있는 것으로 보인다. 북한도 언제까지나 남북 관계에만 목매고 있을 수 없다. 스스로 경제 발전을 위한 헌법 수정을 통해, 경제에서 대안의 사업체계를 과감히 삭제하면서 내각의 역할을 강조하고 '사회주의기업 책임관리제'를 실시하며 "원가, 가격, 수익성 같은 경제적 공간을 옳게 리용하도록"* 하는 등 경제 문제를 풀기 위한 작업을 진행하고 있다. 시진핑 방북 이후 중국이 80만 톤의 식량을 지원하는 한편, 북한 관광객을 500만으로 늘릴 것을 지시했다는 보도가 말해주듯 남북 관계조차도 자국의 이익구조라는 국제관계의 달라진 틀이 적용되고 있다고 보아야 할 것이다. 중국은 남북 관계와는 상관없이 국가 대 국가 관계에서 북한을 지원하고 있다고 볼 수 있고, 마찬가지로 일본도 자국 경제를 위한 조치로 자위대를 파견하고 있는 것이다. 국제사회는 경제제재를 위한 보복과 경제를 위한 협력의 두 키워드 사이를 오가고 있다. 시대를 읽는 냉철한 시각을 견지하지 않고서는 앞으로 다가올 국제관계에서 오판으로 인해 큰 위기를 맞을 수 있는 시대에 한반도는 놓여 있다. 이뿐 아니라 남과 북은 여전히 냉전의 잔재를 안고 가야 하는 위험성을 안고 있다.

문재인 정부 출범 이래로 김정은 국무위원장의 체육 육성 정책과 맞물

* 2019년 개정 「사회주의 헌법」 2장 33조, 2019년 4월 11일 최고인민회의 제14기 1차회의를 일컫는다.

린 평창 동계올림픽과 창원 사격 선수권대회의 북한 선수 초청 등 교류를 위한 움직임이 새로운 전기를 맞이했다. 그리고 이후 역사적으로 이루어진 판문점에서의 남북 정상 간 만남과 회담, 뒤이은 문재인 대통령의 평양 방문은 남북 관계에서 '판문점의 봄'을 불러오는 듯했다.

그러나 동상이몽이라는 말처럼 남과 북은 협력에 필요한 타협점을 전혀 찾지 못하고 있는 분위기다. 먼저 제재 품목 문제에 막혀 북한이 원하는 남북 간 합작 사업 등의 경제협력은 요원하다. 북한과 철도 연결을 위한 사업이 시작되었으나, 실제로 물류·교류가 가시적으로 이루어지지 않는 한 철도 사업 역시 남북을 연결하기까지는 현실적으로 여전히 많은 시간이 필요하다.

가시적인 것은 2018년 9월 19일 발표한 '역사적인 판문점선언을 위한 군사 분야 합의서'에 근거한 초보적 신뢰 구축 조치인 공동경비구역 비무장화, 비무장지대(DMZ) 내 남북 감시초소(GP) 10곳 시범 파괴, 지상·해상·공중 적대행위 중지였다. 그러나 북·미 간 회담이 소강상태에 빠지고 한미 연합훈련이 재개되자, 북측은 남측에 대해 비난 수위를 높이고 대응 사격 형태로 신형 탄도미사일을 시험 발사했다.

이와 같은 과거와 현재의 한반도 상황을 보다 보면 한 가지가 떠오를 것이다. 전통과 변화 간의 충돌이다. 한반도 질서가 태생적으로 적대관계인 두 상극 체제로 출발했다는 사실 때문에 남북협력은 이내 통일이라는 대전제, 즉 지상 과제를 떠올리는 국내의 정치적 화두로부터 시작한다. 그러나 오늘날의 국제사회는 아주 긴밀한 형태로 세계경제 속에서의 개별 국가경제라는 큰 테두리에 포섭되어 있다. 세계경제는 매우 복잡한 양상을 띠고 있기 때문에 기존의 배타적인 질서를 전략적으로 이용할 수도 있고 반대로 기존의 복잡한 경제를 푸는 열쇠가 될 수도 있다.

따라서 과거에 지상과제로 설정했던 통일의 헌법적 가치를 최우선해 시작했던 독일의 통일도, 협의를 통한 통일도 하나의 가치로만 설정한다면, 미래 100년에는 그 의미가 퇴색되어 버릴 것이다. 그보다는 오히려 경제와 정치가 이용될 수도 분리될 수도 있다는 새로운 국제관계를 더 잘 이해하는 바탕 위에 한반도의 남북 관계가 설정되는 것이 매우 중요한 변수가 될 것이다. 북한과 경제협력에서 가장 큰 걸림돌은 신뢰라 할 수 있다. 만약 북한에서 회사 자산이 동결될 경우 어떤 보상을 받을 것인가 등 수많은 부분이 미지의 영역에 있다. 미지의 영역에 대해 지금까지는 그저 상상력만 동원하여 남북 관계에 따른 장밋빛 미래를 이야기하거나 혹은 그 반대로 회의적인 시각만 키워왔다고 볼 수 있다.

따라서 미래의 한반도 100년 이후의 어느 시점에선가 통일에 대한 이야기가 가시적으로 다가오는 미래를 만들려면, 사실상 필요한 것은 국제관계에 적용되기 시작한 두 가지 경제적 충돌을 유념하면서 동시에 신화적 존재의 허상을 깨뜨리는 두 가지 미묘한 길을 걸을 준비가 되어야 할 것 같다.

물론 그동안 쌓아올린 적대적 이미지 청산과 북한의 전략·전술적 접근 방식 변화로 남북 관계를 쉽게 풀어갈 수 있다고 말할 사람은 없을 것이다.

그러나 국제사회는 앞서 언급한 대로 글로벌리즘과 내셔널리즘의 심각한 충돌 위에 서 있다. 그 안에서 어느 쪽을 택하는가는 국내 정치적으로 국제 관계에서 활약할 주체가 스스로의 경제적 국가 성격을 현명하게 정하는 데서 시작될 것이다.

이것은 마치 대국 중인 바둑판이나 체스판과 같다. 한 국가가 스스로 이미지를 정하면 다른 국가가 그에 반응해 세계에 영향을 미칠 것이다. 이런 세계질서를 상정하고 남북 관계를 정해야 할 것이다. 이는 전통적 적대 행위가 반복되어 있는 남북 관계에서 상호 간 실익을 위해 함께 이끌어갈 수 있는 기업가 정신에 입각해 경제협력이 이루어져야 한다는 의미이기도 하다.

국익을 위해 각 국가 간 관계를 규정하는 시대에 남북의 전통 질서는 그만큼 태생적 위험성을 내포하고 있고, 남북 간의 적대감은 주변 국가들에 의해 이용당하기 쉽다. 따라서 남과 북이 적대관계의 청산을 내세우는 전통적 관계를 근거로 서로를 전략적으로만 대한다면, 복잡한 국제정세 속에서 남북 관계는 계속 평행선을 걸을 것이다. 진실로 남과 북이 안정감을 느끼면서, 무력이나 전략으로는 무너뜨리기 어려운 경제공동체를 만들기 위해 새로운 준비를 해야 한다. 이미 북한은 음식 등 많은 부분에서 중국과 유사한 점이 나타나고 있으며, 한 민족임에도 많은 부분에서 동질감을 잃어가고 있다. 독일이 과거 사민당 시절 시작했던 '접근을 통한 변화'는 아직 한반도에 일어나지 않았다.

오히려 이러저런 정책적 접근을 바꾸는 사이에 국제관계와 질서는 글로벌리즘의 지구촌을 넘어 새로운 경쟁사회로 돌입했고, 그 너머의 경계선에 통일을 맡겨야 하는 시대가 도래한 것이다. 이러한 부분을 북핵 문제나 '잃어버린 10년'의 경제협력 부재 때문이었다는 식의 단순한 언사로 설명하려는 태도는 이제 지양해야 한다. 적극적인 관리와 정책, 관련 부서에 대한 국가예산 등 여러 가지가 정체되어 있는 동안 결국 국제관계만 새로운 국면에 접어들었음을 모두가 자성해야 할 것이다. 국가는 영토, 국민, 주권으로 이루어진다. 국민들의 인식에 깨달음을 주지 않으면 국민은 통일을 위해 적극적으로 움직이지 않는다.

앞으로 당분간은 경제적 문제로 인한 보복 조치로 상대국에 대해 경제적으로 타격을 주는 행위가 지속될 것이다. 이러한 시대에 경제는 무기도 될 수 있고 도구도 될 수 있다. 적어도 북한은 체제 수호를 전제로 한 기업책임관리제를 통해 국가 이익의 극대화를 추구할 것이다. 주변국인 중국과 일본, 러시아는 물론이고 미국도 그러한 국가주의의 선봉장에 설 것은 당연해 보인다. 우리의 한반도 미래 100년에서 이러한 전략에 기초한 남북관계를 남측이든 북측이든 가볍게 볼 수 없으며 적대 청산의 방법론을 상호 간 발전이라는 부분에 걸어야 할 것이다. 북한도 과거와 달리 이제는 일방적 도움만을 기대하고 있지는 않는 분위기다. 오히려 젊고 패기 있는 것을 좋아하는 김정은 위원장 체제에서는 북한 사회가 발전되어 새로운 제품이 만들어지고, 제재가 풀려 원활한 전력 공급으로 북한의 밤거리를 밝히기를 바라는 분위기도 분명히 존재한다.

핵문제 등 과거의 산물은 전통 방식으로 국제사회의 수순을 거쳐 의심 없이 해결되어야 할 것이다. 물론 오랜 시간이 걸리는 작업이 될 것이다. 그러나 그와 다르게 나타난 신국제질서의 틀에서 남북이 경제 면에서 적대적인 길을 택할 경우, 잘못 둔 한 수가 자칫 영원한 결별로 이어질 수도 있다. 그만큼 현재 시작하는 미래 100년의 한반도에서 첫 단추는 중요하며, 그 출발선에서 과감한 경제협력을 위한 조사·계획과 좀 더 치밀한 준비가 필요하다. 상호 간 통일 전략, 통일 전선을 앞세우기보다 북한도 내각 참사들을 앞세워 경제적 선에서 긴급히 회동할 수 있는 경제사절단을 형성하는 등 사전 교류가 필요하다. 우리 정부도 기업을 앞세워 대북 사업을 진행하다가 남북 관계에 문제가 생긴다거나 송금 문제 등으로 기업을 희생시키면 안 된다. 투명하면서도 남북 교류에 문제가 생기지 않는 국가적 보장이 필요하다. 안보 역시도 남북 모두가 국가를 지키기 위해 필요한 조치라는 점에서 신뢰가 쌓일 때까지 그 기본적 틀을 관계의 지렛대로 삼지 않아야 할 것이다. 모든 관계는 만나서 겪어보고 시간이 지나야 신용이 쌓인다. 상대의 말만으로 신뢰와 신용은 쌓이지 않는다. 그런 세월 속을 남과 북은 아직 한 번도 제대로 걸어보지 못했다. 상호 간의 이익이 확실해지면 그것은 경제공동체를 넘어 서서히 운명공동체가 된다. 과거 유럽석탄철강공동체도 북아일랜드의 경제공동체도 그렇게 시작되었다. 실제로 이익이 확실히 공유되는 한 관계가 깨지는 경우는 극히 드물다. 원원하는 남북 관계의 출발은 향후 한반도와 역내 관련 국가들이 한반도에 글로벌리즘을 적용할지 내셔널리즘을 적용할 것인지를 고민하게 만드는 열쇠가 될 것이기 때문이다.

아무쪼록 새로운 한반도 역사가 보복보다는 평화의 길로 들어설 수 있기를 기원한다. 용감한 첫발을 내디딜 수 있도록 남북 간의 실제적인 탐사가 이루어질 때 새로운 남북 관계는 국민들의 관심과 재조명을 받게 될 것이다. 그리고 국제관계도 남북 관계 변화에 의해 재조명된다면 미래 100년에 누군가는 진실로 통일의 시간이 어느 정도 다가왔다고 느낄 수 있는 한반도에서 우리는 살게 될지도 모른다. 이 책에는 과거와 현재, 미래를 위한 시간을 정리하고자 헌신적으로 노력한 집필진들의 진심 어린 고뇌가 담겨 있다.

2019년 12월

경남대학교 서울캠퍼스 부총장

박정진

참고문헌

Fukuyama, Francis. 2006. *The End of History and the Last Man*. New York: Free Press.
Van Evera, Stephen. 1999. *Causes of War: Power and Roots of Conflict*. Cornell University Press.

차례

차
례

3부 냉전의 종언과 미·중 경쟁시대의 한반도 국제관계

9장 냉전의 종언, 독일통일과 한반도 | 문용일 |

10장 김대중·노무현 정부와 남북정상회담: 6·15 공동선언과 10·4 정상선언

| 김근식 |

차례

11장 부상하는 중국과 한반도 국제관계 | 이상만 |

12장 새로운 100년의 시작과 한반도 통일 | 김동엽 |

1부

냉전의 시작과
한반도 국제관계

1

일본의 식민지지배와 한반도

정재정
광주과학기술원 초빙석학교수

1. 일본의 한국 지배를 어떻게 볼 것인가

1) 일본강점기의 국제관계

한반도는 동아시아 지정학에서 독특한 의미를 지닌다. 황해, 만주와 인접해 중국의 정치 중심지 베이징에 직통하고 일본열도를 향해 돌출해 수도 도쿄를 겨눈다. 러시아에게는 연해주와 극동 시베리아 개발의 배후 기지이자 꿈에도 그리는 좋은 부동항을 여럿 거느린 태평양 진출의 교두보로 비친다. 따라서 동아시아 열강 3국은 항상 한반도에 눈독을 들였다. 반면에 일본이 한국을 강점한 1910년 무렵 영국과 미국 등 서양 열강은 한반도에 죽고 살만한 이해관계를 갖고 있지 않았다. 이런 지정학적 특징이 당시 한반도 국제관계의 틀을 빚어낸 주요 환경이었다.

무릇 국제관계란 국가와 국가와의 관계를 말한다. 일본이 한국을 식민지로 지배한 1910년부터 1945년까지 한반도에 자주독립 국가는 없었다. 일본의 식민지 통치기관인 조선총독부가 존재했지만 국가는 아니었다. 따라서 엄밀한 의미에서 일제강점기 한국의 국제관계란 성립할 수 없다. 굳이 한반도라는 지역의 국제관계를 말한다면, 그것은 일본과 외국과의 관계일 것이다. 국제관계를 외교만으로 한정해 이런 논리를 확장하면, 일본이 대한제국의 외교권을 빼앗고 통감부를 설치한 1906년부터 한반도에는 국제관계가 존재하지 않았다고도 볼 수 있다.

그렇지만 일본의 침략과 지배 아래서도 한민족은 한반도에서 삶을 영위했다. 그리고 그 삶은 직간접으로 국제사회와 연결되어 있었다. 일본의 식민지지배와 이에 대한 한국인의 독립투쟁조차 강하건 약하건 국제 정세와 연동해 전개되었다. 다만 일제강점기에 한반도에 관심을 표명한 열강은 미국, 영국, 러시아(소련), 중국 정도였다. 그것도 1920년 전후 3·1 운동 시기와 1940년 전후 아시아·태평양전쟁 시기에 집중되었다.

이 장에서는 이와 같은 사실을 염두에 두고 일본 식민지지배하의 한반도 상황을 시기별로 개관하되, 주요 사안에 대해서는 일본과 열강, 한국인의 동향을 서로 관련시켜 기술하겠다. 1940년 이후는 '38선 획정과 남북분단'을 다루는 제2장에서 자세히 다룰 것이므로 여기서는 필요 최소한으로 언급하겠다.

2) 일본의 통감 통치와 한국 병탄

일본이 러일전쟁(1904.2~1905.9)에서 승리하자 동아시아의 국제질서는 크게 재편되었다. 일본은 한반도에서 청에 이어 러시아까지 몰아냄으로써 독점적 지위를 확보했다. 영국과 미국 등 서양 열강은 일본이 한국과 만주 등에서 자국의 이익을 침해하지 않는 한 이런 세력변화를 용인하는 자세였다. 한국에서는 열강의 선교사가 포교와 교육 등에 종사했고, 운산금광 채굴권은 미국이 동양에서 보유한 최대 광산 이권이었다. 열강은 한국과의 교역 등이 종래대로 유지되기를 바라는 한편, 일본이 한반도를 발판으로 만주에 세력을 뻗칠 것을 우려했다. 러시아는 패전으로 일본의 한반도 장악을 승인했지만 항구적으로 세력을 유지하려는 조치는 반대했다.

일제는 대한제국을 강점하기 전인 1906년 2월부터 1910년 8월까지 통감부를 설치하고 통감을 파견해 간접통치 했다. 이때 도쿄에 소재한 일본 외무성이 대한제국의 외교를 대행했다. 이른바 '보호국'으로 지배한 것이다. 러일전쟁 중에 일본이 대한제국의 주권을 짓밟고 체결한 을사늑약(1905.11)의 결과였다. 전쟁에서 패한 러시아는 미국의 주선으로 일본과 포츠머스조약(1905.9)을 맺고 한반도에서 세력을 철수했다. 그 직전 미국과 영국은 일본과 각각 가쓰라·태프트밀약(1905.7), 제2차 영일동맹(1905.8)을 맺어 한국에서 일본의 우세한 지배권을 인정했다.

일본은 그 후 한일신협약(정미7조약, 1907.7)을 강요해 대한제국의 행정권을 장악하고 통감이 실질적으로 내정까지 통괄했다. 곧이어 일본은 고종황제의 헤이그특사 파견을 꼬투리 잡아 순종으로 황제를 교체하고, 대한제국의 군대를 해산해 버렸다. 나아가 기유각서(1909.7)를 강요해 대한제국의 사법권과 감옥사무를 장악하고 이듬해 6월에는 경찰권마저 박탈했다. 그리고 마침내 '한국병합조약'(1910.8)을 체결해 대한제국의 국권을 빼앗았다.

일본은 통감부를 설치한 지 5년도 안 되어 왜 '병합'으로 선회했을까? 통감 이토 히로부미(伊藤博文)가 '병합론'으로 소신을 바꾼 것은 1908년 11월경이고, 이를 표명한 것은 1909년 4월이었다. 그리고 실제로 '병합'을 단행한 것은 1910년 8월이었다. 그 이유를 들면 다음과 같다.

첫째, 일본의 '보호국' 통치가 목적을 달성하지 못했다. 이토는 통감정치를 구사하며 한국인들로부터 마음에서 우러나오는 복종을 얻고자 했다. 그러나 한국인은 외교와 내정에 대한 일본의 노골적인 간섭을 국권침탈로 보고 여러 가지 저항운동을 전개했다. 항일 의병 투쟁이나 애국계몽운동이 그 예다. 일본은 한국인의 저항을 억누르기 위해 군사력을 동원했다. 헌병경찰에 의한 탄압은 처참했고, 한국인의 항일투쟁은 치열했다. 이런 상황이 지속되거나 더 고양되면 한반도는 전쟁상태에 빠질 가능성이 있었다. 이 틈을 노려 열강이 한국 문제에 개입하면 독보적인 지위가 위협을 받을 수도 있다. 일본은 이런 사태를 방지하기 위해 '한국병합'을 단행했다.

둘째, 간도(間島)의 영유권 문제가 불거져 한국 문제와 만주 문제가 서로 얽혔다. 1909년 당시 간도에 거주하는 청인(清人)은 2만 7300여 명인 데 비해 한국인은 그 세 배에 달하는 8만 2900여 명이었다. 대한제국은 1902년 이범윤(李範允)을 간도에 파견해 주민을 위무하게 하고, 이듬해에는 그를 북간도관리사로 임명해 주한청국공사에 통고하는 한편 포병을 양성하고 조세를 올려 받아 간도영유권을 실행해 나갔다.

그런데 일본이 을사늑약을 체결해 대한제국의 외교권을 빼앗자 간도 문제가 청·일 사이에 현안이 되었다. 일본은 한일신협약을 체결해 한국의 내정을 완전히 장악한 후 간도에 통감부 출장소를 설치하고 군대와 경찰을 파견했다. 이는 "한국인의 재산과 생명을 보호한다"라는 명분이었으나, 실제로는 한국인의 독립운동을 억압하기 위한 수단이었다. 일본은 청과 만주협약(1909.9)을 체결해 만주에서 철도·광산 등의 이권을 차지하는 대신 간도영유권을 청에 양보했다. 이에 따라 일본은 간도에 총영사관을 설치해 한국인의 민족운동을 억압했다. 간도에서 한국인의 항일투쟁을 방치하면 열강이 한일·한중·중일 관계에 개입할 위험성이 있었다. 게다가 러시아는 간도에 대한 일본의 조처가 블라디보스토크 군항과 철도 및 통신시설 등을 위태롭게 만들고, 한국과 만주 국경의 요새화를 금지한 포츠머스조약을 위배하는 것으로 인식했다. 이에 불안을 느낀 일본은 대한제국을 '보호국'으로 통치하는 것을 포기하고 폐멸(廢滅)하는 쪽으로 방향을 틀었다.

3) 강점인가 병합인가, 불법인가 합법인가

'한국병합에 관한 조약'의 체결 과정을 어떻게 볼 것인가? 당시는 물론이고 지금도 한·일 관계의 기본과 관련된 물음이다. 이 조약의 체결과 그로 인한 식민지지배를 지칭하는 명칭에서부터 한·일 양국의 인식의 편차가 극명하게 드러난다. 한국에서는 일본이 대한제국의 국권을 침탈하는 과정에서 맺은 각종 조약이 강압과 사기로 점철된 것은 물론이고, 절차상·형식상 하자가 많아 원천적으로 무효로 본다. 따라서 그로 인한 지배는 군사력에 의한 불법적 점령에 해당하기 때문에 '한국강점'이라는 용어를 사용한다. 역사 교과서를 비롯한 대부분의 역사서가 "한국강점", "국권피탈", "국권 강탈" 등으로 표기하는 것만 봐도 이것이 한국인의 보편적 인식이라는 것을 알 수 있다. "군사 강점"이라는 표현은 이미 박은식(朴殷植)이 1910년대에 저술한 『한국통사(韓國痛史)』나 『한국독립운동지혈사(韓國獨立運動之血史)』 등에도 나타난다.

반면에 일본에서는 대개 '한국병합'이라는 호칭을 사용한다. 조약의 정식 명칭이 '한국병합에 관한 조약'이었고, 당시 신문도 "한국병합"이라 표현했으며, 패전 전의 국정교과서가 기본적으로 "한국병합"으로 표기했다는 점 등을 이유로 내세운다. 그런데 '병합'은 당시 일본 외무성 정무국장 구라치 데쓰키치(倉知鐵吉)가 치밀하게 계산해 채택한 용어였다. 그가 보니, 당시 한국과 일본에는 한국강점을 "일한 양국이 대등하게 합일"하는 것처럼 이해해 '합방'이나 '합병' 등의 용어를 사용하는 이들이 있었다. 일본으로서는 받아들이기 어려운 일이었다. 한국인이 정말로 일본인과 동일한 대접을 해달라고 달려들면 곤란하기 때문이다. 따라서 일본으로서는 "한국이 완전히 폐멸로 돌아가 제국 영토의 일부가 된다는 점"을 분명히 해둘 필요가 있었다. 그렇다고 '폐멸'이나 '식민지' 같은 노골적인 용어를 사용할 수도 없었다. 한국이 일본에 대해 말과 행동이 다르지 않느냐고 항의한다거나, 외국이 일본에 대해 한국을 침략하는 것 아니냐고 비판하면 곤란했기 때문이다. 그리하여 일본은 '폐멸'이라는 실질적 의미를 포함하면서도 '그 어조가 너무 과격하지 않은 문자'를 찾았고, 마침내 '병합'이라는 용어를 채택한 것이다. '양두구육(羊頭狗肉)'이라는 고사가 절로 떠오른다.

이렇게 '눈 가리고 아웅'하는 식으로 탄생한 '병합'이라는 용어는 그 후 일본 공문서의 정식 호칭이 되었다. 그리고 역사 서술은 물론이고 일반인들에게도 정착되었다. 그렇지만 '병합'이라는 용어를 고심 끝에 찾아내 일부러 사용한 일본의 본심, 곧 한국을 강제로 '폐멸'하고 지배하겠다는 음흉한 속셈이 감춰질 수는 없었다. 이후 많은 한국인들이 '한국병합조약'과 그에 이르는 과정에서 맺은 각종 주권침해 조약이 무효임을 끈질기게 주장했기 때문이다. 고종 황제는 을사늑약의 무효를 선언하기 위해 미국 등에 특사를 파견했고, 순종 황제는 붕어 직전에 '한국병합조약'을 파기해야 한다는 조서(詔書)를 남겼다(1926). 이런 사정과 결합해 '조약무효론'은 한국인들에게 항일 민족해방 투쟁을 뒷받침하는 사상적 기반이 되었다. 그리고 오늘날까지도 침략과 지배에 대한 사죄와 배상을 일본에 요구하는 이론적 근거가 되고 있다. 따라서 한국인이 '한국강점'과 관련된 조약의 합법성과 정당성을 원천적으로 부정하는 것은 체질화된 역사 인식이라고 볼 수 있다.

최근 한국과 일본의 역사학계에서 '한국강점'에 이르는 과정에서 체결된 여러 조약의 성격을 둘러싸고 치열한 논쟁이 벌어져 주목을 끌었다. 양측의 논쟁은 한국과 일본의 역사인식을 대변하는 데 그치지 않고 '과거사' 처리 등 역사 현안의 극복 향방에도 큰 영향을 미칠 만한 내용을 포함하고 있으므로 그 골자를 좀 더 자세히 살펴보자.

한국 측 연구자들은 '한일의정서'로부터 '한국병합조약'에 이르는 주요 조약 5개가 모두 강제·기만·범법으로 점철되어 있다고 주장한다. 각 조약은 법적으로 하나도 온전한 것이 없기 때문에, 여러 조약의 마지막 종착점인 '한국병합' 역시 당연히 성립한 것으로 볼 수 없다. '한일의정서'는 조인된 날짜가 1904년 2월 23일인데, 25일에 도쿄의 외무대신으로부터 완성된 협정문이 전문으로 하달되었으므로, 그 과정에서 음모·조작이 개입할 수 있는 여지가 있었다. '제1차 한일협약'(용빙조약, 1904.8.23)은 한국 정부의 완강한 저항에 부딪혀 본래 '각서' 형식으로 추진되었다. 그런데 일본이 한국 대표의 서명을 받은 뒤 미국·영국 등 열강에 통보하는 과정에서 '협약'으로 둔갑시켰다. 기만을 부린 것이다. 을사늑약(1905.11.17)은 한국 측 조약 대표에게 강박을 가한 것만으로도 당시부터 무효라는 주장이 제기되어 왔다. 외교권 이양을 규정한 을사늑약과 같은 주요 조약은 조약에 임하는 대표의 위임장, 조약문 작성과 각 대표의 서명날인, 이에 대한 국가원수의 비준 절차 등을 갖추어야 하는데, 대표 위임장과 비준서는 확인되지 않는다. 또 고종 황제도 이를 승인한 적이 없다. 그뿐만 아니라 이 조약은 명칭조차 사후에 임의로 붙였다. 을사늑약은 이처럼 절차상 하자를 안고 있기 때문에 원천적 무효다.

그 후 통감부는 순종 황제의 서명을 위조하는 범법 행위를 통해 한일신협약(1907.7.23)을 체결했다. 그리고 한국 군대를 해산하는 조칙(1907.7.31)도 이토 히로부미(伊藤博文)가 불법적으로 작성했다. 일본은 '한국병합조약'만큼은 '화합적·합의적'인 것으로 만들려고 애썼다. 그렇지만 순종 황제가 이를 재가하는 조칙(칙유, 1910.8.29)에 이름자 서명을 빠뜨리자 일본은 결국 비준을 날조해 버렸다.

한국 측 연구자들은 이상의 사실 구명을 바탕으로 일본이 대한제국을 침략하는 과정에서 맺은 각 조약이 무효라고 주장한다. 그 이유를 간결하게 종합하면 첫째, 강폭·협박에 의해 강제로 맺어졌고, 둘째, 조약 정본에 황제의 서명날인이 없고, 셋째, 조약에 대한 비준서가 없기 때문이다. 따라서 일본의 식민지지배는 합법적 근거가 없는 불법·부당 강점(군사점령)이이라는 것이다. 북한도 한국 측의 '조약무효론'과 비슷한 견해를 표명한다. 원래부터 북한은 종래 일본이 구(舊)조선에 강요한 조약·협정 등이 철두철미한 무력행사를 통해 강제로 체결된 것이라고 주장했다. 곧 총검의 위협 아래 맺어진 각 조약은 일본이 조선 점령을 외교적으로 합법화하기 위해 강요한 위장물에 지나지 않는다. '무력강제조약 무효론'인 셈이다. 최근 북한은 이 '조약무효론'에다 을사늑약을 조인하는 과정에서 발생한 수속상의 결함과 형식상의 하자를 덧붙이고 있다.

일본 측 연구자들은 한국과 북한 측의 주장에 조목조목 반론을 제시한다. 첫째, 강폭·협박에 의해 강제로 맺어졌다는 주장에 대해서는, 조약 체결 시 강제 행위를 금지하는 것이 1905년 당시 이미 정착되어 있던 국제법상의 상식이기 때문에 한국 측의 주장을 받아들일 수도 있다. 다만 국제법상 강제 행위가 국가 대표자에 대한 협박인지, 국가 자체에 대한 협박인지를 판단하는 기준이 확실하지 않다. 따라서 을사늑약이 유효인지 무효인지에 대해 명확히 판단할 수는 없다. 둘째, 조약 정본에 황제의 서명날인이 없다는 점에 대해서는, 한국 측이 조약 체결의 관례를 잘못 파악하고 있기 때문에 받아들일 수 없다. 조약서 정본에 기명 조인하는 자는 국가원수가 아니고 특명전권대사, 공사 또는 외무대신인 경우가 통례다. 셋째, 조약에 대한 비준서가 없기 때문에 무효라는 것도 납득할 수 없다. 모든 국제협정에 비준서가 있는 것은 아니므로 '무효론'의 근거가 될 수 없다. 요컨대 일본 측은 일본의 '한국병합'과 지배는 '형식적 적법성'이 있었고, 한국은 '국제적으로 승인된' '합법적 식민지'였다는 것이다.

그런데 한국 측과의 논전에 참여한 일본 측 연구자가 조약을 '합법'이라고 주장한다고 해서 그것이 곧 일본의 '한국병합'과 식민지지배가 정당하다는 의미는 아니다. 어디까지나 학문적으로 볼 때 당시 제국주의 여러 나라가 합의해 만든 국제법과 관습에 비추어 합법이라는 것이다. 따라서 "문제의 본질은 병합에 이르는 과정의 합법성 여하가 아니라, 이웃 나라(隣國)에 대한 일본과 일본인의 도의성"이라고 보는 연구자도 있다. 그들은 합법성과 정당성, 불법성과 부당성은 서로 다른 차원이라고 파악해, 각 조약은 합법적으로 맺어지기는 했으나 그 내용은 부당했다고 본다. 그들은 합법을 주장함으로써 부당함을 은폐해서도 안 되고, 정당함을 강조함으로써 합법적 실현을 관념적으로 부인해서도 안 된다고 주장한다. 요컨대 각 조약이 합법적으로 맺어지기는 했지만, 이웃 나라를 침략하는 내용을 담고 있기 때문에 부당하다는 견해다.

양측의 주장은 역사 연구상의 논쟁이었지만, '한국강점'과 식민지지배에 대한 한국인과 일본인의 역사 인식을 어느 정도 반영한다고 볼 수 있다. 여기에는 물론 양국 정부의 견해도 일정 부분 포함된다. 다만 일본 정부는 아직도 '합법론'과 '유효론'을 강력히 지지하고 있고, '부당론'에 대해서는 일정 부분 수용하는 태도를 보이고 있다. '한국강점'에 관한 논쟁을 염두에 두면 근현대 한·일 관계사를 이해하는 데 도움이 될 것이다.

4) 한국 지배의 성격

일본은 강제·기만·범법을 동원해 각종 조약을 체결하고, 무력으로 한국인의 저항을 제압해 대한제국을 폐멸시켰다. 그리고 조선총독부를 설치하고(1910.10) 식민지지배를 감행했다. 이를 가능케 한 것은 물론 경찰과 군대의 위압이었다. 그렇지만 무력으로 식민지지배의 외적인 틀인 법률적 질서와 정치적 기구를 마련했다고 해서 이민족 통치의 정당성을 확보할 수는 없었다. 그렇게 하기 위해서는 대한제국의 황제와 국민들로부터 마음에서 우러나는 복종을 얻어야 했다.

그런데 한국인은 '강점' 당시부터 합법성을 부인하고 내면적 복종을 거부했다. 따라서 일본의 침략과 지배는 애초부터 정당성을 갖지 못했다. 이를 인지하고 있던 일본은 '한국강점'과 식민지지배의 정당성을 마련하기 위해 구호로나마 문명화 정책을 추진했다. 그리고 나중에는 내선일체(內鮮一體)·황국신민화(皇國臣民化) 등의 동화정책을 구사해 민족 간의 모순을 관념적으로 은폐하고, 지배와 복종의 합의, 곧 정당성을 획득하기 위해 노력했다.

'한국강점'과 동시에 메이지 천황이 공포한 '병합조칙'(혹은 조서)에서 밝힌 '병합'의 목적은 대체로 다음과 같았다.

① 조선과 일본은 그 지리적 관계가 밀접하게 붙어 있고 조선의 안녕, 행복은 곧 일본의 안녕에 다름 아니다. 조선이 어떤 상태에 있는가 하는 것은 일본으로서 그 존립상 방관할 수 없는 입장에 있다.

② 일본의 생존에 위협을 주지 않고 동양의 평화를 영원히 확보하는 것이 지상명령이고, 그를 위해서는 먼저 반도(半島) 민심(民心)의 개명, 강내치안(疆內治安)의 유지가 불가결의 조건이다.

③ 오랫동안 가난과 곤경에 처해온 반도 인민을 구해 정신적·물질적으로 문명국인의 대열에 서기에 부끄럽지 않은 교양 훈련을 쌓고 경제의 진보와 문화의 향상을 기한다.

④ 이를 뒤집어 말하면, 병합이 조선을 당시의 선진국이 착착 실행해 온 이른바 식민지로 만든다는 의향 아래 행해진 것은 아니다. 일본의 과잉인구를 이 땅에 대량 이주시켜 일본의 인구문제 해결에 도움을 주거나, 또는 자본을 투자해 반도로부터 이익을 흡수하려는 의도로 합병이 기획된 것은 아니다.

⑤ 합병은 소극적으로는 재래의 이른바 '식민지'를 만든다는 의향으로 행해진 것이 아닐 뿐만 아니라, 적극적으로는 신구동포(新舊同胞)를 합

쳐 혼연한 일가(一家)를 형성하고 천황폐하의 어진 보살핌 아래 건전한 발달을 이룩해 종국에는 신구동포가 같은 수준으로, 반도가 마치 규슈(九州)와 같은 모습을 보여주는 처지에 이르는 것을 궁극의 목적으로 한다.

일본은 한국을 강점한 뒤 '조선 통치의 근본 방침'은 "내선의 일체화이고, 구극의 목표는 조선의 시코쿠(四國)·규슈화"이며, 이를 달성하기까지 "통치자의 마음가짐은 일시동인(一視同仁)이고 취해야 할 정책은 그들을 일본 국민과 똑같게 하는 것, 곧 반도 민중의 일본 동화에 도움이 되는 것"이라고 선전했다.

"신구동포를 합쳐 혼연한 일가를 형성한다"라는 것은 원래부터 일본과 한국이 하나였던 상태, 곧 '일조동원(日朝同源)'의 역사를 재현하겠다는 것이었다. 그야말로 '한국강점'의 정당성 결여를 은폐하기 위한 민심 조작이었다. 이를 위해 식민통치자들은 스스로 "조선반도의 운명을 근대화의 방향으로 전환시킬 역할을 담당한" 책임자라는 식으로 자기 세뇌를 반복했다. 그리고 "정치적으로도, 경제적으로도 조선은 일본의 생명선"이라는 믿음을 굳건히 지켜나갔다.

일본의 한국 지배는 천황제 절대주의에 기초한 군국주의적 성격이 강했다. 그 까닭은 일본의 '한국강점'이 육군 군벌의 주도로 이루어진 데다, 지정학적으로 한국이 대륙 침략의 교두보였기 때문이다. 일본의 한국 지배는 군사적 동인(動因)을 본질로 하면서도 경제적 성격을 강하게 지녔다.

일본이 이웃나라, 그것도 한국처럼 오랜 역사와 국가를 꽃피우고 인종과 문화마저 유사한 교린(交隣) 대상을 식민지로 만든 것은 근대 제국주의 시대에도 사례가 없다. 일본은 총독부터 면서기까지 일본인을 보내 한국을 직접 통치했다. 일본의 제도와 법령뿐만 아니라 이념과 관습까지 도입해 한국을 철저히 일본으로 만드는 방향으로 나아갔다. 또 독일의 예를 따라 과학주의적 개발도 시도했다.

일본은 일시동인·내선일체 등을 표방하면서 한국인의 일본인화와 한국 국토의 일본국 국토화를 강력하게 추진했다. 이를 달성하기 위해서는 한국인의 민족성을 철저히 제거해야 했다. 일본의 한국 민족성 말살 정책은 민족공동체로서의 한국 사회를 파괴·해체하는 과정을 수반했다. 그렇게 일본의 식민지지배 구조가 심화되는 가운데 한민족과 한국 사회는 인간관계부터 사회구조에 이르기까지 통합성·정체성·정합성을 상실해 파쇄·파편화되어 갔다.

5) 한국 거주 일본인의 역할

일본은 서구의 어느 식민지와도 비교할 수 없을 정도로 강력하고 촘촘한 지배망을 구축해 한국을 직접 통치했다. 그 첨병 역할을 수행한 것이 바로 한국에 건너온 일본인이었다. 일본의 과잉인구를 배출하는 데 한국은 안성맞춤이었다. 그리하여 1910년 한국강점 당시 한국에 거주하는 일본인의 수는 17만 명을 넘었다.

한국강점 이후 일본인은 서울·부산·평양·대구·인천 등의 도시뿐만 아니라 전국 방방곡곡으로 계속 퍼져갔다. 그 수는 1936년에 60만 명, 1942년에 75만 명을 넘어섰다. 한국의 전체 인구와 비교해 약 3%에 불과한 일본인이 2500만 명의 한국인을 지배한 셈이었다.

한국에 거주하는 일본인은 관리·경찰 등의 공직(40%), 공업(19%), 상업(18%), 교통업(7%) 등에 종사했다. 농업은 4%, 광업은 3%에 불과했다. 중일

전쟁 발발(1937) 이후 대륙병참기지화 정책의 추진으로 광공업자가 급증했다. 상업과 교통업 종사자가 많은 것은 한반도가 일본과 대륙을 연결하는 결절지역이었음을 보여준다.

한국에 거주하는 일본인은 '지배자' 의식을 가지고 있는 데다가 한국인을 멸시했기 때문에 한국인의 빈곤한 생활이 식민지지배에서도 유래한다는 생각을 하지 못했다. 이른바 천황의 '어진 보살핌'도 음으로 양으로 일본인에게만 쏠리고 있었다. 그리하여 한국 거주 일본인이 많아지면 많아질수록, 그들의 위상이 높아지면 높아질수록 한국인과의 갈등과 마찰도 심해졌다.

일본인은 읍·면 등 행정 말단까지 침투해 한국인의 생활을 직접 통제했다. 한국인이 일본으로 도항할 때는 주거지 관할 경찰서나 주재 경찰소가 발행하는 도항증명서를 받아야만 했고, 한국인이 국내의 다른 지역을 오갈 때도 그와 비슷한 허락을 받아야만 했으므로 경찰관은 막강한 존재였다. 학교의 교장·교원도 대부분 일본인이었다. 이들은 한국인을 일본인으로 개조하거나 육성하는 데 큰 역할을 했다. 요컨대 한국의 일본인 사회는 조선총독부를 정점으로 해 한국인 사회 위에 군림하는 '식민자 사회'였다고 할 수 있다. 한국에 거주하는 일본인은 식민지지배를 지탱하는 기둥이었다. 그들은 한국인과 끊임없이 마찰을 빚어내는 가시적 존재로서, '내선일체'가 허구임을 스스로 폭로하는 경계인이었다.

2. 한국 지배의 양상과 독립운동의 전개

1) 지배기반 구축과 3·1 운동: 1910년대

(1) 무단통치의 실시

일본이 한국을 강점한 1910년부터 3·1독립운동이 일어난 1919년까지의 식민지지배를 흔히 '무단통치'라 부른다. 일본은 한국을 강점하자마자 조선총독부를 설치하고 헌병경찰을 동원해 일종의 군사통치를 실시했다. 의병항쟁을 진압하는 과정에서 이미 일본은 현역 육군대장을 조선총독으로 파견해 식민지지배 기반을 정비하려고 획책했다. 일본은 1916년 나남에 19사단, 1919년 용산에 20사단을 상설 조선군으로 배치했다. 조선총독부는 국가에 준하는 방대한 조직을 갖추고 있었는데, 중앙의 핵심 요직은 물론이고 지방의 말단 관직까지 일본인을 파견했다. 한국인 관리는 주로 하위직에 배치되었고, 진급과 월급 면에서 일본인에 비해 차별대우를 받았다.

영국과 미국 등 서양 열강은 일본이 청, 러시아와 두 차례에 걸쳐 전쟁을 치르며 획득한 한국을 지배하는 것에 반대하지 않았다. 이미 예견된 사태인 데다가, 동아시아의 세력균형을 파괴하거나 자신들의 이해관계를 침해하지 않는다고 보았기 때문이다. 다만 러시아는 "일본이 한국을 삼켰지만, 소화할 수 있느냐는 다른 문제"라고 비아냥거리면서, 장차 일본이 대륙세력으로 팽창할 위험 요소를 가지고 있다고 우려했다.

한국에는 한국인의 의사를 반영할 만한 의회가 설치되어 있지 않았기 때문에, 식민통치에 관한 각종 법률과 명령은 조선총독의 이름하에 일본인 관료의 의지대로 제정되고 시행되었다. 조선총독의 자문기관인 중추원은 일본에 협력하는 한국인으로 구성되었는데, 1919년까지 한 번도 열리지 않았다. 따라서 같은 식민지라 해도 일본의 한국에 대한 직접 지배는 영국의 인도에 대한 간접 지배와 확연히 달랐다. 전자가 철저히 억압적이고 조직적이었다면, 후자는 상대적으로 자율적이고 유화적이었다.

일본은 한국인의 민족의식과 독립운동을 근절하기 위해 군대와 경찰을 통해 물샐틈없는 지배망을 구축했다. 헌병이 경찰을 지휘해 일반인의 생활까지 통제하는 삼엄한 분위기를 만들었다. 헌병경찰은 일정한 범죄에 대해서는 재판 없이 한국인을 구금하거나 즉결 처분할 수 있는 권한이 있었다. 심지어 전근대사회에나 존재했던 태형 제도까지 운용했다. 이른바 '무단통치'라 불리는 이런 강압적 지배는 일본이 무력을 통하지 않고서는 도저히 한국을 점령할 수 없었다는 점을 역설적으로 보여주는 증거였다. 그 주연을 담당한 것이 일본의 육군이었으므로, 역대 조선총독은 현역 육군대장이 맡는 경우가 대부분이었다.

(2) 경제 뼈대의 장악

일본은 1910년대 한국에서 상공업 발달을 억압하는 정책을 구사했다. 한국은 일본 본토의 3분의 2에 해당하는 면적이었다. 일제는 인접한 한국에서 상공업이 발달하면 일본의 상품 판매와 식량 조달에 차질이 생기거나 일본 자본의 진출에 장해가 될 것을 우려했다. 또 한국의 민족자본이 성장하면 독립운동의 지원 세력이 그만큼 강화될지 모른다고 걱정했다. 회사령은 그런 사태를 미연에 방지하기 위해 발포되었다. 회사령의 골자는 한국에서 회사를 설립할 경우 조선총독의 허가를 받아야 한다는 것이었다. 민족차별이 공공연한 상황에서 자본 규모가 영세한 한국인 자본이 불리한 대접을 받았음은 쉽게 짐작할 수 있다.

일본이 실시한 경제정책 중에서 더욱 괄목할 만한 것은 토지조사사업이다. 일본은 통감부 시기에 이미 대한제국이 실시한 토지조사와 토지소유권 정비사업의 실적을 이용해 각종 증명 제도를 마련했다. 일본인이 이미 개항장을 중심으로 많은 토지를 소유하고 있었기 때문에, 그들이 자유롭게 토지를 매매하고 소유하기 위해서는 이를 법적으로 뒷받침할 수 있는 증명 제도가 필요했다. 1910년부터 1918년까지 실시된 토지조사사업은 전국의 토지를 측량해 토지의 모양과 용도(논·밭 등)를 파악하고 소유권을 확정해 등기하는 사업이었다. 그 과정에서 일본은 많은 땅을 국유지로 만들어 조선총독부로 귀속한 뒤 동양척식주식회사 등 국책회사에 불하했다. 또 일본인이 자유롭게 토지를 매수할 수 있게 함으로써 일본인은 급속히 지주로 성장한 반면, 영세한 한국인은 쉽게 땅을 잃고 소작인으로 전락하는 경우가 많았다. 토지조사사업이 끝난 1918년 현재 조선총독부와 동양척식주식회사의 소유지는 전체 경작면적의 4.2%였고, 일본인의 개인 소유지는 7.5%였다. 토지조사사업 과정에서 일본인이 대거 한국으로 유입되었고, 한국인은 만주나 일본으로 유출되는 사태가 발생했다.

토지조사사업을 통해 농촌 지배를 관철한 일본은 일본인의 구미에 맞는 식량과 원료를 생산하기 위해 농사개량사업을 추진했다. 일본은 일본식 농법과 품종을 보급하고 면화 재배와 누에고치 생산을 독려했다. 그리고 광업 개발을 통해 석탄과 철광 등을 반출했다. 그리하여 한국은 점차 일본을 위한 상품시장과 원료 공급지로 재편되었다.

일본의 금융 지배는 조선 경제의 혈관을 장악하는 것과 마찬가지였다. 일본은 1906년에 각지에 설치했던 농공은행을 1918년 조선식산은행으로 통합 개편했다. 그리고 각지에 금융조합을 설치하고, 동양척식주식회사가 금융업도 겸하도록 했다. 금융기관의 정상에는 조선은행이 있었다. 조선은행은 식민지 중앙은행으로서 발권 업무와 국고 취급을 겸했다. 일본은 이

금융기관을 통해 한국의 재정과 금융을 종합적으로 지배했다.

일본은 토지조사사업과 더불어 임야조사사업도 실시해 마을 공용의 임야 등을 조선총독부의 국유림으로 재편했다. 또 이미 부설된 경부선과 경의선에 이어 1914년까지 서울과 원산을 잇는 경원선, 대전과 목포를 잇는 호남선 등의 철도를 건설했다. 그리하여 1910년대에 서울과 대전을 기축으로 한반도의 사방으로 뻗어가는 간선철도망이 모습을 갖추었다. 이는 철도를 매개로 한 일본의 지배력이 전국으로 확산되었음을 의미했다. 한국의 식량과 자원은 철도를 통해 일본으로 반출되었고, 일본의 상품과 자본은 철도를 통해 한국으로 반입되었다. 일본은 또 1911년 11월 경의선의 신의주와 만주 안봉선(安奉線: 安東-奉天)의 안둥을 잇는 압록강철교를 가설하고, 국제열차가 한국과 만주의 동일 선로 위를 직통으로 달리게 했다. 그리하여 철도에 관한 한 한·만 국경은 허물어졌다.

영국과 미국 등 서양 열강은 일본의 한국 통치 방식을 대체로 긍정했다. 열강은 대한제국을 부패하고 무능한 정권으로 보았기 때문에 일본의 통치가 한국인의 경제생활을 향상시키는 것으로 받아들였다. 일본은 이들의 비위를 맞추고 권익을 보호한다는 명목으로 대한제국의 관세율을 그대로 유지했다. 다만 서양 열강은 일본이 1911년 데라우치 총독 암살사건을 조작해 한국의 독립운동가를 대대적으로 검거하고 고문 등으로 탄압한 105인 사건에 대해서는 비문명적이라고 비판했다. 그리고 회사령 등의 시책이 자신들의 권익을 점차 축소시키는 방향으로 나아간다고 우려했다.

(3) 3·1 운동의 폭발과 대한민국임시정부의 수립

일본의 가혹한 무단통치 아래서도 한민족의 독립운동은 끊임없이 전개되었다. 대한제국 시기의 의병투쟁과 애국계몽운동을 계승한 독립운동은 국내에서는 비밀결사, 국외에서는 독립군 기지 건설로 나타났다. 국내에서 활약한 독립의군부, 대한광복회 등은 미약하나마 군대식 조직을 갖추고 있었다. 일본의 탄압으로 비밀결사운동이 어려워지자 선각자들은 학교, 야학, 종교시설 등을 거점으로 민족의식을 고취했다. 신민회원 등은 만주, 연해주로 망명해 한인촌과 한인학교를 세우고 독립군을 양성했다. 미국에서도 대한인국민회 등이 결성되어 민족의 실력 배양과 독립군 양성을 위해 노력했다.

국내외 독립운동은 1919년 3·1 운동으로 결집해 폭발했다. 서울과 평양 등에서 시작된 만세시위운동은 철도연선과 장시 등을 따라 전국으로 퍼져 3월 말~4월 초에는 전국을 뒤덮었다. 일본의 군경은 시위 군중에게 무차별 총격을 가하는 등 학살을 자행했다. 한국인이 거주하는 간도, 연해주, 미국(필라델피아) 등에서도 시위운동이 일어났다.

일본의 삼엄한 감시와 탄압을 뚫고 국내외에서 폭발한 3·1 운동의 열기는 대한민국임시정부 수립으로 이어졌다. 국내외 독립운동가의 의지를 통합해 중국 상하이에서 발족한 대한민국임시정부는 민주공화정을 정체로 표방하고, 이승만(李承晩)을 대통령, 이동휘(李東輝)를 국무총리로 선출했다(1919.9). 일본 침략으로 대한제국이 멸망한 지 10년이 안 되어, 망명정부이기는 하지만 군주전제의 왕조 국가를 탈피한 주권재민의 민주국가가 새로 수립된 것은 특기할 만한 일이었다.

3·1 운동은 간도사변(1920년 10월 일본군이 한국 독립군과 마적을 소탕한다는 명목으로 간도에 침입해 한국인을 다수 학살한 사건)까지 약 2년 동안 국내는 물론이고 일본, 만주, 중국, 미국, 러시아, 프랑스, 영국 등에서 끈질기게 전개되었다. 그 과정에서 이승만 등의 민족지도자들도 열강을 상대로 한국 독립의 당위성을 끈질기게 호소했다. 열강의 주한 외교관이나 언론인은 한국인의 평화

적 시위와 일본인의 잔학한 탄압(제암리 학살 사건 등)을 본국에 전했다. 그리하여 열강은 3·1 운동에서 보여준 한국인의 조직력과 희생정신 그리고 대한민국임시정부 수립 등을 가상히 여기고, 미약하게나마 한국의 독립 문제를 염두에 두기 시작했다. 이러한 국제정세의 변화는 제2차 세계대전이 종결될 때 열강이 한국의 독립을 논의하는 데 중요한 자산이 되었다.

국제관계사의 시각에서 보면, 3·1 운동은 한국이 식민지 상태에서도 세계사의 흐름에 적극 동참했다는 점에서 의의가 컸다. 한반도라는 제한된 지역과 한·일 대결이라는 양국사(兩國史)의 범위를 넘어 제1차 세계대전이라는 세계사의 대변혁을 적절히 활용한 것이다. 3·1 운동은 제1차 세계대전 처리의 기초가 된 미국 대통령 윌슨의 14개 원칙, 특히 민족자결주의의 영향을 받았다. 민족자결주의에 의거해 오스트리아·헝가리제국 및 터키제국의 분할, 독일 영토의 일부 할양, 러시아 영토 중 발트 3국과 폴란드의 독립이 이루어지고, 국제연맹이 창설되었다. 한국의 민족지도자들은 이런 국제정세의 변화에 큰 기대를 걸었다. '독립선언서'의 "새로운 시대가 안전(眼前)에 전개된다"라든가, "폭력의 시대가 거(去)한다"라는 표현은 간절한 희망을 반영한 것이었다. 그렇지만 승전국 열강은 한국독립을 지지하지 않았다. 열강 역시 일본 못지않게 식민지를 거느린 제국주의 국가였기 때문에 일본에 유화적 통치를 권유하는 정도에 그쳤다.

2) 민족 분열 통치와 독립운동의 분화: 1920년대

(1) '문화정치'의 표방

1920년대 동북아시아는 비교적 안정된 국제관계를 유지했다. 미국이 주도한 워싱턴체제*가 기능해 평화를 유지했다. 오히려 열강은 일본의 한국 통치가 물질적 풍요를 가져온다고 보아 한국의 독립운동에 대해 부정적 태도를 견지했다. 다만 자신들이 한반도에서 소유한 경제적 이권(무역, 광산 등)이 축소될 것을 우려했다.

3·1 운동은 당장 독립을 실현시키지는 못했지만, 국제사회에 잊힌 '한국 문제'를 부각시키는 데 크게 기여했다. 그리고 일본의 식민지지배 정책을 일정 부분 변화시켰다. 대체로 1919년부터 1931년(만주사변)까지 실시된 이른바 문화정치가 그것이다. 그렇지만 문화정치의 진짜 목적은 한국인에게 어느 정도의 정치적·경제적 자유를 허용하는 대신 한국인의 역량을 이간·분열시켜 통치를 안정시키려는 데 있었다.

조선총독부는 관료주의 타파를 통한 서정쇄신, 한국인의 관리 임용과 차별대우 개선, 언론·출판·집회의 자유 인정을 통한 민의 창달, 지방자치 실현을 통한 민풍의 진작, 한국의 문화와 관습 존중 등의 방침을 천명했다. 그리고 육해군 대장을 임용해 온 조선총독에 문관도 취임할 수 있도록 하고, 헌병이 지휘·감독하던 경찰도 군대와 경찰로 분리한다고 선언했다.

그렇지만 일본은 식민지지배가 끝날 때까지 조선총독을 문관 중에서 임용한 적이 없다. 또 헌병경찰제도를 보통경찰제도로 바꾸면서 헌병과 경찰의 업무를 분리하기는 했지만, 실제로는 군대와 경찰 수를 증강해 더욱 조밀한 지배망을 구축했다. 경찰 관서는 1918년에 751개였으나 1920년에는 2716개소로 세 배 이상 늘어났고, 경찰관도 5400명에서 1만 8400명으로 세 배 이상 증가했다. 그리하여 1군 1경찰서, 1면 1주재소 제도가 확립되었다.

교육의 보급은 문화정치의 상징이라고 볼 수 있다. 그런데 그 지표라고

* 1921~1922년에 열린 워싱턴회의의 결과 형성된 국제질서를 일컫는다. 영일동맹을 해체하고 미국, 영국, 일본, 프랑스 등이 조약을 체결해 일본의 대륙 팽창정책에 제약을 가했다. 그러나 '한국 문제'는 논의되지 않았다.

볼 수 있는 1면 1교제가 비로소 확립된 것은 1930년대 후반이었다. 이런 점 등을 감안하면 문화통치의 본질은 문화 창달이 아니라 지배 방법을 엄밀하고 세련되게 정비하는 데 있었다고 할 수 있다. 1925년에 '치안유지법'을 공포해 시행한 것은 허울 좋은 문화정치의 본질을 보여주는 단적인 예다. 이 법은 반일 민족운동과 반일 사회주의운동 등을 탄압하기 위해 마련된 것으로서, 사상과 신조는 물론이고 집회와 결사의 자유를 철저히 제약했다.

(2) 친일 세력의 양성

일본의 문화정치는 그들의 통치에 협력하는 한국인, 곧 친일파(대일협력자, 더 심하게는 민족반역자)를 양성하는 결과를 초래했다. 일본은 대한제국을 폐멸하는 과정에서도 일본 유학생, 정치적 망명자, 고급관료 등을 매수해 활용한 적이 있었다. 식민지화 이후에는 '조선은사령' 등을 공포해 친일파에게 일제에 협력한 공로의 정도에 따라 현금을 지급했다. 그리고 작위나 관직을 수여하고 위원이나 고문 등에 임명해 지배의 동반자로 삼았다.

일본이 구사한 친일파 양성 방법은 다음과 같았다. 일본에 충성을 바치는 자를 관리로 임명하고, 귀족·양반·유생·실업가·교육가·종교가 등에게 친일단체를 만들도록 사주한다. 타협적 민간인에게 편의와 원조를 제공해 친일적 지식인으로 양성한다. 양반과 유생으로서 직업이 없는 자에게 생활 방도를 만들어주고 이들을 선전과 정찰에 이용한다. 한국인 부호와 노동자·농민의 대립을 부추기고, 농민을 통제하기 위해 교풍회·진흥회 등을 만들어 이용한다. 이상과 같은 정책을 통해 형성된 대일협력자들은 친일 여론 조성, 친일 단체의 조직, 민족운동가의 적발과 포섭·설득, 정보수집 등에 광범위하게 활용되었다.

일본은 한국인의 분열을 촉진하고 민족운동을 약화하기 위한 사탕발림으로 참정권이나 자치권을 줄 것처럼 선전했다. 이에 조응해 한국인 사이에서도 일본에 정면으로 대항하는 민족운동을 포기하고, 먼저 독립 역량부터 축적하자는 움직임이 나타났다. 실력양성운동이 그것이다. 또 일본과 타협해 일정한 양보를 이끌어내려는 개량주의운동도 일어났다. 그렇지만 일본은 패망할 때까지 한국인의 자치나 참정을 허용하지 않았다. 다만 면·군·도 단위에서 한국인 유산자들이 지방협의회 등에 참여하는 것을 부분적으로 허용했을 뿐이다.

(3) 쌀 반출의 증대

일본은 한국에서 쌀을 증산해 일본으로 반출하는 산미증식계획을 강도 높게 추진했다. 당시 일본 국내에서는 전국 규모로 식량 요구 폭동이 일어날 정도로 쌀 부족이 심각했다. 마침 한국의 쌀은 일본인의 입맛에 맞는 데다 값이 싼 편이어서 수요가 많았다. 일본은 한국에서 쌀을 증산하기 위해 황무지를 개간하거나 밭을 논으로 바꾸었다. 그리고 저수지를 축조하고 제언을 쌓는 수리사업을 추진했다. 농사법을 개량하는 방편으로 일본의 품종을 보급하고, 논을 깊게 갈고 비료를 많이 사용하도록 권장했다.

1920년부터 시행된 산미증식계획은 계획의 50%도 달성하지 못한 채 1934년에 일단 종결되었다. 그렇지만 쌀의 증산은 미미한 반면 일본으로 가는 이출은 큰 폭으로 늘어나서, 한국인의 1인당 쌀 소비는 1915~1919년 0.59석에서 1934~1936년 0.51석으로 줄어들었다. 일본으로 쌀의 이출 증대는 쌀 생산을 장악하고 있던 대지주와 그 유통을 담당하고 있던 미곡상 등이 부를 축적하는 데 기여했다. 반면에 토지를 갖지 못한 영세농이나 도시 노동자 등은 비싼 쌀을 사 먹어야 했으므로 생활이 더욱 어려워졌다. 산미증식계획의 추진으로 농촌에서 대지주와 영세농이 아울러 증가하는 양극분화 현상이 심화된 것은 이 때문이었다.

일본은 한반도의 동북 해안선을 따라 종관하는 함경선(원산-회령, 1914.10~1928.11)을 부설했다. 이 철도는 연선의 무진장한 지하자원, 산림, 해산물을 개발하고 만주의 중앙과 동북 지역으로 군사수송을 강화하는 사명을 띠고 있었다. 이로써 1920년대 말까지 한국의 5대 간선철도라 불리는 경부선·경의선·호남선·경원선·함경선이 모두 건설되었다. 그리하여 서울을 결절지점으로 한반도 사방 구석구석까지 방사상으로 뻗어가는 철도망이 구축되었다. 이는 곧 일본이 한국을 지배하기 위한 혈관 조직을 완성했다는 의미였다.

한국인의 저항 속에 불안정하게나마 일본의 식민통치가 뿌리를 내려가면서 근대문명도 널리 수용되었다. 교통과 통신의 발달로 도시가 형성되고, 신식 교육이 보급되어 의식주에도 변화가 나타났다. 도시에는 백화점, 영화관, 카페 등이 들어서고 서양식 옷차림이나 단발머리 등이 유행했다. 이런 분위기 속에서, 소수이기는 하지만 도시의 일상을 즐기는 사람들도 나타났다. 벽돌로 골격을 갖추고 집 안에 현관과 화장실을 들여놓은 개량 한옥도 등장했다. 반면 도시 변두리에는 빈민들의 토막집이 들어섰다.

(4) 독립운동의 부침(浮沈)

3·1 운동은 독립운동의 물줄기를 한곳으로 모았다가 다시 여러 갈래로 분출시킨 호수였다. 1920년대에 들어 국내에서는 "민족독립을 달성하기 위해서는 먼저 한국인의 실력을 양성하자"라는 운동이 전개되었다. 한국인 기업이 생산한 물자를 사용하자는 물산장려운동, 한국인 본위의 교육을 실시하자는 민립대학 설립운동, "아는 것이 힘이다, 배워야 산다"라는 구호 아래 추진된 한글보급운동 등이 그것이다.

사회주의사상의 영향을 받은 노동자·농민 운동도 활발했다. 순종 황제의 국장일을 기점으로 서울에서는 6·10 만세운동(1926)이 일어났다. 이 운동에는 민족주의와 사회주의 계열은 물론이고 학생들이 대거 참여했다.

한글로 발행된 신문과 잡지 등의 언론은 민족정신의 고취는 물론이고 근대문화를 소개하고 보급하는 데 큰 역할을 했다. 그런 가운데 민족운동 세력 일부에서 일제와 타협하려는 움직임이 일어나자, 좌우 세력이 연합한 신간회가 창립되어 민족운동을 주도했다(1927~1931). 청년운동, 어린이 보호운동, 여성 권익 신장운동, 백정 차별 철폐운동 등 대중운동도 활발하게 일어났다. 특히 광주에서 발생해 전국으로 번져간 학생들의 항일운동은 3·1 운동의 맥을 이은 대규모 독립운동이었다(1929). 같은 해 원산에서 일어난 노동자 총파업도 일제의 간담을 서늘하게 만들었다.

3·1 운동 직후 만주에서는 50여 개의 독립군 단체가 결성되었다. 이들은 수시로 압록강과 두만강을 건너 식민지배기구를 공격했다. 일본군은 이들을 진압하기 위해 만주로 진입했다. 독립군은 그들을 맞아 봉오동과 청산리 등의 전투에서 대승을 거두었다(1920). 일본군은 그 보복으로 간도지역 한국인들을 대거 학살했다. 일본군에 쫓긴 독립군은 러시아 영내로 피신했다가 많은 피해를 입었다(이른바 자유시참변). 이후 만주로 돌아온 독립군은 한국인 사회를 바탕으로 민정과 군정을 아우르는 자치 기구를 설립해 역량을 강화해 나갔다.

만주에서 결성된 의열단은 상하이 등지로 옮겨 다니면서 일본의 요인을 암살하고 시설을 파괴하는 활동을 벌였다. 이들은 서울과 도쿄에까지 잠입해 경찰서와 궁성 등에 폭탄을 던졌다. 애국지사들은 중국의 군사학교에 들어가 간부 훈련을 받으며 역량을 강화하는 경우도 있었다.

3) 지배 구도(構圖)의 조정과 독립운동의 재편: 1930년대

(1) 동북아시아의 위기

동북아시아는 1930년대에 들어 큰 분쟁에 휘말렸다. 1931년 9월 일본이 만주를 침략해 '괴뢰국가' 만주국을 수립했다(1932.3). 일본이 워싱턴체제를 무너트리고 팽창정책으로 전환한 것이다. 일본이 국제연맹을 탈퇴하고 1937년 7월 중국과 전면전을 개시해 중일전쟁의 막이 올랐다. 일본의 침략은 중국 남부 해안까지 확대되고 민족주의가 고양된 중국이 이에 정면 대응하자 전쟁은 세계 규모로 확장될 조짐을 보였다. 제2차 세계대전을 예고하는 전주곡이 만주에서부터 울려 퍼졌다.

일본의 만주 점령은 20km에 불과한 소련과 만주의 국경을 수천 km로 확장시켜 일본과 소련의 긴장을 고조시켰다. 또 한반도와 육지로 연결된 광활한 신천지(한반도 면적의 약 5배)가 일본의 사실상 식민지가 됨으로써 한반도의 위상에도 큰 변화를 가져왔다. 첫째, 한반도가 일본의 만주와 중국 침략의 교두보가 되었다. 나중에 일본은 한반도를 병참기지로 재편하게 된다. 둘째, 만주에 거주하는 한국인(해방 당시에는 200만 명 이상으로 증가)과 중국인 사이에 알력이 생겼다. 1931년 7월에 지린성 장춘현 만보산(완바오산)에서 발생한 한국 농민과 중국 농민 사이의 수로 분쟁은 그 서곡이었다. 만보산에서 일어난 작은 다툼을 계기로 결국 한국과 중국의 민족감정이 정면충돌해 한반도와 만주에서 서로 수백 명을 살상하는 대참사를 빚었다. 일본의 이간질도 한몫했다. 셋째, 간도 문제였다. 일본은 동해를 건너 일본과 만주 중심부(신경, 하얼빈 등)를 최단 거리로 연결하는 교통로로 간도 지역을 지목했다. 이에 따라 간도 지역에 한국-만주를 연결하는 철도망이 부설되었다. 그 배경에는 한국과 중국의 항일 독립군을 토벌하려는 목적도 있었다. 일본은 한때 간도 지역을 한반도에 편입시키려고 했으나 만주국을 수립함으로써 그 필요성이 상실되었다. 다만 만주와 한반도를 밀착시키는 정책은 계속 추진했다.

(2) 광공업의 장려

1931년 만주사변 이후부터 중일전쟁이 발발하는 1937년까지가 이에 해당한다. 1930년대 초 일본의 만주 침략과 만주국 수립은 인접한 한국의 상공업에 새 시장을 제공했다. 일본인 자본이 한국의 지정학적 이점을 노리고 맹렬하게 침투해 들어왔다. 당시 한국은 값싸고 우수한 노동력을 많이 가지고 있었다. 또 수력발전소가 본격적으로 건설되고, 중요산업통제법이나 공장법 같은 규제가 없어서, 최대 이윤을 얻고자 하는 기업가들에 더할 나위 없이 좋은 투자 지역이었다. 더구나 조선총독 우가키 가즈시게(宇垣一成, 1931~1936년 재임)는 일본인 자본의 유치를 촉진하기 위해 금융·세금·관세·공장부지의 수용 등에서 여러 특혜를 베풀었다.

이에 자극을 받은 한국인의 기업 활동도 무척 활기를 띠었다. 그리하여 1930년대 초부터 한국에서는 식품·시멘트·비료·섬유 등의 대규모 기업이 눈에 띄게 성장하고, 전기·화학 등의 중화학공업도 거대한 모습을 드러내기 시작했다. 1930년대 이후 종래의 기조와는 다른 차원의 공업화가 시작된 것이다. 그리하여 흥남 등은 급속히 공업도시로 성장하고 서울 등에는 인구가 밀집했다. 이른바 '식민지 근대'의 모습이 곳곳에서 나타나고 있었다. 그렇지만 중화학공업의 주체는 어디까지나 일본인 자본이었다. 대다수 한국인 자본은 영세성을 면치 못했다. 일본은 금광·철광·석탄 등을 증산하는 정책도 추진했다. 세계경제가 제국주의 국가 중심으로 구획되면서 일본도 만주와 한국 등 자신의 세력권 내에서 원료를 조달해야 할 처지에 몰렸기 때문이다.

그런데 중화학공업과 광물 증산 등은 한국 시장보다는 일본 시장에 직접 연결되어 한국인의 생활 향상에 직접 도움이 되는 경우는 드물었다. 일본은 세계대공황(1929) 등의 여파로 매우 피폐해진 한국의 농촌을 되살린다는 명목 아래 농촌 개발정책을 추진했다. 농촌진흥운동이 그것이다. 세계대공황의 여파는 영세농민의 생활을 더욱 어렵게 만들어, 농촌은 체제를 부정하는 사회주의운동의 온상이 되어갔다. 일본은 이런 상황을 심각하게 받아들여 지주의 소작료 수탈을 제한하는 '농지령'을 발포하고 '모범부락'을 선정해 갱생을 돕겠다고 나섰다. 그렇지만 농촌진흥운동은 자금 지원이 원활하지 못한 데다 정신운동의 경향이 강해 괄목할 만한 성과를 거두지는 못했다.

(3) 철도망의 확장

일본은 한국에서 식량과 자원을 반출하고 일본으로부터 이민과 상품의 이입을 장려하기 위해 구석구석까지 철도망을 건설할 필요를 느꼈다. 또 세계경제가 제국주의 세력권에 따라 나뉘는 경향이 강화되자 대륙으로 침투할 교통로를 다각적으로 모색했다. 일본은 이를 위해 '조선철도 12년 계획'을 수립, 철도망의 확장을 추진했다. 1927년에 시작되어 1938년에 종료된 이 계획에 따라 5대 간선철도에서 각 요충지로 분기하는 주요 철도가 속속 건설되었다. 도문선(회령-도문), 혜산선(길주-혜산), 만포선(순천-만포진), 경전선(진주-전주, 원촌-담양), 동해선(원산-포항, 울산-부산) 등이 그것이다.

일본은 또 만주와 일본을 최단거리로 연결하는 간선철도망으로 북선3항(北鮮三港, 나진·청진·웅기)-북선철도(청진-남양, 나진-남양)-경도선(京圖線, 만주의 신경-도문)을 개통했다. 이와 더불어 주요 사설 철도를 국유화해 조선총독부가 관할하도록 만들었다. 1930년대 말까지 한반도의 주요 광산지대와 공업지대, 그리고 국경도시와 항구도시를 연결하는 철도망이 대거 확충되면서 한국 철도는 군사와 산업에서 더욱 중요한 역할을 수행했다. 특히 한국과 만주 철도의 직통 연결은 소련의 경계심을 자극했다.

(4) 독립운동의 재건

1930년대 들어 경제공황의 여파 등으로 노동자·농민의 계급의식은 더욱 높아졌다. 사회주의 세력은 이를 좋은 기회라 판단하고 혁명운동을 벌여나갔다. 적색농민조합이나 적색노동조합 등의 지하활동이 그것이다. 반면 좌우협동전선기관인 신간회가 해체됨으로써 민족운동의 역량은 큰 타격을 입었다.

국내에서는 한국인의 권익을 옹호하고 민족의식을 고양하려는 운동이 활발해졌다. 한국인의 처지를 보도한 한글 신문 등은 일제의 검열로 기사 삭제와 정간을 되풀이했다. 일각에서는 식민사관에 맞서 주체적인 한국사 연구가 추진되었다. 한국어와 한글을 연구하고 보급하는 운동도 일어났다. 종교계에서도 민족주의 색채를 띤 교단이 활약했다.

국외에서는 항일무장투쟁이 전개되었다. 조선혁명군은 남만주 지역에서, 한국독립군은 북만주 지역에서 활약했다. 소련과 인접한 만주는 사회주의 사상의 영향을 많이 받았다. 한국인들은 유격대를 결성해 중국공산당 유격대와 함께 동북인민혁명군(나중에는 동북항일연군)을 결성해 활동했다. 이들은 함경도 일대의 사회주의자들과 함께 조국광복회를 조직하고 소규모나마 국내 진입 작전을 펴기도 했다.

대한민국임시정부의 김구(金九)는 한인애국단을 조직해 의열 투쟁을 벌였다. 이봉창(李奉昌)은 도쿄에서 천황 행렬에 폭탄을 던졌다(1932.1). 윤봉길(尹奉吉)은 상하이에서 일본군 장성과 고관을 처단했다(1932.4). 중국에서 활약한 여러 독립운동단체들은 난징에서 조선민족혁명당을 결성했고, 여기 참여하지 않은 민족주의 세력은 한국국민당을 조직했다. 국외 독립운동 세력은 다양한 활동을 벌이면서 좌우연합과 중국과의 연대를 모색해 나갔다.

4) 전시 동원과 독립국가 수립의 준비: 1937~1945년

(1) 전시 동원 체제의 확립

중일전쟁 시작(1937)부터 일본이 패망하고 한국이 해방되는 1945년까지의 상황을 살펴보자. 일본은 중일전쟁이 확대되면서 "국가총력전"이라는 슬로건을 내걸고 한국의 인력과 물자를 총동원했다. 전쟁 수행의 명목으로 물적자원의 생산과 인적자원의 능력을 양·질 면에서 최대한 확충·개발해 강제로 동원·배치한 것이다. '국가총동원법'은 이를 지원하기 위한 법률적 장치였고, '국민총력조선연맹' 등은 이를 추진하기 위한 관민 운동단체 또는 동원 조직이었다.

일본은 한국인을 징병·징용·정신대·위안부 등으로 동원하기 위해 종래 억압과 착취 및 차별의 대상이었던 한국인을 일본인으로 철두철미하게 개조하는 프로젝트를 추진했다. 내선일체화 정책과 황국신민의 연성(錬成)이 그것이다. 일제는 이 사업을 강행하기 위해 경제·노무·사상 등의 면에서 각종 통제 법령을 발포했다. 또 조선총독부의 기구를 간편화·집중화하는 방향으로 개편하고, 국민정신총동원운동조선연맹·국민총력운동조선연맹·조선국민의용대 등을 만들어 대대적인 국민운동을 전개했다. 그리고 학생·청년·노동자·농민·여성·관공리 등을 수련 도량에 수용해 특별 연성을 실시하기도 했다.

(2) 황국신민화의 강제

황국신민화 정책은 한국어 사용 금지, 한글 신문 폐간, 한국인 성명을 일본식으로 바꾸는 창씨개명 등을 포함하고 있었다. 일본은 이것들을 철저히 관철시키기 위해 한국인을 진정한 일본인으로 재탄생시키는 '연성(錬成)'을 대대적으로 실시했다. 연성이라는 말은 원래 일본에서 교학쇄신평의회가 교학 쇄신을 총괄하는 용어로 만든 것이다(1936.11). 그런데 이 개념은 나중에 무한대로 확대되어 국가총력전에 적합한 새로운 인간을 만드는 교학 사상으로 확립되고, 마침내 국가정책과 국민생활 전반을 규제하는 힘으로 작동한다.

한국에서의 연성은 한국인을 한 단계 더 높은 수준의 한국인으로 연마 육성한다는 뜻이 아니라, 한국인을 일본인으로 만든다는 뜻이었다. 그것도 단순한 일본인이 아니라 천황을 위해 물자는 물론이고 신체와 마음을 기꺼이 바칠 수 있는 진정한 일본인, 곧 '황국신민'으로 개조한다는 의미였다. '황국신민'이 되기 위해 한국인은 가정·학교·부락·단체·직장·공장·군대를 비롯한 모든 영역에서 총력전 자질을 끊임없이 연마·육성해야 했다. 이를 강제하기 위해 조선총독부는 '황국신민의 연성'을 지상 목표로 내걸었다.

(3) 병참기지화의 추진

한편 일본은 중일전쟁을 계기로 한국에 중화학공업을 유치하는 정책을 대대적으로 추진했다. 우가키 가즈시게에 이어 조선총독에 취임한 미나미 지로(南次郎, 1936~1942년 재임)는 군사적 대륙정책의 일환으로 공업화 정책을 강력히 실시했다. 그는 세계경제가 제국주의 국가 영역별로 나뉘는 추세 속에서 만주·한국·일본이 일체화되어야 한다고 생각했다. 삼자를 인체에 비유한다면, 일본은 몸통, 한국은 팔뚝, 만주는 주먹이라는 것이다. 한국이 강건한 팔뚝의 역할을 다하기 위해서는, 한국이 공업화되어 대륙에 있는 일본군의 보급기지로서 기능을 수행해야만 한다. 미나미 총독의 구상에 따라 일제는 한국을 전진 병참기지로 설정하고, 경금속(알루미늄, 마그네슘), 석유 및 대용 석유, 유안, 화약, 기계기구, 자동차, 철도차량, 선박, 피혁, 광산기계, 항공기 등의 군수공업을 대대적으로 발전시켰다. 이에 힘입어 민수공업 부문도 1941년까지는 확대되는 경향을 보였다.

1930년대 후반의 공업 발전은 한국의 경제구조를 크게 변화시켰다. 한국의 공업생산액이 전체 산업생산액에서 차지하는 비중은 1921년 15%에 불과했지만 1938년경에는 40% 정도로 높아졌다. 그러나 직업을 가진 전체 인구 중에서 농업에 종사하는 한국인은 여전히 80%를 상회했다. 그리고 한국인의 소득은 일본인 소득의 10분의 1에도 못 미쳤다. 따라서 한국에서 공업이 발흥하고 경제가 성장한 것은 사실이지만, 그것은 어디까지나 일본인 위주였을 뿐 한국인은 거기에 부수하는 위치에 있었다.

일본은 병참 수송 등을 원활히 만들기 위해 새 철도를 건설했다. 평원선(평양-원산, 1926~1941)은 한국 북부의 동서를 연결하는 주요 철도였다. 이 철도는 서부에서 생산되는 농산물·공산물과 중부의 광물 및 동부의 수산물·공산물을 수송하고, 또 동해를 건너 일본과 연결하는 노선으로 중시되었다.

일본은 중국침략을 본격화하는 1930년대 후반부터 또 하나의 한반도 종관철도인 중앙선을 부설했다(경주-청량리, 1936~1942). 중앙선은 태백산맥 인근의 지하자원과 삼림자원을 반출하고 오지(奧地)를 개발하는 데 그 목적이 있었다. 이 철도는 1937년 이후 전쟁이 격화되면서 함포사격에 노출되기 쉬운 경부선의 약점을 보완해 대륙으로 안전하게 병참을 수송할 수 있는 노선으로 각광을 받았다. 그리하여 한국 철도의 군사적 색채는 한층 더 짙어졌다.

(4) 건국을 향한 움직임

중일전쟁이 아시아·태평양전쟁으로 확대되고 일제의 전시 동원 체제가 더욱 강화되면서 국내의 독립운동이나 민족운동은 위축될 수밖에 없었다. 민족의 염원을 담은 문학이나 예술이 등장했지만, 일본은 한국인의 정체성을 말살하는 데 온 힘을 기울였다. 국내의 민족운동은 지하로 숨거나 은밀해졌다. 일본이 막다른 골목으로 밀리는 기색이 나타나자 여운형(呂運亨) 등은 비밀리에 조선건국동맹을 결성해 해방에 대비했다.

반면 국외의 독립운동은 활기를 되찾았다. 그 목표와 방향도 독립국가 건설을 직접 준비하는 것이 되었다. 대한민국임시정부는 한국광복군을 결성하고(1940.9), 태평양전쟁이 일어나자 대일 선전포고와 함께 연합군의 대일전쟁에 참여했으며, 한국독립당을 조직해 항일운동을 주도했다. 그리고 국내적으로 정치·경제·교육의 균등과 국제적으로 민족·국가의 평등을 지향하는 '건국강령'을 공포했다. 화북 지역에서는 사회주의세력이 조선독립동맹을 결성하고 조선의용군을 편성해 항일운동을 전개했다. 이들도 민주정부 수립과 평등사회를 지향하는 '건국방략'을 제시했다. 그 밖에 미국에서는 이승만이 외교 독립운동을 전개했다. 소련에서는 김일성(金日成)이 소수의 병력을 이끌고 정세를 관망하고 있었다. 일본의 패망이 가까워지면서 독립운동은 구체적으로 건국을 준비하는 운동으로 전환되었다. 그렇지만 국내외 독립운동 세력은 이념과 정파로 나뉘어 한곳으로 역량을 집중하지 못하는 약점을 안고 있었다.

일본의 식민지지배와 한국인의 항일 독립운동은 패전과 해방 이후 한·일 관계를 재설정하는 데 적지 않은 의미가 있다. 일본은 '한국병합'이 합법인 데다 한국 통치 과정에서 좋은 일도 많이 했기 때문에 사죄와 반성이 필요 없다는 논리를 펴고 있다. 또 한국이 일본과 공식적으로 교전한 적이 없고, 독립운동 세력이 국제사회에서 정식으로 승인받은 적도 없기 때문에 강화조약의 당사자가 될 수 없으며, 따라서 일본은 배상할 의무가 없다고 주장한다.

그렇지만 이 글에서 알 수 있듯이 한국인들은 '병합' 당시부터 이를 인정하지 않고 항일 독립운동을 전개했다. 이뿐만 아니라 대한민국임시정부 등은 미약하나마 연합군과 합세해 독립전쟁을 벌이기도 했다. 이처럼 한국과 일본은 식민지지배와 항일 독립운동에 대한 이해와 평가에서도 극명하게 대립한다. 이와 같은 입장 차이가 결국 오늘날 역사인식과 '과거사' 처리를 둘러싼 갈등으로 연결되고 있는 것이다.

(5) 일본의 패전과 남북 분단

1930년대를 거치면서 열강의 한반도 인식에도 변화가 나타났다. 열강은 일본의 한국 지배가 외형적으로 한국을 근대사회로 변모시켰다고 보았다. 철도, 공장, 항만, 도시 등의 발현을 그대로 인정했다. 다만 한반도에서 자신들과 관계된 직접적 이해관계가 사라진 것을 안타까워했다. 영국은 면직물 시장을 잃고, 미국은 운산금광을 일본에 팔아넘겼다(1939.9). 물론 820만 달러라는 거금을 챙겼지만.

그렇지만 중일전쟁 이후 일본이 한국에서 황국신민화정책을 미친 듯이 추진하자 열강도 비판적인 견해를 표시하기 시작했다. 서양 열강은 경험상 지배(?) 민족에 대한 동화정책이 성공한 예가 없다는 것을 알았다. 그들의 눈에 일본의 지배는 전제정치가 부활한 것으로 보였다. 그런데도 한국의 독립운동을 지원하는 데는 인색했다.

제2차 세계대전 중 연합국 미국과 영국의 정상은 전쟁이 끝나면 독일, 일본 등이 강탈한 식민지 국가들의 주권을 회복시킨다는 데 합의했다(대서

양헌장, 1941). 그리고 미국·영국·중국의 수뇌가 참석한 카이로회담에서, 일본은 폭력과 탐욕으로 약탈한 지역으로부터 쫓겨날 것이고, 한국인의 노예상태에 유의해 적당한 시기에 한국을 자주독립시킬 것을 결의했다(1943). 미국·영국·소련의 정상이 모인 얄타회담에서는, 독일과 전쟁이 끝난 뒤 소련이 일본에 선전포고하고, 한국은 종래 논의해 온 바와 같이 일정 기간 신탁통치를 한다는 합의가 이루어졌다(1945.2). 미국·영국·중국·소련의 수뇌가 참석한 포츠담회담에서는 일본군에 무조건 항복을 요구하고 카이로선언은 이행되어야 한다는 점을 결의했다(1945.7). 이처럼 한국의 독립은 연합국의 국제회의에서 수차례 재확인되었다.

한국의 운명이 달린 아시아·태평양 지역의 전쟁은 1945년 들어서 일본의 옥쇄작전으로 다대한 희생을 치르며 전개되었다. 2월에 필리핀 마닐라에 상륙한 미군은 3월에 이오지마를 점령하고 도쿄 등에 공습을 감행했다. 미군은 세 달에 걸친 혈전 끝에 6월 오키나와를 점령했다. 이에 앞서 5월 히틀러가 자살하고 독일은 패망했다. 미군은 8월 6일 히로시마, 9일 나가사키에 원자폭탄을 투하했다. 승기를 엿보고 있던 소련군은 8월 8일 일본에 선전포고하고 9일부터 만주와 한반도로 진격했다. 일본은 14일 포츠담선언을 수락하고 무조건 항복했다. 이때 미군은 서울에서 1500킬로미터나 떨어진 오키나와에 있었다. 다급해진 미국은 일본군의 무장해제를 위해 북위 38도선에 군사분계선을 설치할 것을 소련에 제안했고, 소련이 그 제안을 수락함으로써 한반도는 남북으로 분단되었다. 한반도를 반으로 나누어 세력균형을 이루겠다는 두 강대국의 이해관계가 맞아떨어진 것이다. 소련군은 24일부터 경의선·경원선을 차단하고, 27일까지 북한 전역을 점령했다. 9월 6일에는 전화·전보·우편 등의 통신을 끊어버렸다. 그리하여 38선은 일찍부터 미·소의 군사 지배를 보장하는 정치 분단선으로 굳어졌다. 미군이 인천에 상륙한 것은 9월 8일, 남한 전역을 점령한 것은 10월 하순이었다. 소련보다 두 달 이상 늦게 진주한 셈이다. 한반도에는 해방의 기쁨과 함께 분단의 슬픔이 짙게 드리웠다.

참고문헌

구대열. 1995. 『한국 국제관계사 연구』 1·2. 역사비평사.

박찬승. 2015. 『한국독립운동사』. 역사비평사.

정재정. 1999. 『일제 침략과 한국철도 1892~1945』. 서울대학교 출판부.

______. 2014. 『주제와 쟁점으로 읽는 20세기 한일관계사』. 역사비평사.

2

한국 신탁통치안과 분할선 획정

이완범
한국학중앙연구원 교수

1. 머리말

1) 문제 제기

(1) 연구 목적

한국 신탁통치안은 국내외적으로 분단과 통일 중 하나를 선택하는 갈림길을 제공한 최초의 이슈였으며, 남북분단의 국제적·국내적 단초를 형성했던 것이므로 매우 중요하다.

대내외적 차원을 분리해 좀 더 구체적으로 고찰하면 먼저 분단 형성의 외적 조건은 전적으로 '미·소 대립(=냉전)의 도래'에 있다고 단언해도 무리가 아닐 것이다. 냉전 구조가 정착되기 전인 1946년 초의 시점에서 한국이라는 국지적 지역에서의 미·소 대립을 조장시킨 사례가 바로 탁치 문제였다. 이는 한국에서의 미·소 관계에 큰 획을 긋는 중요한 문제였다. 탁치안은 미·소 간의 전후 한반도 문제 해결을 위한 유일한 합의 사항이었고 이의 파기는 곧 분단을 의미했으므로, 탁치안의 국제적 입안 과정에 대한 연구의 중요성은 심대하다.

한편 내적 측면에서는 좌우익 간의 이념대립이 분단의 거의 유일한 내적 요인임이 확인된다. 국내 정치세력의 이데올로기적 대립이 최초로 명백하게 표출된 것이 바로 탁치 논쟁이었으므로, 이는 민족 분열과 양극 분화를 가속화하는 직접적 계기가 되었고 따라서 내적 분단을 심화하는 주요한 요인으로 작용했던 것이다. 외래적인 탁치안에 의해 산출된 한국 정치의

* 이 장은 이완범, 「해방 전후 미소의 한반도 문제 해결방안: 신탁통치와 분할점령, 1943~1945」, 동북아역사재단 엮음, 『한국의 대외관계와 외교사: 현대편』 1(동북아역사재단, 2019)을 대폭 수정한 것이다.

이념적 분열은 나아가 미소공동위원회(The US–USSR Joint Commission, 이하 미소공위)를 결렬시켜 미·소 합의로 이루어졌던 모스크바3상회의 결정을 국제적으로 파기하는 데 결정적인 역할을 했고, 탁치 논쟁 등장 이후 미국과 소련은 각각 주둔지에 단독정부를 수립할 계획을 구체화했다. 그러므로 좌우 대립은 미·소 대립을 격화하고 분단의 외적 구조인 냉전의 고착화를 재촉했다고 풀이된다. 이런 맥락에서 본다면 1945년 말 이전에는 외적 변수에 의해 규정되었던 내적 변수가 1946년 초 이후에는 반대로 외적 변수에 영향을 미쳐 상호작용 관계로 결합했다고 할 수 있다.

따라서 내적 변수도 무시할 수는 없지만 외적 변수의 중요성이 더욱 심대하다. 내인보다 먼저 구조화된 외인이 내인을 압도적으로 규정했기 때문이다. 그런데 외인의 형성에서 미국이 행사한 영향력은 가히 결정적이었다고 해도 과언은 아니다. 따라서 미국의 대한(對韓) 구상을 탁치안을 중심으로 고찰하는 것은 분단의 기원을 규명하는 데 중요한 과제 중 하나라고 생각된다.

그런데 미국의 탁치 구상만을 집중적으로 연구한 단일 주제 논문(monograph)은 거의 없다. 기존 연구는 미국의 전시 대한 구상과 전후 대한 정책을 함께 다루었기 때문에 구상의 다양성과 독창성을 경시하고 있으며, 정책에 대한 기원론적·근본적 해석을 불가능하게 하고 있다. 이 연구 대부분은 전후에 시행된 정책의 맥락에 대한 구상을 결과론적으로 재단함으로써 구상의 근원적인 중요성을 희석시키고 있는 것이다. 복잡한 정책의 경우 다양한 구상 단계를 거치지 않고는 산출이 불가능하다. 실행된 정책 자체만을 분석하는 것보다 이전부터 논의된 정책 구상을 심층적으로 분석하는 것이 정책에 대한 본질적 이해를 더욱 심화할 수 있다. 따라서 내부 기획 문서까지도 고려해 정책의 입안 과정을 연구해야 미국의 대한 인식을 원초적인 것까지 있는 그대로 파악할 수 있을 것이다.

1945년 12월 모스크바3상회의에서 미·소 간의 조정에 의해 결정된 대한 탁치 정책에는 소련 측 구상이 더욱더 많이 반영되었으므로 미국의 대한 탁치안은 대체로 구상 단계에서 정책으로 발전할 수 없었다. 또한 미·소 간에 합의된 탁치 정책도 실제로 시행되지 못했으므로 이 문제는 구상의 차원에서 접근해야 한다.

이와 같은 문제의식을 견지하면서 미·소 대한 구상의 동태성을 분할 점령과 탁치 문제를 중심으로 역사적으로 해명하는 것이 이 장의 목적이다.

(2) 연구의 방법과 범위

이 장에서는 역사적 접근법(historical approach)을 채용해 이 시기의 국제관계사와 정치사를 재조명할 것이므로 사료의 분석을 통한 실증 이외에 다른 방법론의 적용은 시도하지 않을 것이다. 다만 국제관계사적 방법론에서 발견할 수 있는 중요한 시사점을 원용할 뿐이다.

이 장의 공간적 범위는 한반도를 둘러싼 미·소 관계에 한정하며, 시대적 범위는 1943년 한국 문제가 논의되기 시작하는 시기에서부터 1945년 8월 분할선이 확정되고 그해 12월 모스크바3상회의에서 한반도 신탁통치안이 확정되는 시점까지로 한정하고자 한다.

기존 연구가 가지고 있는 지향 가치 면에서의 편향성을 극복하기 위해 가급적 편향되지 않은 관점을 세워 연구를 진행하고자 한다. 이런 맥락에서 전통주의·수정주의 양자의 편향성을 극복하고자 하는 후기 수정주의적 관점에 주목할 필요가 있다.

2. 한반도의 전략적 가치와 미·소의 초기 복안

탁치냐 즉시 독립이냐

제2차 세계대전 중 전시 회담에서 논의된 연합국의 한반도 관련 전후 구상은 주로 미 대통령 프랭클린 루스벨트(Franklin Roosevelt)의 개인적 아이디어의 산물이었다. 이오시프 스탈린(Iosif Stalin)은 한국 문제에 별다른 이의를 제기하지 않았다. 영국과 프랑스는 직접적인 이해당사자가 아니었고, 중국은 내전 중이라 이의를 제기할 여유가 없었다. 그렇다면 소련은 왜 수동적이었을까?

우선 세계적인 맥락에서 한반도는 유럽·중국·일본과 같은 지역에 비해서 그 가치가 다소 떨어지는 주변적(peripheral) 지역이었기 때문이다. 조지 케난(George F. Kennan)의 표현을 빌리자면 산업 능력과 군사력을 갖춘 5대 중심지(vital centers: 미국·영국·독일 중심의 중부 유럽·소련·일본)에 비해 상대적으로 그 전략적 가치가 처지는 주변국들(perimeters) 중 하나에 불과했다.* 또한 소련은 미국의 구상에 반대해 우호적 관계를 손상시킬 필요가 없었기 때문에 미국의 구상에 토를 달지 않았던 것이다. 그럼에도 불구하고 소련이 한반도에 대한 정책이나 복안이 없었던 것은 아니다. 소련은 한반도 문제에 대한 독자적인 구상을 가지고 있었고, 미국은 미국대로 소련을 견제하는 복안을 가지고 있으면서 협상 테이블 위에 그러한 구상을 올려놓았던 것이었다.

* 한국은 미국이 깊이 개입해야 할 만큼 중요하진 않았지만 공산화되게 내버려 두기에는 너무 중요했던 아이러니하고 상징적인 전략적 위치에 있었다. 즉 한반도 그 자체는 그렇게 중요하지 않으나 어느 강대국의 독점적 소유로 넘어갈 경우 다른 강대국에 대한 공격기지가 되어 위험을 초래할 수 있는 지역이었다. 이렇듯 미·소 모두에게 한반도는 버리기엔 아까우나 먹기 힘든 계륵(鷄肋, hot potato)과도 같은 존재였다.

1) 루스벨트의 신탁통치안

한반도 문제가 전시 회담에서 본격적으로 언급되기 시작한 것은 1943년 11월 22일부터 26일까지 열린 제1차 카이로회담에서였다. 미·영·중 원수가 논의해 11월 27일에 합의하고 12월 1일 발표한 대일(對日) 카이로선언에 다음과 같은 구절이 나온다.

> 전기 3개국(미·중·영 - 인용자)은 조선 인민의 노예상태에 유의해 **적절한 과정을 거쳐**(in due course) 조선을 자유 독립케 할 것을 결정한다(강조는 인용자).

카이로회담에서 미국 루스벨트는 한국 문제에 대해 미·영·중 3국 공동의 신탁통치안을 둘째 날 제안할 예정이었다. 영국의 동의는 이미 받았고, 중국도 물론 동의하리라고 봤다. 그런데 중국 장제스(蔣介石)는 회담 첫째 날인 11월 23일 한국 독립의 약속을 선언에서 발표하자고 기습적으로 제안했다. 루스벨트와 처칠은 매우 당황했다. 당초 루스벨트는 한국 독립이 아닌 신탁통치에 대해서만 논의하려 했으며 그것이 처칠과 합의했던 바였다. 루스벨트에게 신탁통치는 독립으로 가기 위한 방안일 수는 있지만 우선은 독립의 유보 조치였다. 영국 식민지 독립 문제를 의식했던 처칠은 회담에서 한국 독립 문제를 논의하는 것 자체에 당연히 반대했다. 하물며 한국의 독립 보장을 카이로선언에 넣는다는 것은 단연코 반대였다. 그러나 루스벨트는 장제스의 각별한 요청에 따라 절충에 나설 수밖에 없었다. 루스벨트는 장제스에게 부탁할 사항이 많아 카이로회담을 주선한 처지였기 때문이다. 루스벨트는 토론 끝에 장제스의 주장을 받아들여 한국의 독립을 보장하고, 처칠과 자신의 주장인 '적당한 시기' 또는 '적절한 과정을 거쳐'라는 조건을 넣어 세계에 선언했다.

일본이 우리 민족의 의사와 달리 강점했던 식민지 조선이 일본 패전 후 독립된다는 것은 우리로서는 어쩌면 당연한 귀결이었으며, 이는 장제스가 강력히 주장했던 바였다. 그런데 문제는 그 독립이 '즉시 독립'이 아니었던 데 있다. 한국이라는 전리품을 앞에 놓고 연합국은 이를 자신의 세력권에 끌어넣으려고 궁리했던 것이다. 이를 위해서는 적당한 시간과 절차가 필요했다. 이것이 "적절한 과정"이라는 구절로 모호하게 표현되었는데, 구체적 합의 없이 단지 막연하게 시간적으로는 독립을 유보하며 과정적으로는 모종의 절차를 거친다는 사실이 암시되었던 것이다. 이 구절은 처칠의 표현이지만 신탁통치라는 아이디어는 전적으로 루스벨트의 것이었다. 그는 적절한 과정으로서 신탁통치(이하 탁치)를 상정했다. "조선인이 자치 능력이 없기 때문에" 실시한다는 탁치는 과거 수천 년간 자치 정부를 가져온 조선인에게는 모욕적인 것이었다. 또한 자치 능력의 미비란 외세가 자신들의 야욕을 감추기 위한 구실일 가능성이 있었다. 구시대적 식민통치의 필수 요건인 직접적인 무력 개입 없이도 확실한 세력권을 확보할 수 있는 수단으로 구상된 것이 탁치라는 새로운 방식이었던 것이다.

식민주의는 자국의 상품시장은 확보할 수 있을지라도 타국의 식민지에는 파고들어 갈 수 없는 한계가 있다. 당시 미국 자본주의는 나날이 성장해 전 세계가 상품시장이 될 수 있을 정도로 팽창했다. 이런 마당에 몇몇 식민지를 확보하기보다는 전 세계의 문호를 개방하고(open door policy) 구식민지에 대한 기회균등의 자유로운 접근을 보장함으로써 세계를 경제적으로 경략하려 했던 것이다. 사실 식민지를 개척하기에는 무력이 부족하기도 했다. 따라서 무력을 사용하지도 않고 상품시장을 직접 확보할 수 있는 탁치는 이

상주의로 위장된 미국의 제국적 반(反)식민주의(imperial anti-colonialism)의 한 표현이었다. 이는 실질적으로는 대상국의 주권과 영토를 침해하면서도 형식적으로는 그 영토를 추구하지 않는 것이었다. 후발 식민제국의 식민지화 수단 이상의 것이 아니었다. 따라서 문호개방과 (민족자결주의적) 자치 정부의 이상으로 포장된 윌슨의 국제주의적 '14개 조항'(제1차 세계대전 종결 시 발표)과 루스벨트의 '대서양선언'(1941.8)은 모두 유럽국들의 기득권을 잠식하려는 의도에서 발표된 측면이 있었다.

2) 스탈린의 즉시 독립안

카이로회담 직후인 1943년 11월 28일부터 12월 1일까지 테헤란에서 열린 3거두(루스벨트·처칠·스탈린)회담에서는 유럽 문제가 중심 의제였다. 따라서 한국 문제는 주변적 의제에 불과했다. 루스벨트는 스탈린에게 "극동 식민지 지역의 민중들에게 자치 능력을 교육시키는 문제"에 대해 이야기하면서 필리핀에서의 미국 정책을 예로 들었다(Sherwood, 1950: 770). 필리핀에 비추어 한국에는 40년간의 훈련 기간(apprenticeship)이 필요하다고 주장했는데, 스탈린은 수동적으로 동의하는 데 그쳤다(FRUS: The Conference at Cairo and Teheran, p.869).

스탈린 입장에서는 태평양전쟁에 참전한 당사자도 아니었기에 별다른 이의를 제기하지 않고 미·영·중 3대국의 정책을 묵인하는 태도를 보였다.

그런데도 소련은 비밀리에 대한 공작을 전개하고 있었다. 이에 1942년 봄 미 국무부는 시베리아 지역에서 한국인들로 구성된 2개 소련군 사단의 존재를 포착했으며, 1943년 11월 19일 카이로로 가는 배 안에서 육군 참모총장 조지 마셜(George Marshall) 대장과 어니스트 킹(Ernest King) 제독은 소련의 부동항(부산)에 대한 야욕을 경계하는 의견을 루스벨트에게 전달했다.*
소련은 만일을 대비한 공작 대상으로 재소한인들을 이용하려 했으며 탁치와 같은 독립의 유보 조치보다는 즉시 독립을 선호했다. 즉시 독립이 곧 사회주의적 친소 정부의 수립을 가능케 할 것이라고 예측했기 때문이다.

3) 전시 미국의 소련 견제

사실 한반도에서 미국의 소련 견제는 뿌리가 깊었다. 19세기에 저술된 청나라 외교관 황쭌셴(黃遵憲)의 『조선책략(朝鮮策略)』에도 러시아를 견제하려면 미국을 끌어들이라는 청(淸)의 권고가 나오며, 1882년 조미수호통상조약도 러시아에 대한 견제라는 공통 이익에서 발상한 것이었다. 또한 1905년의 가쓰라·태프트밀약도 미·일의 러시아 견제심리가 작용했던 것으로 평가될 수 있다. 시대가 바뀌어 20세기 중반이 되었지만 태평양을 손에 넣은 미국으로서는 이 지역의 떠오르는 강자 소련을 의식하지 않을 수 없었다. 따라서 20세기 중반 미국의 대한(對韓) 정책에는 대소(對蘇) 견제가 바탕에 깔려 있었다.

다국적 탁치안에도 어느 일방(특히 소련)의 단독 지배를 공동의 힘으로 막아보자는 속뜻이 있었고 분할 점령 구상에는 소련에 대항하려는 의도가 비교적 명시적으로 나타나 있었던 것이다.

그런데 한반도는 미국 혼자서 독점하기에는 무리가 따르는 지역이었다.

* "Stanley Hornbeck Memorandum," August 19, 1943, Reel 23, Folder 159, Box 51-52, Cordell Hull papers, Library of Congress, Washington, D. C.

1941년 필리핀에서 일본군에 압도당해 철수했던 미군은 호주 등 태평양 남단의 섬으로부터 반격을 시도해 북상하게 되는데, 최종 결전지인 일본의 뒤에 위치하고 있던 대륙국가 한국의 경우는 미국의 힘 부족 때문에 만주와 함께 대륙국가 소련의 세력권이 될 가능성이 높았다. 그러나 버리기에는 아까운 지역이기도 했다. 따라서 독점하기 어려웠던 지역 한반도에서 소련의 독점을 견제하기 위해 탁치와 분할 점령을 각각 결정했던 것이다.

1945년 2월 11일 얄타회담에서 미·영·소 3거두는 소련의 대일전 참전 조건을 흥정하면서 비밀협정을 체결했다. 소련은 쿠릴열도*를 획득하고 사할린 섬 남부 등 러일전쟁 패배 후 1905년 포츠머스 강화조약으로 빼앗겼던 자국 권리를 반환받기로 했지만, 38선에 대한 언급은 찾아보기 어려우므로 해방 후 이승만 등이 주장한 '얄타 밀약설'은 근거를 상실한다. 다만 루스벨트는 소·미·중에 의한 탁치를 실시하자고 주장한 반면 스탈린은 영국의 참여를 고집했다. 탁치 기간에 대해서 루스벨트는 필리핀이 50년이 필요했음에 비추어 20~30년은 필요할 것이라고 했으나 스탈린은 짧으면 짧을수록 좋다고 대응했다. 또한 미·소는 "한반도에 외국 군대가 주둔하지 않을 것"이라는 훗날 지켜지지 않았던 구두 합의를 이끌어냈다. 그렇다면 당시 합의는 '외국군 주둔 없는 탁치'였는바, 점령과 탁치를 대립적으로(양립 불가능한 것으로) 본 것이다.

* 1875년 '쿠릴·사할린교환조약(樺太-千島交換條約)'으로 일본은 일본령 사할린을 소련에 주고 대신 양국이 공동 관리하던 쿠릴열도를 독점했다.

3. 트루먼 등장 이후 미·소의 상호 각축

38선 획정

1) 포츠담에서 미국의 소련 참전 배제 노력과 38선 획정

한반도 탁치안을 주도했던 루스벨트 대통령이 이에 대한 공식 합의 없이 1945년 4월 12일 사망하고 트루먼(Harry S. Truman) 부통령이 대통령직을 계승하자 미국의 대소 견제는 더 심화되었다. 1945년 7월 22일 포츠담에서 열린 확대 정상회담에서 트루먼은 소련과 영국의 이탈리아 식민지에 대한 탁치 적용 문제를 둘러싼 대립 와중에서 몰로토프(Vyacheslav Mikhailovich Molotov)의 한반도 탁치에 관한 문제 제기를 자연스럽게 회피할 수 있었다(이완범, 2001: 112~118; 이완범, 2013: 231~238). 미국은 방금 실험에 성공한 원자폭탄을 이용, 소련 참전 전에 전쟁을 끝내 만주와 한반도를 독점하려고 기도했던 것이다. 트루먼 대통령의 특사 해리 홉킨스(Harry Hopkins)가 1945년 5월 26일부터 6월 7일까지 스탈린과 회담했을 당시 일본 점령에 대한 참여 의사를 전달받은* 트루먼은 소련을 적극적으로 견제하기 시작해, 한반도를 포함한 소련의 전리품에 대한 포츠담에서의 협상을 회피했던 것이다.** 포츠담에서는 단지 "카이로선언의 조건은 이행될 것이며 또 일본의 주권은 혼슈·홋카이도·규슈·시코쿠와 우리가 결정할 소도서들에 국한될 것이다"라는 카이로선언의 한 구절만이 구체화되었으며, 미·영 참모총장이 작성한 "소련의 대일전 참가는 권장될 것이며 참전 전략은 관계국이 토의한다"

* 미·소·영·중의 4개국 탁치에 관한 합의가 5월 28일 이루어졌다.

** 한편 조순승 교수는 더 시급한 문제 때문에 한국 문제에 대한 논의가 밀린 것이라고 주장했는데 이는 피상적 관찰을 기반으로 한 주장이다.

라 원칙만 확인되어 더 이상 논의가 진전되지 못했다.

한편 미국의 전쟁부 작전국장 존 헐(John Hull) 중장은 참모총장 마셜 장군이 트루먼에게 건의한 한국 상륙이 받아들여지자 1945년 7월 25일경 38선 근처의 군사작전 분계선을 일방적으로 획정했는데(이완범, 2001: 130~142; 이완범, 2013: 248~263), 미·소 간의 고위 군사회담에서는 일본 동북부로부터 한반도 북단을 연결하는 공·해군 작전분계선이 획정되었으나 육군의 지상 분할선은 그어지지 않았다. 소련의 참전을 배제한 채 원자무기에 의해 전쟁을 일찍 종결해 동북아를 독점하려는 트루먼은 스탈린과 한반도를 나눌 필요가 없었으므로 소련과 38선을 논의하지는 않았다.

2) 소련의 참전과 미국의 38선 확정

(1) 미국의 원폭 투하와 소련의 참전

1945년 8월 6일과 9일 미국은 원폭을 투하했지만, 일본은 즉시 항복하지 않았다. 소련은 약속대로 8월 8일 선전포고하고 8월 9일 신속히 참전해 큰 부담 없이 전투를 치를 수 있었다. 미국의 소련 배제 의도는 수포로 돌아가고 비도덕적 대량살상무기를 불필요하게 투하했다는 비난을 감수해야만 했다. 원폭 투하는 일본(대량살상)과 소련(소련 견제·위협) 양측의 비난 대상이 되었던 것이다. 과연 그렇다면 일본은 소련 참전 때문에 항복했을까 아니면 미국의 원자폭탄 때문에 무너졌을까? 이에 대해 소련과 미국이 각각 자국의 전쟁 기여를 자기중심적으로 확대해석하고 있으나, 사실은 소련 참전과 원폭 투하의 양 요인이 복합적으로 상호 상승작용 해 일본을 사면초가에 몰리게 한 것이라고 볼 수 있다. 원폭이 일본에 치명적이었고 몰락에 결정적인 요인임에는 분명하지만 소련의 참전도 무시할 수 없는 중요한 요인이다. 만약 소련이 참전하지 않고 중립을 유지했다면 아마 미국은 승리하기까지 더 많은 피를 흘렸을 것으로 추측된다.

(2) 한반도 점령안의 기원

미국의 한반도에 대한 군사점령은 1944년부터 국무부를 중심으로 검토되었으며 1945년에 들어와서 하나의 정책대안으로 받아들여졌는데, 만약 소련이 참전한다면 분할 점령이 될 것이라고 예측되었다. 이런 세력 분할 의식이 급박한 상황 아래 있었던 1945년 7월 25일경 포츠담에서 38선 분할 정책으로 더 구체화되었다.

1945년 8월 10~11일 사이에 확정된 38선은 형식적으로는 일본군의 무장해제를 위한 편의적 군사분계선이었다. 원래 한반도는 일제 대본영의 직할지였으나 1945년 6월부터 함경·평안 이북은 일본 관동군이 관할하고 그 이남은 일본 남방군이 관할했다. 여기서 군사분계선 획정의 간접적 근거를 제공한 일제의 분단에 대한 책임이 지적되기도 한다. 그러나 미국의 설명에 이에 대한 언급이 없으므로 이 분계선(정확히 38도선도 아니다)을 의식해 38선을 그었을 가능성은 별로 없다. 또한 8월 10일 이후 제주도를 포함한 전 한반도가 관동군 관할이 되었으므로 6월 일본의 조치는 임시적인 것에 불과했다.

(3) 미국의 분할 점령 결정

미·소 양군의 진주는 단순한 무장해제뿐 아니라 바로 점령을 의미했다. 당시 동아시아에서의 세력 관계는 '군사적 승리를 얻는 측이 정치적인 문제를 지배한다'는 원칙에 따라 누가 항복을 받느냐 또 어디서 항복을 받느냐에 따라서 좌우되는 상황이었다. 실무 담당자는 몰랐다 하더라도 분할선의 획정을 지시한 정책결정자는 그러한 의미를 분명히 알았을 것이다.

미국의 점령 → 탁치 → 독립의 3단계 구상에 따라 선점령 후탁치가 결정되었던 것이지만 분할 점령을 결정하는 데 다음 단계인 탁치의 가능성에 대해 심각하게 고려했던 것은 아니었다. 얄타에서 구두 합의된 "군사 주둔 없는 탁치안"은 그 실행 방법 면에서 결정된 것이 없었으므로 불확실한 안이었으며 만약 탁치가 실현된다면 그때 철군하면 될 것이었다. 다음은 한반도 분할을 결정한 '일반명령 제1호'의 내용이다.

① 중국(만주 제외), 타이완 및 …… 등은 장제스 총통에 항복한다.

② 만주, 북위 38도 이북의 한국, 가라후토 및 쿠릴열도 내에 있는 고위 일본 지휘관과 모든 육·해·공군 및 그 부속군은 소련군 극동사령관에 항복한다.

③ ㄱ. 안다만제도, 니코바제도 …… 등은 동남아사령부 연합최고사령관에게 항복한다.

ㄴ. 보르네오 …… 등은 오스트레일리아군 총사령관에게 항복한다.

④ 일본 위임통치 제도 …… 등은 미국 태평양함대 총사령관에게 항복한다.

⑤ 일본 본토 및 그 부속 소도, 북위 38도선 이남의 한국, 류큐 및 필리핀에 있는 제국 총사령부, 그 고위 지휘관과 모든 육·해·공군 및 그 부속군은 미국 육군 태평양총사령관에게 항복한다.

⑥ 이상에서 지적한 사령관이 항복을 받을 권한이 있는 연합군의 유일한 대표자이며 모든 일본군의 투항은 오직 이들 또는 그 대표자에게만 할 수 있다.

이는 전후 아시아에서의 세력 관계에 대한 미국의 입장을 밝힌 것으로 태평양전쟁에서 가장 큰 역할을 한 미국이 일방적으로 작성하여 소련과 영국에 통고하고 승인받았던 것이다. 소련은 8월 16일 쿠릴열도가 빠진 안을 보고 추가시킬 것을 요구해 관철시켰으며 홋카이도 북부를 항복 지구에 포함시켜 줄 것과 일본 점령에 참여시켜 줄 것을 요구하고, 38선에 대해서는 별다른 이의제기 없이 수락했다. 구체적으로 문서화되어 드러난 것은 9월 2일 미·일 간의 항복문서 조인식 때였다.

②항과 ⑤항이 우리가 주목할 만한 부분인데 전시에 세력 분할에 관한 명확한 논의가 없었던 한반도를 제외하고는 얄타밀약에서의 흥정 범위와 일치한다. 소련에게는 한반도를 제외한 만주·남사할린·쿠릴열도가 전략적 요지였으며 38선 이북의 한국은 일종의 덤이었을 가능성도 있다.

미국이 일방적으로 38선을 획정했다는 것은 움직일 수 없는 사실이다. 이미 1945년 7월 25일경 획정된 38선이 확정된 것은 8월 10일~11일 사이였다. 그렇다면 확정한 실무자는 누구였으며 무슨 의도에서 선을 확정했을까? 미국의 사후 변명을 보면 1명의 준장과 2명의 영관급 장교들이 군사적 편의에 따라 결정했다지만, 이들은 상부의 지시에 따라 편의주의적으로 사고할 수밖에 없는 실무 담당자에 불과하다. 이들이 국무부·전쟁부·해군부의 3부 조정위원회(state-war-navy coordinating committee, 약칭 SWNCC)의 위임을 받아 미국방부 4E886호실에서 결정했다고 한다. 이 위원회에서 더 높은 차원의 의도가 관철되고, 낮은 차원에서는 편의적으로 소화되었다고 할 수 있다.

3부조정위원회는 전략적인 문제를 논의하기 위해 국무부와 전쟁부·해군부의 정책 담당자가 모이는 기관이다. 워싱턴 시각으로 8월 10일 밤 전쟁 차관보 존 매클로이(John McCloy) 방에서 국무부 대표 제임스 던(James Dunn) 그리고 해군부 대표 랠프 바드(Ralph Bard)가 참석한 가운데 일본 항복 후 극동 미군이 취할 행동을 규정하는 명령서를 기초했는데, 한반도를 분할해야 한다는 것은 이미 상부에서 결정된 상태였다. 단지 어떤 선을 긋느냐 하는 것이 문제였는 데 묘안이 떠오르지 않던 던은 전쟁부 작전국 전략 정책단장 조지 링컨(George Lincoln) 준장에게 기안할 것을 지시했다. 링컨은 자신의 방에 걸린 지도를 보면서 38선을 구상한 다음 다시 자신의 참모인 정책과장 찰스 본스틸 3세(Charles Bonsteel Ⅲ) 대령과 정책과장보 딘 러스크(Dean Rusk) 대령에게 이 보다 더 좋은 방안이 없는지 검토해 볼 것을 지시했다(Sandusky, 1983: 226). 후일 국무부 장관이 된 러스크가 차관보 시절인 1950년 7월 12일에 당시 기억을 더듬어 쓴 비망록에 의하면 "국무부 측은 (번스 국무장관의 견해로는) 미군이 (대륙에서 - 필자, 한반도만을 지칭한 것은 아니다) 되도록이면 북상해서 항복을 접수해야 한다는 의견을 제출했다"라고 한다.

여기서 번스가 결정의 배후에 있다는 사실과 38선 획정이 단순한 군사적 편의에 의해서 이루어지지 않았다는 증거를 포착할 수 있다. "되도록이면 북상하라"라는 구절에서 이를 입증할 수 있는데, 북상의 정치적 목적은 세력 확대이지만 보다 심층적으로 보면 소련의 한반도 전체 점령을 막기 위한 소련 견제에 있다는 사실을 쉽게 알 수 있다. 편의적으로 확정한 실무자에게도 이런 정치적 의도가 지침으로 전달되었던 것이다. 그러나 태평양의 미군에겐 시간과 병력이 없었다. 군은 당장 사용 가능한 미군 병력의 부족을 지적하기도 했던 것이다(1500킬로미터 떨어진 오키나와에 있었다). 따라서 북상해야 한다는 정치적 희망과 미군 진주 능력의 명백한 한계를 조화시킬 안을 확정해야 했다. 본스틸은 도계(道界)가 좋겠다고 했으나, 매클로이의 부속실에서 유일하게 활용 가능한 극동(Far East)이라고 쓰인 큰 지도에 도계가 나와 있을 리가 없었다(Hoag, 1970: 65). 결국 38선이 안으로 확정되었다.

(4) 소련의 38선 수락

이렇게 미국이 확정한 38선을 소련은 즉각 수용했다. 러스크는 소련이 보다 남쪽의 선을 고집하지 않고 수락한 것에 약간 놀랐다고 술회했다. 트루먼도 그의 회고록에서 소련이 동의하지 않았다면 반도의 훨씬 남쪽에 선이 그어졌을 것이라고 평가했다. 그런데도 가드너(Gardner) 제독은 만주 확보의 교두보인 다롄항을 미국 점령지역에 포함시키려고 39도선을 대안으로 제안해 해군 장관 제임스 포레스털(James V. Forrestal)의 지지를 받기까지 했다.

그렇다면 아직 한반도에 본격적으로 공격을 가하지는 않았지만 한반도 전부까지도 점령할 수 있었던 소련은 왜 분할선을 수락했을까? 미국의 정치적 의도를 몰랐을까? 그럴 가능성은 없다. 태평양에서는 일본 점령에 참여하거나 일본 분할 점령을 도모하기 위해 그리고 만주에서는 더 많은 이권 확보를 위해, 유럽에서는 독일을 비롯한 동유럽 지역에서의 입지를 공고히 하기 위해 그랬을 것이다. 따라서 소련에게 한반도는 타 지역에서 더 많은 이권을 확보하기 위한 흥정 대상이었다. 이러한 소련의 정치적 음모에서 우리는 프롤레타리아 국제주의적 원칙을 소비에트 기지론이라는 소련 중심의 왜곡된 일국적 관점으로 치환시킨 스탈린주의의 편향을 읽을 수 있다. 이런 맥락에서 본다면 소련도 국익에 따라 세력권을 확장하려는 의도가 있다는 점에서 자본주의국가와 다를 바 없었다.

4. 신탁통치안 결정 과정과 그 의미

1) 모스크바3상회의에서의 결정 과정

미·소 협조의 상징인 신탁통치안에 대한 토의는 해방부터 3개월 후인

1945년 12월 16일부터 25일까지 모스크바3상회의에서 뒤늦게 이루어졌다. 진주 직후부터 모스크바3상회의까지 하지는 분할 점령으로 인해 발생한 문제들을 해결하기 위해 소련 점령군과 협상을 시도했으나, 그들에게 협상의 전권이 주어지지 않음을 확인하고 상부에서 합의해 줄 것을 요청했다. 결국 국무장관 번스는 주소 대사 해리먼에게 지시해 처리하도록 했으나 그러한 시도는 결실을 맺지 못했으며 1946년 1월까지 기다릴 수밖에 없었다.* 이미 대립의 조짐이 보였지만, 미·소가 교착을 타개하기 위해 마지막 노력을 보인 회담이 모스크바3상회의였다. 그러나 이것도 대세를 막는 데는 실패했다. 1946년에는 더욱 큰 대립이 벌어져 결국 1945년 말의 타협은 일시적인 것에 그쳤다.

미국은 한반도 진주 후 분할 점령 상태를 타개하기 위해, 중앙집권적 탁치를 실시하되 유엔이 주도하는 방안을 조악하게나마 결정해 놓고 모스크바3상회의에 임했다. 소련은 탁치안에 대해 수동적으로 구두 합의를 해주었지만, 그것은 미국(루스벨트)의 안이지 자신들의 안은 아니라고 인식했다. 주소 대사 해리먼은 다음과 같이 분석했다. 소련은 국제적인 탁치보다 즉시 독립을 통해 자국 우위가 더욱 용이하게 실현될 수 있다고 보았으며, 탁치는 소련의 절대적 우위 확보와는 거리가 먼 3개 내지 4개의 동등한 표결권 중 하나만을 갖게 되는 것이라고 생각했다는 것이다.** 또한 스탈린은 1945년 2월 얄타에서도 "한국인들이 만족스러운 정부를 세울 수 있다면 탁치를 할 필요가 어디 있느냐"며 반문했다고 한다(Millis ed. 1951: 56). 그렇다고 소련이 즉시 독립 외에 확고한 대안이 있었던 것은 아니었다. 이미 카이

* "Byrnes to Harriman," Washington, November 3, 1945, *FRUS*, 1945, Vol.VI, p.1106.

** "Harriman to Byrnes," Moscow, November 12, 1945, *FRUS*, 1945, Vol.VI, pp.1121~1122.

로선언의 "적당한 시기와 절차"가 독립을 유보시켰으므로 즉시 독립은 폐기시켜야 했다. 따라서 단지 미국이 내는 구체적인 안을 지켜보고 이를 타협을 통해 수정하려고 했다. 즉 미국의 탁치안에 즉시 독립의 요소를 끼워 넣으려고 했던 것이다.

모스크바삼상회의에서의 한국 문제에 관한 결정은 미·소 간 타협의 산물이며 어느 누구의 독단에 의해 결정된 것은 아니었다.

1945년 12월 16일 미국은 유엔 주도하의 4개국(미·영·중·소) 5년 내(5년 연장 가능) 탁치를 규정한 안을 제출했지만 소련은 별다른 관심을 표명하지 않았고 대신 일본 문제에 주력했다. 18일과 19일 회합에서 소련은 미국의 양보를 얻어 일본 점령에 참여할 수 있는 보장을 받았다. 이에 소련은 보다 타협적인 자세를 견지해 중국 문제에서 미국의 주장을 인정했다. 이로써 전후 미·소의 협조는 최고조에 달한 것처럼 보였으며 냉전은 결코 시작되지 않을 것 같았다.

한국 문제에 대해 별다른 반응이 없던 소련은 12월 20일 이후 4개 항으로 된 안을 제출하면서 유화적이고 능동적인 태도를 취했다. 소련안은 '선(先)임시정부 수립, 후(後)후견'을 골자로 한 것으로서 '선탁치 후정부수립'을 규정한 미국안과는 상당 부분 다른 것이었다. 소련은 미국의 '탁치'라는 용어를 러시아어 Опёка[영어의 후견(tutelage)에 해당]로 번역해 "조선인의 자주적 정부수립을 미·영·중·소가 원조한다"라는 후견 제안으로 수정했던 것이다. 소련은 미국안에 나타난 미·영·중·소의 참여가 자본주의국가의 상대적 우세(3 대 1)로 소련에 불리했기 때문에, 조선인의 참여를 보장해 우호적 정부수립을 기도하는 실리를 챙기기도 하고 조선인의 자주적 욕구를 반영하는 명분을 살려 일거양득을 얻으려 했다. 그런데 미국은 소련의 속셈을 파악하지 못했는지, 아니면 타협 분위기를 무산시키지 않으려고 해서인지,

그도 아니면 그 실현 가능성을 높게 평가하지 않았던 것인지, 소련안을 그대로 수용하는 양보를 단행했다. 12월 28일 오전 6시에 발표된 의정서는 약간의 문구 수정만 빼고는 소련안과 거의 같았다.* 모스크바3상회의 결정 중 한국 문제 조항은 당시에 조성된 한시적인 미·소 협조의 상징이었으나 매우 포괄적이고 애매했다. 따라서 당사자 간 협조가 불가능하게 된다면, 그 문구가 해석상의 논란 없이 치밀하게 구성되지 않는 한 실현 가능성이 떨어질 수도 있었다. 이러한 예측이 이후 역사에서 여지없이 실현되었던 것이다.

2) 모스크바3상회의 결정의 의미

흔히 모스크바의정서 한국 조항은 임시정부 수립과 신탁통치 실시에 관한 결정으로 간주되며 이 의정서대로 따랐으면 통일민족국가가 건설되었을 것이라고 아쉬워하기도 한다. 그렇지만 이 조항을 면밀히 검토해 보면 어느 것 하나 제대로 결정되지 않은 휴지 조각에 불과할지도 모른다는 불길한 예감이 들게 한다.

모스크바의정서의 한국 관계 조항은 4개의 항으로 이루어져 있다. 먼저 첫째 항부터 인용해 분석해 보고자 한다.

* 그런데 에릭 반 리는 오히려 "스탈린과 몰로토프는 신탁통치의 실현 가능성을 믿지 않았으며 실현되기를 원하지도 않았다. 만약 몰로토프가 탁치에 동의하지 않았다면 한반도에 관한 협상은 깨졌을 것이고, 그럴 경우 소련은 한반도에서 미국에 우호적인 정부가 수립될 가능성이 있다고 생각했기에 미국에 동의해 준 것"이라고 주장했다. 이것을 반 리는 "몰로토프의 뛰어난 사기술"이라고 표현했다(≪동아일보≫, 2004년 12월 19일 자). 한편 미국의 주소 대사 해리먼은 1945년 11월 12일 본국 정부에 보고서를 보내 소련은 한국에 대한 미국의 신탁통치 구상이 1/4의 발언권만을 보장하므로 이에 흥미가 없다고 평가했다.

> 첫째, 코리아를 독립국가로 재건하고 또한 민주적 원칙에 바탕을 둔 발전을 이룩할 수 있는 여건을 창출하기 위해 그리고 장기간의 일본 지배로 인한 참담한 결과를 가능한 속히 제거하기 위해, 코리아의 산업과 운수 및 농업 그리고 코리아인의 민족문화 발전에 필요한 모든 조치를 취할 코리아 민주임시정부를 수립할 것이다.

첫 번째 항은 미국안에는 없던 다소 선언적인 내용으로서 탁치가 실시된다는 언급 없이 단도직입적으로 “독립을 위해 임시정부가 수립될 것”이라고 적시해 조선민족에게 호의적인 내용을 내포하고 있다. 따라서 첫 번째 항을 과대평가한다면 모스크바 결정은 탁치에 관한 의정서가 아니라 독립의 실현 방법을 규정한 것으로 해석할 여지가 있다. 모스크바3상회의의 주안점은 탁치가 아니라 독립을 위한 임시정부 구성이라는 당시 좌파들의 주장도 있는 것이다. 그렇지만 이 조항은 하나의 선언적 수사(rhetoric)에 불과한 것으로 평가할 수 있다. 따라서 다음과 같이 탁치안도 확정된 것이 아니었으므로 모스크바의정서의 3대 축인 탁치, 독립, 임시정부 구성 등에 관해서 아무 것도 결정된 것이 없다는 해석도 가능하다.

> 둘째, 코리아 임시정부의 구성을 돕기 위해 그리고 적절한 방책을 미리 만들기 위해, 남부 코리아의 미군 사령부와 북부 코리아의 소련군 사령부의 대표로 구성되는 공동위원회를 설립할 것이다.

두 번째 항에서 보는 바와 같이 첫 번째 항에서 규정된 임시정부의 구성이 즉각 이루어지는 것은 아니었다. 미소공동위원회(이하 공위)라는 기관이 설립된 후 공위의 도움으로 구성된다는 수순이 규정되어 있는 것이다.

그렇다면 공위의 임무는 무엇인가? 세 번째 항의 규정이 이를 설명하고 있다.

> 셋째, 코리아 민주 임시정부와 민주 단체들의 참여 아래, 코리아인의 정치·경제·사회적 진보와 민주적인 자치정부의 발전 및 코리아의 민족적 독립의 달성을 위해 협력·원조(신탁통치)할 수 있는 방책을 작성하는 것이 공동위원회의 임무이다.

탁치에 대한 언급이 최초로 나오는 세 번째 항에서 탁치는 '독립 달성의 수단'이라고 해석되고 있다. 독립이 목적이고 탁치는 수단이라는 것이다. 공위의 주된 임무는 '신탁통치 방책의 작성'이며 두 번째 항 서두에 나와 있는 '임시정부 구성을 돕는 것'도 부차적 임무라고 할 수 있다. 그런데 탁치 실행안의 작성 과정에 대한 기술이 이 의정서의 중요한 줄기를 이루고 있다. 그 첫 번째 과정은 결정의 주체인 공위가 코리아 임시정부와 정당·사회단체와 협의해 탁치 방안을 작성한다는 것으로, 다음과 같이 두 번째 항의 둘째 문장, 세 번째 항의 첫째 문장 서두 및 둘째 문장의 서두에 나온다. 이는 코리아인을 단지 행정관(administrator)이나 고문(consultant)으로 임용할 수 있다는 미국안의 규정보다 코리아인 대중의 참여가 보장된 것으로서 소련 측에 유리한 규정이다.

> 두 번째 항 둘째 문장: 공동위원회는 그 제안들을 준비함에 있어서 코리아의 민주적 정당·사회단체들과 협의할 것이다.

> 세 번째 항 둘째 문장: 공동위원회의 제안은 코리아 임시정부와 협의를 거

친 후, 최고 5개년에 걸친 코리아의 4개국 신탁통치에 관한 협정의 체결을 위한 미·소·영·중의 공동 심의에 회부될 것이다.

두 번째 과정은 공위가 작성한 '최고 5개년에 걸친 4개국 탁치 협정'안을 4개국 정부가 심의한다는 것인데, 바로 위의 문장과 다음과 같은 두 번째 항의 셋째 문장의 규정이다.

> 두 번째 항 셋째 문장: 공동위원회가 작성한 건의서는 공동위원회에 대표권을 가진 양국 정부가 최종 결정을 내리기에 앞서 미·소·영·중 정부들의 심의를 위해 제출되어야 한다.

마지막 과정은 바로 위의 문장에서 본 바와 같이 4개국 심의를 거친 탁치 협정안을 미·소 정부가 최종적으로 결정하는 것이다. 따라서 미·소 합의만이 통일의 유일한 길이라는 해석이 가능하다.

이상과 같이 탁치 실행안의 작성 과정에 대한 기술이 이 의정서의 중요한 줄기를 이루는 데 이를 크게 도식화하면 다음과 같다. ① 공위가 임시정부와 정당·사회단체와 협의해 탁치 방안 작성→ ② '최고 5개년에 걸친 4개국 탁치 협정'안을 4개국 정부가 심의→ ③ 탁치 협정안을 미·소 정부가 최종 결정한다는 것이 그 수순이다.

의정서의 마지막 항인 네 번째 항은 미·소 사령부 간의 긴급회담이 2주일 내로 개최된다는 것으로, 이것 외에는 무엇이 모스크바의정서의 확실한 결정인지 알기 어려울 정도로 의정서 자체는 비구체적이며 모호한 내용들로 채워져 있다. 모스크바회의에서는 '최고 5개년에 걸친 4개국 탁치'가 실시될 것이라고 막연히 결정되었을 뿐인데, 이의 구체적 실행 방법은 미·소가 주체가 되고 조선인 및 영·중과는 단지 협의만 해 결정한다는 것이다. 이것이 모스크바회의의 한국 문제 해결 방식의 요점이다. 즉 미·소가 결정 당사자라는 점을 명확히 했던 것이다.

이 의정서를 탁치에 관한 의정서라고 하지만 탁치 실시의 구체적 실행 방법을 결정했다기보다는 '탁치 실시 방안의 결정 수순'을 대략적으로 규정한 문서에 불과하다. 원래 탁치를 실시하려 했다면 그 구체적인 실행안이 분할 점령 전에 나왔어야 했다. 그러나 구체적인 지침이 없어 곧바로 실행하지도 못하고 미·소는 분할 점령을 단행했다. 그렇다면 모스크바삼상회의에서 당장 실행에 옮길 수 있을 정도의 구체적 안을 결정해야 했다. 그러나 단지 '5개년 이내 4개국 탁치안'을 미·소가 조선인, 영국, 중국과 협의해 결정한다는 것 외에는 결정된 것이 없었다. 물론 이것이 제일 중요한 결정이었다고 할 수도 있지만 그것을 구체적 지침 없이 실행한다는 것은 불가능한 일이었다. 이후 공위가 열렸으나 앞의 3단계 수순 중 1단계에서 전혀 나아가지 않았다는 것이 이 문서의 구속력에 의문을 제기할 수 있는 근거이다.

가장 중요한 문제로서 미국과 소련은 탁치를 다르게 규정하고 있었다. 한 번도 실행된 적이 없었던 탁치를 미국은 불평등한 '지배'의 의미가 부각된 '정치 훈련'의 의미로 받아들인 반면 소련은 평등한 '도와줌'의 의미가 부각된 '협력·원조'의 의미로 받아들였다. 기본적인 명칭 면에서도 탁치와 후견으로 다르게 표기했던 것이다.

이처럼 개념 규정마저 일치되지 않은 상태에서 무엇을 어떻게 할 것인가라는 모든 번거로운 결정은 이후 개최될 공위에 떠넘겨 버렸으니, 한국 문제에 관한 한 아무것도 결정이 되지 않은 회의였다고 할 수 있다. 물론 미·소 협력이 공고하다면 결정이 유보된 문제의 해결을 기한다는 것이 그리 어려운 일은 아니었을 것이다. 그러나 간신히 합의된 결정이 미·소 간의 불화에 의해 실행되지도 못한 채 파기되고 마는 형세가 향후 조성되었다. 이 과정에서 세계적 냉전 출현의 국지화에 또 한 가지 기여한 것이 반탁 대(對) 모스크바 결정 지지라는 국내 세력의 대립이었다.*

그렇다면 미·소가 왜 이렇게 명확한 것 하나 없는 비정상적인 합의에 도달했을까? 거기에는 나름대로의 계산이 있었을 것이고 그에 의거해 합리적인 판단을 했을 것이다. 여기에서 그들의 숨겨진 의도를 규명한다는 것은 거의 불가능하지만, 두 가지 추론을 하는 것이 도움이 될 것이다.

첫째, 미·소 양국은 탁치의 실시가 자국에 우호적인 정부수립을 가능하게 할 것이라고 속단했을 가능성이 있다. 이런 맥락에서 본다면 탁치는 (당시 좌파들이 3상회의 결정문 셋째 항에 의지해 주장하는 것처럼 독립이라는 목적을 구현하는 수단이 아니라) 자국에 우호적인 정부수립이라는 목적을 달성하기 위한 수단 외에 아무것도 아니었다. 비구체적인 탁치안은 미국의 이익에 합치되는 동시에 소련의 이익을 침해받지 않으려는 속셈을 충족하는 것이었다. 어느 한 쪽의 배타적 이익 보장이 규정되지 않은 모호한 안이 탁치안이었다. 또한 그것이 위임통치처럼 식민지의 변형이 될지 아니면 소련의 주장처럼 독립의 지름길이 될지 아무도 모를 일이었다.

미국의 입장에서 탁치안은 식민지의 혁명적 민주주의에 정면으로 반대하는 것이 아니라 그것을 온건하게 발산시키면서 자국의 영향력을 확대하려는 제국적 반(反)식민주의 정책이었다. 제1차 세계대전 후 아시아·아프리카 지역의 패전국 식민지에 적용되었던 식민지 재분할을 위한 '국제연맹

* 불완전한 타협이었기 때문에 국내 정치세력이 활용하기 따라서는 오히려 국가 수립에 대한 선택의 폭을 넓힐 수도 있었다는 가정도 가능하다.

의 위임통치'안을 미국의 이익에 맞게 변형시킨 것이라 할 수 있다. 위임통치나 탁치가 모두 세력 확보를 위한 제국주의 정책이라는 면에서는 다를 바 없지만 다음과 같은 점에서는 차별성이 있다. 문호개방적 탁치안은 ① 식민지의 혁명적 기운을 의식해 위임통치의 구식민주의적 특성을 신식민주의적으로 변화시켜 식민지 민중의 요구와도 타협하면서, ② 동시에 구식민 세력(영·불·독)을 견제하려는 의도에서 구식민지적 방식을 사용하지 않고, ③ 구식민지에는 무장력이 필요했던 반면 탁치는 별다른 무장력의 지출 없이 보다 넓은 지역을 확보할 수 있는 방안이다.

미국은 자본주의국가의 상대적 우세를 보장함으로써 우호적 정부수립을 기도한 반면 소련은 국내 정치세력을 끌어들여 우호적 정부수립을 기도했다. 탁치는 형식적으로는 독립의 수단으로 소련에 의해 규정되었으나, 이는 자신들의 숨은 의도를 은폐하기 위한 위장일 뿐이며 실질적으로는 우호적 정부수립을 위한 수단 외에 다름 아닌 것이었다. 독립이라는 목적을 위한 수단으로서의 탁치는 미·소 모두 형식논리로나 가능했으며 실제로는 자국에 우호적인 정부수립이라는 목적을 위한 수단으로서의 탁치를 채택했을 뿐이었다.* 따라서 미·소 모두 탁치를 통해 우호적 정부수립이 불가능하다고 판단되면 언제라도 가차 없이 파기하고 다른 수단을 택할 가능성이 애초부터 있었다. 미·소가 서로 양보해 타협하지 않는 한 '조선을 위한 통한안(統韓案)'은 존재하지 않을 가능성이 있었는데, 이후 역사(1947)에서 미국의 일방적 파기에 의해 현실화되었다.

* 미국의 제국주의적 탁치안과 소련의 진보적 후견제안을 대비시켜 소련안이 관철된 모스크바 결정을 진보적인 것으로 평가하는 견해는 모스크바 결정의 모호성과 양면성을 간과할 뿐만 아니라 한국인에게 미국과 같은 외세로 간주될 수밖에 없는 소련의 '야욕'을 의도적으로 사상시키는 편협한 해석이다.

둘째, 어느 한쪽도 그 실현 가능성을 높게 보지 않았으나 지엽적인 한국 문제를 합의해 주고 보다 중요한 중국·일본 문제에서 많은 것을 얻거나, 미·소 화해 분위기를 먼저 해쳤다는 비난을 듣기 싫어 큰 고려 없이 합의했다는 설명이다. 만약 그렇다면 미·소가 각각 실현 가능성 있는 대안을 가지고 있었다는 말인데, 이것은 미·소 합의가 전제되지 않은 단독행동으로서의 '단정 수립'(미국)과 '양군 철퇴-즉시 독립'안(소련)이라고 할 수 있다. 이것 역시 이후의 역사에서 그대로 실현되었다. 또한 미국의 경우 탁치안을 주도했던 루스벨트가 1945년 4월 12일 미·소 간의 공식 합의가 없는 상태에서 세상을 뜨고 이 문제에 대해 별 관심이 없었던 트루먼이 직을 승계한 상태에서, 정책 결정을 주도했던 국무부는 루스벨트의 탁치안을 무시하고 탁치안과 모순되는 분할 점령을 결정했다. 국무장관 번스는 1945년 12월 모스크바에서 미·소 협력을 위해 탁치안을 받아들였지만 트루먼처럼 자신의 아이디어도 아니었으므로 실현 가능성에 큰 비중을 두지 않았을 것이다. 따라서 이후부터 논의를 주도하게 된 국무부는 탁치에 그다지 집착하지 않는 일관된 행태를 보였다.

첫째와 둘째 가설을 종합하면, 미·소 양국은 그 실현 가능성을 높게 보지는 않았으나 탁치안이 실현된다면 자국에 우호적인 정부수립을 가능케 할 것이라고 속단해 별 다른 고려 없이 합의했다는 설명이다. 다소 수사적으로 규정한다면 탁치안은 '동상이몽의 세력 확보책'이었다. 탁치안의 결정 과정부터 미·소는 실현 가능성을 높게 보지 않았지만, 그 실현을 가로막고 미·소 대립을 조장시킨 한 요인은 탁치안의 규정이 각자 다르게 해석할 여지가 있을 정도로 모호해 구속력을 갖지 못했던 점이다. 즉 동상이몽의 불확실성이 국내 정치세력의 좌우 대립과 결합되어 탁치안의 폐기를 가속화한 요인으로 작용했다.

물론 실현 가능성을 믿지 않았고 장차 일어날 대결을 미·소가 준비했기에 그 결정을 모호하게 한 측면도 있다. 따라서 결정의 모호성과 실현불가능성 사이에는 인과관계는 아니지만 상호작용적 상관관계가 성립된다.

요컨대 탁치 실현 가능성을 높일 여러 요인 중에서 ① 미·소 양국에 구속력을 가질 만한 규정의 명확성, ② 미·소 협조, ③ '모스크바결정 지지' 노선으로의 좌우 통합 등을 중요한 세 가지 변수로 들 수 있다. 그런데 우리 역사에서는 이 세 가지 중 하나도 구현되지 못해 분단구조가 성립되었다고 할 수 있다. 역사에서 반사실적 가정이 무의미하기는 하지만, 세 가지 변수의 조합을 통해 서로 다른 상황을 가정해 보는 것이 유용할 수도 있다. 제일 먼저 세 요인이 모두 구현되었다면 통일민족국가가 수립되었을 것이다(이는 분단의 내·외 요인이 모두 없는 경우이다). 두 번째로 ①과 ②가 구현되었다면 ③의 변수에 따라 두 가지 경우를 가정할 수 있다. 지지 대 반탁으로 대립했을 경우(외인 무, 내인 유)에는 내전 후 통일되었을 것이며, 반탁으로 뭉쳤을 경우(외인 무, 내인 무)에는 탁치 없는 통일이 실현되었을 가능성이 높다. 세 번째 가정은 ①과 ③은 구현되었으나 ②의 미·소 협조가 깨진 경우로, 오스트리아나 독일과 같이 외인은 있으되 내인은 없었던 케이스와 흡사한 경우이다. 강대국들이 전략적으로 제일 중요하다고 생각했던 독일의 경우 강대국들의 분단 의지가 국내인들의 통일 의지를 압도해 분단된 케이스지만, 오스트리아의 경우는 그 전략적 가치를 독일보다는 낮게 평가해 통일을 용인한 케이스이다. 한국의 경우는 그 전략적 가치 면에서 독일보다 오스트리아에 더 가까웠으므로 통일되었을 가능성이 높다. 네 번째로 ①은 결여되고 ②와 ③이 구현되었다면 구체적 지침이 작성되어 탁치 실시 후 통일되었을 것이다. 다섯 번째 가정은 ①과 ②는 결여되고 ③이 구현된 경우로서, 월남처럼 반외세 전쟁을 거쳐 통일되었을 것으로 추측된다. 여섯 번째

표 2-1 탁치 실현 요인의 변화를 둘러싼 가정들

	① 탁치규정의 명확성	② 미·소 협조	③ '지지'로의 좌우 통합		외인	내인	결과
현실	무	무	무	경우1: 좌우 대립	유	유	탁치 없이 분단
가정 1	유	유	유		무	무	탁치 후 통일
가정 2	유	유	무	경우 1: 좌우 대립	무	유	탁치 실시→내전→통일
				경우 2: 반탁 통합	무	무	탁치 없는 통일 가능
가정 3	유	무	유		유	무	탁치 후 통일 가능
가정 4	무	유	유		무	무	탁치 후 통일
가정 5	무	무	유		유	무	반외세투쟁 후 통일
가정 6	무	유	무	경우 1: 좌우 대립	무	유	내전 후 통일
				경우 2: 반탁 통합	무	무	탁치 없는 통일
가정 7	유	무	무	경우 1: 좌우 대립	유	유	탁치 없이 분단 가능
				경우 2: 반탁 통합	유	무	반외세투쟁 후 통일
가정 8	무	무	무	경우 2: 반탁 통합	유	무	반외세투쟁 후 통일

로 ①과 ③은 결여되고 ②가 구현되었을 때의 가정은 역시 두 경우로 나눌 수 있다. 좌우가 대립해 내인이 있었다면 내전 후 통일되었을 것이고, 반탁으로 통일했다면 내·외인 모두 없는 경우이므로 탁치 없는 통일이 달성되었을 것이다. 일곱 번째는 ①은 구현되었지만 ②와 ③이 결여되었을 때로, 여섯 번째와 함께 현실성이 떨어지는 가정이다. 만약 좌우가 대립한 경우라면 당연히 분단되었을 것이며, 반탁으로 통합되었다면 반외세 전쟁의 홍역을 치른 후 통일되었을 것이다. 마지막 가정은 ①, ②, ③ 모두 결여되었지만 반탁으로 통일되어 내인이 없는 경우이다. 이는 당시 우익이 노선을 전환한 좌익에게 분단 책임을 전가할 때 구사했던 논리로서 탁치에 집착한 소련과의 투쟁이 벌어진 후 통일되었을 가능성이 있다. 이와 같은 가정들을 도식화하면 〈표 2-1〉과 같다.

표 2-2 분단과 통일의 조건

	외인	내인	결과	해 석
현실	유	유	분단	한반도 분단은 국제적 성격이 강한 복합형이다.
가정 1	무	유 무	통일	만약 외인이 없었다면 내인의 유무에 관계없이 통일된다.
가정 2	유 무	무	통일	만약 내인이 없었다면 외인의 유무에 관계없이 통일된다.

이미 ①은 결여된 상황에서 미·소는 다양한 안을 검토했을 것이다. 이를 이 매트릭스와 연결해 보고자 한다. 미·소는 '현실'과 가정 4, 5, 6, 8 등의 대책을 마련했을 것이다. 그러다가 미·소 협조가 깨지기 시작하는 조짐이 보이자 '현실'과 가정 5, 8을 대안으로 검토하면서 좌우익의 분열을 조장하는 '현실'을 가장 현실적인 안으로 선택해 단독 행동을 입안하는 등 준비했을 것이다.

분단사에서 통일의 교훈을 얻기 위해 〈표 2-1〉의 '분단 내·외인' 부분과 '결과' 부분을 단순화해 도식화하면 〈표 2-2〉와 같은 도표가 만들어진다.

〈표 2-2〉에서 보는 것처럼 외인이건 내인이건 어느 한쪽만이라도 없었다면 우리 민족은 통일되었을 것이다. 초기의 분단은 물론 외세가 가져다 준 것이었지만 여기에 영합한 내인 또한 무시할 수 없는 것이다. 만약 민족 내부가 단합했다면 강요된 외인을 투쟁을 통해 극복할 수 있었을 것이다. 해방정국 이후의 역사적 변화를 돌이켜 볼 때 이제 한반도 분단을 강요했던 냉전체제는 한반도 외에는 더 이상 존재하지 않는다. 따라서 이제 외세는 분단 극복에 있어 '민족 내부의 대화'를 강조하면서 분단의 책임을 민족 내부로 전가시키고 있다. 이러한 책임회피적인 태도의 무책임성은 비난받아 마땅하지만, 국제 체제가 민족 내부에 유리한 쪽으로 점차 작용하고 있

다는 사실은 우리 민족의 '자주적 공간' 확보라는 면에서 긍정적으로 평가할 수 있는 부분이다. 따라서 해방 정국의 상황에서 얻을 수 있는 교훈은 외세에 영합해서 분단구조를 강화할 것이 아니라 민족 내부의 불신과 반목을 해결해야 통일의 길이 열릴 수 있다는 것이다.

5. 맺음말

분할 점령과 탁치안

적국이었던 독일과 오스트리아는 힘을 약화하기 위해 분할 점령이 이루어진 경우이지만, 한반도의 경우는 적국의 식민지였을 뿐 적국은 아니었으며,* 약화해야 할 힘도 물론 없었다. 따라서 분할 점령의 명분은 전혀 없었으며, 그 동기는 역시 강대국의 세력권 확보로밖에 설명할 수 없다.

이렇게 세력 분할은 되었지만 남한에서 일군의 항복을 접수할 책임자는 아직 선임되지 않았다. 1945년 5월에 수립된, 급작스러운 항복에 대비한 일본 본토와 한반도 점령 작전 '블랙리스트(Blacklist)'** 에 의하면 조지프 스틸웰(Joseph W. Stilwell) 장군이 지휘하는 제10군이 한국에 진주하도록 되어 있었다.*** 그러나 장제스의 참모장으로 국공합작을 추진했던 스틸웰에게 개인적으로 감정이 있던 장제스는 스틸웰의 책임 구역에 중국 동북부까

* 그럼에도 미군정 당국에 내린 워싱턴의 초기 훈령에는 적국으로 대우하라는 지침(곧 철회되기는 했지만)이 있었으나, 정작 힘을 약화해야 했던 적국 일본의 경우에는 사할린이 소련에 반환되었을 뿐 분할 점령되지 않았다.

** GHQ, AFPAC, "Operation Instructions No.4(Revised)," 15 August 1945, AG files in "History of United States Armed Forces in Korea"(이하 HUSAFIK), 1947~1948, part I, chapter I, pp. 3-4.

*** 스틸웰보다 먼저 웨드마이어 중장이 거론되었다는 설도 있다(올리버, 1982: 119).

지 포함되리라 예상하고 그를 밀어내려는 로비를 벌여 성공했다(Tuchman, 1971: 664~668). 이에 류큐의 경비를 맡기로 돼 있던 제24군단이 발탁되기에 이르렀다. 8월 12일 맥아더는 스틸웰에게 하지의 부대가 점령 업무를 맡게 되었다는 사실을 통보했다("HUSAFIK," part I, Ch. I, 10; 차상철, 1991: 54~55). 하지의 24군단은 제10군 산하였지만 1945년 8월 중순에 맥아더의 직접 지휘를 받는 직속부대로 변경되었다. 결국 1945년 8월 15일 분할과 남한 점령에 대한 지시가 24군단에 접수되었다("HUSAFIK," part II, chapter IV, p.2).* 전형적인 야전 군인 하지(John R. Hodge) 중장은 단순히 일군의 무장해제만을 맡는 줄 알았으나 나중에 일이 커져서 군정 책임까지 맡게 되었던 것이다. 여기에서 미국의 준비 부족을 읽을 수 있다. 그러나 이는 지엽적인 전술적 미비**였을 뿐 '친미 정부수립'이라는 정책적·전략적 목표는 확고했다.

그 목표를 수행하는 방법이 1945년에는 다국적 신탁통치 방식이었다. 여기에도 소련의 일방적 지배를 견제하는 성격이 내포되어 있었지만, 이 안은 기본적으로는 미·소 협조를 전제로 한 것이었다. 탁치안보다 소련 견제의 성격이 노골적으로 들어가 있는 것이 소련의 전체 점령을 막았던 분할 점령안이었다. 미·소 협조를 전제로 한다면 분할 점령은 통일과 전혀 배치되지 않는 과도적 조치로서 받아들일 수 있다. 신탁통치를 실시하기 위해 양군이 진주했다는 논리가 성립될 수 있으므로 탁치와 분할 점령 또

* 그렇다면 8월 16일 소련이 동의하기 전에 이미 지시되었다는 것인가? 그것이 아니라 이는 시차 때문이며 동의 즉시 지시가 발효된 것으로 추정된다. 또한 당시 지시는 '분할 점령'의 의미보다는 전시 상륙작전의 연장선상에서 이루어진 것으로 이해될 수 있다.

** 점령군의 초기 임무는 일군의 무장해제와 통신시설 구축이었지만 군정 수립을 포함한 임무들이 진주 전에 전혀 준비되지 않았던 것은 아니다. 실제로 다음 8월 8일 계획에 이것이 피상적으로나마 기술되어 있기도 하다. GHQ, AFPAC, "Basic Outline Plan for 'Blacklist' Operations to Occupy Japan Proper and Korea After Surrender or Collapse," edition 3, 8 August 1945, in "HUSAFIK," part I, chapter I, p. 6.

한 모순되지 않는다.* 이는 전술한 미국의 3단계 구상(점령-탁치-독립)과 부합되는 것이었다. 그러나 미·소 협조가 전제되지 않는다면 분할 점령이 (오스트리아와 같이) 통일로 가기보다는 (독일과 같이) 분단으로 귀결될 가능성이 높았던 것이다. 또한 한국은 당시 오스트리아와 비교할 때 좌우 대립이 보다 강했으므로 분단으로 귀결될 가능성은 더 높았다. 게다가 단계론을 전제하지 않는다면 분단으로 치달을 가능성이 높았던 분할 점령하의 군정과 통일로 귀결될 가능성이 높았던 다국적 신탁통치하의 단일한 민간 통치는 양립할 수 없었다.**

1945년 9월 11일 3부조정위원회는 분할 점령의 지속이 한국인들의 자유로운 의사에 기반한 독립국가 건설을 기할 수 있는 중앙집권적 신탁통치의 건설에 장애가 되므로 하루속히 중앙집권적인 다국적 탁치로 전환되어야 한다고 건의했다.*** 이어 9월 26일 미국 주재 중국대사 웨이타오밍(魏道明)이 국무장관 대리 애치슨(Dean Acheson)에게 중경의 대한민국임시정부가 한국 정부의 토대를 형성할 수 있을 것이라고 말하자 애치슨은 중경 거주 한국인

* 이정식 교수는 탁치의 실시가 소련의 전체 한반도 점령을 막아야만 가능했으므로 소련의 전체 점령을 막기 위한 38선 분할은 탁치 실시를 위한 불가피한 조치라고 평가했다. 즉 '탁치를 위한 분할 점령'이라는 양립 가능론을 주장한 것이다(이정식, 1989: 121).

** 실제로 1945년 8월 24일의 SWNCC 176 Series에 의하면 다국적 탁치에 관한 구두 합의는 초기 점령에 영향을 미치지 않으며 다국적 점령으로 귀결되지도 않을 것이라고 평가되었다("SWNCC 176 Series: International Agreement as to Occupation of Korea," 24 August, 1945, *FRUS*, 1945, vol VI, p.1040). 이는 탁치와 분할 점령을 상충적인 별개 사안으로 보는 인식이 이미 초기부터 미국의 정책결정자들 사이에 있었음을 증명하고 있다. 1945년 8월 분할 점령을 결정했을 당시 미·소 관계는 협조의 분위기가 남아 있었지만 독일과 동유럽 문제를 둘러싸고는 이미 대립을 보이는 시점이었다.

*** "SWNCC 101/1," September 11, 1945 in SWNCC 79/1, *FRUS*, 1945, Vol.vi, pp.1095~1096. 또한 1945년 10월 중순에 통과된 SWNCC 79/1에서도 재확인되었다. "SWNCC 79/1," October 1945, *FRUS*, 1945, Vol.vi, p.1094.

들의 한국 환국 교통편을 마련하고 있다면서 그들은 개인자격으로 한국의 행정부 구성을 지원할 수 있을 것이라고 대답했다. 또한 애치슨은 탁치하의 단일 민간 행정부가 하루빨리 군정을 대체해야 한다고 말했다.* 3단계 구상에 의거한 탁치가 실시되면 양군 철퇴는 반드시 선행되어야 하는 것이었다.

이렇게 미·소 간의 협조와 대결이 공존하는 불투명한 분위기에서 일단 반이라도 건지자는 속셈에서 단행된 분할 점령은 분단 지향적 안이었다고 평가할 수 있다. 역시 협조와 대결이 공존했던 1945년 12월에 모스크바3상회의에서 결정된 탁치안은 통일 지향적 안이었다.

미·소 협조의 분위기가 비록 불안정한 형태로나마 남아 있던 전시 회담에서 논의된 한반도 문제에 관한 미·소 간의 느슨한 합의 사항이 바로 신탁통치안이었다. 따라서 미·소 협조의 마지막 회의인 모스크바3상회의에서도 한국 문제에 관한 구상이 탁치안으로 귀결된 것은 자연스러웠다. 그러나 미·소 협조가 무너진다면 통일 지향적 탁치가 실현되기보다는 분할 점령이 영구 분단으로 고착화될 가능성이 존재하고 있었던 것이다.

* "Memorandum of Conversation, by the Director of the Office of Far Eastern Affairs(Vincent)," September 26, 1945, *FRUS*, 1945, Vol.VI, p.1058.

참고문헌

강정구. 1996. 『분단과 전쟁의 한국현대사』. 역사비평사.

국사편찬위원회 엮음. 1968~1974. 『자료대한민국사』(전 7권). 탐구당.

______. 2003. 『한국사 52: 대한민국의 성립』. 국사편찬위원회.

김기원. 1990. 『미군정기의 경제구조』. 푸른산.

김남식·이정식·한홍구 엮음. 1986. 『한국현대사자료총서: 1945~1948』(전 15권). 돌베개.

김승철. 1987. 「미군정의 구조와 성격」. ≪녹두서평≫, 1호, 311~348쪽. 녹두

김용직 엮음. 2005. 『사료로 본 한국의 정치와 외교: 1945~1979』. 성신여자대학교 출판부.

김운태 엮음. 1976. 『해방30년사 3: 제1공화국』. 성문각.

김인걸 외 엮음. 1998. 『:한국현대사 강의, 1945~1980』. 돌베개.

김일영. 2005. 『건국과 부국』. 생각의 나무.

김학준. 1979. 「분단의 배경과 고정화 과정」. 송건호 외. 『해방전후사의 인식』, 1권, 70~110쪽. 한길사.

도진순. 1997. 『한국민족주의와 남북관계』. 서울대학교 출판부.

매트레이, 제임스(James I. Matray). 1989. 『한반도의 분단과 미국』. 구대열 옮김. 을유문화사.

미 국무성. 1984. 『해방 3년과 미국』. I. 김태국 옮김. 돌베개.

박명림. 1989. 「서론: 해방, 분단, 한국전쟁의 총체적 인식」. 박명림 외. 『해방전후사의 인식』, 6권, 7~76쪽. 한길사.

박지향·이영훈·김일영·김철 엮음. 2006. 『해방전후사의 재인식』(전 2권). 책세상.

박찬표. 1997. 『한국의 국가형성과 민주주의: 미군정기 자유민주주의의 초기제도화』. 고려대학교 출판부.

박태균. 1991. 「미국과 소련의 대한정책과 미군정」. 한국역사연구회 현대사연구반 엮음.

볼드윈, 프랭크(Frank D. Baldwin) 엮음. 1984. 『한국현대사』. 사계절.

서대숙 외. 1982. 『한국현대사의 재조명』. 돌베개.

서중석. 1996. 『한국현대민족운동연구』, 2권. 역사비평사.
소련과학아카데미 엮음. 1989. 『레닌그라드에서 평양까지』. 함성.
송남헌 엮음. 1976. 『해방30년사 1: 건국전야』. 성문각.
송남헌. 1985. 『해방3년사』(전 2권).
신병식. 1983. 「대한민국 정부수립과정에 관한 연구」. 서울대학교 정치학과 석사 학위논문.
신복룡·김원덕 엮음. 1992. 『한국분단보고서』(전 2권). 풀빛.
심지연. 1989. 『미소공동위원회 연구』. 청계연구소.
안철현. 2009. 『한국현대정치사』. 새로운사람들.
역사문제연구소 해방3년사 연구 모임 엮음. 1989. 「전후 세계체제의 변화와 동아시아」. 『해방3년사연구입문』. 한길사.
오꼬노기, 마사오(小此木政夫). 1980. 「전이하는 한반도의 전략적 가치: 1942년에서 1950년까지」. 현대사연구소 옮김. ≪계간 현대사≫, 창간호.
_____. 1986. 『한국전쟁: 미국의 개입과정』, 현대사연구실. 청계연구소.
오재완. 1990. 「국제적 냉전체제와 분단정권의 수립」. 한배호 엮음. 『한국현대정치론』, 1권. 나남.
유영익 외. 1998. 『수정주의와 한국현대사』. 연세대학교 출판부.
이동현. 1990. 『한국신탁통치연구』. 평민사.
이수인 엮음. 1989. 『한국현대정치사 1: 미군점령시대의 정치사』. 실천문학사.
이완범. 2001. 『38선 획정의 진실』. 지식산업사.
_____. 2013. 『한반도 분할의 역사』. 한국학중앙연구원출판부.
이우진. 1985. 「독립운동에 대한 미국의 태도: 루스벨트의 신탁통치구상을 중심으로」. 한국정치외교사학회 엮음. 『독립운동과 열강관계』. 평민사.
이우진. 1987. 「한국의 국제신탁통치: 그 구상 및 좌절의 기록」. 조사연구실 엮음. 『해방5년사의 재조명: 한국현대사의 정치사회사적 인식』. 국토통일원.
이원설. 1989. 『미국과 한반도 분단』. 한남대학교 출판부.
이정식. 2006. 『대한민국의 기원』. 일조각.
이정식 엮음. 1976. 『해방30년사 3: 제2공화국』. 성문각.
전상인. 2001. 『고개 숙인 수정주의: 한국현대사의 역사사회학』. 전통과 현대.

정용욱. 2003. 『해방 전후 미국의 대한정책』. 서울대학교 출판부.

_____. 2007. 「모호한 출발, 저당 잡힌 미래, 발목 잡힌 역사: 21세기에 되돌아 본 해방 전후사의 역사인식」. 이병천·홍윤기·김호기 엮음. 『다시 대한민국을 묻는다: 역사와 좌표』, 60~95쪽. 한울.

정일준. 1988. 「해방직후 분단국가 형성과정에 대한 일고찰」. 한국사회사연구회 엮음. 『해방직후의 민족문제와 사회운동』, 95~197쪽. 문학과 지성사.

조순승. 1982. 『한국분단사』. 평민사.

조용중. 1990. 『미군정하의 한국정치현장』. 나남.

진덕규. 1985. 「미군정 초기 미국의 대한 점령정책」. 송건호 외. 『해방40년의 재인식』, 1권, 111~138쪽. 돌베개.

진덕규 외. 1981. 『1950년대의 인식』. 한길사.

차상철. 1990. 「미국의 한국점령정책의 기본성격」. 한국국제정치학회 엮음. 『한국전쟁의 역사적 재조명: 국제정치논총특집』, 85~103쪽. 국제정치학회.

_____. 1991. 『해방전후 미국의 한반도 정책』. 지식산업사.

최상룡. 1986. 「분할점령과 신탁통치: 해방정국의 두가지 외압」. 한국정치학회 엮음. 『현대한국정치론』. 법문사.

최인범. 1989. 「분단으로 이어진 분할점령」. 최인범. 『민족통일과 민중권력』, 24~31쪽. 신평론.

최장집·정해구. 1989. 「해방8년사의 총체적 인식」. 최장집 외. 『해방전후사의 인식 4』, 4권, 11~50쪽. 한길사.

최창규 엮음. 1976. 『해방30년사 3: 제3공화국』. 성문각.

커밍스, 브루스(Bruce Cumings). 1983. 「한국의 해방과 미국정책」. 브루스 커밍스 외. 『분단전후의 현대사』. 일월서각.; 프랭크 볼드윈 엮음. 1984. 『한국현대사』, 사계절.

_____. 1986. 『한국전쟁의 기원』(전 2권). 김주환 옮김. 청사; 김자동 옮김, 일월서각.

콜코, 조이스(Joyce Kolko)·가브리엘 콜코(Gabriel M. Kolko). 1982. 「미국과 한국의 해방」. 서대숙 외. 『한국현대사의 재조명』, 13~53쪽. 돌베개.

한국역사연구회 현대사연구반 엮음. 1991. 『한국현대사 1: 해방직후의 변혁운동과 미군정』. 풀빛.

한국정신문화연구원 현대사연구소 엮음. 1998.『한국현대사의 재인식 1: 해방정국과 미·소군정』. 오름.

한길사 엮음. 1979~1989.『해방전후사의 인식』(전 6권). 한길사.

_____. 1994.『한국사 제17권: 분단구조의 정착-1』. 한길사.

『한국현대사』, 1권, 23~62쪽. 풀빛.

吳忠根. 1982.「朝鮮半島をめぐる米ソ關係」. ≪共産主義と國際政治≫, 第7卷 2號, pp. 24~50.

_____. 1984.「戰時米ソ交涉における朝鮮問題: ポツダム會談を中心に」. ≪法學硏究≫, 第56卷 6號, pp.36~64.

平山龍水. 1990.「第二次大戰中のアメリカの對朝鮮政策: 信託統治制度適用の經緯について」. ≪筑波法政≫, 第13號, pp.181~305.

Dobbs, Charles M. 1981. *The Unwanted Symbol: American Foreign Policy, the Cold War, and Korea, 1945~1950*. Kent, Ohio: The Kent State University Press.

Hoag, C. Leonard. "American Military Government in Korea: War Policy and the First Year of Occupation, 1941~46." Draft manuscript produced under the auspices of the Office of the Chief of Military History, Department of the Army, Washington, D. C., 1970, p. 65.

Lee, U-Gene. 1973. "American Policy Toward Korea, 1942~1947: Formulation and Execution." ph.D. dissertation. Georgetown University.

Lee, Won Sul. *The United States and the Division of Korea, 1945*. Seoul: KyungHee University Press.

Matray, James Irving. 1985. *The Reluctant Crusade: American Foreign Policy in Korea, 1941~1950*. Honolulu, Hawaii: University of Hawaii Press.

Morris, William George. 1974. "The Korean Trusteeship, 1941~1947: The United States, Russia, and the Cold War." ph.D. dissertation. The University of Texas at Austin.

Ree, Erik Van. 1989. *Socialism in One Zone: Stalin's Policy in Korea, 1945~1947.* Oxford: Berg.

Sandusky, Michael C. 1983. *America's Parallel, Alexandria, Virginia: Old Dominion.*

Sbrega, John Joseph. 1974. "Anglo-American Relations and the Politics of Coalition Diplomacy in the Far East during the Second World War." ph.D. dissertation. Department of Political Science, Georgetown University.

_____. 1986 "The Anticolonial Policies of Franklin D. Roosevelt: A Reappraisal." *Political Science Quarterly*, Vol.101, No.1, pp.65~84.

_____. 1986. "Determination versus Drift: The Anglo-American Debate over the Trusteeship Issue, 1941~1945." *Pacific Historical Review*, Vol.55, pp.256~280.

3

한국전쟁

냉전, 열전, 휴전의 통사

김계동
건국대학교 안보·재난관리학과 초빙교수

1945년 제2차 세계대전의 종료와 함께 미국과 소련에 의해 분할 점령된 한반도는 1948년 남북한에 각기 단독정부가 수립되면서 분단이 고착화되었다. 미국과 소련을 종주국으로 한 이념의 차이에서 비롯된 분단이었기 때문에, 한반도 내에는 갈등과 대립이 심각하게 이어졌다. 남북한의 지도자들은 서로의 정통성을 인정하지 않고, 상대 지역을 언젠가는 무력으로라도 흡수해야 할 대상으로 간주하며 공세적인 태도를 보였다. 세계적으로 1947년부터 시작된 냉전(冷戰)은 제2차 세계대전 동안 이루어졌던 미국과 소련의 협력을 붕괴시켰고, 양 초강대국의 갈등과 대립은 한반도와 같은 분단 지역에 고스란히 전해졌다. 그리고 유럽에서 시작된 냉전이 한반도를 비롯한 아시아 지역에는 열전(熱戰)으로 확대·전파되었다. 이 장은 1945년 한반도가 분단된 이후 1950년 한국전쟁이 발발한 원인에서부터 1953년 7월 27일 정전이 이루어지면서 한반도가 재분단되는 과정을 개괄적으로 설명한다.*

1. 한국전쟁의 기원

한국전쟁은 북한이 남한을 침략한 단순한 전쟁으로 시작되었으나, 매우 복잡한 방향으로 전개되었다. 즉 내전으로 시작된 한국전쟁은 개전 이후 며칠 지나지 않아 국제전으로 확대되었다. 단순하게 시작되어 복잡하게 전개된 이 전쟁의 발발 기원은 단순히 공산주의 체제가 자본주의 체제를

* 이 장의 주요 흐름은 김계동, 『한국전쟁: 불가피한 선택이었나』(명인문화사, 2014)의 내용을 발췌해 요약·수정했다.

공격한 것이라 할 수 있다. 하지만 남북한, 미국, 중국, 소련, 유엔, 유엔군 파견국들 등 다양한 국가와 국제기구가 관련되어 있기 때문에, 자세히 들여다보면 그 기원이 매우 복잡해 다양한 음모론이 제기되기도 했다. 북한이 전쟁을 일으킨 이유와 동기는 무엇인가? 소련 - 중국 - 북한으로 이어지는 북방 공산주의 3국은 전쟁 발발 시 어떠한 입장을 표명하고 역할을 수행했는가? 전쟁에 대한 이러한 질문과 함께 한국전쟁의 기원에 대해 북한 공산주의의 책임론을 제시하는 전통주의 시각이 있는 반면, 미국과 남한의 책임론을 주장하는 수정주의 시각이 대립하기도 했다. 남한의 북침론을 주장하는 학자들도 있었지만, 미국·영국 등 서방국가들과 민주화된 러시아에서 당시의 외교문서들을 공개하면서 공산주의자 외에 남한의 북침을 주장하는 학자들은 거의 사라졌다. 여기서는 전쟁의 직접적이고 정통적인 기원이라 할 수 있는 공산주의 진영에 의한 전쟁의 기원에 대해서만 논의한다.

1) 외부적 요인: 세계 냉전의 등장

한반도의 분단과 한국전쟁은 서로 연결되어 있는 것처럼 보인다. 물론 한반도가 분단되었기 때문에 전쟁이 발생했다는 데는 이론(異論)의 여지가 없다. 그러나 당시의 상황을 국제적인 측면에서 분석해 볼 때 한반도 분단과 한국전쟁 사이에는 큰 차이가 존재하고 있다는 시각도 틀린 것은 아니다. 가장 중요한 점은 분단과 전쟁 과정에서 드러난 미국과 소련의 협력과 갈등 관계다.

1945년 8월 광복과 함께 이루어진 한반도 분할 점령 당시에 미국과 소련은 국제사회에서 협력관계를 유지하고 있었다. 1939년에 시작된 제2차 세계대전 기간 동안, 전쟁을 일으키고 유럽 전역을 점령하려 했던 히틀러의 독일을 물리치기 위해 미국과 소련은 군사적으로 연합했다. 자본주의와 공산주의라는 이념적 차이가 있었지만, 양국은 독일을 패배시켜야 한다는 공동 목표 때문에 연합을 하지 않을 수 없었다. 따라서 1945년 8월 한반도를 분할 점령할 당시 미국과 소련은 군사적으로 협력하고 있었다. 미국과 소련은 이러한 제2차 세계대전 동안의 협력을 바탕으로 1945년 5월 유럽 전쟁이 끝난 후에 유럽을 서유럽과 동유럽으로 분할해 세력권화했고, 한반도도 분할 점령한 것이다.

미국과 소련의 전후 국제질서 재편을 위한 협력관계는 적어도 1946년까지 이어졌다. 그러나 제2차 세계대전에서의 승리라는 공동 목표를 성취한 이후 양국은 이념적 차이를 바탕으로 독자적인 세계 전략을 추구하기 시작했다. 우선 미국은 전쟁으로 황폐해진 서유럽을 부흥시키면서 자본주의 이념을 착근시키는 데 주력했고, 소련도 전후 공산주의 진영의 세력권으로 편입된 동유럽의 정치·경제적 안정을 위한 정책을 모색했다. 이렇듯 전후 복구라는 조금은 혼란스러운 분위기 속에서 서유럽 지역에 공산주의가 등장할 조짐이 나타났고, 미국은 서유럽에서의 공산주의 등장이 소련의 팽창주의에 의한 것이라고 의심하기 시작했다.

1946년 2월 소련 주재 미국 대사관의 외교관 조지 케넌(George Kennan)은 본국 정부에 긴 전문을 보내, 소련의 전체주의와 팽창주의를 경고하면서 소련과는 대화와 협상이 불가능하다는 신념을 바탕으로 미국이 소련에 대항하는 힘을 집중시키는 봉쇄정책(containment policy)을 채택해야 한다고 건의했다. 소련의 서방세계에 대한 적대감은 자본주의가 패망할 때까지 계속될 것이므로, 미국은 장기적으로 인내심을 갖고 "강력하고 주의 깊은 봉쇄정책"을 추진해야 한다고 주장했다(Kennan, 1951: 111~118). 케넌은 제2차 세계대전 이후 타협과 대화의 방법으로 소련과 국제평화를 위한 협력을 추구해야 한다는 이상주의를 비판하면서, 국제정치에서 현실주의를 바탕으로 한 정책 추진을 제시했다.

이러한 캐넌의 경고는 1947년 3월 트루먼 독트린으로 이어졌다. 특히 그리스와 터키에서 공산주의 활동이 증가하자 해리 트루먼(Harry Truman) 대통령은 양국의 공산화가 시도된다면 미국은 군사개입을 불사하겠다는 내용의 트루먼 독트린을 발표했다. "만약 그리스가 무장한 소수 세력에 의해 지배된다면, 이웃 국가인 터키에 대한 영향은 즉각적이고 심각할 것이다. 혼란과 무질서는 중동 전체에 확산될 것이다." 유럽에서 중동으로 향하는 관문으로서 그리스와 터키의 중요성을 부각한 것이다. 트루먼은 "무장한 소수 세력 또는 외부의 압력에 의해 시도되는 전복(subjugation)에 대항하는 자유국가를 지원하는 것이 미국의 정책이어야 한다"라고 단호한 입장을 표명했다. 특히 그는 무장한 공산주의의 도미노적인 확산을 우려했다. 민주적 자본주의 세계의 상호 연계적 본질을 강조하면서, 자본주의 진영에 의해 유지되는 세계평화는 미국의 안보를 위해 필요하다는 점을 명확히 했다 (Crabb Jr., 1982: 107~152). 트루먼 독트린이 미국과 소련을 중심으로 한 동서 냉전의 시작이라 할 수 있다. 그 뒤를 이어 서유럽에서의 공산주의 등장을 막기 위한 서유럽 부흥 정책 마셜플랜, 서유럽국가들을 미국의 군사적 울타리 안에 안주시키면서 공산주의와 대립을 모색한 군사동맹체 북대서양조약기구(NATO)의 설립이 추진되었다.

이와 같이 유럽에서 시작된 냉전은 아시아 지역으로 전파되었다. 따라서 전후 처리 과정에서 한반도를 분할 점령한 미국과 소련의 협력도 세계 냉전의 시작과 함께 끝나버렸다. 1945년 2월 얄타회담에서 미국, 영국, 소련의 정상이 합의했던 4개국의 한반도 신탁통치를 실시하기 위해 미소공동위원회가 1946년과 1947년 두 번에 걸쳐 개최되었지만 결국은 실패로 돌아갔다. 이후 미·소 양국은 남한과 북한에 자기 세력권을 형성하기 위해 경쟁적인 한반도 전략을 구상하기 시작했다. 결국 남북한에 분리된 단독정부가 수립되었다. 요컨대 유럽에서 시작된 미·소 냉전이 아시아에도 전파되었고, 그 여파로 한반도는 영구 분단의 길로 들어선 것이다.

당초 유럽에서 시작된 냉전이 아시아에 전파되면서 상향 조정되어 냉전이 아니라 열전의 상황으로 전개되었다. 중국에서는 마오쩌둥(毛澤東)의 공산군과 장제스(蔣介石)의 국민당군이 장기간 내전을 벌여 국민당군이 패배한 뒤 1949년 10월 1일 공산주의 국가인 중화인민공화국이 탄생했다. 동남아에서는 분단된 베트남에서 1955년부터 내전이 발생했고, 이후 1960년대에 미국이 개입하면서 장기적인 대규모 전쟁으로 발전했다. 한반도에서는 1950년 6월 25일 내전이 발발했으며, 이 내전은 며칠 지나지 않아 유엔과 16개 서방국, 그리고 나중에는 중국이 직접 개입하는 국제전으로 확대되었다.

세계적인 냉전이 한국전쟁 발발의 직접적 원인이 아닐 수도 있다. 그러나 세계적 냉전이 시작되지 않고 미국과 소련의 협력관계가 지속되었다면, 한반도 분단의 고착화를 막을 수 있었고 통일이 될 수도 있었을 것이다. 미국과 소련이 합의해 4개국 신탁통치를 실시한 이후 통일국가가 수립되었을 수 있고, 신탁통치가 실시되지 않았더라도 유럽의 오스트리아같이 중립국화해 통일이 이루어졌을 수도 있다. 아시아의 전후 처리 과정이 유럽과 유사하게 실시되었다면 패전국이 아닌 한반도는 통일이 되고, 일본이 독일처럼 승전국들의 공동 점령 이후 분단되었을 가능성도 있다. 그랬다면 한국전쟁이 일어나지 않았을 것이다.

2) 내부적 요인: 김일성·박헌영의 권력투쟁과 김일성의 전쟁

1948년 8월 15일 대한민국 정부 수립 이후 이승만 대통령은 남한 내에 잔존하는 공산주의 세력을 소탕하는 작전을 벌이기 시작했다. 남한 지역에서 활동하던 공산주의 세력인 이른바 남로당의 당원들은 지하에 숨거나 북한으로 탈출했다. 북한으로 탈출한 남로당의 지도자 박헌영은 북한 지역에서 국내 공산주의 세력을 규합하면서, 남한 지역에 남긴 남로당원들에 대한 미련을 버리지 못하고, 남한의 공산화를 위해 남침을 해야 한다고 역설하고 다녔다. 그는 북한이 남한에 대한 해방전쟁을 일으키면 남한에 남아있는 약 20만 명의 공산주의자들이 지원할 것이기 때문에 조기에 전쟁을 끝낼 수 있다고 장담했다.

해방 직후 북한 지역에는 대체로 4개의 공산주의 세력이 할거하고 있었다. 가장 토착적이고 인기가 있던 세력은 박헌영을 중심으로 한 국내파 공산주의자들이었다. 한반도에 있던 대부분의 우익 세력이 일제 말기에 암암리에 친일 활동을 벌인 반면, 좌익 세력은 최후까지 반일사상을 견지했으므로 한국인들에게 상당히 신뢰를 받았다. 두 번째 세력은 일제 침략기 동안 만주에서 항일활동을 하다가 1941년 태평양전쟁 발발 이후 시베리아 지역으로 이전한 후, 1945년 소련의 북한 점령 당시 소련군과 함께 북한으로 입성한 김일성 중심의 갑산파였다. 세 번째 세력은 일본의 한반도 점령 초기인 1900년대 초반에 소련에 이주해서 공산주의 활동을 했던 한국인들과 그 2세들로, 이 세력의 중심인물은 허가이였다. 이들도 소련이 북한을 점령할 때 소련군으로, 또는 소련군과 함께 북한에 입성했다. 마지막이 일제강점기 동안 중국의 연안을 본거지로 중국에서 공산주의 활동을 하던 연안파로, 김두봉이 지도자였다. 해방 직후 연안파는 뒤늦게 귀국하다가 소련 점령군과 갑산파의 국경 봉쇄로 입북을 하지 못해 결국은 남한을 거쳐 월북했다.

이러한 4개 세력들 가운데 박헌영의 국내파와 김일성의 갑산파가 북한 지역 공산주의 활동의 주축을 이루고 있었다. 소련 점령군도 박헌영이나 김일성 중 어느 한 편을 지지하지 않고 양 세력을 저울질하고 있었다. 이런 상황에 박헌영 주도하에 그의 주장대로 북한이 남한을 침공하고 남한 내 20만 공산주의자들이 봉기해 남한 지역 공산화가 이루어진다면, 박헌영의 세상이 될 것이라고 김일성은 우려했다. 이에 따라 김일성은 남한 침공을 더욱 강력히 주장해 주도권을 가져야 한다고 생각했다. 결국 김일성과 박헌영의 권력 경쟁으로 북한의 남침이 거의 기정사실화되었다.

김일성과 박헌영은 대남 침공에 대해 같은 뜻을 가지고 있었으나, 과연 북한이 남한을 성공적으로 정복할 수 있을지 의문이었다. 이런 까닭에 김일성과 박헌영은 소련의 지지와 지원이 필요하다고 생각했고, 1949년 3월 둘은 모스크바를 방문해, 스탈린을 만나 대남 침공의 필요성을 설명하고 소련의 지지와 지원을 요청했다. 그러나 스탈린은 남한 침공이 미국의 개입을 불러올 것이고, 그것이 미국과 소련의 전쟁으로 비화할 것을 우려했다. 아직 미국과 전쟁을 할 능력과 의사가 없었기 때문에 스탈린은 북한의 남한 침공에 반대했다. 일본과의 태평양전쟁을 일거에 종식시킨 원자탄을 보유한 미국과의 전쟁을 스탈린은 두려워하고 있었던 것이다.

빈손으로 귀국한 김일성과 박헌영은 대남 침공에 대해 미련을 버리지 못했고, 평양 주재 소련 대사를 통해 스탈린을 설득하는 데 몰두했다. 마침내 1949년 8월 소련이 원자탄 개발에 성공했고, 이때부터 스탈린의 세계 전략은 더 공세적으로 전환되기 시작했다. 결국 1950년 3월 김일성과 박헌영은 모스크바를 다시 방문해 스탈린으로부터 대남 침공을 승인받았고, 지원도 약속받았다. 이때 김일성과 박헌영은 북한이 남한을 침공하면 남한 내에 있는 20만 명의 공산주의자들이 봉기해 도울 것이며, 남한에서 철수한 미군이 다시 개입하려면 적어도 6주일은 걸리는데 북한은 남한을 3주 만에 점령할 수 있다는 논리를 펴며 스탈린을 설득했다. 스탈린은 대남 침공을 승인하면서 중국 마오쩌둥의 승인도 받으라고 했고, 이에 김일성과 박헌영은 베이징을 방문해 마오쩌둥의 승인도 받아냈다. 결국 한국전쟁은 김일성이 박헌영과 함께 기획하고, 스탈린과 마오쩌둥이 승인·지원한 전쟁이다.

2. 내전에서 국제전으로

한국전쟁은 북한의 남침에서 비롯되었기 때문에 내전에서 시작되었다고 할 수 있다. 비록 형식은 내전이었지만 세계적인 냉전이 간접적 기원이었다. 즉 공산주의와 자본주의 진영의 대립이 바탕이었기 때문에 국제전으로 비화될 소지가 다분했다.

1) 미국의 개입

1947년부터 미국과 소련의 국제관계 협력이 붕괴되고 새로운 냉전이 시작될 때 미국 내에서는 세계 전략에 대한 두 가지 시각이 대립하고 있었다. 하나는 유럽 제1주의였고, 다른 하나는 아시아 제1주의였다. 유럽 제1주의자들은 소련이 동유럽 국가들을 통해 서유럽의 안보를 위협하고 있다는 냉전 기원 논리에 기반하고 있었다. 기본적으로 미국과 인종 및 문화적으로 친근한 관계인 유럽의 안보에 총력을 기울여야 한다는 주장이었다. 두 차례의 세계대전이 발화한 지역이고 냉전도 시작된 지역이기 때문에 미국은 서유럽과의 군사동맹체인 NATO에 전력을 기울이면서 유럽의 안보를 우선시해야 한다고 주장했다.

아시아 제1주의자들은 유럽 제1주의자들보다 세력은 약했으나, 장기적으로 아시아에 미국의 세력을 구축해야만 소련과 공산화된 중국을 압박하고 견제할 수 있다는 미래지향적인 논리를 전개했다. 이들은 대체로 제2차 세계대전 당시 일본과의 태평양전쟁에 참전한 군 인사들이 주축을 이루고 있었다. 특히 전후 일본을 미국이 단독으로 점령한 상황에서 일본의 안보를 유지하기 위해, 미국은 동북아 지역의 중요성을 간과하면 안 된다고 주장을 했다. 이러한 관점을 바탕으로 하여 일본의 전초기지로서 한반도의 중요성이 강조되었다. 결국 미국은 자국의 세력권에 속해 동북아시아 대륙의 교두보로 삼을 수 있는 친미 정부를 남한에 수립했다. 이러한 이유로 1948년 미국은 호주, 캐나다, 인도 등의 반대에도 불구하고 남한에 단독정부를 수립하는 결의안을 유엔에서 통과시켜 한반도 분단의 고착화를 주도했다.

미국은 남한에 친미 정부가 수립된 이후 한반도에 군사적 충돌이 없이, 대한민국 정부가 미국의 경제 지원으로 자립하기를 바라고 있었다. 한반도에서 무력충돌이 발생해 남한이 공산화되거나, 미국이 남한의 공산화를 막기 위해 군사개입을 하는 것은 당시 미국의 전략적 이익과 목표가 아니었다. 이러한 이유로 미 군부 지도자들은 한반도가 미국의 세계 전략에서 중요한 지역이 아니라고 빈번히 주장했다. 심지어 훗날 유엔군 사령관이 되는 더글러스 맥아더(Douglas MacArthur)도 같은 주장을 했다. 그리고 1950년 1월 12일 미국의 딘 애치슨(Dean Acheson) 국무장관은 한반도가 미국의 아시아 방어선에서 제외된다는 발언을 하기도 했다. 후세의 일부 역사가들은 이처럼 미국의 군부와 외교 책임자들이 공공연하게 한반도가 미국에 있어 전략적으로 중요한 지역이 아니라고 한 발언이 공산주의자들의 남한 침공을 부추겼다고 비판했다.

미국의 한반도에 대한 시각은 1950년 6월 25일 한국전쟁이 발발한 직후 급격히 변했다. 미국의 트루먼 대통령은 한국전쟁을 스탈린이 일으킨 전쟁으로 간주했다. 트루먼은 스탈린이 일단 한국에서 전쟁을 일으키고 나서 미국 등 자본주의 진영이 대응하는 태도를 보고 서방측의 반응이 소극적이면 다른 지역에서도 공산화를 위한 무력투쟁을 일으킬 계획이라고 생각했다. 다시 말해 트루먼은 한국전쟁을 소련이 지시한 대리전(proxy war)으로 규정했다. 이에 따라 트루먼은 북한이 남한을 공격하는 행위에 대해 서방 진영이 단합해 응징한다는 단호한 의지와 능력을 보여주어야 한다면서 미국의 적극적인 개입 정책을 모색했다. 일본 점령군 사령관 맥아더에게 지시해 일본을 점령하고 있던 미 지상군을 7월 초부터 한국전쟁 전선에 투입하도록 지시했으며, 외교적으로 유엔을 통해 서방국들의 한국전쟁 참전을 유도했다.

2) 유엔의 전쟁: 평화협상은 불가능했나?

제2차 세계대전이 끝난 직후인 1945년 승전국들은 민족 및 국가 간 갈등과 분쟁의 평화적 해결, 세계 인류의 안전과 인권보호를 목적으로 유엔을 설립했다. 국제평화를 주요 목적으로 설립된 유엔이 설립된 지 5년이 지나지 않아 한국전쟁에 교전 당사자로 참여하는 상황이 전개되었다. 유엔의 한국전 참여는 겉으로는 침략자를 응징하고 평화를 회복한다는 목적을 내세웠지만, 실질적으로는 한반도에서 일어난 공산 진영의 무력행사에 대항해 서방 진영이 힘과 의지를 보여주고자 미국이 주도한 것이었다.

1950년 6월 25일 전쟁이 발발하자마자 미국은 한반도 문제를 유엔 안전보장이사회(이하 안보리)에 상정했다. 유엔의 결의안은 안보리 또는 총회에서 통과될 수 있는데, 세계평화와 전쟁, 안보 등에 대한 이슈는 반드시 안보리에서 통과되어야 한다. 그 이유 중 하나는 제2차 세계대전의 승전국들이면서 전후 세계질서를 지배하던 미국, 소련, 영국, 프랑스, 중국 등 5개국이 상임이사국이면서 거부권을 가지고 있었기 때문이다. 따라서 한국전쟁의 침략자를 응징하는 결의안이 통과되기 위해서는 안보리 15개국 중 5개 상임이사국을 포함 10개국의 찬성이 필요했다. 당시 중국의 대표권은 장제스 정부가 보유하고 있었기 때문에 북한을 지지하고 지원하는 상임이사국은 소련이 유일했고, 소련의 반대가 없어야 미국의 뜻대로 결의안을 통과시킬 수가 있었다. 소련의 거부권 행사에 대한 우려는 당시 소련이 유엔 참석을 거부했기 때문에 불식될 수 있었다. 소련은 중국의 유엔 대표권을 장제스 정부에서 마오쩌둥 정부로 교체할 것을 요구하며 유엔 참석을 거부했던 것이다.

이에 따라 미국은 한국전쟁에 관한 결의안을 안보리에서 통과시킬 수 있었다. 6월 25일 통과된 첫 결의안은 북한에 전투행위를 중단하고 38선 이북으로 후퇴해 원상회복을 할 것을 요구했다. 당시 북한은 빠른 속도로 성공리에 남진하고 있었기 때문에 유엔의 요구를 수용할 가능성은 거의 없었다. 서울을 사흘 만에 점령한 북한은 한반도 전체 점령을 목표로 파죽지세로 진격하고 있었다.

북한이 유엔 안보리의 결의를 무시하고 진격을 계속하자 미국은 이틀 뒤인 6월 27일에 새로운 결의안을 통과시켰다. 이틀 만에 또다시 결의안을 통과시킬 정도로 상황은 급하게 전개되었다. 6월 27일의 안보리 결의안은 6월 25일의 결의안을 모태로 하면서 유엔 회원국들의 지원을 독려하는 내용을 담고 있었다. 북한이 전투행위를 중단하고 원상회복하라는 유엔의 요구를 무시한 채 침략 행위를 계속하자, 유엔 안보리는 북한의 침략을 막아내기 위해 노력하는 남한을 유엔 회원국들이 심리적·물질적으로 지원한다는 결의안을 통화시켰다.

안보리의 두 번에 걸친 결의안에도 불구하고 한국을 군사적으로 지원하려는 국가는 미국 외에 별로 없었다. 대부분의 국가들은 제2차 세계대전 종식 이후 전시형 군대를 평시형 군대로 개편하면서 대체로 군비를 축소했으나, 1947년 이후 세계적으로 냉전이 시작되고 외부로부터 안보 위협이 증가하면서 군비 확충 등 새로운 군사전략을 준비해 나가는 상황이었기 때문에 한국을 지원할 여력이 있는 국가는 별로 없었다. 영국 등 일부 영연방 국가들만이 당시 일본에 파견되었던 점령군을 한반도로 이전할 수 있다는 소극적 태도를 보였다. 영국의 경우에는 기존 병력을 차출해 한국에 보낼 수는 없고, 병역 기간을 늘린 후 새로 징집을 해서 한국에 보내겠다는 의사를 보이기도 했다. 미국으로서는 미국이 단독으로 개입하는 것이 아니라 국제사회가 단합해 침략군을 물리친다는 인상을 주기 위해 서방국들의 지상군 파견을 기대하고 있었다. 자본주의 진영이 결속된 의지를 공유하고 있다는 점을 공산주의 진영에 보이고 싶었던 것이다.

이러한 미국의 기대에도 한국전쟁에 참여하겠다고 선뜻 나서는 서방국가는 별로 없었다. 전황이 매우 불리한데도 군대를 파견하려는 국가가 별로 없자 미국은 한 단계 업그레이드된 결의안을 유엔 안보리에 제출해 통과시켰다. 한국전쟁이 시작된 지 10여 일 만인 7월 7일에 통과된 유엔 안보리 결의안은 전쟁에 참여할 유엔군 결성에 관한 것이었다. 회원국들이 파견해 구성되는 통합 군대를 유엔군이라 이름하고 유엔 깃발을 사용하도록 했으며, 이 유엔군을 지휘할 사령관 임명을 미국에 위임했다. 결국 세계평화를 위해 만들어진 유엔이 전쟁 당사자가 되어 전쟁에 참여하는 아이러니한 상황이 전개된 것이다.

국제평화기구인 유엔이 전쟁에 참여할 준비를 하는 동안 일부 국가들은 한반도의 분쟁을 평화적으로 해결하기 위한 중재를 시도했다. 영국과 인도 정부가 북한의 종주국이자 북한이 전쟁을 일으키도록 사주했다고 인식된 소련과 중국 정부에 접근해 평화를 중재했다. 협상 조건은 유엔에서의 중국 대표권을 장제스 정부에서 마오쩌둥 정부로 바꿔주는 대신, 소련과 중국이 북한에 압력을 넣어 전투행위를 중단하도록 하는 것이었다. 협상이 타결될 가능성이 전혀 없었던 것은 아니지만, 미국의 반대로 진전되지 않았다. 미국은 당시와 같이 서방측이 밀리는 상태에서 공산주의자들과의 협상하는 것을 원하지 않았다. 기본적으로 미국은 '힘의 우위 협상(negotiation from strength)'을 원칙으로 하고 있었다. 미국인들은 중국의 유엔 가입 문제는 별개의 문제이고, 한국에서의 침략 행위를 물리치려는 전 세계의 이목을 다른 곳으로 돌리려는 기도가 허용되어서는 안 된다고 주장했다. 미국인들은 공산주의자들과 양보를 바탕으로 협상을 한다면 세계평화 회복은 불가능하고, 침략 행위만 조장할 것이라 생각했다. 미국의 정책만이 세계평화를 유지하는 유일한 방법이라는 점을 강조했다.*

* 영국과 인도의 평화 중재 시도에 대해서는 김계동(2014: 116~124) 참조.

3. 전쟁의 전개

한국전쟁은 매우 복잡하게 전개되었다. 내전으로 시작된 전쟁이 시작 며칠 뒤에 국제전으로 확대되는가 하면, 전선도 한반도의 최남단과 최북단을 오르내리면서 변동적으로 전개되었다. 전쟁 초기 북한 인민군이 낙동강 유역까지 진격하면서 한반도 전체에 대한 공산화 통일을 목전에 둔 상황에서, 유엔군이 전세를 뒤집으며 압록강 유역까지 진격하는 상황으로 전개되었다. 그러나 중국군의 개입으로 유엔군에 의한 한반도 통일도 무산되었다. 이후 전선이 교착되면서 어느 한쪽도 일방적으로 승리하기 어려운 전황이 전개되었다.

1) 유엔군의 38선 이북 진격과 통일 구상

전쟁이 시작되고 약 3개월 동안 북한군은 빠른 속도로 진격을 해나갔다. 미국이 일본을 점령하고 있던 지상군을 파견했으나, 북한군을 막아내기에는 규모가 너무 작았다. 더구나 아직 미국 이외의 다른 국가들의 지원이 없는 상태에서 소규모의 미군들이 소련과 중국에서 장비와 병력을 지원받고 남한 지역에서 징집해 병력을 증가시킨 북한 군대를 막아내기에는 역부족이었다. 이 상황이 조금만 더 진행되면 한반도 전체를 북한군이 점령해 한반도 전체가 공산화될 위기에 처했다. 급기야 낙동강 유역까지 전선이 이동되어 북한의 승리로 전쟁이 마감될 일촉즉발의 상황이 되었다. 이때 유엔군 사령관으로 임명된 맥아더 장군은 한반도의 허리 부분인 인천에 상륙작전을 감행해 적의 후방을 공격하는 전략을 수립했다. 아직 유엔 회원국들의 지원이 제대로 이루어지지 않아 유엔군이 완전하고 체계화된 조직을 갖추지 못했지만, 북한군의 승리를 막기 위해서는 일종의 모험적이고 변칙적인 작전을 수립하지 않을 수 없었다.

맥아더의 인천상륙작전 계획에 대해서 미 합참은 반대하는 입장을 보였다. 인천 해안의 조수간만차가 매우 크고, 월미도 등 인천 앞바다의 섬들이 상륙작전에 장애물이 될 수도 있기 때문이다. 상륙정이 정상적으로 가동되기 위해서는 수심이 50미터 이상 되어야 하는데 썰물 때는 수심이 낮아지기 때문에 상륙이 어려울 것으로 예상되었다. 이에 따라 상륙작전은 3~4시간 정도의 밀물 때만 수행해야 했다. 이러한 점 때문에 원산이 상륙작전 지역으로 고려하기도 했으나, 원산은 남쪽에 있는 유엔군과 너무 떨어져 있고 서울과도 멀기 때문에 상륙 부대의 보급선이 너무 길어질 우려가 있었고, 동해안을 따라 내륙에 이어진 산맥은 상륙 부대가 서쪽으로 이동하는 데 장애물이 될 수 있기 때문에 제외되었다(박태균, 2005: 212~213).

1950년 9월 12일 영국과 미국의 혼성 기습부대가 인천보다 훨씬 남쪽인 군산에서 양동작전을 감행하고, 동해안 전대는 9월 14일과 15일 삼척 일대에 맹포격을 가하면서, 인천상륙작전이 시작되었다. 9월 15일 새벽 5시 45분 에드워드 앨먼드(Edward M. Almond) 소장이 지휘하는 미 10군단의 제5해병여단이 주축이 되고 호주, 캐나다, 뉴질랜드, 프랑스와 영국 군대를 포함한 약 7만 명의 병력이 260척의 함정을 동원해 적의 후방인 인천에 상륙작전을 감행해 적의 보급로와 진격선을 가로질러 끊어놓았다. 당시 인천지역에는 북한군 육전대 소속 제226연대의 예하부대 약 400명이 월미도와 소월미도의 제918해안 포연대 제2대대의 2개 포대로부터 지원받고 있었다. 그 외 북한군 대부분이 낙동강 전선에 투입되어 있었기 때문에 북한군은 인천에서 제대로 저항도 해보지 못하고 무너졌다. 미 8군도 남동쪽 낙동강 유역에서 북진을 시작했고, 10군단과 8군은 9월 26일 오산에서 만났으며,

9월 28일 서울을 탈환했다(Appleman, 1961: 548; Schnabel and Watson, 1979: 203~217; 이상호, 2012: 199). 유엔군은 10월 1일에 북위 38도선에 도착해 전선을 전쟁 이전 상태로 환원시켰다.

유엔군이 38선에 도달할 즈음 유엔군이 38선을 넘어 진격을 계속해야 하는지를 놓고 많은 논의가 이루어졌다. 다시 말해 유엔군이 38선에 멈춰 전쟁 이전의 분단 상태로 전쟁을 끝내느냐, 아니면 철저한 응징을 통해 한반도에서 침략자들을 몰아내고 자본주의 진영에 의한 통일을 모색하느냐를 결정해야 했다. 유엔군이 38선을 넘어 진격해야 한다고 주장하는 사람들은 이미 북한군이 남침을 하면서 38선은 없어진 것이기 때문에 북진을 해도 논리적으로 아무런 문제가 없다고 주장했다. 반면 일부 조심스러운 시각은 유엔군이 38선을 넘어 새 전쟁으로 발전시키면 소련이나 중국이 이 전쟁에 참여할 명분을 주기 때문에 유엔군은 38선에서 진격을 멈추고 전쟁 이전 상태로 돌아가 전쟁을 끝내야 한다고 주장했다.

이러한 두 시각이 팽팽히 맞서는 가운데, 미국의 국가안보회의(NSC)는 격론 끝에 유엔군이 38선을 넘어야 한다는 결정을 하고, 맥아더에게 38선 이북으로 진격하도록 지시했다. 유엔군의 38선 도달 이후 일단 유엔군 사령관이 북한에 항복을 요구하는 성명을 발표하고 북한이 이를 거부할 경우 북진하도록 했다. 유엔군이 인천상륙작전 이후 38선 이남에 있던 북한군의 퇴로를 차단하고 거의 모든 북한군을 포로로 잡았기 때문에 북한 지역에 군대는 별로 없었고, 별다른 저항 없이 유엔군이 북한 지역을 점령할 수 있을 것으로 기대했다.

한국전쟁을 주도하는 미국 정부가 유엔군의 38선 이북 진격을 결정했으나, 유엔군이 38선을 넘어 진격하기 위해서는 국제법에 따른 조치가 필요했다. 왜냐하면 유엔군은 유엔 안보리 결의안에 의해 구성되어 전쟁에 참여했는데, 유엔군의 참전 목표는 북한군을 격퇴시키고 원상회복하는 것이었기 때문이다. 다시 말해 유엔군이 38선을 넘도록 유엔이 새로운 결의안을 통과시키기 전에 38선을 넘으면 안 되었다. 따라서 10월 1일 38선에 도달한 유엔군은 진격을 잠시 멈추었다.

앞서 언급했다시피, 유엔에서는 안보리와 총회에서 결의안을 통과시킬 수 있는데, 전쟁·안보·평화에 관련된 결의안은 반드시 안보리에서 통과되어야 한다. 따라서 유엔군이 38선을 넘어 진격하는 결의안도 전쟁에 관련된 사항이라서 안보리에서 통과시켜야만 했다. 그런데 안보리에서 결의안을 통과시키는 데 문제가 생겼다. 전쟁 발발 직후였던 6월 25일, 6월 27일, 7월 7일 안보리에서 한국전쟁에 관한 결의안을 통과시킬 때 유엔 참석을 거부하고 있던 소련 대표가 8월 1일부터 유엔에 복귀한 것이다. 이에 따라 유엔군이 38선 이북으로 진격해 새로운 전쟁을 벌이도록 하는 결의안에 소련이 거부권을 행사할 것이 분명해졌다. 전쟁 발발 직후 통과된 세 번의 안보리 결의는 북한의 침략행위를 응징하는 차원의 결의안이었기 때문에 소련이 거부권을 행사할 명분이 없었으나, 유엔군의 38선 이북 진격은 유엔군이 일으키는 새로운 전쟁을 의미할 수도 있기 때문에 거부권을 행사할 명분이 될 수도 있었다.

결국 서방측은 소련의 거부권 행사로 안보리에서 결의안 통과가 어려울 것이라 예상하고, 38선 이북 진격에 대한 결의안 문구를 재조정해 총회에서 통과시키려 준비했다. 총회에서 통과될 수 있도록 한반도의 통일, 총선거, 평화 및 부흥 등 유연한 용어를 사용해 결의안을 준비했다. 이 결의안의 내용은 한반도의 재통일, 유엔 감시하의 자유 총선거, 평화 상태로의 복귀를 감독할 유엔위원회 구성, 경제부흥을 위한 유엔 원조 등을 포함했다. 마침내 10월 7일 유엔 총회는 유엔군이 38선을 넘어 진격할 수 있는 근거를 제공하는 내용의 결의안을 찬성 47표, 반대 5표, 기권 7표로 통과시켰다. 미국이 총회에 제출한 결의안은 군사 활동을 유도하기 위해 의도적으로 모호한 내용을 포함했다. 한반도에 통일되고, 독립되고, 민주적인 정부를 수립하는 문제에 대해 한반도의 안정적 조건을 보장하기 위한 "모든 적절한 조치(all appropriate steps)"를 취하도록 권고했다. 안보리가 아닌 총회에 제출하는 결의안에는 38선 이북 진격과 군사 활동에 대한 직접적인 문구를 포함할 수 없었다. 총회가 통과시킨 결의안의 '모든 적절한 조치'에는 유엔군의 38선 이북 진격이 포함된다는 해석이 가능하도록 했다.*

그동안 한국군은 이러한 국제법적인 문제와 상관없이 10월 1일 38선 이북으로 진격을 개시했다. 9월 30일 이승만 대통령은 한국군의 육군 수뇌부를 국장급까지 소집해 38선에는 장벽이 쌓여 있는 것도 아니고 북한의 남침으로 38선은 사라졌으니 즉각 북진을 하도록 명령을 내렸다. 군 일부에서 작전지휘권을 유엔군 사령관 맥아더에게 이양한 점을 상기시키며 신중한 결정을 하도록 건의하자, 이승만은 "작전지휘권은 내가 자진해서 맡긴 것이기 때문에 언제라도 뜻대로 찾아올 것"이라고 천명했다(박명림, 1998: 48).

10월 9일 38선을 넘은 유엔군의 진격은 빠르게 이루어져 10월 12일 평양을 점령함으로써 유엔군에 의한 한반도 통일을 눈앞에 두게 되었다. 유엔군에 의한 한반도 통일이 다가오자 이승만 대통령은 점령 이후 북한 지역을 안정시키고 나서 북한 지역에서 100명의 국회의원을 선출하는 총선거를 실시해 대한민국 국회에 편입시키는 흡수통일정책을 구상했다. 1948년 제헌국회 수립 당시 300명의 국회의원 정원 중에서 남한에서 200명을 뽑고 100명은 통일 후를 대비해 남겨두었던 것이다. 미국, 영국 등 참전국들은

* UN Document A/C 1/576; A/1435, 7 October 1950.

이러한 이승만의 구상에 동의하지 않았고, 대한민국 정부의 북한 지역 관할권을 인정하지 않았다. 이 국가들은 유엔이 대한민국 정부를 한반도 전체가 아니라 남한 지역의 합법정부로 승인한 점을 근거로 삼았다.

1948년 12월 12일 파리에서 개최된 제3차 유엔총회는 찬성 48표, 반대 6표, 기권 1표로 대한민국 정부를 승인하는 결의문을 채택했다. 유엔은 대한민국 정부를, 유엔의 감시하에 총선거가 실시되었으며 전체 한국인의 과반수가 살고 있는 한국의 한 부분에서 효과적인 통치와 관할권을 갖는 합법정부로 승인했다. 이 정부는 "한국 대부분 유권자의 자유로운 의사의 유효한 표현이었던 선거에 기초하고 있다"라고 했다. 그러나 "한국에 그러한 정부는 하나밖에 없다(the only such government in Korea)"라고 선언했다. 다시 말해 유엔은 대한민국 정부를 한반도 전체를 대표하는 합법정부가 아니라 단지 남한 지역에서의 합법정부로 승인한 것이다(김계동, 2012: 206).

이와 같은 유엔의 대한민국 정부 승인 내용에 기초해 미국 등 한국전 참전국들은 유엔군의 북한 지역 점령 후 그 지역을 유엔 기구가 통치하도록 했다. 미국을 비롯한 서방국가들은 10월 12일 유엔의 한국 관계 소총회를 소집해 유엔군이 점령한 38선 이북 지역에서의 임시 행정 조치에 관한 결의안을 통과시켰다. 이 결의안은 대한민국 정부가 남한 지역에 대해 합법적인 통치권을 가지고 있으나, 유엔군이 점령한 북한 지역에 대해서는 이후 유엔이 통치권을 보유한다는 점을 밝혔다. UNCURK(유엔 한국통일부흥위원단)를 설립해 북한 지역을 통치하도록 했고, UNCURK가 정부 기능과 민간 행정을 관장할 때까지 유엔군 사령부가 잠정적으로 통치권과 일반 행정을 관장하고, 일반 행정을 위해 설치된 모든 기관과 인원을 통괄하기 위해 즉각적인 조치를 취할 것을 권고했다.* 이승만 대통령이 이 결의안에 대해 강력히 반발했으나, 중국군의 참전과 유엔군의 후퇴로 이 문제는 더 이상 논의되지 않았다.

2) 중국군의 개입

전투력이 크게 약화된 북한군은 유엔군의 진격을 막아낼 능력을 상실했고, 중국과 소련 등 공산주의 진영은 한반도를 포기하느냐 아니면 직접 개입해 북한을 지켜내느냐를 결정해야 할 절체절명의 순간에 도달했다. 북한의 붕괴는 중국 안보에 심대한 영향을 미칠 가능성이 높기 때문에 중국은 유엔군의 북진에 지속적으로 경고했고, 실질적으로 참전 준비를 했다. 미국과의 전쟁을 피하려는 소련은 중국을 종용해 참전하도록 했고, 결국 유엔군이 북진을 시작한 직후 중국은 참전 준비에 돌입했다.

38선 이북으로 진격해야 한다고 주장한 사람들은 중국의 참전 경고 성명을 단순한 위협이라고 평가절하 한 반면, 38선 이북 진격을 심사숙고해야 한다고 주장한 사람들은 이 경고를 무시해서는 안 된다며 조심스러운 태도를 보였다. 그러나 북한에 잔존하는 북한군이 거의 없었기 때문에 승리에 도취된 맥아더를 비롯한 미국 정부는 결국 38선 도달 이후에도 진격을 계속했다.

유엔군이 38선 이북으로 진격하자 중국 정부는 더 강력하게 참전하겠다고 위협했다. 이에 대해 영국을 비롯한 서방 참전국들은 중국의 경고를 신중하게 받아들일 것을 미국 정부에 강력히 제안했다. 연합국들의 요구에 따라 미국의 트루먼 대통령은 상황을 좀 더 신중하게 판단하기 위해 맥아

* "The Administration of the Territories Occupied by the United Nations Forces", ≪Forces≫, UN Document, A/RES/583-A, 12 October 1950.

더를 만나 논의하기로 결정하고, 맥아더에게 일시 귀국을 요구했다. 그러나 맥아더가 전쟁 수행 중이라는 이유로 귀국을 미루자 트루먼은 중간 지점인 태평양의 웨이크섬(Wake Island)에서 맥아더와 만났다. 10월 15일 이루어진 트루먼과의 대화에서 맥아더는 중국의 경고는 허세(bluffing)에 불과하며, 실제로 참전할 의사가 있다면 사전에 그 같은 경고를 하지 않고 기습적으로 개입할 것이라고 주장했다. 중국이 참전하려면 압록강을 건너야 하는데, 미군의 공군력으로 충분히 분쇄할 수 있다고 장담했다. 결국 트루먼은 현지 사령관인 맥아더의 견해를 받아들여 크리스마스 이전에 미군 병사들을 집으로 돌려보내기 위한 총공세를 승인했다.

그러나 서방 연합국들 특히 영국은 중국의 경고를 무시하면 안 된다고 하면서, 유엔군이 계속 진격해 한반도 북단에 도달하면 지형이 동서로 넓어져서 전선이 확대되기 때문에 제한된 병력으로 군사작전을 수행하기가 어려워진다는 점을 상기시켰다. 북한군이 크게 약화되었더라도 무작정 진격하는 것은 한반도의 지형상 바람직하지 않으며, 특히 중국이나 소련이 참전하면 방어하기가 어려워질 것이라고 하면서, 중국의 참전 경고를 무시하면 안 된다고 주의를 환기시켰다.

영국은 한반도에서 제일 잘록한 부분인 북위 40도 선(영국은 이 선을 'narrow neck', 즉 '좁은 목'으로 표현했다)에서 일단 진격을 멈추어야 한다는 전략을 제시했다. 그곳에서 일단 진격을 멈추면 중국이 참전하지 않을 것이고, 그런 뒤에 북위 40도선 이북 지역을 완충지대로 하는 평화협상을 제의하는 것이 바람직하다는 '완충지대안'을 제시했다. 결과적으로 중국이 참전한 점을 놓고 볼 때, 영국의 이러한 제안을 심각하게 고려했어야 한다는 평가를 내릴 수 있다. 북위 40도선에서 진격을 멈춘 후 평화협상에 실패해 재분단이 되었더라도, 1950년 10월 이후 더는 전투를 하지 않았을 테고 남쪽 지역에 평양이 포함되는 매우 유리한 방향의 정전을 모색할 수 있었다. 북한 지역에는 유엔군에 필적할 만한 북한 군대가 없었기 때문에 협상이 수월하고, 북한 지역에 결국은 남한이 흡수할 임시 체제가 들어서게 할 수도 있는 것이었다.

그러나 빠른 진격에 따라 승리에 도취된 미국 정부와 군부는 이러한 중국의 경고와 영국의 합리적인 완충지대안을 무시하고 총공격을 감행했고, 결국 중국은 대규모 참전을 개시했다. 넓은 전선에 게릴라 전법으로 개입한 중국군을 미군은 막아내지 못하고 미군 역사상 최장의 후퇴를 하게 되었다. 중국군의 진격으로 다시 38선이 무너졌고, 유엔군은 한반도에서 철수해야 할지도 모르는 상황에 처했다. 그러나 중국의 참전 목적은 한반도 전체를 점령하는 것이 아니라 북한 지역을 회복하는 것이었기 때문에 유엔군은 38선 부근까지 다시 반격할 수 있었다. 중국의 전쟁 목적은 미국에 대항하고 북한을 돕는 것이었다. 그래서 중국인들은 자신들이 참전한 한국전쟁을 항미원조전쟁(抗美援朝戰爭)으로 부른다.

3) 핵무기 사용 논쟁과 영미 정상회담

한국전쟁이 시작된 지 4개월 만인 1950년 10월 25일 중국이 참전한 이후, 중국군의 진격이 빠르게 이루어지고 유엔군이 걷잡을 수 없이 후퇴하게 되자 미국은 크게 당황했다. 예상하지 못했고 바라지 않던 일이 현실이 된 것이다. 중국군을 얕보던 미국인들의 시각이 바뀌기 시작하고, 전쟁이 불리한 상황으로 전개될지도 모른다는 우려가 팽배했다. 이런 불리한 상황에서 11월 30일의 기자회견을 통해 트루먼 대통령은 전 세계가 놀랄 만한 언급을 했다. 그는 한국전을 수행하는 데 필요한 모든 방안을 강구하고 있다는 성명을 발표했다. 이에 대해 기자들이 핵무기 사용도 고려 중이냐고 질문하자, 미국은 핵무기 사용에 대해 "적극적인 고려(active consideration)"를 항상 해왔으며, 핵무기 사용에 대한 권한은 전투사령관이 가지고 있다고 선언함으로써 그 권한을 맥아더에게 위임한 듯한 인상을 줬다.* 트루먼은 아마도 대통령만이 핵무기 사용을 명령할 수 있는 권한을 가진다는 1946년의 '원자력법(Atomic Energy Act)'을 인지하지 못하고 있었거나 혹은 알면서도 의도적으로 중국이 한반도에서 군사행동을 계속한다면 핵 보복을 당할 것이라는 점을 중국인들에게 알리고 싶었을지도 모른다.

이 기사는 전 세계에 퍼져나갔고, 세계 지도자들 특히 한국전 참전국 지도자들의 우려를 자아냈다. 그러나 트루먼의 발언은 잘못된 것이었고 미국에서 핵무기 사용에 대한 결정은 현지 사령관이 아니라 대통령에게 있었기 때문에, 백악관은 대통령만이 핵무기 사용을 결정할 수 있다고 정정해 발표했다. 그러나 미국이 전세를 뒤집기 위해 핵무기를 사용할지 모른다는 우려가 참전국들 사이에 팽배했다.

미국은 핵무기 사용을 자제한다는 태도를 보였지만, 중국 참전 이후 미국이 실제로 핵무기 사용에 대해 논의했다는 기록은 남아 있다. 1950년 11월 4일 폴 니츠(Paul Nitze) 정책기획국장은 육군의 핵무기 전문가 허버트 로퍼(Herbert B. Loper) 장군을 만나 둘 또는 3개의 핵무기를 전술적으로 사용하면 민간인의 대량살상을 피하면서 중국의 한국전 개입을 억지할 수 있을 것이라는 견해를 제시했다. 핵무기 사용은 소련의 개입을 초래하고 아시아 인민들의 미국에 대한 반감을 조장할 우려가 있으므로 핵무기는 반드시 유엔의 동의하에 사용되어야 한다고 강조했다. 니츠는 유엔에서 이 문제를

* *Public Papers of the Presidents: Harry S. Truman 1950*, pp.724~728.

공론화하면 적에 대한 심리전적 가치를 가지게 될 것이라고 생각했다.*

미국의 일부 군부 인사들은 중국이 전면 개입한다면 미국은 병력 집결지와 병참기지에 핵무기를 사용해야 한다고 생각하고 있었다. 중국이 즉각적으로 군대를 한반도에서 철수하지 않는다면 미국이 만주의 군사 목표물에 대해 핵무기를 사용할 것이라고 공개적으로 경고해야 한다고 주장하는 사람들도 있었다. 트루먼이 문제의 기자회견을 하기 하루 전인 11월 29일 합참 합동전략조사위원회(Joint Strategic Survey Committee)는 미군이 한국전에서 패배하는 것을 막기 위해 핵무기를 사용해야 할 상황으로 발전될 가능성이 크다고 보고했다.

그러나 핵무기의 실제 사용에 대해서는 부정적인 의견이 많았다. 우선 전략적인 효율성 문제가 제기되었는데, 핵무기를 사용하더라도 중국의 개입을 막을 수 있을지 또는 소련을 억제할 수 있을지를 의심했다. 전술적인 차원에서도 핵무기 공격을 위해서는 적절한 목표와 정확한 위치를 설정해야 하는데, 당시의 정보력으로는 거의 불가능하다는 판단이 있었다. 그리고 핵무기 사용 후 발생할 대량 사상자를 위한 의료 부대도 준비를 해야 하고, 불가피하게 발생할 민간인 피해자들에 대한 의료 지원도 필수적으로 준비되어야 했다. 요컨대 한반도에는 핵무기를 사용하기에 적절한 목표가 없고, 민간인을 비롯한 대규모 사상자 발생이 예상되어 한국전에서 핵무기를 사용하는 것이 적절하지 않다는 전술적·전략적 결론을 내리고 있었다.

어쨌든 핵무기 사용 문제는 매우 민감한 문제이기 때문에 트루먼의 성명에 대해 서방 연합국들이 거세게 반발했다. 미국이 한국에 군대를 파견

* *Nitze memorandum*, 4 November 1950, FRUS(Foreign Relations of the United States) 1950, 7: 1041~1042.

한 유엔 회원국들과 상의도 하지 않고, 중국과 전면적인 핵전쟁을 하려 한다는 항의가 빗발쳤다. 특히 당시까지 미국의 정책에 비판적인 견해를 가지고 있던 영국인들의 불만이 폭발했다. 트루먼의 핵무기 관련 발언 나흘 뒤에 애틀리 영국 수상이 트루먼과 정상회담을 하기 위해 워싱턴을 방문할 만큼 영국인들은 이 문제를 심각하게 받아들였다. 영국 정부는 핵무기 사용을 반대하는 것은 물론이고 중국과의 확전을 피해야 한다는 입장을 견지하고 있었다. 영국인들은 타이완 국민당 정부에 대해 미국이 지원하는 점과 중국에 호전적인 태도를 보이는 맥아더의 전략에 불만을 품었으므로, 11월 24일에 실시한 유엔군의 총공세 실패와 중국군의 개입은 맥아더 작전의 실수라고 비판을 해왔다.

영미 정상회담은 12월 4일부터 8일까지 6차에 걸쳐 개최되었다. 1차 정상회담에서 두 정상은 세계 전략에 대해 논쟁을 벌였다. 트루먼이 유럽 제1 정책에도 불구하고 아시아에서의 의무를 포기할 수 없다고 하자, 애틀리는 서방에서 공격에 노출될 만큼 동방에 너무 개입해서는 안 된다면서 미국이 중국에 양보하는 태도를 보여야 한다고 강조했다. 애치슨 미 국무장관은 유엔이 극동 지역을 포기한다면 많은 국가가 소련과의 화해를 즉시 시도할 것이며, 특히 미국이 중국에 양보를 한다면 중국인들은 더 호전적이 될 것이라고 경고했다.* 미국인들은 극동의 안보가 그 자체로 중요할 뿐만 아니라 유럽의 안보에도 중요하다고 생각한 반면, 영국인들은 유럽의 방어 전략과 별로 관련이 없는 극동 지역에서 동맹국들의 힘을 소진하지 말아야

* *US Minutes of the first meeting*, 4 December 1950, FRUS 1950, 7:1361-1374; *Meeting of Truman and Attlee*, Annex 1, 4 December 1950, PREM(Prime Minister Papers) 8/1200; *B.J.S.M. Washington to Defence Ministry*, FMS 1, 5 December 1950, FE/50/49, FO800/517, PRO(Public Record Office: 영국공문서보관소).

한다고 생각했다. 이러한 영국인들의 생각에 대해 미국의 외교관들은 만약 미국이 극동 지역에서 패배한다면, 이러한 붕괴를 초래한 서유럽을 돕지 말아야 한다는 방향으로 미국의 여론이 형성될 것이라고 경고했다.

12월 5일의 제2차 정상회담에서 애틀리는 미국인들이 좀 더 유연해지기를 요구했다. 미국과 영국이 중국의 민족주의를 이용해 중국을 소련으로부터 자주적이 되도록 유도하고, 소련에 대한 "중요한 대항 세력"으로 키워야 한다고 주장했다. 영국인들이 중국의 유엔 가입 가능성을 언급하자, 미국인들은 중국이 한국 문제에 대해 비타협적인 태도를 보이는 상황에서 어느 누구도 중국의 유엔 가입을 찬성하지 않을 것이라고 단언했다.

12월 6일 개최된 3, 4차 정상회담에서는 주로 유럽 방위 문제가 논의되었다. 미국 측은 나토의 방위력을 건설하는 데 영국과 미국의 동반 관계를 강조하면서 영국이 자체 방어를 위해 전력투구하지 않다고 항의했다. 유럽 안보에 대한 미국의 비난을 피하기 위해 애틀리는 그의 군사 참모들이 자문한 대로 맥아더의 지위에 대한 "어렵고 미묘한 이슈"를 제기했다. 맥아더가 "쇼를 하고 있다"라는 유럽인들의 견해를 피력하면서, 한국전 수행을 위한 작전 수립 시 군대를 파견한 국가들과의 협의가 부족하다는 불평을 했다. 이에 대해 미국의 군 대표들은 맥아더가 유엔이 위임한 사항들을 정확히 수행하고 있으며 영국인들과도 충분히 협의하고 있다고 답했다. 영국인들이 '전쟁을 지휘하기 위한 일종의 위원회' 설립을 요구하자, 미국의 오마 브래들리(Omar Bradley) 합참의장은 한국전쟁의 작전은 촌각을 다투기 때문에 위원회에 의해 수행될 수 없다고 대답했다. 브래들리는 만약 한국에서 진행되는 사항에 대해 불만이 있는 국가가 있으면, 그 국가가 한국에서 철수하는 것을 지원해 줄 수 있으나, 그렇지 않고 한국에 계속 머물겠다면 그 국가는 유엔사령부가 지고 있는 책무를 수용해야 한다고 강변했다. 트루먼은 유엔이 미국으로 하여금 한국에서 연합사령부를 구성하도록 했기 때문에, 미국은 유엔이 중지하라고 할 때까지 임무를 계속할 것이라고 언명했다. 애치슨은 모든 국가와 협의를 해야 한다면 미국은 나토 사령관을 임명할 수 없다고 경고했다. 마지막으로 트루먼은 어느 국가로부터 지원을 받지 못하더라도 미국은 한국에 끝까지 남아 싸울 것이라고 선언했다.*

정상회담 결과 영국과 미국이 동아시아 사태를 보는 시각과 전략에 차이가 있다는 점이 확실하게 드러났다. 미국은 자본주의 진영의 방위는 극동 지역에서 강력한 군사적 대응과 함께 이루어져야 한다고 강조했다. 동아시아에서 공동 행동을 하지 않는 한 미국은 유럽에 대한 안보를 지원할 수 없다는 태도를 보이기까지 했다. 이에 반해 영국은 서방국가들이 유럽의 안보에 해가 될 만큼 동아시아에 너무 깊이 개입하지 말아야 한다고 주장했다. 정상회담 개최의 동기가 된 핵무기 문제는 정상회담 후반부에 거론되었는데 비교적 순조롭게 의견의 일치가 이루어졌다. 트루먼의 11월 30일 성명 발표 후 일주일이 지났기 때문에 당시의 흥분상태는 어느 정도 가라앉아 있었다. 트루먼은 영국과의 사전 협의 없이 핵무기를 사용하지 말아 달라는 영국의 제의를 받아들였다. 애틀리가 문서로 합의문을 작성할 수 있냐고 묻자, 트루먼은 "사나이의 말을 믿지 못한다면, 글로 쓴다고 해서 더 나아질 것이 있느냐"라면서 거절했다.** 트루먼은 핵무기 사용 문제에 대해 공식적인 합의문을 작성하는 것은 자신의 권한을 벗어나는 것이고, 의회가 수용하지 않을 것이라는 점을 인식하고 있었다.

* *Battle memorandum of a Meeting held on 5 December 1950*, 7 December 1950, FRUS 1950, 7:1430-1432; Annex 3 & 4 & 11, 6 & 7 December 1950, PREM 8/1200, PRO.

** *Jessup memorandum*, 7 December 1950, FRUS 1950, 7:1462-1465; Annexes 5, 7 December 1950, PREM 8/1200, PRO.

여섯 차례의 정상회담 동안 격렬한 논쟁을 벌인 미국과 영국의 정상은 확전을 막아야 한다는 점은 공감했지만, 다른 문제들에 대해서는 이견이 존재한다는 것을 명확히 인식하게 되었다. 정상회담을 여섯 차례나 개최했지만 양국의 견해차를 해소하지 못했고, 그렇다고 악화된 것도 아니었다. 미국인들은 대서양뿐만 아니라 태평양에서도 영미동맹 강화의 필요성을 강조하면서, 미국이 서방세계를 지휘하고 있으며 어느 나라도 도전할 수 없다는 점을 인식시키고 싶어 했다. 그들은 국가 위신상 중국에 양보할 수 없다는 점을 명확히 했다. 영국은 비록 열세의 위치에 있지만 할 말을 다 했다고 만족해했다. 영국인들은 실질적으로 얻은 것은 별로 없지만 미국의 비타협적인 태도를 어느 정도 완화했다고 자부했다. 특히 적어도 중국과의 전쟁 위험성을 부각시켜 미국인들이 자제하도록 했다고 생각했다. 그러나 영국인들은 미국이 한국에 머무르는 한 영국도 따르지 않을 수 없다는 점을 확인했다. 결국 미국과 영국은 대서양에서의 파트너십을 재확인하고 관계 발전을 도모했으나, 극동 지역에서는 의견이 일치하지 않는다는 것을 확인한 셈이다.

4. 정치협상에 의한 휴전 모색

냉전에서 국제전으로, 그리고 전선이 한반도 남쪽 끝에서 북쪽 끝으로 오르내리던 한국전쟁은 중국 참전 이후 장기전으로 진입하는 모습을 보이기 시작했다. 자본주의와 공산주의 어느 쪽도 상대 진영이 한반도 전체를 독점하는 데 대해서 거부반응을 보이면서, 위기 시마다 적극적으로 개입하여 세력균형의 시각에 입각한 전쟁을 수행했다. 1951년 봄 유엔군이 중국군의 진격을 막아내고 38선 부근까지 북상함에 따라 전선의 교착상태가 시작되었다. 한반도 허리 부분에서 장기전을 유지하든가, 아니면 정치적 협상에 의해서 휴전 또는 종전을 하든가, 둘 중 하나를 선택해야 할 상황이 전개되었다.

1) 정전협정 체결: 휴전협상은 왜 2년 넘게 계속되었는가?

1951년 봄까지 중국군의 진격에 대한 유엔군의 반격이 제한적인 성공을 거두면서 전선은 한반도의 중간 부분으로 이동되었고, 그 지점에서 교착상태에 빠지게 되었다. 중국의 참전 목적은 한반도 전체 점령이 아니라 북한 지역의 공산화 유지였고, 유엔군도 중국군에 의한 최장의 후퇴 이후 침략자 응징 및 한반도 전체의 해방이라는 이전의 전쟁 목표를 포기해야 했기 때문에, 전선의 이동 없이 한반도의 중간 부분에서 소모전에 빠져들게 되었다. 더구나 미국 내에서 한국전쟁에 대한 관심과 지지가 줄어들기 시작하자 미국 정부는 전쟁을 조속히 끝내려는 생각을 가지게 되었다. 이러한 상황에서 자본주의와 공산주의 진영 모두가 이 전쟁을 군사적 승리로 끝내기 어렵다는 점을 자각하고 정치적 협상에 의한 전쟁의 종결을 모색하게 되었다.

전쟁이 시작된 지 약 1년 만인 1951년 7월부터 휴전회담이 시작되었다. 휴전을 하기 위해서는 여러 가지 이슈들에 대한 합의가 이루어져야 하는데, 가장 먼저 협의된 것은 휴전선 문제였다. 공산 측은 휴전선으로 전쟁 이전의 분단선인 38선을 제의했으나, 유엔사 측은 정전협정을 체결하는 당일의 전선으로 하자는 제안을 했다. 열띤 논의 끝에 유엔군이 제시한 안으로 결정되었다. 이에 따라 서로 더 많은 영토를 확보하기 위해서 휴전 당일까지 전투가 치열하게 전개되었다. 만약 38선으로 휴전선이 결정되었다면, 휴전회담의 협상이 길어져도 전투는 미리 끝낼 수도 있었던 것이다.

사실 휴전회담이 시작될 때, 협상이 2년 넘게 계속되어 1953년 7월 27일에야 정전협정이 체결될 것이라고 예상했던 사람은 아무도 없었을 것이다. 그러나 휴전협상은 포로 교환이라는 단 하나의 이슈 때문에 2년 이상이나 지속되었다. 포로 교환 문제가 가장 크게 대두된 이유는 유엔군이 보유했던 공산군 포로의 숫자가 너무 많았고, 이들 중에는 공산주의 사상을 가지고 있지 않거나 반공주의자들도 포함되어 있었기 때문이다. 휴전회담을 시작할 당시 유엔사는 15만 명 정도의 공산군 포로를 억류하고 있었고, 공산 측은 10분의 1 정도인 1만 5000명 정도의 유엔군 포로를 억류하고 있었다. 인천상륙작전 직후 유엔군이 남쪽에 있던 북한 인민군의 퇴로를 차단하고 대부분을 포로로 잡았기 때문에 이처럼 포로의 숫자가 늘어난 것이다.

어쩌면 포로 교환 문제는 단순하게 끝낼 수도 있는 문제였다. 1949년에 체결된 포로에 관한 제네바협정에 따르면, 전쟁이 끝나면 각 교전 당사국들은 보유하고 있는 포로들을 전부 송환하게 되어 있다. 따라서 양측이 보유한 포로 숫자의 차이가 크더라도 포로 전체 대 전체를 교환해야 했다. 그러나 미국은 유엔군이 보유하고 있던 15만 명의 포로 중에서 많은 수가 북한으로의 송환을 거부하고 있기 때문에, 인도적 차원에서 북송을 반대하는 포로들을 귀환시킬 수 없다고 공표했다. 거의 절반인 7만 5000명의 포로들이 북송을 거부했다. 이들 중에는 원래 공산주의자가 아니고, 한국전 발발과 함께 북한군이 남한을 점령한 다음 인민군으로 징집한 남한 주민들이 전쟁 과정에서 포로가 된 경우도 다수 포함되어 있었다. 경상도, 충청도, 전라도가 고향인 그들은 연고가 없는 북한에 가서 살 이유가 없으며, 북한에 송환되면 처형당할 것이라는 두려움을 갖고 있었다. 그들은 필사적으로 북한으로의 송환을 거부하는 태도를 보였다. 유엔 측이 억류한 포로들 중에는 중국군 포로들도 있었는데 그중 일부는 중국 송환을 거부하고 타이완으로 가려는 의사를 보였다.

유엔사가 인도적 차원에서 포로의 강제송환을 포기하고 자발적 송환을 발표하자 공산 측은 강력하게 반발했다. 제네바협정을 준수하라고 요구하며, 휴전협상 자체를 거부했다. 미국 입장에서 자발적 송환은 인도적 이유 외에도 유리한 점이 있었다. 15만 명의 포로 전체가 송환되어 군에 복귀하면 북한 인민군 병력이 대폭 증원되는데, 자발적 송환을 추진하면 북한군의 대규모 증강을 막을 수 있었다. 그리고 인민군 포로 중에 공산주의를 싫어하는 포로들이 절반이나 된다는 점은 국제적으로 냉전의 심리전에서 크게 유리한 측면을 내포하고 있었다. 이처럼 포로교환 문제는 서로 양보하기 어려운 이슈였고, 결국 양측이 팽팽하게 대립하게 됨에 따라 휴전협상은 진전이 이루어지지 않고 전투는 더욱 치열하게 전개되었다.

유엔에서 일부 중립국들이 중재를 시도했으나 모두 실패로 돌아가고, 이 문제는 1년 반 이상 해결점을 찾지 못하다가 1953년 3월 소련의 지도자 스탈린이 사망한 이후에 진전되기 시작했다. 새로 들어선 말렌코프(Georgy Malenkov) 체제는 내부 결속과 체제 강화를 위해 소련의 국력을 크게 소모시키는 한반도 문제와 같은 외부의 분쟁들을 조속히 해결해야 할 필요성을 느끼게 되었다. 한국전쟁에 대해서 북한과 중국을 배후에서 강경한 방향으로 조종하던 스탈린이 사망함에 따라 휴전협상이 급진전된 것이다. 미국의 정권 교체도 휴전협상 진전에 중요한 역할을 했다. 1952년 말 대통령 선거에서 한국전쟁의 종전을 공약으로 제시한 아이젠하워(Dwight D. Eisenhower)가 대통령으로 당선되었다.

협상의 재개를 위해 유엔사 측은 제네바협정에 의거해 부상 포로의 교환을 제의했다. 유엔 대표는 이를 제의하면서 과거와 마찬가지로 공산주의자들이 거부할 것이라고 예상했으나, 의외로 공산주의자들은 이를 받아들였다. 부상 포로 교환을 위한 첫 회의는 1953년 4월 6일 개최되었고, 4월 11일 합의서에 서명했다. 실제 교환은 4월 20일부터 시작되었는데, 공산주의자들은 총 600명의 유엔군 포로를 하루에 100명씩 송환했고 유엔사 측은 5800명을 하루에 500명씩 송환했다. 부상 포로 교환은 휴전협상을 진전시키는 데 결정적인 기여를 했다.

이후 정전협정 체결을 위한 타협안을 찾아서 대화가 급진전되었다. 최종 합의는 정전협정 체결과 함께 북한으로의 송환을 원하는 포로들은 북한으로 보내고, 송환을 거부하는 포로들은 60일 이내에 중립국 감시위원단으로 이관하여 이들을 북한이 3개월 동안 설득하는 과정을 거친 후, 설득에도 불구하고 송환을 거부하는 포로들은 석방하기로 합의했다. 이러한 과정을 거쳐서 결국 1953년 7월 27일 정전협정이 체결되었다.

전쟁은 3년간 계속되었고, 그중의 2년 동안은 휴전협상이 전개되었지만, 전쟁의 피해는 상당히 많이 발생했다. 〈표 3-1〉에서 보는 바와 같이 인명피해는 150만 명의 사망자를 포함해 500만 명 이상이 발생했다. 재산피해를 보면 북한 지역의 피해가 무척 컸는데 그 이유는 유엔군의 공중폭격 때문이었다. 북한 지역에서 총 8700개의 공장이 파괴되었고, 공업생산은 전쟁 전에 비해 64%로 줄어들었다. 특히 전력 생산은 26%, 석탄 생산 11%, 철 생산 10%, 화학공업은 23%로 감소했다. 폭격으로 인한 농경지 감소 및 수십만 마리의 소와 돼지의 죽음으로 전쟁 동안 농업생산도 76%로 감소했다. 남한의 피해는 주로 전쟁 초기에 발생했다. 공업보다 농업이 앞서 있는 사회였기 때문에 공장 피해는 그렇게 크지 않았지만, 제조업에서 섬유산업의 피해가 가장 컸고 화학공업, 요업, 기계공업 등이 뒤를 이었다. 전력 부

표 3-1 한국전쟁 기간 인명 피해

	남한		유엔군	북한		중국군	계
	민간인	군인		민간인	군인		
사망	373,599	227,748	36,813	406,000	294,151	184,128	1,522,439
부상	229,652	717,083	114,816	1,594,000	225,949	715,872	3,597,372
실종	387,744	43,572	6,198	680,000	91,206	21,836	1,230,556
계	990,995	988,403	157,827	2,680,000	611,206	921,836	6,350,267

자료: 한국역사연구회 현대사연구반(1991: 62).

문에서는 전쟁 초기에 남한 발전능력의 80%를 잃었다.

2) 한국의 휴전 반대와 한미상호방위조약 체결

한국전쟁은 많은 상처를 남겼다. 인적·물적 피해뿐만 아니라 민족분열과 국토분단을 다시 한번 확인하게 되었고, 이 분단은 전쟁이 끝난 뒤 70년이 다가오는 현시점에도 지속되고 있다. 이러한 재분단에 따른 대립과 갈등을 예상한 이승만 대통령은 1951년 7월 휴전회담이 시작되자 휴전을 반대하면서, 한국전쟁 이후 남한 지역의 안전이 보장되지 않으면 휴전을 받아들일 수 없다는 입장을 보이면서 휴전회담을 방해하기까지 했다. 그는 한반도에 공산주의자가 한 명이라도 남아 있는 상황에서 휴전이 이루어지는 것을 반대한다면서 침략자들을 최후의 1인까지 응징해야 한다고 강조했다. 만약 미국이 이러한 자신의 입장을 무시하고 휴전협상을 지속한다면 한국군을 유엔사의 지휘권에서 철수시켜 단독으로 북진할 것이라고 위협까지 했다. 그러면서 시민들과 학생들을 동원해 휴전 반대 시위를 하도록 했다.

이승만의 휴전 반대는, 북한 지역에 공산주의 정부가 유지된 채 휴전이 된 이후에 북한과 중국이 제2의 한국전쟁을 일으킬 경우에도 과연 미국과 유엔이 한국의 안보를 도와줄 것이냐에 대한 의문을 배경으로 하고 있었다. 제2의 한국전쟁에 대한 안전보장을 위해서, 이승만은 유엔군이 모든 공산주의자들의 소탕을 목적으로 최후의 승리를 할 때까지 전쟁을 지속하든가, 휴전을 하려면 한국에 대한 새로운 안전보장을 하라는 요구를 했다. 그 안전보장은 동맹조약 체결과 한국군의 증강을 포함하는 것이었다. 명시적으로 동맹조약을 요구하지는 않았으나, 동맹조약 정도면 휴전회담 반대를 철회할 태도를 보이고 있었다.

그러나 아이젠하워 대통령을 비롯한 미 정부 내 어느 누구도 한국과의 동맹조약에 대해서 찬성하는 태도를 보이지 않았다. 이승만에게 보내는 편지에서 아이젠하워 대통령은 미국이 한국과 동맹조약을 체결하지 못하는 이유를 다음과 같이 열거했다. 첫째, 현 상태에서 체결하는 동맹조약은 미국과 한국이 유엔을 비효율적인 기구라고 간주하는 인상을 줄 것이다. 둘째, 이 조약은 미국이 한반도의 통일을 원치 않거나, 한국 일부분에 대한 공산 지배에 정당성을 부여하는 인상을 줄 것이다. 셋째, 최근 일련의 한국 정부의 휴전 반대 성명과 한국군을 유엔 지휘권에서 철수시키겠다는 위협에 비추어, 미국 국민과 국회에 이 조약의 필요성을 설명하기 어려워졌다. 넷째, 한·미 간에 동맹조약이 체결되면 일부 참전국들은 군사개입을 축소하려 할 것이다. 한국에 대한 안보 개입은 유엔사를 통해서 가능하고 유엔군 사령관을 미국 장성이 맡고 있기 때문에, 미국은 별도로 동맹조약을 체결할 필요성을 느끼지 못했던 것이다.

이승만의 휴전 반대는 1953년 3월 스탈린의 사망 후 휴전협상이 급진전되면서 더욱 거세졌다. 미국이 가장 우려했던 부분은 이승만이 한국군을 유엔사에서 철수시켜 단독으로 북진할지도 모른다는 점이었다. 전쟁을 더 이상 계속하기 어려운 미국의 입장에서 휴전을 성사시키기 위해서는 공산주의자들과의 협상을 성공적으로 이끌어야 하는 점 외에 이승만이 휴전협상을 반대하지 않도록 하는 것도 중요한 이슈로 등장했다. 특히 이승만이 한국군을 단독으로 북진시킨다면 미국의 입장에서는 무력으로 한국 군대의 북진을 막든가, 아니면 하는 수 없이 한국군과 같이 전쟁을 다시 확대시켜야 하는 어려운 상황이 전개될 수도 있었다.

제2차 한국전쟁 발발 시 미국이 한국을 지켜주겠다는 안보 공약 대신에 미국은 자국의 정책에 도전하는 이승만을 제거하려는 계획을 수립했다. 에버레디 작전(Operation Everready)으로 이름 붙여진 이 작전은 이승만을 서울(당시는 부산이 임시수도였기 때문에 한국 정부는 부산에 주재하고 있었다)로 유인해 감금시키고 유엔사에 협조하는 한국의 지도자를 내세우는 내용을 포함하고 있었다. 이 작전을 수립해 놓았지만, 실제로 이행해야 하는지에 대해서는 미 정부 내에서 열띤 토론이 진행되었다. 군부에서는 이승만을 제거해 휴전을 조기에 이루어야 한다는 시각을 보인 반면, 외교 부서에서는 이에 대한 유보적 시각을 보였다. 결국 미 행정부는 심각한 논의 끝에 이승만 대통령을 제거하지 않고, 그가 원하는 것을 제공하면서 휴전을 설득하기로 결정했다. 이승만은 단기적으로 미국의 정책에 도전하고 있었지만 반공이라는 미국의 장기적 이익에서 크게 벗어나지 않았고, 한국 내에 이승만 이상의 반공주의자를 찾기 어려워서 결국 한미상호방위조약 체결을 결정한 것이다.

아이젠하워 대통령은 한국에 특사를 보내 한미동맹을 체결해 줄 테니 휴전에 대한 반대를 철회하라고 이승만을 설득했다. 이승만은 마지못한 태도로 정전협정을 받아들였고, 1953년 7월 27일 3년 1개월에 걸친 한국전쟁이 일단락되었다. 한국과 미국은 전쟁이 끝난 후 10월 1일 한미상호방위조약을 체결했다. 조약 체결국 중 어느 일방이 외부로부터 공격을 받을 경우 다른 체결국은 자국의 헌법적 절차에 따라 개입을 하는 조항 그리고 남한에 미군이 주둔할 수 있는 조항을 포함했다.

1945년 8월 15일 제2차 세계대전이 끝나고 미국과 소련의 점령으로 분할되었던 한반도는 단독정부 수립, 전쟁 발발, 휴전 등의 통렬한 과정을 거치면서 8년 만에 재분단되었다. 전쟁 기간에 자본주의와 공산주의 진영이 서로 한반도에 독점적인 세력권 형성을 추구했으나, 서로가 견제하면서 한반도 내에 양대 세력의 균형이 이루어지게 되었다. 이러한 재분단은 전쟁이 끝나고 거의 70년이 다되어가는 시점에도 대결과 충돌을 반복하면서 지속되고 있다.

돌이켜 보건대 한국전쟁의 기원과 전개 과정 그리고 휴전을 체결하는 과정을 보면 많은 아쉬움이 남는 아픈 역사다. 전쟁의 발발을 막을 방법은 없었을까? 물론 분단이 안 되었으면 전쟁이 발생하지 않았을 것이다. 그러나 한반도의 분단을 주도한 미국이 한반도 내에 남북한이 균형을 이루도록 남한을 지원했다면 북한이 함부로 남침할 의지를 가지지 못했을 것이다. 미국은 분단 정부 수립은 주도했지만, 한반도에 대한 적극적인 전쟁 억지책보다는 전쟁이 발생하지 않기만 기대하는 소극적 정책으로 전쟁을 불러일으켰다는 점을 부인하기 힘들다. 1950년 1월 미국의 아시아 방어선에서 한반도를 제외한 애치슨 선언이 그 대표적인 사례다.

전쟁 발발 이후의 전개 과정을 보면 더욱 진한 아쉬움이 남는다. 세계적으로 냉전이 막 시작된 시점에 서방 진영이 단합해 침략 세력을 물리치는 것은 당연한 일이지만, 국제평화기구인 유엔이 즉각적으로 전쟁 당사자가 되기보다는 좀 더 평화적인 해결 방안을 강구했어야 했다. 인천상륙작전을 성공시키고 유엔군이 전세를 뒤집어 38선에 도달해 원상회복을 한 이후에도, 유엔은 즉각적으로 북진해 새로운 전쟁을 일으키기보다는 평화적 해결 방안을 강구해 중국의 개입을 막았어야 했다. 휴전에도 아쉬움이 남는 부분이 있다. 인도적 차원에서 포로의 자발적 의사에 따른 송환은 잘못된 것이라 할 수 없지만, 이 문제로 인해 협상이 지연되면서 전투가 2년이나 더 지속되는 것을 막을 방법은 있지 않았을까 생각된다. 협상이 지연되어 끝이 안 보일 때, 38선 또는 유사한 분단선을 획정하고 일단 전투를 중단했다면 그토록 많은 인적·물적 피해를 막을 수 있지 않았을까 생각된다.

참고문헌

* 이 책의 1차 자료는 미국 National Archive와 영국 Public Record Office에서 비밀이 해제되어 공개된 정부 문서를 참고했다[구체적 내용은 김계동(2014)의 참고문헌 참고].

김계동. 2012. 『한반도 분단, 누구의 책임인가』. 명인문화사.

______. 2014. 『한국전쟁: 불가피한 선택이었나』, 명인문화사.

______. 2012. 「한국전쟁은 더 빨리 끝날 수 없었는가?: 평화중재의 시도와 좌절」. ≪군사(軍史)≫, 제83호.

______. 2008. 「한반도 분단과 전쟁 과정에서의 유엔의 역할」. ≪군사(軍史)≫, 제67호.

______. 2001. 「한반도 분단·전쟁에 대한 주변국의 정책: 세력균형이론을 분석틀로」. ≪한국정치학회보≫, 제35집 1호.

______. 2000. 「중국의 한국전 개입에 관한 영국의 정책」. ≪군사≫, 제41호.

______. 1995. 「한국전 휴전협상의 추진배경 연구: 전선의 안정과 정치적 결말 모색」. ≪한국군사≫, 제1호.

______. 1995. 「한국전쟁 초기 인도·영국의 평화적 종전 모색」. ≪군사≫, 제30호.

______. 1994. 「국제평화기구로서 유엔역할의 한계: 유엔의 한국전 개입 평가」. ≪국제정치논총≫, 제34집 1호.

______. 1992. 「강대국 군사개입의 국내정치적 영향: 한국전쟁시 미국의 이대통령 제거계획」. ≪국제정치논총≫, 제32집 1호.

김학준. 1989. 『한국전쟁』. 박영사.

라종일. 1994. 『끝나지 않은 전쟁: 한반도와 강대국정치(1950~1954)』. 전예원.

박명림. 1996. 『한국전쟁의 발발과 기원 I : 결정과 발발』. 나남출판.

______. 1996. 『한국전쟁의 발발과 기원 II: 기원과 원인』. 나남출판.

박태균. 2005. 『한국전쟁: 끝나지 않은 전쟁, 끝나야 할 전쟁』. 책과 함께.

와다 하루끼(和田春樹). 1999. 서동만 옮김. 『한국전쟁』. 창작과비평사.

이삼성. 2013. "한국전쟁과 내전: 세 가지 내전 개념의 구분". ≪한국정치학회보≫, 제47집 15호.

이상호. 2012. 『맥아더와 한국전쟁』. 푸른역사.
이완범. 1999. "한국전쟁 발발원인에 대한 유기적 해석: 김일성의 국제적 역학관계변화 편승과 스탈린의 동의." ≪국제정치논총≫, 제39집 1호.
조성훈. 2010. 『한국전쟁과 포로』. 선인.

Clark, Mark W. 1954. *From the Danube to the Yalu*. New York: Harper and Brothers.
Dockrill, M. L. 1986. "The Foreign Office, Anglo-American relations and the Korean war, June 1950-June 1951." *International Affairs*, Vol.62, No.3.
Foot, Rosemary. 1985. *The Wrong War: American Policy and the Dimensions of the Korean Conflict, 1950-53*. Ithaca and London: Cornell University Press.
George, Alexander L. 1967. *The Chinese Communist Army in Action: The Korean War and Its aftermath*. New York: Columbia University Press.
Gittings, John. 1975. "Talks, Bombs and Germs: Another Look at the Korean War." *Journal of Contemporary Asia*, Vol.5, No.2.
Goodrich, Leland M. 1953. "The United Nations and the Korean War: A Case Study." *Academy of Political Science Proceedings*, Vol.25.
Goulden, Joseph C. 1982. *Korea: The Untold Story of the War*. New York: Times Book.
Gupta, Karunakar. 1972. "How did the Korean War Begin?." *China Quarterly*, No.52. Oct.-Dec.
Halliday, Jon. 1973. "What Happened in Korea? Rethinking Korean History, 1945-1953." *Bulletin of Concerned Asian Scholars*, Vol.5, No.3.
Jervis, Robert. 1980. "The Impact of the Korean War on the Cold War." *Journal of Conflict Resolution*, Vol.24, No.4.
Joy, Charles Turner. 1955. *How Communists Negotiate*. New York: Macmillan.
Kennan, George F. 1972. *Memoirs: 1950~1963*. New York: Pantheon Books.
Kim, Gye-Dong. 1993. *Foreign Intervention in Korea*. Aldershot: Dartmouth Publishing Company.
Kolko, Joyce and Gabriel. 1972. *The Limits of Power: The World and U.S. Foreign Policy, 1945-54*.

New York: Harper & Row.

McLellan, David S. 1968. "Dean Acheson and the Korean War." *Political Science Quarterly*, Vol.83. March.

Paige, Glenn D. 1968. *The Korean Decision, June 24-30, 1950*. New York: The Free Press.

Rees, David. 1964. Korea, *The Limited War*. New York: St. Martin's Press.

Simmons, Robert R. 1975. *The Strained Alliance: Peking, Pyongyang, Moscow and the Politics of the Korean Civil War*. New York: Free Press.

Stueck, William Whitney, Jr. 1995. *The Korean War: An International History*. Princeton: Princeton University Press.

Truman, Harry S. 1955, 1956. *Memoirs*, Vol.1, *Year of Decision*, Vol.2, Years of Trial and Hope, Garden City: Doubleday & Co.

Vatcher, William. 1958. *Panmunjom: The Story of the Korean Military Armistice Negotiations*. London: Stevens & Sons.

Whiting, Allen S. 1960. *China Crosses the Yalu: The Decision to Enter the Korean War*. New York: The Macmillan Co.

4

1950년대의 한반도

협력과 갈등의 한·미·일 관계

홍용표
한양대학교 정치외교학과 교수

1. 냉전과 동아시아 그리고 한반도

1950년대 한반도를 둘러싼 국제관계는 냉전(Cold War)의 심화 과정과 밀접하게 연계되어 있었다. 세계적 차원에서 미·소 냉전의 시작은 한반도 분단에 직접적인 영향을 미쳤으며, 분단 이후 한반도에서 남한과 북한의 대립은 열전(Hot War), 즉 6·25 전쟁으로 이어졌다. 이 전쟁으로 인해 냉전은 더욱 첨예해 졌고, 남북한은 냉전의 전초기지가 되었다. 이 과정에서 자유진영의 리더가 된 미국은 한국과 일본을 연결해 협력체제를 형성함으로써 동북아시아에서 공산주의의 확산을 막으려고 했다. 하지만 한·미·일 3국 간의 협력은 쉽지 않았다. 반공이라는 목표는 공유하고 있었지만 구체적 정책 방향에 대한 인식 차이가 컸으며 구체적 정책 방향에 대한 인식 차이가 컸으며 역사적 앙금이 남아 있었기 때문이다. 따라서 한반도에서는 냉전의 동반자들 사이에서 불협화음이 지속되는 현상이 나타나기 시작했다.

미국과 소련을 중심으로 세계가 자유진영과 공산진영으로 나뉘어 대립한 냉전은 제2차 세계대전이 끝난 직후 시작되었다. 전쟁을 거치며 초강대국으로 부상한 미국과 소련은 전후 국제질서를 자신에게 유리한 방향으로 재편성하는 과정에서 점차 상대방에 대한 불신과 경쟁의식을 나타내기 시작했다. 그리고 양국 간의 이념적 대립은 이러한 영향력 다툼을 더욱 가속화했다.

제2차 세계대전이 끝난 직후 소련은 폴란드에 위성 정권을 세우는 등 동유럽에 자신의 세력권을 구축해 나갔다. 이에 미국은 소련의 팽창정책을 우려하며 공산주의의 확대를 억제하기 위한 '봉쇄정책(containment policy)'을 추진하기 시작했다. 이에 따라 1947년 미국은 유럽에서 공산주의 위협에 대응하기 위해 서유럽의 경제 재건을 위한 지원을 확대했다. 이러한 미국의 정책에 대항해 소련은 동유럽에서 국제공산주의운동에 대한 통제와 주도권을 강화해 갔다. 1949년에는 미국과 서유럽 국가들 사이의 '북대서양 조약기구(NATO)'가 설립되었다. 소련의 위협에 대응하기 위한 군사동맹이 결성된 것이다. 1945년 미국의 핵개발에 이은 1949년 소련의 핵실험 성공은 양측의 군사적 대립을 더욱 격화했으며, 결국 유럽에서 미·소 간의 갈등은 되돌릴 수 없는 상황에 이르게 되었다(마상윤, 2007: 66~71; 홍용표, 2010b).

유럽에서의 냉전은 곧 아시아로 확대되었다. 특히 1949년 10월 중국의 공산화는 아시아에서 냉전을 재촉했다. 아시아 대륙에서 공산주의 세력이 확대되자 미국은 일본의 전략적 중요성을 재인식하게 되었다. 제2차 세계대전 종료 직후 미국은 일본을 비군사화와 민주화를 통해 "아시아의 스위스"로 만들고자 했다. 하지만 아시아에서 냉전의 확산과 함께 미국은 일본을 이 지역에서 공산주의 팽창을 막기 위한 "반공의 보루"로 만들겠다는 새로운 정책 목표를 세웠다.

1950년 6월 북한의 침공으로 시작된 6·25 전쟁을 계기로 동아시아에서 안보 질서 재정립을 위한 미국의 노력은 더욱 구체화되었다. 당시 미국은 한반도 전쟁을 소련의 주도에 의한 것으로 간주했으며, 극동에서 공산주의자들의 도발을 방치할 경우 소련이 자유세계의 다른 지역에서도 공격을 감행할 수 있다고 판단했다. 또한 미국 정부는 한반도에서 공산주의 세력의 팽창 움직임에 적극적으로 대응하지 않을 경우 미국의 리더십과 위신이 떨어지고 전 세계적 수준에서 반공주의 세력이 약화될 수 있다고 우려했다. 따라서 미국은 6·25 전쟁에 신속히 개입했을 뿐만 아니라 일본을 중심으로 한 반공 전선 구축을 서둘렀다. 미국은 우선 일본에 대한 군사점령을 조기에 종료하고 전후 복구와 경제적 부흥을 촉진함으로써 일본을 미국에 협조적인 국가로 만들고자 했다. 아울러 한국과 일본의 관계를 정상화함으로써 동북아에서 보다 강력한 반공 공동체를 만들려고 했다. 하지만 과거사 문제, 민족주의, 국제정세에 대한 시각 차이 등으로 인해 미국이 원하는 협력적인 삼각관계를 형성하는 데 큰 어려움이 따랐다.

한반도를 중심으로 봤을 때, 1950년대는 일본의 식민지배에서 분단과 전쟁으로 이어진 참담하고 혼란스러운 상황을 거쳐 새로운 질서가 자리 잡아가는 시기였다. 특히 한국으로서는 생존의 위기를 극복하고 국가안보와 발전의 기틀을 만들어야 하는 중차대한 때였다. 그리고 이러한 목표를 이루는 데 미국의 협조와 지원은 필수적이었다. 하지만 공산주의의 위협에 어떻게 대응할 것인가, 그리고 그 과정에서 일본과의 관계를 어떻게 정립할 것인가 하는 핵심 문제에 대한 양국의 견해가 달랐고, 이러한 차이가 때로는 심각한 갈등으로까지 이어졌다.

2. 이승만의 친미·반공·반일 의식과 한반도 문제

1950년대 한반도를 둘러싼 국제관계를 이해하기 위해서는 이승만의 대외 인식과 전략을 파악할 필요가 있다. 이승만은 자타가 공인하는 외교 전문가였으며, 특히 대미·대일 정책과 대북 전략 등 주요 외교 사안은 모두 직접 챙겼다. 이 당시 한반도 문제에 대해 가장 영향력 있는 행위자는 물론 미국이었지만, 미국 역시 이승만 대통령의 의사를 무시하기는 어려웠다. 미국의 입장에서 봤을 때, 이승만은 한국을 대표하는 지도자 그 누구보다 국제정치와 미국을 잘 아는 협상가였기 때문이다. 이승만의 대외 전략은 독립운동을 시작한 청년기부터 쌓아온 경험과 이를 통해 형성된 친미, 반일 그리고 반러 및 반공 의식과 깊이 연계되어 있다.*

이승만은 독립운동 초기인 1904년 집필한 『독립정신』에서부터 러시아와 일본에 대해서는 부정적인 인식을 드러낸 반면, 미국의 정치제도, 법률, 독립 과정, 노예해방 문제 등을 자세히 소개하며 미국에 대한 호감을 강하게 나타냈다. 나아가 이승만은 미국을 "남의 권리를 빼앗지도 않을뿐더러 남의 권리를 보호해 주기를 의리로 아는" 나라로 생각했고 따라서 한국이 국권 상실의 위기에 처한 상황에서 믿고 의지할 나라는 미국뿐이라고 인식했다. 아울러 이승만은 미국에서 국제정치를 공부해 박사학위까지 받았는데 이 과정에서 미국을 체험하며 친미 성향이 더욱 강화되었다. 무엇보다 이승만은 미국을 가장 중요한 독립 외교 대상으로 간주하게 되었다(이승만, 1993: 70~99; 홍용표, 2010a: 404~406).

특히 현실주의적 시각을 지니고 있던 이승만은 당시의 상황을 세력균형의 정치로 이해하고 일본의 위협에 대항하기 위해서는 미국의 힘이 필요하다고 생각했다. 예를 들어 이승만은 유학 시절 한 미국 신문과의 회견에서 열강이 일본의 전횡을 방치하는 것을 비난하며, "일본을 내버려 둘 경우 서방의 친구가 되기보다는 적이 될 것이며, 따라서 일본의 억압 아래 놓인 한국을 독립시켜 줌으로써 일본에 대한 견제 기능을 강화할 수 있을 것"이라고 주장했다. 또한 1919년에는 일본을 "동양의 프러시아(Prussia of the Orient)"로 규정하며, 일본을 물리칠 수 있는 유일한 국가는 미국이라고 강조했다. 나아가 일본이 한국에 대한 지배를 계속하고 중국을 침략한다면 세계평화에 대한 위협은 유럽에서보다 아시아에서 더 클 것이라고 주장했다. 이후 이러한 주장은 점차 강화되어, 만일 미국이 일본과 친분을 맺으면 자신의 평화와 안전이 지켜질 것이라고 믿고 일본이 한국, 만주, 중국을 차지하도록 방치한다면 이는 "궁극적으로 해를 입힐 새끼 호랑이를 키우는"

* 이승만의 대외인식에 대한 구체적 내용은 필자의 기존 연구(홍용표, 2007; 홍용표, 2010a) 참조.

정책이 될 것이라고 경고했다. 이승만은 또한 이웃에 강도가 들었을 때 강도의 무기를 빼앗고 이웃을 구출해야지, 그렇지 않으면 그 "강도가 언젠가는 본인에게 무기를 들고 들이댈 것"이라고 말하며, 이와 같은 개인 사이에서의 평화 원칙은 국가 간의 평화 문제에도 적용되어야 한다고 강변했다. 이러한 이승만의 논리는 1941년 출간한 저서 『일본 내막기(Japan Inside Out)』에서 최고조에 다다른다. 여기서 이승만은 일본이 아시아에서 패권을 장악하고 궁극적으로는 세계를 지배하려는 생각을 가지고 있으며, 따라서 미국은 오래지 않아 일본과 충돌할 수밖에 없을 것이라며 일본의 진주만 공격을 예측했다. 이어 이승만은 일본의 첫 번째 희생자였던 한국의 운명은 자유세계의 운명과 분리될 수 없고, 세계의 민주세력이 힘을 합쳐 일본을 무찌를 때 태평양 지역에 평화가 다시 이룩될 것이라고 언급했다(Rhee, 1941: 199~202; 홍용표, 2010a: 420~425).

이승만은 독립운동 과정에서 반일뿐만 아니라 강력한 반러 의식을 지니게 되었는데, 이는 반공주의로 연결된다. 아관파천 등으로 러시아의 영향력이 지배적이었던 1898년 독립협회의 반러 운동에 가담한 이승만은 러시아를 약육강식 세계의 "탐욕스러운 호랑이"로 인식하며 반러 감정을 키워나갔다. 『독립정신』에는 이승만의 반러 감정이 좀 더 구체적으로 표현되어 있다. 여기서 이승만은 과거부터 러시아인들에게는 남의 토지를 빼앗으려는 성향이 있고, "한 조각 땅이라도 저의 세력에 넣으면 영원히 제 것을 만들어 장차 온 세상을 다 통일하고자 하는 마음"을 가지고 있다며 러시아의 팽창 야욕을 지적했다. 또한 이승만은 유럽에서의 세력균형으로 서쪽으로 진출하기 어려워진 러시아가 동쪽으로 팽창함으로써 아시아에서의 세력균형이 무너질 위험성에 대해 경고했다. 나아가 그는 강대국 간의 세력균형 구도에서 한국과 같은 약소국은 피해자가 될 수밖에 없음을 우려했다.

그림 4-1 이승만의 『독립정신』과 『일본 내막기』 표지

이승만의 반러 감정은 볼셰비키혁명으로 러시아에서 로마노프 왕조가 붕괴하고 공산 정부가 들어서자 반공사상과 연계되기 시작했다. 이 무렵부터 그는 공산주의를 "원래 자유롭게 되기를 원하는 인간의 본성을 거역해 가며 국민을 지배하려는 사상 체계"로 간주하고 이 이념을 따르는 정치는 반드시 실패하리라 장담했다. 또한 일본과 싸우기 위해 소련과 연대하는 것은 바로 공산주의 사상을 받아들여 한국을 노예국화하는 길이라고 주장하며, 오직 미국의 "성의 있는 원조"에 기대야 한다고 강조했다. 1941년 태평양전쟁의 발발로 소련이 참전하게 되자 이승만은 소련이 다시 한반도로 영향력을 확대할 수 있다는 경계심을 갖기 시작했으며, 소련이 채택하고 있는 공산주의에 대한 반감이 커지기 시작했다. 소련과 공산주의를 경계하는 이승만의 논리는 일본의 위협을 우려했던 논리와 매우 유사했으며, 소련의 힘도 미국의 힘을 통해 막아야 한다고 생각했다. 따라서 이승만은 미국 정부에게 소련의 팽창 야욕을 경고하며, 미국이 한국 독립을 미리 승인해 이런 움직임에 제동을 걸지 않으면 일본 패망 후에 소련은 반드시 한반도로 들어와 한국을 장악하려 할 것이라고 강조했다(이승만, 1993: 145~146,

194~195. 홍용표, 2007: 55~66).

해방과 함께 한국에 돌아온 이승만은 반공 노선을 점차 강화했다. 그는 공산주의를 "콜레라와 같은 전염병"으로 간주했으며, 공산주의와의 타협이나 공존은 불가능하다고 믿었다. 이와 같은 이승만의 반공주의는 곧 소련의 야욕에 의한 한반도 공산화를 막기 위해 남한에 단독정부를 수립해야 한다는 주장으로 이어졌다. 냉전이 확산되고 소련 통치하에서 북한의 공산화가 기정사실로 되어가는 상황에서, 남한에 민주주의 정부가 하루 빨리 설립되어야 북으로부터의 공산주의 침투와 이를 통한 전 한반도의 공산화를 막을 수 있다고 판단한 것이다. 이러한 인식은 분단이 공식화된 이후에도 지속되어, 이승만은 소련과 그 '괴뢰'인 북한을 남한 안보에 대한 가장 큰 위협으로 간주했다. 그리고 이는 북진통일론으로 이어졌다. 이승만 대통령의 북진통일 주장에는 북한과의 긴장을 고조시킴으로써 내부 통합을 고취하고 정권의 안정을 꾀하고자 한 정치적 목적이 담겨 있었던 것도 사실이다. 그러나 당시 이승만이 북진통일을 외친 보다 중요한 이유는 공산주의를 제거해야만 남한의 안전이 보장된다는 믿음 때문이었다(Hong, 2000: 24~31).

이승만은 일본의 힘을 제어할 유일한 나라가 미국이었던 것처럼, 공산주의 위협을 막기 위해서도 미국의 도움이 필수적이라고 생각했다. 따라서 대한민국 정부 수립 직후 미군이 철수하려 하자, 한반도에서 공산주의 세력의 위협과 침략 가능성에 대비하기 위해 미국과 한국 사이의 방위협정과 같은 안전보장 장치를 요구했다. 그 당시 미국은 이 제안을 수용하지 않았다. 그러나 6·25 전쟁으로 북한의 위협이 현실화되고, 상호방위조약 체결에 대한 이승만의 요구가 더욱 거세지자 미국은 결국 한국과 동맹조약을 체결하게 된다. 하지만 그 과정은 결코 쉽지 않았다. 한반도 문제와 해법에 대한 양국의 인식 차이가 존재했기 때문이다.

3. 한미동맹과 반공·반일에 대한 입장 차이

미·소 냉전이 심화되기 시작하자 미국의 국가안전보장회의(NSC)는 1950년 4월 유럽과 아시아를 포함한 세계적 차원에서 봉쇄정책을 추진하기 위해 NSC-68이라는 정책 문서를 작성했다. 「국가안보를 위한 미국의 목표와 계획」이라는 제목의 이 문서에는 전 세계로 영향력을 확장하려는 소련의 위협을 막기 위해 자유세계의 정치·경제·군사적 능력을 빠르고 지속적으로 강화해야 한다는 정책 방향을 제시했다. 특히 NSC-68은 미국이 힘의 우위를 확보할 때에만 소련을 제대로 다룰 수 있으며, 이를 위해서 미국의 국방력을 대폭 증강해야 한다고 제안했다. 애초에 트루먼(Harry Truman) 대통령은 막대한 국방예산이 필요한 이 정책 제안을 수용하려 하지 않았다. 그러나 한반도에서 6·25 전쟁이 발발하자 공산주의의 팽창은 현실적인 위협으로 다가왔고, 결국 미국의 세계 전략에는 NSC-68이 제시한 방향이 반영되었다. 나아가 6·25 전쟁을 계기로 미국의 한반도에 대한 정책도 '최소 개입'에서 '최대 개입'으로 바뀌었다.*

제2차 세계대전을 마무리하기 위한 전시 외교에서 나타난 한반도에 대한 미국의 입장은 소련과 갈등은 피하되, 경쟁국인 소련이 한반도 전체를 지배하는 것을 막아야 한다는 것이었다. 이와 같은 미국의 한반도에 대한 소극적인 입장은 분단 정부 수립 이후에도 지속되었다. 미국은 대한민국 정부가 수립되자 한반도 문제에 계속 개입하기보다는 가능한 한 부작용을 최소화하기 위해 손을 떼려고 했다. 따라서 미국은 1945년 점령 이후 남한에 주둔시

* 1950년대 한·미 관계에 관한 내용은 필자의 기존 연구(홍용표, 2010b; 홍용표, 2012)를 이 책의 취지에 맞게 재구성하고, 일본 관련 내용을 포함시킨 것이다.

켰던 미군을 철수하는 대신 정치·경제적 지원을 통해 남한 정부의 공산화를 방지하고자 했다. 그러나 6·25 전쟁 발발 이후 미국의 세계 전략 변화와 함께 한반도에서의 정책 방향도 적극적인 개입 정책으로 전환되었다.

1950년 6월 25일 북한이 무력 침공을 개시하자 이승만 대통령은 이를 소련의 사주에 의한 전쟁으로 인식하고, 이 전쟁을 "한국과 러시아가 싸우는 전쟁"이라고까지 규정했다. 하지만 공산주의의 무력 침공을 자력으로 방어할 수 없었던 한국은 자신의 생존을 미국의 힘에 절대적으로 의존할 수밖에 없었다. 이승만 대통령은 미국이 유엔의 이름하에 한국전에 참전하자 곧 작전 지휘권을 맥아더(Douglas MacArthur) 유엔군 사령관에게 이양했다. 이에 따라 한국과 미국은 단일한 지휘체계하에 반공을 위해 함께 싸웠다. 그러나 한국과 미국의 반공에 대한 인식에는 차이점이 있었다. 미국의 반공은 소련 공산주의의 팽창을 봉쇄한다는 현상유지적인 것이었다. 이에 반해 한국의 반공은 궁극적으로 남북통일을 지향하는 것으로서 현상타파적인 성격을 지니고 있었다. 특히 한국의 이승만 대통령은 한국의 안보를 위해서는 공산주의자들이 한반도에서 완전히 제거되어야 한다는 매우 공격적인 반공관을 가지고 있었다.

따라서 남한의 이승만 대통령은 전쟁 초반 불리한 전세 속에서도 미국이 주도한 UN의 참전에 고무된 듯 전쟁을 승리로 이끌어 자신의 주도하에 통일을 이루려고 했다. 예를 들어 이승만은 북의 남침으로 인해 38선이 무의미해졌으며, 이 기회를 이용해 "암적 존재인" 공산주의를 뿌리 뽑아야 한다고 강조했다. 사실 당시 미국 행정부도 38선 돌파 여부를 내부적으로 논의했으며, 9월 초 북한군 격퇴 후 중·소의 개입이 없을 경우 북진하기로 결정했다. 인천상륙작전의 성공으로 전세를 역전시킨 미국은 한때 38도선을 넘어 북한으로 진격하며 롤백(rollback) 정책을 추진했다. 그러나 중국이 개입하자 다시 분단 상황을 받아들이는 현상유지 정책으로 복귀하며 휴전을 모색했다. 이후 미국은 ① 군사적 통일 포기, ② 만족스러운 휴전 체결, ③ 남한 정부의 안정성 확립, ④ 전쟁 재발을 막기 위한 한국군의 군사력 증강, ⑤ 적절한 시기에 외국군 철수 등을 주요 정책 목표로 설정했다(맥도날드, 2001: 37). 한마디로 미국은 한반도에서 현상유지에 기초한 반공을 원한 것이다.

하지만 당시 한국 정부는 물론 한국 국민들도 분단의 지속을 의미하는 현상유지 정책에 만족할 수 없었다. 특히 공산주의자들이 남아 있는 한 한반도 평화는 불가능하다는 이승만의 믿음은 김일성 정권이 일으킨 전쟁을 경험하며 더욱 굳어졌다. 따라서 이승만 대통령은 전쟁 상황을 역이용해 공산주의자들을 한반도에서 몰아내고 통일을 달성하고자 했다. 다른 한편, 이승만은 미국의 도움 없이 한국의 병력만으로는 공산군을 물리칠 수 없으며, 또한 자신의 의사와는 무관하게 휴전이 이루어질 것이라는 사실을 인식하고 있었다. 따라서 이승만 대통령은 이미 기정사실화된 정전협정 이후 한국의 안전을 보장할 장치들을 마련하고자 했으며, 특히 그가 가장 중요시한 것은 미국과 상호방위조약을 체결하는 것이었다.

당시 미국은 휴전 이후에도 한국을 도와주어야 한다고 생각했으나, 한국과 공식적인 동맹조약을 맺는 것은 고려하지 않았다. 미국은 6·25 전쟁이 터지자 공산주의의 위협을 실감하고, 이를 봉쇄하기 위해 1951년 일본, 필리핀, 호주, 뉴질랜드 등과 상호방위조약을 체결했다. 그럼에도 불구하고 실제 공산주의로부터 침략을 당한 한국과의 동맹조약을 꺼린 이유는 전쟁 위험이 상존하고 있는 아시아 대륙에 발이 묶이는 것을 우려했기 때문이다. 따라서 미국 정부는 상호방위조약을 체결하자는 이승만 대통령의 요구를 거절했다. 이에 이승만은 북진통일을 앞세우며 휴전을 원하던 미국을 압박하기 시작했다. 현상유지에 만족하며 전쟁을 마무리하려는 미국으로서는 이승만 정부의 호전적인 태도를 방치할 수 없었다. 특히 1953년 4월 경부터 공산 측과의 휴전협상이 막바지 단계에 들어서게 되자, 휴전에 반대하는 이승만의 태도는 미국을 매우 곤혹스럽게 했다.

이승만이 신속히 전쟁을 마무리 지으려는 미국의 정책에 계속 비협조적인 태도를 보이자 1953년 5월 미국 정부는 세 가지 정책 대안을 수립했다. 그것은 ① '에버레디 작전(Operation Everready)'을 통해 이승만을 축출하고 유엔 사령부하의 군사정부를 세우는 방안, ② 유엔 사령부를 한국으로부터 완전히 철수시키는 방안, ③ 한국 정부가 정전협정을 준수한다는 조건하에 한미상호방위조약을 체결하는 방안 등이었다. 결국 미국은 세 번째 대안을 선택했다. 미국은 이승만 정권을 합법정부로 인정했던 기관인 유엔의 이름하에 그 정권을 전복시킬 수 없었다. 사실 미국은 1952년 부산정치파동을 계기로 처음 '에버레디 작전'을 수립했다. 당시 이승만 대통령이 야당의 반대를 물리치고 대통령 직선제 개헌안을 통과시키기 위해 계엄령을 선포하자 이런 사태가 전쟁 수행에 방해가 될 것을 우려했기 때문이다. 하지만 당시에도 비슷한 이유에서 이승만 제거 계획을 실행에 옮기지 않았다. 또한 한국에서 완전히 철수하는 방안도 미국으로서는 선택하기 어려운 대안이었다. 3년간 남한의 공산화를 막기 위해 수많은 피해를 감수하며 싸운 후에 남한을 공산주의자들의 손에 넘겨줄 수는 없었기 때문이다. 따라서 미국 정부는 로버트슨(Walter Robertson) 국무부 극동담당 차관보를 특사로 서울에 파견해 한미상호방위조약 체결을 위한 협상을 시작했을 뿐만 아니라, 군사원조 등 전쟁 종료 이후 한국의 안보를 보장하기 위한 다양한 방안에 대해 논의했다.

정전협정 체결 직후인 8월 초에는 한미상호방위조약 체결 협상을 마무리하고 한국에 대한 미국의 군사·경제적 원조를 보다 구체적으로 논의하기 위해 덜레스(John Dulles) 국무장관이 직접 한국을 방문했다. 6·25 전쟁을 경험하고서 미국은 이미 한국을 '냉전의 상징'으로 간주했으며, 한국을 '반공의 전초기지'로 만들어야 한다는 생각을 굳히고 있었다. 따라서 한국에 대한 군사·경제 지원 문제에 대해서는 큰 어려움 없이 합의가 이루어졌다. 미국은 한국에게 2억 달러 규모의 경제 지원 프로그램을 약속했고, 한국이 요구한 20개 사단 규모의 군사력 증강 계획도 수용했다. 무엇보다 한·미 양국은 이승만 대통령이 "우리의 모든 삶과 희망"이 달려 있다고 생각한 한미상호방위조약 내용을 최종 확정했다. 공산주의 확산 봉쇄라는 세계 전략을 추진해 온 미국은 남한의 공산화를 방치할 경우 전체적인 국제질서가 흔들릴 수 있다는 점과, 세계 지도자로서 미국의 체면이 손상될 수 있다는 점을 간과할 수 없었다. 따라서 반공에 대한 인식 차이는 물론 한반도에서 현상유지 여부에 따른 한국과의 갈등에도 불구하고 미국은 결국 한국과 상호방위조약 체결에 합의 것이다(Hong, 2000).

한편, 한반도에 대한 미국의 안보 공약이 확정된 이승만 대통령과 로버트슨 특사 및 덜레스 장관과의 협상은, 그 진행 과정에서 공산주의에 대한 대응 방안은 물론 일본과의 관계 설정에 대한 양국의 입장 차이를 그대로 노출시켰다.

우선 휴전이 확정되었음에도 북진통일론을 둘러싼 미국 정부와 이승만 대통령 사이의 논쟁은 계속되었다. 예를 들어 이승만 대통령은 로버트슨 특사에게 "한국전쟁은 민주주의와 공산주의 간의 전쟁"이며 "군사적 승리만이 전 세계 공산주의자들의 야욕을 단념"시키는 길이라는 기존의 주장을 되풀이했다. 이에 로버트슨 특사는 "미국이 군사적 방법으로 한국의 통일을 실현시키겠다고 약속한 적이 없으며, 상호방위조약도 남한이 북한을 공격할 경우에는 적용되지 않을 것"이라는 입장을 분명히 밝혔다. 이승만 대통령은 덜레스 장관과의 회담에서도 중국 공산주의자들이 한반도에 남아 있는 한 진정한 평화는 불가능하다고 강조했다. 나아가 이승만은 만일 정전협정에 명시된 정치 회담을 통해 한국 문제를 평화적으로 해결하지 못할 경우, 다시 무력 통일을 시도해야 한다고 주장했다. 이에 대해 덜레스 장관은 "미국이 한국과 함께 다시 전쟁을 하는 일은 없을 것"이라고 강조했다. 이 시기 한국과 미국 사이의 갈등이 어느 정도 심각했는지는 아이젠하워(Dwight Eisenhower) 대통령이 정전협정 체결 직후 자신의 개인 일기에서 토로한 아래와 같은 심경에 잘 반영되어 있다(차상철, 2004: 55~56; Hong, 2000; US Department of State, 1984: 1482~1484).

> …… 공산주의자들과 남한 정부 둘 다 너무 많은 어려움을 가져다주었다. …… 이승만이 철저하게 비협조적이었거나 고집을 부렸던 사례들은 일일이 열거하기가 불가능할 정도로 많다. …… 물론 공산주의자들이 적이라는 것은 엄연한 사실로 남아 있다. 그러나 이승만은 너무나 불만스러운 동맹이며, 그를 가장 심한 말로 비난하지 않을 수 없다.

한·미 간의 의견 차이와 갈등은 공산주의 대응 문제에만 머무른 것이 아니었다. 일본에 대한 인식 차이도 양국 사이에 불협화음을 초래한 중요한 원인 중 하나였다. 이승만 대통령은 미국과의 방위조약이 "현재는 공산주의로부터" 한국을 보호하기 위한 것이지만 "미래에는 일본으로부터" 한국을 보호하기 위해 필요하다고 생각했다. 이러한 맥락에서 이승만 대통령은 한국을 방문한 덜레스 국무장관과 만났을 때 "한국 국민들은 소련보다 일본에 대한 우려가 더 크며, 특히 일본이 과거의 식민지지배를 다시 시도할지도 모른다는 두려움을 가지고 있다"라고 강조했다. 이에 대해 덜레스는 한미상호방위조약은 소련뿐 아니라 일본으로부터 한국을 보호해 줄 수 있으며, 미국도 더 이상 일본이 지배적 국가가 되는 것을 원치 않는다고 이승만을 안심시켰다. 다른 한편 미 국무장관은 태평양 지역의 안전을 위해 한국과 일본이 "가깝고 협력적인" 관계를 맺어야 한다고 언급했다(US Department of State, 1984: 1192, 1471~1473). 그러나 미국의 노력에도 불구하고 오랜 독립운동을 통해 체득한 이승만 대통령의 반일 감정은 쉽게 수그러들 수 없었다.

아울러 1950년대 이승만의 반일 노선은 일본을 중심에 두는 미국의 동아시아 정책에 대한 반발에 기인한 측면도 있다. 예를 들어 이승만 대통령은 1953년 7월 아이젠하워 대통령에게 보낸 편지에서 휴전 이후 극동 지역의 평화·안보 문제와 관련, 일본을 중심으로 동북아 질서를 재편하려는 미국의 정책을 경계하는 한편 한국이 태평양 지역에서 "전략적 핵심"이 되어야 하며, 통일을 이루고 다시 부흥한 한국은 일본만큼 강력해질 것이라는 자신의 믿음을 피력했다. 유사한 맥락에서, 일본을 경제적·정치적으로 재건하려는 미국의 프로그램은 한국 국민들을 매우 불안하게 만들고 있으며, 미국 정부는 한국의 입장을 지지하는 대신 침략자인 일본 편을 들고 있다고 불만을 털어놓았다(Department of State, 1984: 1369, 1746).

반공과 반일을 둘러싼 양국의 갈등은 1954년 7월 워싱턴에서 개최된 정상회담에서 정점을 찍었다. 여기서 아이젠하워 대통령은 미국이 결코 무력 통일에 동참하지 않을 것임을 여러 차례 강조했으나, 이승만 대통령은 한국의 평화는 물론 세계평화를 위해 공산주의자들을 제거해야만 한다는 주장을 계속했다. 특히 이승만은 미 의회에서 행한 연설에서 공산주의자들을 뿌리 뽑기 위한 전쟁을 개시해야 하며 이를 위해 우선 중국을 공격할 것을 강변했다. 그러나 이러한 대중국 선제공격 주장은 미국 내에서 이승만에 대한 부정적 인식만을 심화했을 뿐이다.

한·미 정상회담에서 또 하나의 중요한 의제는 한·일 관계 회복 문제였다. 이 회담에서 아이젠하워 대통령은 이승만 대통령에게 반일 정책을 포기하고 일본과의 국교 정상화에 나설 것을 권유했다. 하지만 이승만 대통령은 일본의 식민지배가 한국에 유익했다는 이른바 '구보다 망언'을 언급하며, 여전히 한국을 식민지로 간주하는 일본과 국교를 정상화할 수는 없다고 반발했다. 이에 아이젠하워 대통령이 "과거 일이야 어떻든 한·일 국교 정상화는 꼭 필요하다"라고 재차 강조하자, 이승만 대통령은 "내가 있는 한 일본과는 상종을 않겠다"라고 단호하게 말했다. 이러한 이승만의 태도에 아이젠하워는 화를 내며 자리를 떴고, 이승만 대통령도 흥분과 분노를 참지 못하며 회담장에서 퇴장했다고 한다. 결국 일본에 대한 한·미 간의 입장 차이는 정상회담에서도 좁혀질 수 없었다.

이승만 대통령은 1954년 12월 아이젠하워 대통령에게 보낸 편지에서 이전보다는 유화적인 태도를 보이기도 했다. 그는 한국도 미국만큼 "일본과의 관계를 회복하고 진정한 우호협력을 도모하길 원하지만" 일본을 믿을 수 없다고 말했다. 따라서 이승만은 한국, 미국, 일본이 함께 '불가침조약'을 체결한다면 가까운 미래에 평화롭고 우호적인 관계가 이루어질 것이며, 한국이 일본과 사회·문화 교류를 시작할 수 있을 것이라고 제안했다. 아울러 이러한 우호관계의 기초 위에 동북아에서 반공의 위상이 획기적으로 강화될 것이라고 강조했다. 그러나 이미 한국 및 일본과 각각 상호방위조약을 맺은 미국은 한국의 불가침조약 제안에 소극적인 태도를 보였다. 또한 이승만도 점차 미국 정부가 한국보다 일본을 중시하기 때문에 불가침조약에서 미국이 공정한 입장을 취하지 않을 것이라고 인식하게 되었고, 결국 불가침조약에 대한 논의는 결실을 맺지 못했다(한표욱, 1996: 235~236; 이종원,

2015: 178; US Department of State, 1984: 1940~1941).

이와 같은 한·미 간의 인식 차이는 한국과 일본 사이의 깊은 불신과 악순환을 일으켰으며, 결국 미국의 중재로 시작된 한일회담의 실패로 이어졌다.

4. 한일회담과 동상이몽의 삼각관계

한국과 일본의 관계를 정상화하기 위한 회담이 시작된 것은 1951년 10월이다. 비록 휴전회담이 시작되기는 했으나, 여전히 북한 공산주의와의 전쟁이 치열하게 벌어지고 있던 시기에 일본과 대화가 시작된 것은 양국의 관계 개선을 원한 미국의 영향력이 컸다. 아울러 당시 한국도 회담의 필요성을 느끼고 있었는데, 그 이유는 재일교포의 국적 문제 등 여러 현안을 샌프란시스코강화조약의 발효(1952년 4월 28일 예정) 이전에 처리하기를 원했기 때문이다. 즉, 한국 정부는 일본이 아직 점령군 최고사령부 통치하에 있어 주권을 회복하기 전에 관련 문제를 정리하는 것이 유리하다고 판단했던 것이다. 하지만 양측의 회담은 의미 있는 결과를 도출하기 어려웠다.

한국과 일본의 관계를 정상화하기 위한 첫 회담은 샌프란시스코강화조약이 체결된 직후인 1951년 10월 도쿄의 연합국 최고사령부 회의실에서 개최되었다. 이 회담에서 첫 발언을 한 연합국 외교국장은 "한·일 양국이 서로 어둡고 괴로웠던 과거를 잊고 새로운 미래를 창조할 것을 기대하고 있다"라고 말했다. 한국 측 수석대표는 양유찬 주미대사였다. 일본어도 못하고, 일본에 대해 아는 것이 없는 주미대사를 한일회담의 수석대표로 임명한 것은 미국과의 소통이 더 중요하다는 이승만 대통령의 판단이 작용한 결과였다. 양유찬 수석대표는 기조연설에서 우선 "일본은 항상 한국을 괴롭히고 침략해 왔다"라고

그림 4-2 이승만 대통령이 선포한 평화선

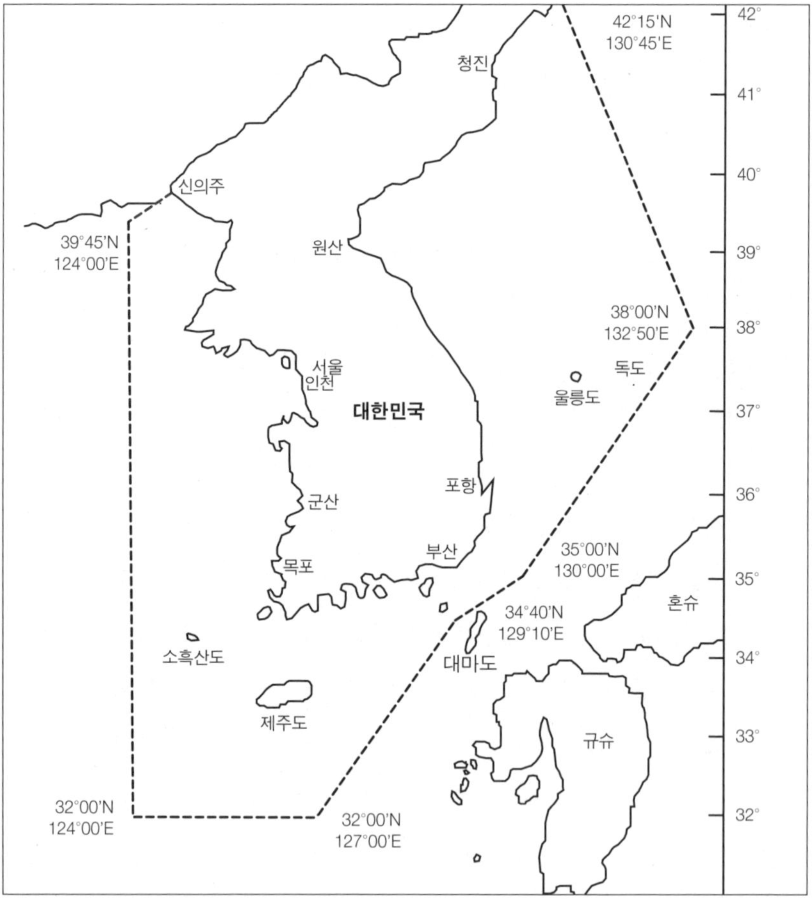

일본을 신랄하게 비난한 후 "이제 화해하자(Let us bury the hatchet)"라고 말했다. 이에 대해 일본 측 대표는 "화해해야 할 그 무엇이 있습니까?(What is bury the hatchet?)"라고 반문했다(한표욱, 1996: 266; 이원덕, 1996: 42~45).

이와 같은 제1차 한일회담의 예비회담 첫날 모습은 1950년대를 관통한 한·미·일 3국의 불협화음을 상징적으로 보여주었다. 한국과 일본의 협력을 끌어내기 위한 미국의 노력에도 불구하고, 일제의 식민지배에 기인한 한국 국민들의 대일 불신과 적대감이 워낙 컸기에 상대방에게 여전히 냉랭할 수밖에 없었다. 또한 한국과 일본이 미국에 거는 기대도 달랐으며, 한반도 및 동북아 지역 문제에 대한 인식 차이도 존재했다.

제1차 한일회담을 한 달 앞둔 1952년 1월 18일 한국 정부는 연안에서 약 50마일 수역에 대한 한국의 주권을 주장한 '대한민국 인접 해양의 주권에 관한 대통령의 선언'을 발표했다. '평화선' 또는 '이승만 라인'이라고 불리기도 한 이 선언은 어업자원 보호와 한국 어민의 이익 보호가 표면적 목적이었다. 하지만 이른바 평화선 선언에는 한일회담에서 일본을 압박하려는 정치적 목적도 내포되어 있었다.

나아가 이승만 대통령은 안보적 관점에서 평화선을 고려했다. 어로 보호선 차원에 머물러 있던 실무진의 생각이 이승만 대통령에 의해 "안보 개념을 가미한 국방선"으로 확대된 것이다. 당시 이승만은 평화선에 대해 다음과 같이 속내를 털어놨다(이원덕, 1996: 47; 이종원, 2015: 177; 박실, 2010: 370~371).

> 평화선이라고 하는 것이 무슨 일본하고 우리 사이에 있어서 한 자(尺)나 두 자를 더 차지하고 물속의 고기 몇 마리를 더 먹고 덜 먹고 하는 문제가 아닐세. …… 지금 저 놈들이 망했다고 해도 먼저 깨일 놈들이야. 그냥 내버려두면 해적 노릇 또 하게 돼. 우리 백성은 난 대로 있는 탯덩이일세. 순박하기 짝이 없어. 맞붙여 놓으면 경쟁이 될 수 있나 떼어 놓아야지. 얼마 지나면 우리 사람들도 경쟁할 만할 걸세. 우선은 떼어 놓아야 돼. 물이나 땅 몇 자 더 얻어 가는 게 문제 아니야. 어딘지 하나 금을 그어놔야지. 준비가 될 때까진 못 넘어오게 해야 하네.

일본은 물론 미국도 평화선에 대해 항의하는 가운데 개최된 제1차 한일회담의 결렬은 이미 예고된 것이나 다름없었다. 실제 양측은 기본 관계 수립과 청구권 문제 등을 둘러싸고 격렬하게 대립했으며, 결국 2달 후 회담은 아무런 합의 없이 종료되었다. 이후 한국 정부는 평화선을 침범한 일본 어선을 나포하는 등 대일 강경 자세를 유지했으며, 양국 관계는 더욱 악화되었다.

미국은 이러한 상황이 불만스러웠다. 특히 미국은 한반도에서 공산주의자들과 전쟁 중인 상황에서 한·일 간의 충돌까지 발생할 경우, 그 결과는 매우 치명적일 것이라는 점을 우려했다. 따라서 미국은 최악의 상황 발생을 막는 차원에서 한국과 일본 정부에게 한일회담 재개의 필요성을 다시 설득하기 시작했다. 이러한 노력의 일환으로 1953년 1월 클라크(Mark Clark) 유엔군 사령관은 이승만 대통령을 동경 사령부로 초청했고, 이승만 대통령과 요시다 수상의 만남까지 주선했다. 이후 한·일 양측은 대화 재개에 긍정적인 입장을 표명했으며, 마침내 1953년 4월 제2차 한일회담이 개최되었다. 하지만 한국의 계속된 일본 선박 나포 등으로 인해 7월부터 대화는 중단되었다. 10월에 회담이 다시 시작되었지만 이번에는 '구보다 망언'으로 또다시 파탄에 이르렀다. 당시 일본 수석대표인 구보다는 "일본으로서도 조선의 철도와 항만을 만들고, 농지를 만드는 등 조선의 발전에 공헌했으며, 당시 일본이 조선에 들어가지 않았다면 중국이나 러시아가 들어갔을지도 모른다"라고 주장했다. 한국 측은 이러한 발언을 식민지지배를 정당화하는 발언이라고 강력하게 반발했고, 회담은 결렬되었다(이원덕, 1996: 63~64; 이종원, 2015: 177).

제2차 회담 결렬 이후에도 한·일 양측을 중재하기 위한 미국의 노력은 지속되었다. 예를 들어 덜레스 미 국무장관은 1953년 12월 이승만 대통령에게 보낸 서한에서 "평화로운 한·일 문제 해결을 이루려는 미국의 노력"

에 대해 강조했다. 또한 미국이 한일회담 재개를 위해 참관인을 보내겠다는 의사를 표명했다(맥도날드, 2001: 204~206). 아울러 앞에서 살펴보았듯이, 1954년 여름 워싱턴 정상회담에서도 아이젠하워 대통령은 한·일 협력에 대한 한국의 긍정적 입장을 끌어내려 했으나 오히려 이승만 대통령의 반발만을 초래했다.

한일회담 초기에는 일본 역시 대화에 소극적인 모습을 보였다. 1953년 작성된 미 국무성의 보고서에 따르면 일본이 한·일 협력에 적극적이지 않았던 이유로 ① 이승만 퇴진 후에 보다 타협적인 정권이 출현할 때까지 기다린다는 기본 정책, ② 한국에 대한 우월감, ③ 미국의 개입으로 인해 한국과 직접교섭하지 않고도 실질적으로는 한국과 교역 효과를 거둘 수 있는 상황 등을 지적했다. 한·일 관계 개선을 중재하려 했던 미국의 적극적인 움직임이 오히려 역효과를 가져온 것이다(이종원, 2015: 179).

1954년 말 일본에 새로 들어선 하토야마 내각은 소련과의 국교 정상화 및 대중국 접근 정책을 펼치는 등 공산주의 국가와의 관계 개선을 추진했다. 또한 북한에 대해서도 "모든 국가, 민족과 가능한 한 우호관계를 증진시키고 싶다"라고 천명하는 등 남북한에 대해 중립적인 외교 노선을 펼치기 시작했다. 이러한 일본의 정책 방향은 당시 강력한 반공 노선하에 평화공존에 대해서도 부정적인 입장을 보이던 이승만 정부의 거센 반발을 초래했고, 한·일 관계는 더욱 회복하기 어려워졌다.

사실 1955년을 전후해 국제환경에 변화가 나타나기 시작했다. 스탈린의 뒤를 이은 소련의 지도부는 대서방 유화정책을 본격적으로 전개했으며, 동·서 진영 사이의 긴장이 완화되기를 바라는 유럽 국가들의 목소리도 높아졌다. 마침내 미국은 1955년 7월 제네바에서 영국 및 프랑스 지도자들과 함께 소련과 정상회담을 열었다. 이 회담에서 동·서 진영 간의 평화 구축을 위한 구체적인 사안이 합의되지는 못했으나, 양 진영의 수뇌부가 회동했다는 사실은 많은 사람들에게 세계 긴장완화의 기대를 갖게 했다. 이러한 기대는 1956년 소련의 흐루쇼프(Nikita Khrushchev)가 평화공존 정책을 선언함으로써 더욱 높아졌다. 그러나 공산 진영과 자유 진영 간의 평화적 공존의 가능성은 공산주의자들을 "절대로 함께 할 수 없는 병균"으로 여기며 그들을 뿌리 뽑기 위해서는 전쟁도 서슴지 말아야 한다고 주장해 온 이승만을 당혹스럽게 했다. 더구나 국제사회에서의 평화 무드에 편승해 북한도 남한에 평화통일을 제안하기 시작했는데, 남한 정부는 이를 남침을 준비하기 위한 "위장 평화"라고 생각했다. 그는 공산주의자들이 겉으로는 평화를 내세우며 뒤에서는 전쟁을 준비하고 있다고 비난했으며, 그러한 위장 평화 공세가 한국의 안보에 "치명적인" 영향을 줄 수도 있음을 우려했다. 이승만은 또한 평화공존이란 공산주의자들을 격퇴시키고 북한을 해방시킨 이후에나 가능하다고 주장했다(이원덕, 1996: 82; 홍용표, 2012: 75~76).

이러한 상황에서 일본의 대북 유화정책은 이승만의 인식과 정면으로 부딪칠 수밖에 없었다. 이승만은 일본이 "중립이라는 미명 아래 남북한 사이에서 이중 플레이"를 하고 있는 것에 대해 분노했으며, 대일 무역 및 여행 금지 등의 보복 조치 시행을 지시했다. 아울러 이승만은 이러한 일본의 태도를 묵인 내지 방조하는 미국의 태도에 더 분노했다. 이승만은 미국의 비호 아래 일본이 대북 접근을 시도하고 있다고 생각한 것이다(김일영, 2005: 279~280).

한·일 관계는 1950년대 후반기 들어 조금씩 풀리기 시작했다. 1957년 출범한 기시 정부의 한국에 대한 유화적인 태도가 양국 관계에 긍정적으로 작용했기 때문이다. 기시 수상은 취임 직후 이승만에게 과거사에 대한 반성과 양국의 관계 개선을 희망하는 메시지를 보냈고, 이를 계기로 양국 사이에는 다시 접촉이 재개되었다. 미국도 다시 적극적인 중재에 나섰고, 특

표 4-1 남북한 평균 경제성장률 비교(1953~1960)

(단위: %)

	남한	북한
국민소득	4.9	21.0
1인당 국민소득	2.7	17.1

자료: Hong(2000: 117).

히 일본에게 압력을 넣어 '구보다 발언'을 취소토록 했다. 이러한 노력의 결과로 1958년 4월 제3차 한일회담이 시작되었다. 그러나 이번에는 일본의 재일교포 북송 조치로 한·일 협상이 다시 결렬되었다.

"자유세계에 살고 있던 사람들이 대규모로 공산주의를 선택한 최초의 사건"으로 평가되는 재일교포의 북한 귀환은 북한과 체제 경쟁을 벌이고 있던 한국의 입지를 크게 약화할 위험성을 안고 있었다. 무엇보다 이승만에게 있어 재일교포 북송은 자신의 "반공주의 이념과 대외적 위신 그리고 국내 정치적 기반을 직접적으로 위협"하는 사태였다. 따라서 이승만은 일본의 북송 결정이 "일본의 음모"이자 "한국의 주권에 대한 도전"이라고 비판했다(한표욱, 1996: 284; 신욱희, 2004: 51~54; 박태균, 2010; 이원덕, 1996: 105~115).

사실 재일교포 북송은 남한에 대한 북한의 평화공세가 더욱 거세진 시기와 맞물린다. 6·25 전쟁이 끝난 후 정치적·경제적 재건에 치중해 온 북한은 전후 복구를 마무리한 1958년경부터 평화공세에 기반한 심리전을 본격화했다. 특히 김일성은 당시 경제력에 대한 자신감을 바탕으로 남한 주민들에게 북한의 정치적·경제적 우월성을 선전하려 했으며, 다양한 경제·사회·문화 분야의 교류를 제안했다. 다음의 남북한 평균 경제성장률 비교표를 통해 알 수 있듯이 전후 북한의 경제는 빠르게 성장했으며, 1950년대 후반기에는 남한의 경제력을 앞섰다. 이러한 상황에서 많은 재일교포들이 남쪽이 아닌 북쪽을 선택했다는 것은 이승만 정부에게 큰 충격을 줄 수밖에 없었다.

아울러 당시 이승만 정부는 국내 정치적으로도 어려움에 처해 있었다. 1950년대 중반 이후 이승만 정부의 권위주의적 통치에 대한 국민들의 불만과 저항은 점차 커져갔다. 이에 이승만 정부는 '반공'을 앞세우며 보다 억압적인 지배체제를 강화했다. 특히 1958년 이승만 정부는 정치 활동과 언론의 자유를 광범위하게 제한할 수 있도록 국가보안법을 개정했으며, 평화통일정책을 표방한 조봉암 진보당 당수를 국가보안법으로 체포하고 무리하게 사형까지 집행했다. 또한 '국가보안법'을 위반했다는 이유로 당시 야당을 지지했던 ≪경향신문≫을 폐간시키기까지 했다(Hong, 2000: 123~138). 이와 같이 강력한 반공정책을 앞세우며 정치적 반대세력을 탄압하고 정권을 유지하려던 이승만 정부로서는 반공 노선에 대한 어떤 도전도 용납하기 어려웠다. 이러한 맥락에서 일본의 북송 허용 역시 반공이라는 중요한 권력의 축을 흔드는 일로 인식하고 강력하게 반발할 수밖에 없었을 것이다.

한편 한국 정부는 미국의 영향력 행사를 통해 북송을 막으려고 했다. 하지만 미국은 한국의 기대와는 달리 중립적 자세를 유지했다. 결국 미국은 한국이 아니라 일본 편이라는 이승만의 믿음은 더 깊어졌고, 미국에 대한 실망감도 더 커졌다(이원덕, 1996: 105~115). 결국 한·일 관계는 최악의 상태에 빠져들게 되었으며, 이승만 정부의 붕괴와 함께 한·일 국교 정상화 과제는 다음 정부로 넘어갔다.

5. 맺음말

일본과 서구 열강이 한반도에서 쟁탈전을 벌이던 19세기 말 정치 활동을 시작한 이승만은 적자생존의 원칙이 냉혹하게 적용되는 현실을 경험하면서 국제정치가 강대국의 힘과 이익을 중심으로 움직이는 권력투쟁임을 깨달았다. 이와 같은 인식은 한국이 안보를 지키고 발전하기 위해서는 '공산주의'와 '일본'이라는 2개의 위협을 극복해야 한다는 믿음으로 이어졌다. 그리고 한국이 이러한 위협을 막기 위해서는 미국의 도움이 필수적이었다. 미국도 6·25 전쟁을 통해 한국과 '반공'이라는 목표를 보다 직접적으로 공유하게 되었고, 일본의 식민지지배를 겪은 한국의 아픔도 어느 정도 이해하고 있었다. 하지만 구체적으로 들어가면 상호 인식에 적지 않은 괴리가 있었으며, 이로 인해 한반도 문제 해결을 위한 정책을 수립하는 데 갈등이 발생할 수밖에 없었다.

철저한 반공주의자였던 이승만은 공산주의자들이 한반도에 남아 있는 한, 남한의 안전은 보장될 수 없다는 신념을 가지고 있었다. 그는 한국 안보에 대한 위협의 근원인 공산주의자들을 무력으로 격퇴시키길 원했다. 그러나 위협의 제거가 불가능해지자 이승만은 미국의 안보 공약을 확보함으로써 북한의 위협에 대한 방어력을 높이고자 했다. 특히 이승만은 미국과 방위조약을 체결함으로써 동맹관계의 제도화를 꾀했으며, 이 과정에서 북진통일론을 자신의 협상력을 높이는 데 효과적으로 사용했다.

미국의 대한반도 정책은 기본적으로 소련의 영향력이 한반도 전체에 미치는 것을 막아야 한다는 소극적인 것이었다. 비록 6·25 전쟁 발발을 계기로 미국의 정책이 적극적 개입으로 전환되었으나, 미국 정부는 대륙 세력과 전쟁에 휘말릴 것을 우려해 한국과의 상호방위조약 체결은 꺼려했다. 하지만 이승만이 단독 북진 가능성을 앞세우며 벼랑 끝 외교를 펼치자 미국은 한국의 요구를 수용하지 않을 수 없었다.

하지만 이 과정에서 미국이 이승만의 제거 또는 한국으로부터 완전한 철수를 계획할 정도로 양측 간 첨예한 갈등이 노정되었다. 그럼에도 불구하고 한·미 양국이 최악의 상황을 피할 수 있었던 것은 반공이라는 공통 인식 덕분이었다. 반공을 위해 자국민의 목숨까지 희생시킨 미국은 반공을 강력하게 외치는 이승만을 저버릴 수 없었다. 마찬가지로 미국의 도움 없이는 공산주의의 위협에 대처할 수 없는 이승만으로서도 미국이 자신을 포기할 정도로 무모한 행동을 해서는 안 된다는 사실을 잘 알고 있었다.

동북아에서 반공 전선을 구축하는 데 또 하나의 문제는 한국과 일본의 관계를 개선하는 것이었다. 한국 및 일본과 각각 상호방위조약을 맺은 미국은 한·일 관계 정상화를 통해 협력적인 남방 삼각관계를 형성함으로써 소련, 중국, 북한으로 이어지는 북방 삼각관계에 대응하고자 했다. 하지만 미국의 기대와는 달리 1950년대 전반에 걸쳐 한·미·일 관계는 불협화음을 노출했다. 우선 일본에 대한 한국과 미국의 인식에 차이가 있었다. 제2차 세계대전이 끝난 이후 미국은 일본을 우호적인 국가로 끌어들이고 일본을 중심으로 동북아 지역 체제를 이끌어가길 원했다. 하지만 한국은 여전히 일본에 대해 적대감을 가지고 있었으며, 공산주의 못지않게 한국에 위협적인 국가로 인식했다.

물론 삼각관계를 형성하는 데 가장 큰 문제는 일제의 식민지배에 따른 1945년 이전의 불행한 역사에 대한 한국과 일본의 인식 차이와 이에 기인한 불신과 갈등이었다(박태균, 2010: 100). 특히 독립운동의 경험에서 우러난 이승만의 극단적인 반일의식은 1950년대를 통해 한·일 관계의 정상화를 어렵게 했다. 따라서 한·일 관계의 정상화를 위한 미국의 지속적인 중재 노력에도 불구하고 1950년대 한국과 일본 사이의 관계는 조금도 좁혀질 수 없었으며, 오히려 갈등이 커지기까지 했다.

참고문헌

김일영. 2005. 「이승만 정부의 외교정책에 대한 재평가: 반일정책을 중심으로」. ≪한국동북아논총≫, 제37집, 267~285쪽.

마상윤. 2007. 「국제냉전질서와 한국의 분단」. 하영선·남궁곤 엮음. 『변화의 세계정치』. 을유문화사.

맥도날드, 도날드 스턴(Donald Stone MacDonald). 2001. 『한미 관계 20년사(1945~1965): 해방에서 자립까지』. 한울.

박실. 2010. 『이승만 외교의 힘: 벼랑 끝 외교의 승리』. 청미디어.

박태균. 2010. 「반일을 통한 또 다른 일본 되기」. ≪일본비평≫, 제3호, 98~119쪽.

신욱희. 2016. 「'일본문제'에서 '북한문제'로: 한국전쟁을 통한 동북아시아에서의 위협전이」. ≪한국정치외교사논총≫, 제38집 1호, 151~177쪽.

_____. 2004. 「이승만의 역할인식과 1950년대 후반의 한미 관계」. ≪한국정치외교사논총≫, 제26집 1호, 37~62쪽.

이원덕. 2004. 「이승만 정권과 한일회담」. 김세중 엮음. 『1950년대 한국사의 재조명』. 선인.

_____. 1996. 『한일 과거사 처리의 원점: 일본의 전후처리 외교와 한일회담』. 서울대학교 출판부.

이승만. 1993. 『독립정신』. 정동출판사.

이종원. 2015. 「전후 한일관계와 미국」. 이원덕 외. 『한일관계사 1965~2015, I 정치』. 역사공간.

차상철. 2004. 『한미동맹 50년』. 생각의 나무.

한표욱. 1996. 『이승만과 한미외교』. 중앙일보사.

홍용표. 2012. 「이승만 시대의 한미 관계」. 김계동 외. 『한미 관계론』. 명인문화사.

_____. 2007. 「현실주의 관점에서 본 이승만의 반공노선」. ≪세계정치≫, 제28집 2호, 51~80쪽.

_____. 2010a. 「이승만의 대외인식과 임시정부 초기 독립외교」. 고정휴 외. 『대한민국임시정부의 현대사적 성찰』. 나남.

_____. 2010b. 「이승만 정부의 한미동맹 정책과 한미상호방위조약」. 함택영·남궁곤 엮음. 『한국 외교정책: 역사와 쟁점』. 사회평론.

Gaddis, John Lewis. 1982. *Strategies of Containment: A Critical Appraisal of Postwar American National Security Policy*. Oxford: Oxford University Press.

Hong, Yong-Pyo. 2000. *State Security and Regime Security: President Syngman Rhee and the Insecurity Dilemma in South Korea.* London: Macmillan.

Rhee, Syngman. 1941. *Japan Inside Out: The Challenge of Today*. New York: Fleming H. Revell Company.

US Department of State. 1984. *Foreign Relations of the United States, 1952-1954, Vol. XV: Korea*. Washington, D.C.: Government Printing Office.

2부

남북의 경쟁과 데탕트,
신냉전의 한반도 국제관계

5

베트남전쟁과 남북한 그리고 미국

한국군 베트남 파병의 빛과 그림자

조진구
경남대학교 극동문제연구소 교수

1. 머리말

20세기는 미국의 세기였지만 대규모의 국제적인 폭력의 시대이기도 했다. 1914년 발발한 제1차 세계대전에서 유럽에서만 900만 명 이상이 사망했으며, 제2차 세계대전에서는 5000만 명 이상이 사망했다. 더욱 비극적인 것은 사망자 가운데 절반 이상이 민간인이었다는 것이다. 특히, 일본에서는 1945년 8월 히로시마와 나가사키에 인류 역사상 처음으로 두 번에 걸쳐 원자폭탄이 투하되었고, 8월 15일 종전 당일까지 200개 이상의 도시에 계속된 공습으로 그때까지 일상적으로 봐왔던 사람과 건물이 지상에서 사라져버렸다.

중국을 포함한 11억 아시아인의 독립 지원을 목표로 삼아야 한다고 생각했던 미국 루스벨트 대통령의 전후 구상 기본 방침은 일본은 물론 영국과 프랑스를 비롯한 유럽 '제국주의'의 청산이었다. 막강한 경제력과 군사력을 배경으로 미국이 전쟁의 귀추를 결정했을 때 식민지 지역에서 탈식민지화의 파고가 높아진 것은 당연했으며, 그런 상황에서 패전국 일본과 독일, 나아가 승전국인 영국과 프랑스도 식민지 제국(帝國)의 정당성을 주장할 수는 없었다.

포츠담선언의 처리 대상인 일본에게 탈식민지화는 당연한 귀결이었지만, 영국과 프랑스 본국 정부가 탈식민지화를 쉽게 받아들인 것은 아니었다. 탈식민지화에 대해 프랑스 국내에서 저항이 강했고, 인도차이나반도 특히 베트남에서 프랑스는 군사력으로 베트남 현지의 혁명적 내셔널리즘을 봉쇄하려고 했지만 참담한 패배로 끝났다.

베트남에서 패퇴한 프랑스의 힘의 공백을 메우려고 했던 것이 미국이다. 제2차 세계대전 당시 유럽에서 승리를 이끌었던 아이젠하워 대통령은 인도차이나 지역이 공산화되면 인접한 동남아시아 국가들로 확대될 우려가 있다는 도미노이론을 가지고 미국의 베트남 개입을 정당화했다. 미국의 베트남 개입을 위한 레일을 아이젠하워 대통령이 깔았다면 이 레일을 확장한 것이 케네디 대통령이었고, 베트남전쟁을 '그들의 전쟁'에서 '미국의 전쟁'으로 만든 것이 존슨 대통령이었다. 통킹만 사건을 계기로 미국 의회의 지지를 얻은 존슨은 군부의 요청을 받아들여 북베트남에 대한 폭격과 지상군의 투입·증강을 차례로 결정했지만, 결국 베트남전쟁은 20세기 들어 세계적 규모의 전장에서 세 번이나 승리했던 미국이 유일하게 패배한 전쟁이 되었다.

미국은 간접경비를 포함해 2400억 달러를 쏟아부었지만 베트남의 공산화를 막지 못했다. 5만 8000명이나 되는 전사자와 30만 명의 전상자가 발생했지만 1973년 3월 미국은 베트남에서 완전히 철수했고, 그로부터 2년 1개월 후인 1975년 4월 30일 사이공이 북베트남에 의해 함락되면서 베트남 전역이 공산화되었다.

미국이 베트남 개입을 확대하는 과정에서 가장 적극적으로 협력했던 것이 한국이었다. 한국은 1964년 9월 이동 외과병원과 태권도 교관으로 구성된 140명을 처음 파견한 이후 1965년에 2000명의 비전투부대와 1개 사단의 전투부대를, 1966년에 다시 1개 사단의 전투부대를 추가 파병했다. 한국은 미국을 제외한 국가들 가운데 가장 많은 병력을 파병해, 1973년 3월 완전히 철수할 때까지 약 8년 6개월 동안 연인원 32만 명의 한국군이 57만여 회의 작전을 전개했다.

한편, 북한에게도 베트남전쟁은 남의 일이 아니었다. 1960년대 초 중·소 대립이 표면화되자 북한은 중립을 지키려고 노력했지만, 그것은 쉬운 일이 아니었다. 1965년 4월 반둥회의 10주년 기념회의 참석차 인도네시아를 방문한 김일성은 중·소와는 다른 길을 걷겠다고 선언했으며, 1966년 10월에 개최된 제2차 당대표자회의에서 자주노선을 재천명함과 동시에 베트남 문제와 관련해 사회주의진영이 단결해 북베트남을 돕자고 제안하고 북한도 참가할 의사가 있다고 말했다.

1965년 한국이 전투부대의 베트남 파병을 결정하자 북한은 미군의 탄알받이라고 비난하면서 북한도 북베트남에 필요한 장비와 무기를 제공하겠다고 밝혔다. 또한 당대표자회의를 계기로 북한 당 지도부에 변화가 생겨 빨치산 출신의 현역군인들이 당 정치위원회 위원과 후보위원에 등용되어 당의 대남 정책을 담당하게 되었다.

이런 변화는 북한의 대남 도발 증가로 나타났다. 1965년부터 증가하기 시작한 북한의 대남 도발은 1967~1968년 최고조에 달했는데, 1968년 1월에 잇달아 발생한 무장 게릴라에 의한 청와대 습격 미수사건과 미 해군 정보수집함 푸에블로호의 나포는 이를 상징적으로 보여주었다. 그러나 북한의 대남 도발에 대해 한·미 양국 사이에 인식의 차이가 생겨, 한국군의 베트남 파병을 계기로 형성된 한·미 간의 '밀월 관계'에 부정적인 영향을 미쳤다.

베트남의 상황이 악화되고 미국이 지상군을 대규모로 투입하면서 베트남전쟁의 성격도 바뀌었으며, 그 과정에서 한국이 파병한 전투부대는 미국의 베트남전에서 매우 중요한 위치를 차지했다. 한국군에 대한 미국의 의존도가 높아지면서 미국은 자국의 베트남 정책에 적극적으로 협력했던 한국에 대해 많은 정치적 배려를 하지 않을 수 없었다.

이 글에서는 남북으로 분단되어 군사적으로 북한과 대치하고 있던 한국이 무엇을 위해 지리적으로 멀리 떨어져 있던 베트남에 전투부대를 보냈는지를, 미국의 베트남 정책과 이와 연동되어 이뤄진 한국군 파병을 둘러싼 한·미 간 교섭 과정에 초점을 맞춰 구체적으로 살펴볼 것이다. 나아가 베트남전쟁과 한국군의 베트남 파병을 북한이 어떻게 인식했고 그것이 어떻게 대남 정책에 반영되어 나타났으며, 더불어 그것이 한·미 관계에 어떠한 영향을 미쳤는지에 대해 살펴보고자 한다.

2. 존슨 정권의 베트남 개입 확대와 한국군의 베트남 파병의 시작*

1961년 1월 대통령에 취임한 케네디는 "자유의 존속과 성공을 위해서는 어떠한 대가라도 지불할 것이고 어떠한 부담도 감내할 것이며, …… 어떠한 우방도 지원하고 어떠한 적과도 대항할 것"이라고 강조했다. 케네디는 남베트남에 대한 베트콩의 공격을 통상적인 전쟁이 아니라 게릴라전으로 보고 게릴라전에 대항하는 것이 곧 공산주의를 봉쇄하는 미국의 능력을 검증하는 것으로 보았다. 또한 케네디는 인도차이나가 게릴라전을 종식시킬 수 있는지와 냉전에서 승리할 수 있는지를 판가름하는 결정적인 싸움이 벌어지는 곳이라고 보았지만, 직접적인 군사개입은 피하고 대규모 경제원조와 함께 군사고문단을 남베트남에 보냈다.

케네디 암살 이후 대통령직을 승계한 존슨은 전임자가 임명한 각료나 보좌관들을 유임시킨 가운데 개입을 확대해 갔을 뿐 아니라, 자국의 베트남 정책에 대한 동맹국의 지지를 확보하기 위한 수단으로 남베트남에 대한 지

* 2절과 3절은 조진구, 「미국의 베트남 개입 확대와 한국군의 베트남 파병, 1963~1965」, ≪국방정책연구≫, 제71호(2006)에 많은 부분을 의거하고 있다.

원을 요청했다. 존슨 정권이 동맹국에 협력을 요청했던 '보다 많은 국기(more flags)' 정책에 호응하는 형태로 한국군의 베트남 파병은 시작되었다.

존슨 대통령은 1963년 11월 24일 디엠 정권의 붕괴 후 심각해진 베트남 정세를 보고하러 온 롯지 베트남 주재 대사에게 남베트남의 신정부가 자력으로 개혁을 효과적으로 완수할 수 있도록 도와주어야 한다고 말했지만, 의회로부터 이의가 제기되었다. 민주당의 중진 맨스필드 의원은 남베트남 시찰 후 대통령에게 보낸 각서(1963년 12월 7일 자)에서 전략적 가치가 낮으며 많은 비용이 들어가는 남베트남에서 미국은 10년 전의 한국에서와 같이 중국의 정치적 지배를 저지하면서 "전쟁에서의 승리가 아니라 정전"을 이끌어낼 수 있는 외교적인 노력이 필요하다고 강조했던 것이다.

그러나 디엠 정권 붕괴 후 북베트남이 장기전 태세를 갖추고 정규군을 남으로 보내면서 베트남 상황은 더욱 악화되었다. 맥콘 중앙정보국(CIA) 국장과 함께 사이공을 시찰했던 맥나마라 국방장관은 12월 21일 "앞으로 2~3개월 내에 상황이 바뀌지 않으면 (남베트남은) 잘해야 중립화, 아니면 공산주의자의 통제하에 빠질 공산이 매우 높다"라는 우려를 대통령에게 보고했다. 이에 존슨은 남베트남 정부군이 베트콩의 공격에 대처할 수 있을 때까지 미군을 철수할 의사가 없으며 사실상의 공산화를 의미하는 중립화안도 받아들일 수 없다는 친서를 사이공 측에 전달하도록 지시했다. 백악관은 물론이고 국무부와 국방부 모두 남베트남의 공산화를 의미하는 중립화에 반대했으며, 미국은 베트남에서 이길 수 있다고 믿고 있었다.

또한, 남베트남에서 베트콩의 공세를 봉쇄하기 위해서는 북베트남에 대한 군사적 압력이 필요하다는 견해가 점차 미국 정부 내에서 강해지기 시작했으며, 구체적인 압력 수단도 검토되었다. 1964년 2월 12일 맥나마라 국방장관은 테일러 합참의장에게 북베트남과 중국의 군사적 능력, 미국이 취할 수 있는 해·공군 및 지상 작전, 예상되는 공산 측의 대응 등을 검토하라고 지시했다. 3월 2일 자 회답 각서에서 테일러 장군은 중국이 대규모 지상군을 투입할 가능성은 낮으며 전쟁 지속의 열쇠를 쥐고 있는 북베트남의 지도자들에게 미국의 확고한 의사를 보여주기 위해서라도 북베트남에 대한 군사작전이 필요하다고 역설하면서 이 문제를 국방장관이 사이공 정부와 협의할 것을 건의했다.

그렇지만 대통령과 국방장관은 북베트남에 대한 군사작전에 대해서는 신중한 태도를 견지했다. 특히 대통령 선거를 앞두고 있던 존슨은 3월 4일 군 수뇌부와의 회담에서 "남베트남을 잃고 싶지는 않지만 (대통령 선거가 있는) 11월 이전에 전쟁을 시작하고 싶지 않다"라고 말했다. 대통령 선거를 앞둔 존슨 대통령은 남베트남에서 군사적·정치적 기반을 강화하는 것이 긴급한 과제라고 봤지만, 선거에서 이 문제가 쟁점이 되는 것을 원하지 않았다.

이러한 미국의 소극적인 태도에 사이공 측은 불만을 제기했다. 4월 중순 동남아시아조약기구(SEATO) 각료회의를 마치고 처음으로 사이공을 방문한 러스크 국무장관에게 칸 수상은 베트남의 전통적인 적인 공산 중국이 존재하는 한 안전을 확보할 수 없다면서 중국과 북베트남으로 전쟁을 확대할 것을 주장했다. 이에 대해 러스크는 전쟁을 확대하는 것보다 남베트남의 군사적 능력을 강화하는 것이 더 중요하다고 응수했다.

베트남 문제가 미국만의 문제가 아니라는 것을 내외에 보여주기 위해 미국은 자유 진영 국가들의 지지와 협력을 얻을 필요가 있었는데, 4월 22일에 열린 국가안전보장회의(NSC)에서 러스크는 남베트남 인민들의 사기 진작을 위해서는 다른 우방국가들의 지원이 중요하다고 보고했다. 다음 날 기자회견에서 존슨 대통령도 공산주의 확산과 자유 파괴 기도를 막는 데 자유 진영 국가들이 단결하기를 희망한다면서 동맹들에게 남베트남에 대한 지원을 호소했으며, 5월 1일 러스크 국무장관은 미국은 우방국가들에게 남베트남 정부에 대한 지지와 '실질적이고 물질적인 공헌'을 요구하기로 결정했다는 전문을 각국 주재 미국 대사관에 보냈다. 일반적으로 '자유세계 원조 계획' 또는 '보다 많은 국기' 정책이라고 불리는 이 정책은 남베트남에 대한 비군사적인 지원을 동맹국에 요청한 것이지만, 동시에 미국의 베트남 정책에 대한 국제사회의 합의를 얻으려는 수단의 의미도 있었다.

한편, 미국은 버거 주한대사를 통해 지원 요청을 했으며, 외무장관을 겸임하고 있던 정일권 총리는 먼저 의무 부대와 통신 부대의 파견 문제를 검토하겠다고 약속하고 국방장관에게 구체적인 연구를 지시했다. 박경원 합참본부장을 책임자로 한 연구팀의 연구 결과가 5월 19일 김성은 국방장관에게 보고되었으며, 국가안전보장회의는 21일 증강된 1개 이동 외과병원 의료진 130명과 10명의 태권도 교관의 파견을 결정했다. 또한 5월 25일 개최된 국무회의에서는 ① 남베트남 정부의 파병 요청 접수 후 파견, ② 장비와 의료기기는 미군과 협의, ③ 무기 미휴대, ④ 급여와 일반 수당 이외에 위험수당 지급, ⑤ 파병 부대의 법적 지위는 다른 외국군에 준해 외교적으로 처리할 것 등의 기본 원칙이 확정되었다. 한국으로서는 첫 번째 해외파병이었던 만큼 해결해야 할 과제가 많았다. 헌법상 국회의 동의도 필요했고 한국군에 대한 작전통제권이 주한미군사령관에게 있었기 때문에 주한미군의 협조도 필요했던 것이다.

그런데 무엇보다 주목해야 할 것이 국방부는 미국의 파병 요청이 한 번으로 그치지 않을 것이라고 판단했다는 점이다. 6월 초 국방부는 강기천 합참 전략정보국장과 장우주 국방부 기획국장을 사이공에 파견해 칸 수상을 비롯한 남베트남의 정부 및 군 지도자들을 만나게 했다. 티우 참모총장은 의무부대 이외에 공병, 병기, 자동차, 통신, 항공 및 선박 분야의 정비사 등 다양한 분야의 파병을 희망한다고 말했으며, 칸 수상은 정세가 악화되면 전투부대의 파병을 요청할지도 모른다고 말했다. 한국 측은 요청이 있으면 언제라도 전투부대의 파병 문제를 고려할 용의가 있다고 밝혔는데, 한국의 군부가 전투부대의 파병에 적극적이었던 배경에는 두 가지 이유가 있었다.

하나는 미국의 대외원조 정책이 군사원조에서 경제원조로 중점이 옮겨지면서 군사원조가 줄어들고 있었던 데 더해 군사원조 이관 계획에 따라 한국 정부의 재정 부담이 늘어나면서 한국군 축소 압력이 높아지고 있었다는 점이다. 다른 하나는 국방 예산의 절약을 희망하는 미 국방부와 백악관을 중심으로 주한미군의 일부 감축설이 끊임없이 제기되고 있었다는 점이다. 한국 군부는 한국군의 베트남 파병이 미국의 군사원조 삭감에 제동을 걸고 한국군과 주한미군의 병력 수준을 동결시킬 수 있는 돌파구가 될 것으로 기대했던 것이다.

한국군의 첫 번째 베트남 파병을 위한 한·미 간의 협의가 순조롭게 진행되는 사이 워싱턴에서는 북베트남에 대한 군사행동이 검토되고 있었다. 국방부에서는 맥노튼 차관보가 정치·군사적 관점에서 북베트남에 대한 폭격 계획을 검토했으며, 이와 관련한 의회 대책은 조지 볼 국무차관이 담당했다. CIA는 미국의 폭격에 대한 북베트남의 예상 대응과 중·소의 개입 가능성에 대한 분석을 서둘렀다. 5월 19일 합참이 맥나마라 국방장관에게 제출한 각서에는 라오스 영공 비행제한의 해제, 정보수집과 정찰 활동의 강화, 라오스를 통한 정보원들의 북베트남 침투와 더불어 10월부터 시작되는 제3단계 작전에 대비한 미군과 남베트남군의 합동훈련 등이 포함되어 있었다. 국방부는 합참의 연구를 바탕으로 5월 24일 북베트남 폭격에 관한 상세한 시나리오를 작성해 대통령에게 제출했는데, 골자는 군사적인 압력과 병행해 정치적인 접촉을 모색한다는 것이었다. 즉, 공산 측의 군사력을 무력화하기 위해 교량과 철도, 군사시설이나 산업시설을 폭격하지만, 동시에 베트남 문제에 관한 국제회의 개최를 요구해 미국의 목표가 북베트남 정권의 전복이 아니라 남베트남에서 베트콩의 테러와 평정 계획 방해를 저지하는 것에 있다는 것을 밝혀 교섭에 의한 타결도 배제하지 않았다.

또한 폭격에 앞서 태국과 필리핀 정부로부터 미군의 자국 내 전개를 승인받고, 다른 SEATO 회원국들의 정치적인 지지를 획득하는 것도 중요하다고 지적했다. 그렇지만 이러한 작전을 주도할 남베트남군이 강력하지 않았고, 중국과 북베트남이 대규모로 개입할 경우 미국도 대규모 병력을 투입해야 하는 문제가 남아 있었다. 이로 인해 5월 24일에 열린 NSC 집행위원회(Executive Committee)에서는 전쟁 확대에 대해 합의를 보지 못했다. 러스크는 라오스와 남베트남이 공산화되는 것을 막는 데 필요하다면 북베트남과 중국에 대해 군사행동을 감행할 각오를 해야 한다면서 주한미군 1개 사단을 동남아시아로 이동시키는 문제를 검토해야 한다고 말했지만 맥나마라 국방장관은 부정적이었다.

워싱턴의 고위 정책결정자 대부분은 아직 전쟁 확대에 소극적이었지만, 6월 6일과 7일 미군 정찰기 격추 사건이 발생하면서 상황이 조금씩 변화하기 시작했다. 9일 미국은 파테토 라오의 공군기지를 공격했으며 롯지 대사의 후임으로 사이공에 부임한 테일러 전 합참의장은 7월 17일 미군 병력 증강과 수송기 및 헬리콥터 지원을 요청하는 웨스트모어랜드 사령관의 건의에 동의하는 전문을 국무부에 보냈다. 베트콩의 공세로 정부군이 큰 타격을 입자 칸 수상은 베트콩의 공세를 차단하기 위해서는 북베트남에 직접적인 압력을 가해야 한다면서 '북진정책'에 미국이 협력해 줄 것을 요구했다. 테일러 대사는 북진에 반대하면 사이공 정부와 정면충돌이 불가피해진다며 전쟁 확대를 포함한 다양한 문제에 대해 남베트남 측과 협의할 것을 국무부에 건의했다.

결국 워싱턴은 미군의 병력 증강 계획과 향후의 구체적인 대응 방안을 칸과 협의할 것을 승인했으며, 8월 초에 베트콩의 보급 루트를 폭격하는 문제에 대해서도 협의하라고 지시했다. 미 합참은 제한적이지만 북베트남에 대한 폭격이 사이공 정부 내의 좌절감과 패배주의를 완화하고 공산 측의 보복 행동을 억제시킬 것으로 기대했던 것이다. 7월 말에 이르러 북베트남에 대한 제한적인 폭격과 남베트남군에 의한 북베트남의 2개 섬 상륙작전이 결정되었으며, 이를 지원하기 위해 미국은 타이완에 있던 구축함 매독스를 통킹만으로 이동시켰다. 8월 2일 정찰 임무를 수행하던 매독스가 북베트남 해군의 어뢰 공격을 받는 사건이 발생하자 테일러 대사는 강력한 대항조치를 본국에 요청했다. 4일 열린 NSC에서 존슨 대통령은 "단호하고 신속한 보복 공격"을 승인했으며, 의회는 8월 7일 미국에 대한 또 다른 어떠한 공격도 격퇴하는 조치를 취할 수 있는 권한을 대통령에 부여했다. 이것이 유명한 '통킹만 결의안'인데, 미 행정부는 의회의 전폭적인 지지를 얻었지만, 북베트남에 대한 미국의 보복 공격은 북베트남의 격렬한 저항을 초래했으며 중국과 북베트남의 관계를 더욱 긴밀하게 만들었다.

통킹만 사건은 전쟁 수행 방법을 둘러싼 미 행정부 내의 견해 차이를 해소하는 계기가 되었다. 대통령 선거를 목전에 두고 있던 존슨 대통령 자신은 전쟁 확대에 소극적이었지만, 사이공의 테일러와 웨스트모어랜드는 북베트남에 대한 군사행동만이 상황을 극적으로 호전시킬 수 있다고 주장했다. 또한 워싱턴의 군 지도자 가운데 대표적인 강경론자였던 르메이 공군 참모총장과 그린 해병대 사령관은 북베트남에 대한 폭격은 물론 미 지상군과 해병대 및 공군을 남베트남과 태국으로 전개시키자고 주장했다. 베트남 정책과 관련한 중요 정책결정 과정에서 군부의 목소리는 더욱 커졌으며, 제3국에게도 지원을 요청해야 한다는 의견이 힘을 갖게 되었다. NSC 집행위원회가 작성한 12월 2일 자 「동남아시아에 관한 포지션 페이퍼」는 오스트레일리아 및 뉴질랜드 정부와 소규모 부대의 파병 가능성에 대해 협의하고 필리핀 정부에 대해 이미 양국이 합의했던 파병을 재확인해야 한다고 강조했다.

이 문서의 지원 요청 대상국에 한국은 포함되지 않았지만, 12월 10일 그린 국무차관보 대리는 김현철 주미대사에게 조만간 브라운 대사가 남베트남 지원 문제를 한국 정부와 협의할 것이라고 전했다. 1주일 뒤 국무부는 브라운에게 30일 이내에 비전투부대를 파병하도록 요청하라는 존슨 대통령의 구두 메시지를 박정희에게 전달하라고 지시했으며, 19일 이를 전하러 온 브라운에게 박정희는 필요하다면 한국은 2개 사단의 전투부대를 파병할 의사가 있다고 밝혔다. 당초 미국은 1000명 규모의 비전투부대 파병을 희망했는데, 한국 정부가 호의적인 반응을 보이자 국무부는 12월 30일 "1965년 1월 이전의 국회 동의 요청, 파병 규모 2000명으로 확대"를 한국 정부에 타진하라고 브라운 대사에게 지시했다. 이에 앞서 12월 21일 윌리엄 번디 국무차관보는 파병 비용을 미국이 부담할 뜻을 김현철 대사에게 전달했으며, 25일 하우즈 주한미군 사령관은 계급에 따라 미국이 하루에 1달러(이등병)에서 6.5달러(대령)의 수당을 한국군에게 지급하겠다는 서신을 김종오 합참의장에게 보냈다.

1965년 1월 9일 홍종철 공보부 장관은 비전투부대의 파병을 공식 발표했으며, 15일 파병 동의안이 국회에 제출되었다. 야당은 파병의 명분과 실리가 명확하지 않으며 일단 파견하면 증파가 불가피할 뿐 아니라 한국은 남베트남과 방위조약도 체결하고 있지 않다는 등의 이유로 반대했으며 표결에도 참가하지 않았다. 결국 파병 동의안은 1월 26일 국회 본회의에서 찬성 다수로 가결되었으며, 3월 말까지 모든 부대가 남베트남에 도착했다. 한·미 양국은 이미 파견된 이동 외과병원과 태권도 교관에 대해서도 비전투부대와 같은 조건으로 미국이 수당을 지불하기로 합의했다. 이것이 한국군이 미군의 용병이라는 비판을 낳는 요인이 되었지만, 한국군에 대한 수당 지급은 한국의 요청에 의한 것이 아니었다.

이와 같은 과정을 거쳐 2000명의 한국군 비전투부대가 남베트남에 파병되었는데, 그 뒤 베트남 상황이 악화되자 미국 정책결정자들의 태도는 점차 강경해졌다. 1964년 12월 미군 막사에 대한 베트콩의 습격으로 60명의 사상자가 발생하자 1965년 1월 4일 휠러 합참의장은 남베트남에 있는 미국인들의 조기 귀국을 대통령에게 건의했다. 결국 미국의 정책과 우선순위가 바뀌지 않는 한 베트남에서 희망을 가질 수 없다고 보았던 미국의 고위 정책결정자들은 극동의 미군을 투입해 공산 측을 굴복시키든가, 아니면 모든 자원을 공산 측과의 교섭에 쏟아붓든가 하는 선택지 가운데 점차 전자로 기울어져 갔다.

2월 초 플레이쿠의 미군기지 습격 사건 후 맥조지 번디 보좌관은 단계적이고 지속적인 보복을 대통령에게 건의했으며, 2월 8일 열린 NSC에서 존슨 대통령은 미국의 행동을 베트콩의 공격에 대한 보복에 한정할 필요가 없다고 말했다. 이틀 후 퀴논의 미군 숙소가 베트콩의 기습공격을 받아 23명이 사망하고 20명이 부상당하는 사건이 발생하자 테일러 대사는 즉각적인 폭격을 요청했다. 또한 2월 11일 휠러 합참의장은 '롤링 선더(Rolling Thunder)'라 불리는 북베트남에 대한 지속적인 폭격과 이를 지원하기 위한 지상군의 파견을 국방장관에게 건의했으며, 20일에는 남베트남에서의 패배를 막기 위해서는 미군의 직접적인 군사행동이 불가피하다며 해병대와 지상군과 함께 한국군 1개 사단의 전개를 건의했다.

이제 미 행정부 내에서는 조지 볼 국무차관 이외에 교섭에 의한 해결을 주장하는 사람은 찾아볼 수 없게 되었다. 존슨 대통령은 '롤링 선더' 작전과 함께 해병대 2개 대대의 다낭 상륙을 승인했고, 3월 2일 100기 이상의 전투기와 폭격기가 동원된 첫 번째 '롤링 선더' 작전이 실시되었다. 또한 3월 8일 2개 대대의 해병대가 다낭에 상륙했는데, 기지 방호라는 제한된 임무를 위해서라고는 하지만 이것은 본격적인 미국의 베트남전쟁의 시작을 알리는 서곡이었다고 할 수 있다.

3. 베트남 정세 악화와 미국의 파병 요청

1965년 3월 초에 시작된 '롤링 선더' 작전과 미 해병대의 다낭 상륙과 병행해 미국 정부 내에서는 한국군 전투부대의 파병 문제가 중요한 문제로 부상하게 된다. 1965년 3월 2일 자 맥노튼 국방차관보의 각서는 한국군 1개 사단의 파병 문제에 대해 언급했으며, 6일 백악관의 맥조지 번디 보좌관도 북베트남과 중국의 개입으로 베트남 상황이 악화될 경우 미국은 오스트레일리아, 필리핀, 태국, 한국, 파키스탄 등 제3국 전투부대의 투입이 필요할지 검토해야 한다고 지적했다. 한국을 제외한 국가들은 SEATO 회원국이었는데, 미 지상군 전개와 제3국 지상군 투입 문제가 '원 세트'로 고려되고 있었다는 점은 주목할 만하다.

존슨 육군 참모총장과 함께 사이공을 방문했던 맥노튼 차관보는 3월 14일 자 보고서에서 베트남 상황이 급격하게 악화되었다는 인식과 함께 미국이 어느 정도 관여해야 할지 결정할 시기가 되었다면서 북베트남군의 침투 봉쇄를 위해 미군을 포함해 4개 사단 규모의 병력 전개가 필요하다고 지적했다. 맥노튼은 제3국 군으로 SEATO 회원국을 염두에 두었지만 미 지상군의 투입을 권고했다는 점에서 3월 20일 자 합참의 각서와 궤를 같이했다. 다만, 합참은 한국의 전투부대에 관심이 많았다. 다낭의 해병대 임무를 기지 방호에서 대게릴라 작전으로 확대할 것을 건의하면서 합참은 미 본토 주둔 지상군 1개 사단의 베트남으로의 전개와 함께 한국군 1개 사단의 파병 필요성을 국방장관에게 건의했다.

이 시기가 되면 워싱턴의 관심은 미군을 포함해 어느 정도의 지상군을 언제 베트남으로 보낼 것인가에 집중되어 있었다 해도 과언이 아니다. 3월 26일에 열린 NSC에서 맥나마라 국방장관은 미군과 제3국 군의 병력 증강 문제를 검토하고 있다고 밝혔으며, 3월 29일 합참은 한국군 1개 사단을 포함한 3개 사단의 조기 전개를 건의했다. 사이공의 테일러 대사는 반미 감정과 병참상의 제한을 이유로 합참의 병력 증강 건의에 소극적이었지만, 사이공 현지의 미군 당국과 정보 당국도 합참의 견해를 지지했다.

맥나마라 국방장관이 병력 증강에 대한 미국 내 비판을 완화하는 수단으로 한국군의 동시 파병을 주장하자 국무부는 급거 서울의 대사관에 의견을 묻는 전문을 보냈다. 3월 30일 자 전문에서 서울의 브라운 대사는 한국 정부의 각료들과 군 수뇌부는 동아시아에서 한국이 보다 큰 역할을 하는 것에 강한 관심을 보이고 있지만, "지금은 (파병을 요청할 - 인용자) 적당한 시기가 아니다"라고 회신했다. 우여곡절 끝에 막바지 단계에 와 있던 한일협정에 미칠 악영향을 염려했던 브라운은 박정희가 한일협정을 성공시킬 수 있도록 후원하기 위해 박정희를 미국에 초청한 것이라고 환기시키면서 미국 방문 전이든 방미 중이든 이 문제를 한국 정부에 제기하는 것은 한일협정 체결에 도움이 되지 않는다고 반대했다.

브라운 대사는 한일협정 비준 뒤라면 한국 정부로부터 긍정적인 반응을 기대할 수 있을 것이라고 덧붙였다. 특히, 브라운은 한일협정 비준 후 '대규모의 특별한 유인책'을 제공한다면 한국 정부는 전투부대의 파병에 전향적인 태도를 보일 것이라면서 미국이 파병 대가로 제공할 수 있는 조건을 구체적으로 제시하기도 했다. 브라운의 신중한 견해에도 불구하고 워싱턴에서는 한국군 전투부대의 파병을 적극적으로 추진한다는 입장이 지배적이었는데, 그 뒤에는 한국 이외에 전투부대 파병 요청에 응할 동맹국이 현실적으로 존재하지 않을 것이라는 판단도 있었다. 4월 3일 러스크 장관을 비롯한 국무부의 고관과 맥조지 번디, 테일러 대사가 참석한 정책협의에서는 미군의 병력 증강 문제와 해병대의 임무 변경, 한국을 포함한 제3국 전투부대의 파병, 해군의 정찰 활동 강화 등에 관해 사이공 정부의 동의를 얻는다는 것이 확인되었다. 다음 날 국무부는 남베트남 정부가 동의하는 해병대 2개 대대와 1개 F-4 비행대대, RB-66 정찰기동부대, 1개 육군 공병단 등을 증파하기로 결정했다고 사이공의 미국 대사관에 타전했으며, 이것은 대통령 명의의 '국가안전보장행동각서(NSAM)' 제328호로 승인되어 4월 6일 국무·국방 장관과 CIA 국장에게 하달되었다. 이렇게 해서 미 해병대의 증파 시기에 맞춰 한국과 오스트레일리아, 뉴질랜드 정부에 전투부대의 파병을 타진한다는 것이 정식으로 결정되었다.

남베트남 측은 미 해병대의 증파에는 동의했지만 제3국 전투부대의 파병에 대해서는 신중한 태도를 보였으나, 워싱턴에서는 확실한 승리를 위해서는 지상군의 증파가 불가피하다고 정당화했다. 조지 볼 국무차관은 북베트남과 중·소 양국의 반응을 주의 깊게 관찰해야 한다면서 신중한 입장이었지만, 결국 미국 정부는 북폭과 단계적인 지상 작전의 전개에 의견의 일치를 봤으며 존슨 대통령도 미 해병대와 지상군의 단계적인 투입에 맞춰 한국군 1개 사단과 오스트레일리아군 1개 대대 파병 문제를 사이공 정부에 타진하라고 지시했다.

남베트남의 콰트 수상은 "제3국 전투부대를 받아들이는 것은 남베트남의 이익에 부합한다"라는 완곡한 표현으로 찬성의 뜻을 표했다. 필리핀군에 대해서는 냉담한 반응을 보인 데 반해 한국군에 대해서는 매우 호의적이었다. 사이공의 동의를 얻은 미국 정부는 공정여단의 증파를 결정했고, 선발대의 도착에 맞춰 오스트레일리아 정부가 1개 대대의 파병을 발표했다. 미군 이외의 전투부대로서는 첫 번째 결정이었다. 한편, 북폭은 기대한 만큼의 성과를 거두지 못했다. 남베트남 정부군만으로 베트콩의 공세에 대항할 수 없다는 것은 의심의 여지가 없었으며, 미군이 직접 전투행위에 참가하지 않을 수 없는 상황이 돼버렸다.

웨스트모어랜드 사령관도 베트콩의 여름 공세를 앞둔 상황에서 대량의 미 지상군과 함께 한국군 전투부대를 투입하는 것 이외에 미국이 선택할 수 있는 선택지는 없다면서 병력 증강을 거듭 요청했다. 이러한 요청에 대해 샤프 태평양군 사령관은 물론 합참도 전면적으로 지지했으며, 테일러 대사도 하노이를 교섭 테이블로 유인하기 위해서라도 지상군과 공군의 증강은 필요하다고 보았다. 워싱턴과 사이공의 거의 모든 미 정부 고관들이 지상군의 대량 투입을 주장하는 가운데 볼 국무차관만이 저항을 계속했다.

맥나마라 장관은 7월 1일 외교 교섭, 국내여론 및 동맹국의 지지 획득과 같은 정치적 조치와 더불어 미군과 제3국군 및 남베트남군의 증강, 예비역 소집과 병역 기간의 연장 조치 등의 군사적 행동이 포함된 각서를 대통령에게 제출했다. 국무부에서는 러스크 장관, 볼 차관, 윌리엄 번디 차관보가 서로 다른 견해를 담은 보고서를 대통령에게 제시했는데, 러스크는 대체로 국방부의 입장과 차이가 없었지만, 볼은 반대했다. 볼은 대규모의 미군이 전투에 가담할 경우 많은 희생자가 발생할 것이고, 그것은 거의 돌이킬 수 없는 결과를 초래할 것이라면서 파리의 북베트남 대표부를 창구로 하노이와 직접 교섭할 것을 제안했다.

이러한 신중한 견해 때문이었는지 존슨 대통령은 맥나마라 국방장관과 휠러 합참의장의 현지 시찰 이외에 결단을 내리지 못했는데, 미군 전투기가 소련제 지대공미사일에 의해 격추되면서 상황은 급반전되었다. 7월 26일 존슨 대통령은 북베트남의 기지 두 곳에 대한 폭격을 승인했으며, 이날 밤 러스크 국무장관은 사이공의 대사관에 11월까지 지상군 34개 대대를 포함해 미군을 17만 5000명으로 증강하기로 했다고 전하면서 남베트남 정부의 동의를 얻으라고 지시했다. 다음 날 존슨 대통령은 의회 지도자 10명을 백악관에 초대해 지지를 요구했는데, 대규모 지상군의 증강에 의문을 제기하는 의원이 적지 않았지만, 매코맥 하원의장은 존슨의 결정을 전폭적으로 지지했다. 지상군의 대량 투입이 베트남에서의 결정적인 승리를 가져올 것으로 보지 않았음에 불구하고 존슨 대통령은 7월 28일 미국의 병력 증강 계획을 공식 발표하고 베트남전쟁에 대한 전면적인 개입을 단행했다.

이상 살펴본 바와 같이 1965년 7월 미국이 지상군의 대량 투입을 결정하는 과정에서 한국군 전투부대의 파병 문제가 매우 중요한 위치를 차지하게 되면서 한국과 박정희 대통령에 대한 미국의 태도는 이전과 매우 달라졌다. 1965년 2월 24일 청와대는 박정희 대통령의 미국 방문을 정식으로 발표했고, 군사쿠데타 후인 1961년 11월 이후 3년 6개월 만인 1965년 5월 미국을 방문하는 박정희에게 존슨 대통령은 자신의 전용기를 보내주는 등 극진한 대우를 했다. 미국이 박정희의 방미 초청 요구를 수락했던 것은 박정희에게 커다란 선물을 들려 보냄으로써 막바지에 접어든 한일회담의 타결을 정치적으로 지원하고 남베트남에 대한 추가 공헌, 즉 전투부대의 파병을 요청하기 위해서였다.

한국군 전투부대의 파병 문제는 1965년 3월 중순 이동원 외무장관의 미국 방문 시에도 논의되었다. 3월 15일 러스크 국무장관과의 회담에서 남베트남에 대한 추가 지원 의사를 밝혔던 이동원은 다음 날 맥나마라 국방장관을 만났다. 맥나마라가 한국군 1개 사단과 주한미군 1개 사단의 베트남으로의 이동 문제를 언급하자 이동원은 주한미군의 남베트남 전용은 북한의 재침을 불러올 수 있다면서 반대했지만, 한국군의 파병에 대해서는 한국에의 미군 증파와 한국군 현대화를 조건으로 파병할 수 있음을 내비쳤다.

한국이 전투부대의 파병에 부정적이지 않다고 판단한 미국은 4월 하순 롯지를 대통령 특사로 한국에 보냈다. 한국군 4000명 규모의 1개 연대전투단(RCT)의 파병 문제를 콰트 수상과 협의했지만 결론에 이르지는 못했다고 설명하는 롯지에게 박정희는 사이공의 신상철 대사로부터 비전투부대의 경비 병력이 충분하지 않다는 보고를 받아, 이 문제를 한국 정부가 검토하고 있다고 지적하면서 브라운 대사와 계속 협의하겠다고 말했다. 5월 5일 남베트남의 콰트 수상은 규모를 명시하지 않은 채 사정이 허락하는 대로 전투부대를 파견해 줄 것을 요청하는 서한을 정일권 총리 앞으로 보냈다. 1주일 후 정 총리는 브라운 대사를 불러 남베트남 정부로부터 파병 요청이 있었다고 전하면서 한국은 동남아시아 방위를 위해 전투부대를 파병할 의사가 있다고 밝혔다. 또한 국회의 승인을 얻기 위해서는 한미상호방위조약의 수정, 주한미군의 계속 주둔 보장, 대한 군사원조의 증액 및 군사원조 이관의 중지 등에 대한 미국의 명확한 보장이 있어야 한다고 강조했는데, 정 총리의 발언은 브라운 대사의 눈에 미국으로부터 많은 양보와 대가를 얻어내려는 것으로 비춰지기에 충분했다.

미국의 관심은 박정희의 미국 방문 시 이 문제를 제기해야 하는가에 집중되었는데, 국무부 내의 의견은 나뉘었다. 5월 13일 볼 국무차관은 비전투부대의 파병에 감사의 뜻을 표명하는 데 그칠 것을 대통령에게 건의했지만, 러스크 장관은 통역만 배석하는 비공식회담에서 전투부대의 파병 문제를 거론하라고 진언했다. 러스크는 박정희로부터 "자신이 놓여 있는 정치적 상황과 그것이 한국군 전투부대의 파병에 미칠 영향을 어떻게 보고 있는가를 들을 수 있는 좋은 기회"라고 보았던 것이다. 러스크의 건의에 따라 존슨은 5월 17일 단독회견에서 한일회담의 진전은 박정희의 리더십에 의한 것이라고 칭찬한 뒤 화제를 베트남으로 돌려 한국이 1개 사단의 전투부대를 파병해 줄 것을 요청했다.

박정희는 이에 대한 확답을 피한 채 주한미군의 감축 문제가 한국 국민들을 불안하게 해왔다면서 주한미군의 계속 주둔에 대한 확실한 보장을 요구했다. 존슨은 미국이 한미상호방위조약에 입각해 한국의 안보를 위해 충분한 병력과 자금을 제공할 것이며 한국 정부와의 사전 협의 없이 어떠한 부대도 한국에서 철수시키지 않겠다고 확약했다. 다음 날 프레스클럽 연설에서 박정희는 "여기(베트남)서 자유 진영이 취해야 할 행동은…… 1950년 한국동란에서 미국과 자유 진영이 보였던 그 뚜렷한 결의와 행동을 다시 한 번 결행하는 길밖에 없다"라면서 전투부대의 파병을 시사했으며, 이어 열린 두 번째 정상회담에서 한국군 60만 명은 "미군의 일부로서 공산주의와 대항해 싸울 각오가 돼 있다는 것을 존슨 대통령이 알았으면 좋겠다"라고 말해 한국군 전투부대의 파병을 기정사실화했다.

박정희의 미국 방문 이후 한국 신문에는 전투부대의 파병 문제가 보도되기 시작했다. 박정희 방미 시 전투부대 1개 사단의 월내 파병에 합의했다는 6월 2일 자 ≪동아일보≫ 기사는 한국 정부가 남베트남이 우기에 들어가기 전인 6월 중의 파병을 희망하고 있다고 시기까지 구체적으로 전했다. 이런 보도를 확인이라도 하듯 6월 2일 공화당의 김동환 원내총무는 전투부대의 파병 동의안이 국회에 제출될 경우 통과시킬 방침이라면서 "한국에 주둔하고 있는 미군을 철수해 월남전에 돌릴 가능성이 논의된 바도 있는데 한국의 안전보장상 한국 전투부대를 파월해 미군을 계속 매어두는 게 여러 가지로 득책"이라고 지적했다. 이것은 전투부대의 파병에 대해 정부와 여당이 논의하고 있음을 보여주는 것이었고, 6월 3일 박정희는 브라운 대사에게 사이공 측의 공식 요청이 도착하는 대로 국회에 승인을 요청할 것이라고 말했다. 그렇지만 브라운 대사는 한일기본조약에 대한 한국 내 여론이 좋지 않으며 한국 국민은 전투부대 파병이 현명한 결정인지 의심하고 있다면서, 파병에 관한 국민과 야당의 반응이 보다 명확해질 때까지 사이공의 미국 대사관을 통해 남베트남 정부가 파병 요청을 보류하도록 국무부에 건의했다.

그렇지만 남베트남 정부는 정일권 총리 앞으로 보낸 6월 14일 자 서한에서 전투부대 1개 사단의 조속한 파병을 요청했으며, 이 사실은 브라운 대사에게도 전달되었다. 6월 21일 군사쿠데타로 콰트 정권을 무너뜨리고 집권한 키 수상은 1개 사단의 파병 요청을 재확인하는 서한을 정 총리 앞으로 보냈는데, 이날 김성은 장관은 비치 주한미군 사령관에게 한국 정부가 해병대 1개 연대를 포함한 1개 전투사단의 파병을 결정했다고 통보했으며 23일 합참에 파병 문제를 담당할 기획단이 설치되었다. 또한 같은 날 김성은 장관은 7월 말 또는 8월 초 파병을 목표로 국회에 동의를 요청할 생각이라면서 파병 대가를 담은 리스트를 주한미군 사령관에게 제시했다. 여기에는 한국군 및 주한미군의 현 병력 실링 유지, 한국군 3대 예비사단의 완전 장비화와 해병대 1개 사단을 포함한 한국군의 화력, 기동력 및 통신 능력 향상 지원, 파병 이전의 군사원조 수준 유지 외에 미군과 동일한 전투수당과 전·사상자 보상을 한국군에게 제공할 것 등이 포함되어 있었다.

6월 28일 한·미 양국은 한국군의 병력 실링을 유지하면서 1만 8500명 규모의 전투부대와 지원부대를 파병하기로 합의했지만, 파병 조건을 둘러싼 교섭이 원활하게 진행되었던 것만은 아니다. 군사원조 이관 중지나 한국군의 급여 인상을 위한 지원 등 파병과 직접 관련이 없는 문제도 쟁점이 되었고, 주한미군과 한국군 병력 축소 문제를 둘러싸고 워싱턴과 서울의 미국 정부 당국 사이에 견해 차이가 노정되었다. 하우즈 주한미군 사령관은 주한미군 감축은 전투력과 효율의 저하를 초래할 것이라며 반대했고, 브라운 대사도 정상회담의 약속 위반이며 전투부대의 파병 승인을 얻는 데 있어서 한국 정부의 입지를 약화시킨다며 강하게 반대했다. 국무부는 현지 입장을 지지했는데, 국방부는 주한미군 축소가 미칠 정치적 영향을 우려하는 국무부의 입장을 무시할 수 없었다. 결국 6월 15일 밴스 국방부(副)장관이 주재한 회의에서 한국군 전투부대의 파병이 실행에 옮겨질 때까지 주한미군 축소를 위한 행동은 취하지 않기로 결정됐으며, 비용 절감 효과가 크지 않은 한국군 축소 문제도 전투부대의 파병에 악영향을 미칠 수 있다는 이유로 보류되었다.

이에 따라 하우즈의 후임으로 부임한 비치 장군은 7월 9일 미국은 주한미군 및 한국군 축소 계획이 없으며 향후 주한미군의 축소나 재배치를 고려할 경우 한국 정부와 사전에 협의할 것을 약속하는 서한을 김성은 국방장관에게 보냈다. 또한 6월 23일 국방부가 제시한 요구사항에 대해서도 육군 17개 사단과 1개 해병대 사단의 화력, 기동력 및 통신 능력의 점진적 개선을 지원하기 위해 통상적인 군사원조와는 별도로 추가 원조를 제공할 의사가 있다고 밝혔다. 7월 10일 자 전문에서 브라운 대사는 한국군 급여 인상 지원이나 군사원조 이관의 중지 등 파병과 직접 관련이 없는 문제들에 대해서도 전향적으로 검토할 것을 국무부에 건의했다. 브라운 대사는 미국이 베트남전쟁에 필요한 물자를 일본에서 조달하면서 한국에게는 '살아 있는 육신(flesh and blood)'을 요구하고 있다는 비판이 제기될 수 있다고 우려했는데, 워싱턴은 브라운의 건의를 받아들여 상당수의 한국군이 남베트남에 주둔하는 동안 군사원조 이관을 중지하고, 베트남전 관련 품목들을 한국에서 조달한다는 방침을 전달했다.

전투부대 파병을 위한 한·미 간의 교섭이 마무리 단계에 접어들고 전투부대 파병 동의안을 심의하기 위한 임시국회가 7월 29일 소집되었지만, 야당이 한일조약 비준에 반대하면서 국회는 파행을 겪었다. 4일간의 짧은 심의 끝에 파병 동의안은 8월 7일 국방위원회를 통과했으며 13일에 열린 본회의에서 여당 단독으로 가결되었다. 또한 한일기본조약 비준안도 다음 날 여당 의원과 무소속 의원 1명만이 참가한 가운데 표결에 붙여져 찬성 다수로 통과되었는데, 야당과 비준 무효를 주장하는 학생들의 격렬한 데모가 계속되자 정부는 위수령을 발동하고 데모 진압을 위해 군을 주요대학에 투입하는 사태가 벌어졌다.

이런 혼란스러운 상황 속에서 한국 정부는 파병되는 전투부대를 '자유·평화의 십자군'으로 정당화하면서 성대한 환송 행사를 개최했다. 9월 20일 포항에서 열린 해병 제2여단 결단식에서 박정희는 "이웃집에 불이 난 것을 보고도 가만히 앉아 구경만 하다가는 그 불이 내 집에까지 번져 집을 태워 버리는 것과 같이, 지금 월남을 돕지 않는다면 우리나라의 안전에 위협을 가져오게 될" 것이라고 말했으며, 10월 12일 수도사단 환송식전에서는 "우리가 자유 월남에서 공산 침략을 막지 못한다면 우리는 멀지 않은 장래에 동남아세아 전체를 상실하게 될 것이며, 나아가서 우리 대한민국의 안전보장도 기약할 수 없다"라고 역설했다.

남북이 분단되어 군사적으로 대치하는 가운데 한국이 전투부대를 파병하는 데는 많은 제약 요인이 있었지만, 철저한 반공 이데올로기와 도미노 이론의 신봉자였던 박정희는 한국군의 파병이 한국의 안전보장과 경제개발을 위한 미국의 지원을 끌어내는 데 도움이 될 것으로 판단했다. 파병 부대의 제1진으로 해병 제2여단(청룡부대)이 10월 3일 부산항을 떠난 데 이어 수도사단(맹호부대)도 11월 1일까지 모두 퀴논에 도착했다. 한국군 전투부대는 미군을 제외하면 오스트레일리아에 이어 두 번째 파병이었지만 규모면에서는 비교할 수 없을 정도로 많았다. 그렇지만 한국군 전투부대의 남베트남 도착과 거의 때를 같이해 베트콩의 테러와 파괴 활동은 더욱 격렬해졌는데, 11월 17일 자 주간 정세 보고 전문을 통해 롯지 대사가 워싱턴에 보고한 대로 북베트남 정규군이 대거 남하해 직접 전투에 참가하면서 베트남전쟁은 새로운 국면을 맞이했다.

4. 한국군 전투부대의 추가 파병과 한국의 외교적 이니셔티브

한국군 전투부대의 남베트남 도착과 거의 때를 같이해 베트콩의 테러와 파괴 활동이 격화되기 시작했으며, 1개 사단 이상의 북베트남 정규군의 남하가 확인되자 사이공의 미군 당국은 전쟁이 새로운 국면을 맞이하게 되었다고 인식했다. 북베트남 정규군과의 전투에서 미군 희생자가 증가하자, 맥나마라 국방장관은 11월 30일 미군의 대폭적인 증강, 한국과 오스트레일리아에 대한 증파 요청, 국방예산의 증액 등을 대통령에게 건의했다.

한국 정부는 전투부대의 증파에 부정적이지 않았다. 공산 측의 병력 증강을 이유로 주월한국군사령부가 1개 연대의 증파를 요청하자 합동참모본부는 이에 관한 검토를 시작해 한국군이 독자적인 작전을 수행하기 위해서는 1개 군단 규모의 병력이 필요하다는 결론에 도달했다. 이러한 한국 측 동향은 국무부와 워싱턴의 한국대사관과의 접촉을 통해 미국 측에도 전해졌으며, 12월 16일 서울의 브라운 대사를 통해 미국은 공식적인 추가 파병을 요청하게 된다.*

박정희 대통령을 찾아간 브라운 대사는 악화일로의 베트남 상황을 타개하기 위해 미국은 미군 병력의 증강과 함께 한국을 비롯한 아시아 국가들에게 협력을 요청할 방침이라고 전하면서 1966년 7월까지 1개 사단, 10월까지 1개 여단을 추가로 파병할 수 있는지를 물었다. 박정희는 국회와 여론 등을 고려해 신중하게 결정하지 않을 수 없다면서 총리, 국방장관과 협의해 보겠다고 답하는 데 그쳤다. 미국 측은 한국군 전투부대의 증파로 인한 대북 방위력 약화를 막고 경제적인 이익을 제공할 생각이 있었으며, 워싱턴과 서울의 미국대사관은 이에 관한 구체적인 검토를 시작했다. 또한 한·미 사이에도 이를 둘러싼 교섭이 시작되었다. 한국 정부는 1966년 1월 8일 6~7억 달러에 달하는 파병 대가를 담은 요망서를 미국에 전달했으며, 1월 29일 미국 측의 검토 결과를 전달받았다. 그러나 한국 정부의 기대와는 거리가 멀었기 때문에 이동원 장관은 2월 1일 브라운 주한 미국대사에게 수정안을 제시했으며, 그 뒤 몇 차례에 걸친 이동원 장관과 브라운 대사 사이의 교섭 결과 브라운 대사는 3월 7일 서한(3월 4일 자)의 형식으로 미국의 안을 이동원 장관에게 전달했다.

이것이 '브라운 각서'인데, 한국군 현대화 지원, 파병 장병에 대한 수당

* 한국군 전투부대의 증파를 둘러싼 한·미 간 교섭에 관해서는 趙眞九(2002: 174~197) 참조.

제공, 파병 부대를 대체하기 위해 국내에서 창설되는 부대에 대한 장비와 비용 지원을 비롯한 다양한 군사원조 제공, 군사원조의 이관 중지 및 베트남 주둔 미군과 한국군에 제공하는 물자의 한국에서의 조달, 베트남 재건 사업에 필요한 물자의 한국에서의 조달과 한국기업의 참여 등 16개의 항목으로 구성되어 있었다. 한국군의 추가 파병이 한국의 안전보장과 경제발전에 기여한다는 것을 한국 국민에게 보여주려는 의도에서 일부 민감한 내용을 제외하고 브라운 각서의 내용은 한국 정부에 의해 공개되었다.

1966년 2월 남베트남 정부의 공식적인 추가 파병 요청 이후 정부는 파병 동의안을 국회에 제출했는데, 국회 심의 과정에서 증파 반대를 당론으로 결정한 야당 민중당에 더해 일부 여당 의원들조차 파병에 수반되는 부정적인 영향을 지적하면서 진통을 겪었는데, 전투부대의 추가 파병으로 인한 대북 억제력의 약화를 우려한 것이었다. 반면 한국 정부는 미국이 약속한 파병 대가를 활용해 제한적이기는 하지만 한국군의 장비 현대화를 도모하는 게 유리하다고 판단했던 것이다. 3월 17일 비공개로 열린 국방·외교위원회 합동 회의를 마지막으로 상임위 차원의 심의는 종료되어 3월 18일 국방위원회를 통과한 전투부대의 증파 동의안은 본회의에 상정되고, 19일부터 철야로 진행된 본회의에서 충분한 논의가 이뤄지지 못한 채 표결 처리되었다. 국회 심의과정에서 야당은 일관해서 반대했지만 과격한 반대 투쟁을 벌이지는 않았으며, 언론도 파병의 긍정적 측면에 초점을 맞춰 보도하면서 커다란 동요 없이 4월부터 10월까지 수도사단 1개 연대와 제9사단이 차례로 파병되었다.

한편, 미국이 베트남전쟁을 수행하는 데 한국군의 중요성이 증대되면서 한·미 관계는 '밀월'이라 표현될 정도로 긴밀해졌는데, 미국에 대한 의존도가 높았던 한국은 보다 대등한 한·미 관계를 만들어나가고 국제사회에서 한국의 지위 향상에 기여할 것이라는 기대감도 있었다. 불평등한 한·미 관계를 상징했던 것이 한미행정협정의 미체결 문제였다. 한미행정협정은 한미주둔군지위협정 또는 SOFA라 불리는 것으로 1953년 10월에 체결되고 이듬해 11월 발효된 한미상호방위조약 제4조에 따라 한국에 주둔하는 미군에 공여되는 시설과 구역 및 주한미군의 법적 지위를 규정한 것이다.*

한미상호방위조약의 가조약을 위해 한국을 방문했던 덜레스 국무장관은 1953년 8월 7일 이승만 대통령과 공동으로 발표한 성명에서, 한미상호방위조약 발표 후 한국에 주둔하는 미군을 포함한 유엔군의 지위에 관한 협정을 위한 교섭을 즉각 시작하기로 합의했다. 1955년에 교섭은 시작되었지만 미 국방부와 합동참모본부의 반대로 SOFA 체결이 미뤄지고 있었는데, 주한미군의 범죄가 증가하면서 한국 국내에서 문제가 되었다. 특히, 한·미 간의 교섭에서 쟁점이 되었던 것이 형사재판권 문제였다. 한국의 사법제도에 대한 불신감이 강했던 미국은 한국 측에 1차 관할권이 있는 모든 형사사건에 대해서 한국이 사전에 형사재판권을 자동 포기할 것을 요구했다. 이것은 미국이 다른 국가와 체결한 어떠한 SOFA에도 없는 것으로, 미국이 이런 주장을 계속한다면 합의는 불가능하며 한국 국내에서 커다란 반발에 직면할 것이라는 점은 서울의 미국대사관도 잘 알고 있었다.

1965년 5월 박정희 대통령의 미국 방문 때에도 SOFA 문제는 논의되었다. 5월 17일 통역만을 배석시킨 가운데 열린 단독 정상회담에서 박정희는 SOFA 교섭이 지연되는 것에 대해 한국 국민과 야당이 불만이 많다면서 조기 타결을 위한 존슨 대통령의 결단을 촉구했지만, 존슨은 방미 중의 타결

* 한국군의 베트남 파병을 계기로 한국 정부는 적극적인 대미·대동남아 외교를 전개해 한미행정협정 체결, 아시아태평양각료이사회(ASPAC) 창설 등의 성과를 거두었다. 이에 관한 구체적인 내용은 조진구(2007) 참조.

은 어렵다는 신중한 자세를 보였다. 한·미 양국은 박정희 미국 방문 전까지 79차례의 실무회의를 통해 쟁점이 되었던 형사재판권과 노무조항 등 일부 사항을 제외하고 대부분 합의를 본 상태였지만, 박정희 대통령 방미 이후에도 SOFA 교섭은 난항을 거듭했다.

한·미 간 실무교섭에서 최대 쟁점이 되었던 것은 형사재판권, 주한미군 소속 한국인 노동자의 권리 보장, 민사 청구권 발생 시의 부담 비율에 관한 것이었는데, 1966년 6월 초 한국이 제시한 수정안에 미국 측이 동의하면서 평행선을 달리던 교섭은 1966년 7월 8일 극적으로 타결되었다. 1953년 8월 이승만 대통령과 덜레스 국무장관의 공동성명 발표 이후 약 13년이 지난 7월 9일 정식으로 서명되었다. 본격적인 실무회의가 열린 1962년 9월 20일부터 약 3년 10개월의 시간이 소요되었는데, 미국은 노무조항과 민사 청구권 문제에서 한국 측의 주장을 부분적으로 받아들이는 대신 재판관할권 문제에서는 기존 입장을 관철시켰다.

본 협정에서 제1차 재판권을 갖는 국가는 상대방의 요청이 있을 경우 호의적으로 고려해야 한다는 NATO 방식이 도입되었지만, 한국은 합의의사록을 통해 한국이 특히 중요하다고 결정하는 경우를 제외하고 1차 재판관할권의 포기에 동의했으며, 합의양해사항에서는 '특히 중요한 사건'을 ① 한국의 안전, ② 미군의 구성원, 군속 및 그 가족을 대상으로 하지 않는 살인, 강도 및 강간, ③ 상기 범죄의 미수 및 공범으로 제한함으로써, 주한미군 범죄 중 가장 높은 비율을 차지했던 폭행과 상해 사건에 관한 한국의 재판권 행사가 사실상 불가능해 미국의 주장에 굴복했다는 비난을 면하기 어려웠다.

더구나 공무집행 중의 범죄에 대해서도 한국 측은 재판권을 인정받지 못했는데, 공무집행 여부를 판단하는 증거로서 주한미군 당국이 발행하는 증명서를 인정하도록 되어 있었기 때문에 한국 측의 재판권 행사를 막기 위해 남용될 소지가 충분히 있었던 것이다. SOFA 미체결 시와 비교한다면 주권국가로서의 체면을 세울 수 있었지만, 많은 불평등 조항이 포함되어 있었던 것은 부인할 수 없다. 다만, 한국과의 SOFA 체결에 부정적이었던 미국 내의 반대에도 불구하고 최종적으로 한국과의 SOFA 체결에 동의했던 것은 미국의 베트남 정책을 전폭적으로 지지했던 것과 무관하지 않고 1967년의 대통령 선거를 앞둔 박정희에 대한 정치적인 배려도 작용했다고 할 수도 있었다.

한국군의 베트남 파병을 계기로 한국은 동남아시아 국가들과의 관계에도 관심을 보였는데, 그런 의미에서 외교적 성과라고 할 수 있는 것이 ASPAC(아시아태평양각료이사회)의 결성과 베트남전 참전국 정상회담의 개최 주도를 꼽을 수 있다. 한국은 ASPAC을 동남아시아 진출을 위한 교두보로 활용하고자 했으며, 경제원조를 지렛대로 동남아시아에서 영향력을 강화하고 있던 일본을 견제하려는 의도도 있었다. 그러나 일본은 한국의 ASPAC 창설에 부정적인 태도를 보였으며, 아시아개발은행(ADB)의 창설을 주도함으로써 한국의 입지를 약화했다. 그렇지만 ASPAC은 역내 국가들의 정치·경제적 협력을 도모하기 위해 한국이 이니셔티브를 발휘해 만든 첫 번째 지역기구라는 의미가 있었다.

또한 ASPAC 창설 회의가 1966년 6월 서울에서 개최되었던 것을 전후해 한국은 미국에 이어 두 번째로 많은 병력을 베트남에 파병한 국가로서의 지위를 활용해 베트남 문제의 처리에 관한 발언권을 확보하려고 노력했다. 그 결과 개최된 것이 1966년 10월 마닐라에서 열린 첫 번째 베트남전 참전국 정상회담이었다. 한국이 이 정상회담을 제창한 배경에는 베트남전쟁의 향방을 좌우하는 중요한 정책결정 과정에 참가할 기회가 주어지지 않았던 것에 대한 불만도 있었다.

앞에서 언급한 대로 한국은 1966년 3월 브라운 각서 수교 후 두 번째 전투부대의 파병을 결정했지만, 베트남 정세가 악화되자 한국 내에서는 전투부대의 추가 파병을 연기해야 한다는 주장이 제기되었고, 미국은 샤프 태평양군 사령관과 베트남에 있던 롯지 대사를 한국으로 보내 예정대로 파병할 것을 요청했다. 5월 20일 롯지 대사를 만난 이동원 장관은 “한국 국민 중의 일부는 미국이 한국 정부와의 협의에는 관심이 없으며 한국군이 베트남에서 도와줄 것만을 바라고 있다고 생각한다”라고 불만을 토로했다. 나아가 이동원 장관은 한국이 계속해서 미국의 베트남 정책을 지지하기 위해서는 미국이 한국 정부와 긴밀하게 협의하고 있다는 인상을 한국 국민에게 심어주어야 한다고 강조했다. 구체적으로 이동원 장관은 미국이 베트남 정책을 변경할 때 한국과 협의할 것을 요구하면서 베트남 평화 교섭에 한국을 초청할 것을 주문했다.

한국은 동맹국 미국의 입장을 고려해 거듭되는 파병 요청에 응했지만 한·미 사이에는 베트남 문제를 둘러싼 정책 협의가 이뤄지지 않았다. 7월 8일 SOFA 서명을 위해 러스크 국무장관이 방한했을 때 이동원 장관은 각서를 전달하면서 한국이 베트남 파병 자유국가들의 회의 개최를 고려하고 있다고 전하면서 중요한 베트남 정책 결정 시 한국과 협의할 것, 미국과 베트남 사이의 정책 협의 시 한국을 초대할 것, 베트남 관련 국제회의에 한국을 초대할 것 등을 강력하게 요청했다. 동시에 이동원은 베트남전쟁이 미국의 전쟁이 아니라는 것을 국제사회에 널리 인식시키기 위해서도 모든 참전국이 참가하는 회의를 워싱턴이 아닌 곳에서 가급적 빨리 개최할 필요가 있다고 제안했다.

이러한 과정을 거쳐 존슨 대통령이 회고록에서 밝혔듯이 박정희 대통령의 제안으로 베트남전 참전국 정상회담이 10월 24일 필리핀 의회에서 개막

되었다. 박정희는 베트남전쟁은 단순한 내전이 아니라 외부로부터의 침략에 의해 시작된 전쟁으로 베트남 방위는 자유주의 국가들의 공동 책임이라고 강조하면서 베트남전쟁에서 직접 싸우고 있는 국가들은 어떠한 교섭에서도 중요한 당사자가 되어야 한다고 강조했다. 박정희의 연설에 용기를 얻은 존슨 대통령은 "가장 중요한 것은 침략이 실패로 끝날 때까지 참전국이 (군사적인) 노력을 계속한다는 결의를 표명하는 것"이며, 미국은 "이를 위해 필요한 장비와 인원을 제공할 것을 약속"한다면서 동참을 호소했다. 이것은 베트남에서의 병력 증강의 필요성과 협력을 요청한 것에 다름 아니었다.

마닐라 참전국 정상회담을 마친 존슨 대통령은 10월 31일 처음으로 한국을 방문했는데, 미국 대통령의 방한은 1960년 6월 아이젠하워 방한 이후 6년여 만이었다. 서울시청 앞 광장에서 열린 서울시민 환영대회에서 존슨은 "가장 어두웠던 시대에 여러분과 함께 싸웠던 미국 국민들이 여러분들의 성공을 기뻐하며 그것을 보고 용기를 얻고 있다는 것을 전하러 왔습니다. 새로운 한국을 만들어낸 여러분들을 만나러 왔습니다.…… 대통령 각하, 당신의 지도하에 한국은 태평양 지역에서 고귀하고 중대한 역할을 하고 있습니다"라면서 박정희 대통령과 한국에 대한 찬사를 아끼지 않았다.

저녁 만찬에서도 존슨 대통령은 "대통령 각하, 우리 미국 국민들은 여러분들이 그러한 실적을 달성할 수 있도록 도울 수 있었다는 것을 자랑스럽게 생각합니다. …… 우리는 한국 국민들의 기개를 잘 알고 있습니다. 우리를 동맹으로, 친구로, 파트너로 만든 역사와 양국 국민들의 선택을 기쁘게 생각합니다"라며 긴밀한 한·미 관계와 박정희에 대한 찬사를 이어갔다. 한국군의 추가 파병을 요청하기 위한 우호적인 환경 조성에 비중을 두었던 미국과 대통령 선거를 앞두고 제2차 경제개발계획에 대한 미국의 지원에 주안을 두었던 한국 사이에 입장의 차이는 있었다. 그렇지만 존슨 대통령의 2박 3일간의 짧은 방한은 한국군의 파병을 통해 구축된 한·미 간의 밀월 관계를 상징하는 외교 이벤트였으며, 대통령 선거를 앞둔 박정희로서는 기대 이상의 정치적 효과가 있었다고 평가할 수도 있다.

미국 대통령으로서 처음으로 한국 국회에서 연설했던 존슨 대통령은 주한미군의 현상유지와 대한 방위 공약을 확인했을 뿐만 아니라 한국군 현대화와 제2차 경제개발5개년계획의 지원도 약속했지만, 한편으로 미국은 한국군 전투부대의 추가 파병 필요성을 적극적으로 검토하고 있었다. 1967년 6월 박정희 대통령의 취임식 참석차 한국을 방문한 험프리 부통령은 맥나마라 국방장관의 사이공 방문 결과에 입각해 미국이 병력 소요를 재검토할 생각이며, 이에 관해 동맹국과 협의할 것이라고 우회적으로 한국군의 추가 파병 가능성을 타진했다. 박정희는 부정적인 태도를 보였지만, 미국은 적당한 시기에 인센티브를 제공하면 한국은 전투부대를 추가 파병할 것으로 낙관하고 있었다.

존슨은 8월 초 합참의장과 주월대사를 역임한 테일러와 정보자문위원장 클리포드를 서울로 보내 베트남 정세와 미국의 정책을 설명하면서 완곡하게 전투부대의 증파 가능성을 타진했다. 국회의원 선거 부정을 둘러싸고 여야가 대치하고 있었을 뿐만 아니라, 포터 대사의 관찰처럼 북한의 대남 도발이 증가해 한국 국민을 불안에 빠뜨리면서 낙관할 수 있는 상황은 아니었다. 포터는 한국 정부와 국민은 미국이 '특별하고 대단히 이례적인' 고려를 해도 좋을 '특별한 관계'가 구축되었다고 보고 있다면서 주월 한국군은 한국의 꿈을 실현시켜 주는 '알라딘의 램프' 같은 존재이기 때문에 '고가의 다채롭고 복잡한' 한국의 요구를 들어주면 파병 요청을 받아들일 것으로 예측했다.

12월 초 존슨 대통령은 자신의 오랜 친구인 로크 주월부대사를 서울로 보냈다. 로크 부대사가 베트남 정세와 미국이 당면한 문제를 설명하면서 파병을 요청하자, 박정희는 구체적인 규모와 시기에 대해서는 언급하지 않은 채 파병 요청을 수락했다. 홀트 수상의 장례식 참석차 오스트레일리아를 방문했던 양국 대통령은 12월 21일 열린 정상회담에서 한국의 요청에 따라 미국이 제공할 구체적인 장비 목록과 인도 시기를 1968년 1월 1일까지 한국에 전달하고 한국은 3월 1일까지 파병한다는 데 원칙적인 합의를 봤다. 캔버라 정상회담 이후 파병 대가를 둘러싼 한·미 당국 간의 협의가 구체적으로 진행되었지만, 1968년 1월 청와대 습격미수사건과 푸에블로호 나포사건이 잇달아 발생하면서 한반도에 긴장이 고조되어 한국군의 추가 파병은 결국 실행에 옮겨지지 않았다.

5. 북한의 베트남전쟁 인식과 남조선 혁명론 그리고 동요하는 한·미 관계*

1965년 7월 2일 한국 정부가 첫 번째 전투부대의 베트남 파병을 결정하자 북한은 몇 푼의 달러를 벌기 위해 미군의 '탄알받이'로 보낸다고 비난하면서 한국군의 파병 규모에 맞춰 자신들도 공산 측에 필요한 무기와 장비를 제공할 것이라고 선언했다. 김일성도 남베트남민족해방전선중앙위원회 의장에게 보낸 전문에서 "최후까지 가능한 모든 지원을 제공"하겠다고 약속했으며, 7월 16일 평양에서는 북한이 북베트남에 경제적·기술적 원조를 제공하는 것에 관한 협정이 조인되었다.

* 이 절은 조진구의 두 논문(2003a, 2003b)에 의거했다.

북한에게 있어서도 베트남은 박정희가 말한 것처럼 '대안의 불'이 아니었다. 베트남은 반제민족해방투쟁의 최전선이었으며, 베트남전쟁은 사회주의 진영의 안전과 관련된 중대한 문제였다. 한국군의 첫 번째 전투부대 파병과 동시에 13년 8개월이란 오랜 시간이 걸린 한·일 협상이 마무리되어 1965년 6월 22일 한일기본조약과 부속협정이 체결되어 양국은 국교를 수립하기로 합의했는데, 이것은 북한에게 동북아시아에서의 한·미·일 '군사동맹' 결성으로 비춰졌다.

이러한 상황에서 자신들의 혁명 대상인 한국이 북베트남의 혁명 대상을 지원하기 위해 전투부대를 파견하는 것은 두 가지 문제를 북한에게 제기했다. 하나는 '미제의 침략'으로부터 남베트남의 해방과 수호를 위해 영웅적으로 투쟁하는 베트남 인민을 적극적으로 지원함으로써 미제의 침략을 저지하는 것이다. 다른 하나는 한·일 국교 정상화를 획책해 새로운 침략전쟁을 기도하는 미·일 제국주의의 음모와 박정희 정권의 매국 행위에 대항하여 조국통일을 앞당기기 위한 투쟁을 전개하는 것이다.

특히, 북한은 한국 내의 한일회담 비준 반대 데모에 대한 기대가 컸다. 그렇지만 한국 정부의 강경 대응에 의해 대학가의 데모는 진압되었으며, 북한의 침투 공작도 한국정부가 군사·산업시설에 대한 경계를 강화하면서 안정을 되찾기 시작했다. 북한은 이것을 일시적인 것으로 보았으며, 오히려 투쟁을 통해 "남조선 인민들의 역량은 더욱 각성되고 단련되어" "혁명역량은 더욱 강화되고 조직화"되고, "인민들의 분노는 …… 새로운 격전을 준비하는 폭풍전야와 같다"라고 보았다.

이러한 북한의 정세 인식이 한국 상황을 정확하게 반영한 것은 아니었지만, 두 과제는 밀접하게 관련되어 있었다. 1965년 4월 인도네시아 사회과학원 연설에서 김일성은 북한이 한국에서의 혁명 투쟁을 지원할 것이라고 말했는데, 이것을 전년도 2월 김일성이 제시한 '3대혁명역량강화론'에 비춰 보면 조선혁명의 완수를 위해서는 남조선혁명역량과 북조선혁명역량의 강화만이 아니라 국제적인 혁명 세력과의 단결을 통해 미국을 고립시키고 약화하는 것이 중요한 의미가 있었다. 그런 의미에서 북한이 베트남 인민의 반제반미투쟁을 지원하는 것은 조선혁명을 위한 것이며, 조선혁명이 국제혁명의 일부인 이상 사회주의국가로서 당연한 의무이기도 했던 것이다.

조선혁명의 전진기지로서의 북한은 1962년 12월 경제와 국방의 병진노선을 채택한 이후 국가예산에서 차지하는 국방비 비중이 높아졌고, 국방비의 증가는 인민들의 생활을 강하게 압박했다. 문화대혁명의 영향으로 중국과의 관계가 악화되어 중국의 원조가 중단되자 소련이 차관을 제공하고 채무 지불을 연기해 주었지만 경제 상황은 조금도 나아지지 않았다. 결국 1966년 10월에 개최된 제2차 당대표자회 보고에서 김일 부수상은 인민경제7개년 계획의 3년 연장을 보고해야 했으며, '종국적인 승리'를 위해 북베트남에 대한 '가능한 모든 형태의 지원을 제공'하겠다는 공언에도 불구하고 북한의 지원은 매우 제한적이었다. 그 대신 북한은 "세계 모든 지역, 모든 전선에서 미 제국주의자들에게 타격을 주어 그들의 역량을 최대한으로 분산시켜" 미국이 "함부로 날뛸 수 없게 손발을 얽어 매놓기" 위해 한국에 대한 도발을 강화하게 된다.

북한의 대남 도발행위는 1965년부터 증가하기 시작해 1967~1968년에 최고조에 달했는데, 당대표자회의에서 빨치산 출신의 현역군인들이 당 정치위원회 정위원과 후보위원에 등용되었던 것과 무관하지 않았다. 일부 야당의원은 '제2전선을 개설하기 위한 전초전'이라는 문제 제기를 했지만, 한·미 양국에서는 한국군의 베트남 파병과 존슨 대통령의 방한을 견제하고 국민들에게 심리적 불안감을 조성하기 위한 것이라거나, 1967년에 예정된 한국의 대통령 선거와 국회의원 선거를 방해하기 위한 것이라고 보는 의견이 지배적이었다. 그러나 북한이 약 40명의 무장 게릴라를 강릉과 영월 지방에 침투시켰던 1967년 6월을 전후해 북한의 대남 정책을 보는 한·미 양국의 시각에 조금씩 변화가 보였다. 미 중앙정보국 내에는 북한이 북베트남이라는 교과서를 보고 게릴라전을 위한 기지 구축을 한국에서 기도하고 있다고 보는 시각이 강해졌다. 휴전선에서의 교전, 간첩선의 출몰, 게릴라와의 총격전, 조업 중인 한국 어선에 대한 북한의 습격과 나포에 관한 기사들이 한국 신문을 장식하게 되었다.

1967년 3월 17일부터 24일까지 개최된 도·시·군 및 공장의 당 책임비서 협의회에서 김일성은 혁명적 대사변이란 "남조선혁명을 완수하고 조국통일을 실현하는 결정적인 계기"를 의미하고 "혁명적 대사변을 맞이할 준비를 갖추고자 할 때 그것은 조국통일을 실현하기 위해 북반부의 혁명기지를 튼튼히 꾸리고 남조선 혁명역량을 적극 키우는" 것이기 때문에 "남조선혁명을 완수하고 조국을 통일하기 위한 투쟁에 모든 것을 복종시킬 것을 요구하고" 있다고 강조했다. 한국이 북한의 대남 침투에 제대로 대처하지 못하자 포터 대사는 미국이 한국의 경찰력 강화를 위해 최대한 배려할 것을 워싱턴에 건의했으며, 본스틸 주한미군 사령관은 급증하고 있는 북한의 파괴행위와 선전 활동은 조국통일 달성을 위한 전쟁 준비를 강화하고 공격적인 대남 정책을 강조했던 김일성의 연설과 밀접한 관련이 있다고 경고했다.

미 중앙정보국의 9월 21일 자 정보평가서는 전쟁을 일으키기 위한 것이라고 보지는 않았지만, 북한의 대남 정책에 중대한 변화가 있었다고 분석하면서 1968년이 되면 북한의 침투·파괴 활동은 더욱 심각해질 것이라고 예상했다. 또한 한국 국민의 투철한 반공의식 때문에 게릴라전을 위한 거점을 한국에서 확보하는 것은 어려울 것이라고 봤지만, 성공 여부와 관계

표 5-1 1961~1971년의 남북한과 미국의 사상자

	한국		북한		미국	
	사망	부상	사망	부상(체포)	사망	부상
1961	1	4	0	0	1	0
1962	3	1	3	2	2	1
1963	1	0	4	0	3	7
1964	0	0	1	1	0	0
1965	21(19)	6(13)	4	51	0	0
1966	29(4)	28(5)	43	19	6	1
1967	115(22)	243(53)	228	57	16	51
1968	145(35)	240(16)	321	13	17	54
1969	10(19)	39(17)	55	6	5	5
1970	9(7)	22(17)	46	3	0	0
1971	18(4)	28(4)	22	2	0	0
계	352(110)	611(125)	727	154	50	119

자료: 국방부전사편찬위원회(1990: 383). 괄호 안은 한국의 민간인이고, 미국의 경우 푸에블로호 사건(1968)과 EC121격추사건(1969)에 의한 사상자는 제외했다.

없이 한국 국민의 불안감과 공포심을 조장해 베트남전쟁에 대한 한국 정부의 행동에 직접적인 영향을 줄 수 있다고 우려했다.

그런 가운데 최고인민회의 선거를 앞둔 11월 11일 김일성은 "남조선인민들의 반미구국투쟁은 광범한 대중적 운동으로 발전하고 …… 그들은 간고한 투쟁 속에서 조국통일의 그날을 그려보면서 언제나 우리 인민들의 지지와 성원의 손길을 기다리고 있기" 때문에 당면한 가장 중요한 과제는 "남조선 인민들의 혁명투쟁을 적극 지지성원해 갈라진 조국을 통일하고 조선혁명의 전국적 승리를 이루"라는 것이라고 강조했다. 12월 16일 소집된 최고인민회의 제4기 제1차 회의에서 수상에 재선된 김일성은 10개의 당면 과제 가운데 남조선혁명을 두 번째로 제시하면서 "우리들 세대에 남조선혁명

을 완수하고 조국을 통일"해야 하며, 이를 위해서는 "남조선 인민의 투쟁을 지원함으로써 남조선혁명을 완수하고 조국통일을 위한 투쟁에 모든 것을 복종"시키고, 당의 명령이 있으면 "언제라도 혁명투쟁에 나설 수 있도록 만반의 준비를 해야 한다"라고 말했다.

이러한 인식하에 북한은 "반드시 김일성 동지의 세대에 조국을 통일해야 하며" 이를 위해서는 "남조선 인민들의 반미구국을 물심양면으로 적극 지지성원하며 남조선혁명과 조국통일을 수행하는 것을 숭고한 민족적 임무로, 첫째가는 혁명과정으로 인식해야 한다"라고 북한 인민들에게 요구했다. 그런 연장선상에서 북한은 비무장지대에서 긴장을 조성하고 무장 게릴라를 한국으로 침투시켰던 것이며, 자신들의 대남 침투·파괴 활동을 "위대한 수령에 대한 다함없는 흠모와 조국통일에 대한 불타는 염원"에 의한 무장 유격투쟁이라고 선전했다.

〈표 5-1〉에서 알 수 있는 것처럼 북한의 대남 도발 행위에 의한 희생자는 한국이 베트남에 전투부대를 보냈던 1965년부터 증가하기 시작해 1967~1968년에 정점에 달했다. 1968년 1월에 발생한 청와대습격사건과 미 해군 정보수집함 푸에블로호 나포는 그것을 상징적으로 보여주는 사건이었다. 한·미 양국은 1968년에 북한의 도발이 증가할 것으로 예상은 하고 있었지만, 그렇게 빨리 그리고 극적으로 일어날 것이라고는 상상도 하지 못했다.

이 두 사건은 베트남에 집중되어 있던 미국의 관심을 한반도로 돌려놓았으나 북한의 도발 행위에 대한 인식과 대응 방안을 둘러싸고 한·미 사이에 견해차가 발생해 갈등의 원인이 되었다. 청와대사건을 통해 북한이 자신의 목숨을 노리고 있다는 것에 격노한 박정희는 23일 포터 미국대사를 불러 청와대 사건을 '남조선 인민들의 무장투쟁'이라고 선전하는 북한을 격렬하게 비난하고 북한군 특수부대의 훈련 거점을 폭격해야 한다면서 매우 강경한 태도를 보였다. 포터 대사는 한국의 보복이 북한의 대응을 불러올 것이라면서 박정희를 설득해 미국의 동의 없이 단독으로 보복 행동을 하지 않겠다는 약속을 간신히 받아냈다.

푸에블로호 납치사건 후 열린 국가안전보장회의에서 미국은 외교적 해결과 함께 다양한 군사적 행동이 검토되었지만, 무력 사용은 승무원 송환에 도움이 되지 않는다는 의견이 지배적이었다. 한반도 주변지역에서의 공군력 증강과 일부 예비역의 소집이 승인됐으나, 이것은 본격적인 군사행동을 위한 것이 아니라 외교적 노력을 뒷받침하기 위한 것이었다. 그런데 미국의 기대에도 불구하고 소련은 중재 요청을 거절했으며, 26일 열린 유엔 안보리 긴급회의에서 미·소 간의 설전이 펼쳐졌다.

그런데 예상 외로 27일 밤 북한은 미국과의 직접교섭 의사를 밝혔다. 미국 정부 내에서도 북한과의 직접교섭 이외에 대안이 없다는 의견이 주류를 형성했다. 뜻밖에도 북한은 1월 31일 군사정전위원회 수석대표회의 개최를 수락한다고 통보했으며, 2월 2일 푸에블로호 사건을 둘러싼 북·미 간의 첫 번째 직접 회담이 열렸다. 박정희는 보복 행동의 자제를 요구하면서 북한과 직접교섭을 하는 미국을 탐탁하게 생각하지 않았는데, 존슨 대통령은 포터 대사의 건의를 받아들여 북·미 간의 직접교섭에 대한 양해를 구하는 친서를 전달했다.

2월 8일 포터가 전달한 친서에서 존슨은 판문점 북미회담에 한국 측 대표를 참가시키고 싶지만 북한이 받아들이지 않을 것이며, 이로 인해 회담이 결렬되는 것은 바라지 않는다면서 이해를 구하는 대신 추가적인 군사원조의 제공을 약속했다. 박정희는 북한에게는 군사력 증강만이 아니라 보복 의사를 표명하는 것이 효과적이라고 설명하면서 북한이 또 다른 사건을 일으키면 "그것은 곧 전쟁이 재발하는 것"을 의미한다고 강조했다. 다음 날 포터에게 전달된 회신에서 박정희는 북한이 청와대습격사건을 인정하고 사과와 재발 방지 약속을 받아낼 것과 더불어 북한이 응하지 않을 경우 한·미 양국은 상호방위조약에 따라 즉각적으로 보복할 것을 요구했다. 포터와의 회담에서 박정희는 '전쟁'이란 말을 자주 사용할 정도로 강경한 태도를 누그러뜨리지 않았다. 외교적 수단에 의한 승무원의 조기 송환을 바라는 미국은 박정희를 설득하기 위해 밴스 전 국방부(副)장관을 대통령 특사로 서울에 파견했다.

밴스 특사는 추가적인 군사원조를 약속했지만 박정희는 북한의 도발 재발 시 보복의 필요성을 강조했으며, 밴스 특사는 한국의 일방적인 보복은 한·미 관계에 악영향을 미칠 것이라고 반박했다. 곡절 끝에 공동성명이 발표되고 한·미 관계가 심각한 상태에 빠지는 것은 막았지만 박정희의 대미 불신감은 해소되지 않았고, 밴스 특사의 건의에 따라 존슨 대통령은 국무부와 국방부, 중앙정보국과 백악관 등이 참가하는 연구 그룹을 만들어 전반적인 대한 정책을 재검토하라고 지시했다.

한·미 간의 갈등이 해소되지 않은 가운데 북·미 간의 판문점 회담은 계속되었고 일시적으로 북한의 대남 도발은 소강상태를 보였다. 워싱턴포스트의 리처드 할로란 기자는 5월 19일 자 서울발 기사에서 많은 주한미군 관계자들의 말을 빌려 1968년 중에 북한이 중대한 도발을 할 가능성이 있다고 전했다. 또한 주한미군 관계자들은 북한이 베트남식 게릴라전만이 아니라 통상 전쟁을 벌일 가능성도 있다고 봤는데, 이것은 북한의 공격 능력을 강조했던 한국 정부의 입장과 궤를 같이하는 것이었다.

이러한 평가는 워싱턴의 입장과는 다른 것이었다. 8월 14일 국무부는 북한의 특이한 군사 동향은 발견되지 않으며, 우려했던 해상침투도 없다는 의견서를 대통령에게 제출했다. 그런데 그 직후인 8월 20일 밤 북한 공작선이 제주도 부근에서 격침되는 사건이 발생했다. 한 달도 지나지 않은 9월 7일 북한 정부수립 20주년 기념대회에서 김일성은 "조국통일은 남북조선 전체인민들의 한결같은 염원이며 잠시도 미룰 수 없는 민족 최대과업"이기 때문에 북한은 "남조선 인민들의 혁명투쟁을 계속 힘차게 지원"해야 한다고 강조했다. 11월 초 차기 대선 불출마를 선언한 존슨 대통령의 전면적인 북폭 중지 표명에 맞추기라도 한 듯 북한은 100명이 넘는 무장 게릴라를 울진, 삼척 지역으로 침투시켰다. 북한은 '남조선의 혁명적 무장 유격대'라는 상투적인 선전을 반복했지만, 한국 정부는 이것이 대규모 게릴라전의 시작이며, 북한이 베트콩을 모방한 '해방구'의 구축을 한국 내에서 기도하고 있다고 심각하게 받아들였다.

매케인 태평양군 사령관도 무력 통일에 관한 김일성의 의지가 강해지고 있다면서 "김일성이 한국에서 혁명을 선동하면서 북한식 '베트남 전략'을 실행하고 있다"라고 우려했다. 김일성이 베트남전쟁이 끝나 한국군이 돌아오기 전을 무력 통일을 위한 절호의 기회로 보고 경솔하게 군사행동을 감행할 가능성이 있는 것으로 봤던 것이다. 본스틸 주한미군 사령관도 브라운 국무차관보(전 주한 미국대사)와의 회담에서 북한의 도발은 한국의 보복행동을 유발하기 위한 것이며 남북한 상호 간의 오산이 의도하지 않은 중대한 무력 충돌로 이어질 위험이 있다고 주의를 환기시키면서 비무장지대에서의 경계 태세를 강화해야 한다고 강조했다.

1969년 1월 닉슨 정권이 들어선 뒤에도 북한의 도발 행위는 계속되었는데, 한국 측이 강조한 대로 북한이 1968~1970년까지 단계적인 무력 통일을 달성하려고 했는지는 아직까지 밝혀지지 않았다. 그러나 베트남전쟁의 수렁에 빠진 미국 내에서 반전운동이 고조되고 있었기 때문에 미국은 한국 문제에 직접 관여하지 않으려 할 것이라고 판단한 북한이 자신들의 대남 침투·파괴 활동이 미국의 대한 방위 공약의 약화, 특히 이전부터 자신들이 주장해 온 주한미군의 철수를 가져올 수 있다고 기대했을지도 모른다.

특히, 1966년 10월 제2차 당대표자회의 이후 김일성은 기회 있을 때마다 남조선혁명에 대해 언급하면서, 우리 세대에 조국통일을 해야 하며 남조선 인민들의 반미구국투쟁을 지원해야 한다고 강조했다. 이런 북한의 적극적인 대남 혁명 노선이 베트남 전쟁의 영향을 크게 받았음은 재언할 필요가 없지만, 당시 북한이 직면한 대내외적인 상황을 고려하면 한국에서 혁명적 상황을 조성하려던 북한의 시도는 무모한 것이었다. 북한의 도발은 한국 정부의 대북 불신감을 조장했으며, 한·미 관계에도 커다란 균열을 가져왔다. 북한의 대남 공세와 미국의 증파 요청의 딜레마에 직면한 한국은 미국의 안보 공약과 한국군 현대화에 대한 지원을 기대하면서 세 번째 전투부대의 파병에 동의했지만, 청와대습격사건과 푸에블로호납치사건은 이미 약속된 파병을 무산시켰을 뿐만 아니라 한·미 관계를 긴장상태에 빠뜨렸다. 2월 중순 밴스 특사의 방한으로 한·미 간의 의견이 해소된 것처럼 보였지만, 그것은 표면적인 것에 지나지 않았다.

11월 5일 치러진 대통령 선거에서 공화당의 닉슨 후보가 민주당의 험프리 부통령을 누르고 당선되었기 때문에 임기를 얼마 남기지 않은 존슨 정권은 중요한 정책 결정은 미뤄둔 채 푸에블로호 선원들의 송환 교섭을 계속했다. 11개월에 걸친 교섭 끝에 미국은 북한이 작성한 사죄문에 서명했으며, 배는 북한에 억류된 채 12월 23일 생존 선원 82명과 사망자 시신 1구가 돌아오지 않는 다리를 건너 돌아왔다. 이날 워싱턴에서는 국무차관이 대한 정책 재검토 결과를 존슨 대통령에게 보고했는데, 몇 년 전에 결정된 미국의 대한 정책이 현재 상황에도 적절한 것인지를 재검토하는 것은 차기 정권의 과제임을 명확히 하는 것이었다.

6. 맺음말

박정희 정권에게 1960년대는 1961년 5월 군사쿠데타 이후 2년 7개월간의 군정기를 거쳐 국내에서 안정된 정치 기반을 구축함과 동시에 경제발전의 기반을 만들었던 중요한 시기였다. 1963년 10월 선거에서 윤보선 전 대통령에게 약 15만 표의 근소한 차로 승리했던 박정희는 1967년 5월 선거에서는 윤보선에게 100만 표 이상의 차이를 두고 재선에 성공했다. 대승을 거뒀던 데는 한국 경제의 급속한 성장이 크게 작용했다. 1961년 약 4000만 달러에 지나지 않았던 수출은 1964년에 1억 달러를 넘었으며, 1965년에 1억 7500만 달러, 1966년에 2억 5000만 달러, 나아가 1967년에는 3억 2000만 달러로 급속하게 증가했다. 또한 1960년 2.3%에 그쳤던 경제성장률도 1964년과 1966년에 각각 8.3%와 13.4%에 달해 6년 사이에 6배 가까이 상승하게 된다(Castley, 1997: 88, 182~183).

이러한 한국경제의 급격한 성장에는 13년 8개월의 오랜 교섭 끝에 1965년 6월 한국과 일본이 국교 정상화에 합의함으로써 도입이 시작된 일본의 경제협력자금과 더불어 한국군의 베트남 파병에 따른 '베트남 특수'의 영향이 컸다. 1960년대 한국 경제의 비약적인 발전의 직접적인 동인을 베트남 특수와 베트남 파병에 의한 국제경제 환경의 변화에서 찾는 박근호는 1965년 전투부대 파병을 계기로 한국정부는 명분보다는 경제적 이익이라는 실리를 추구하게 되었다고 지적한다. 베트남 특수를 경상수지와 무역외수지로 구분해 분석했던 박근호에 따르면, '베트남 특수'는 미군에의 군납

(용역과 물품), 군인 송금과 기술자 송금 등 무역외수지가 차지하는 비중이 72%였으며, 1965년부터 1972년까지 8년간 약 10억 2200만 달러에 달해 같은 기간 일본으로부터 도입된 외자 총액 10억 8900만 달러에 필적했다.

또한 파병을 계기로 한국의 미국 시장에 대한 의존도가 높아져, 일본으로부터 자본재와 원자재를 수입해서 저렴한 국내 노동력을 활용해 가공한 소비재를 미국에 수출하는 한·미·일 분업 체제가 형성되었다고 지적한다. 베트남 특수가 한국의 국내총생산(GNP)에서 차지하는 비율도 1965년 0.6%였던 것이 1967년 3.5%, 1968년 3.2%, 1969년 3.0%에 달해 한국전쟁 특수가 일본 경제의 고도성장에 미쳤던 영향에 필적할 뿐만 아니라 베트남전쟁이 장기화됐던 점을 고려하면 한국 경제에 미친 영향은 일본 이상으로 컸다고 강조한다(朴根好, 1993: 제2장).

베트남은 한국에게 전장이자 시장이었으며, 미국 측은 한국 정부가 한국군의 베트남 파병을 미국에게 기대하는 것을 얻어낼 수 있는 '알라딘의 램프'처럼 생각했었던 것으로 인식했다. 〈표 5-2〉에서 알 수 있는 바와 같이 파병 규모 면에서 한국군은 압도적으로 많았으며, 경제와 안보 면에서 대미 의존도가 높았던 한국은 한국군의 베트남 파병으로 인해 높아진 대미 교섭력을 바탕으로 많은 이익을 얻을 수 있었다.

그렇지만, 미군의 '용병'이라는 비판이 제기되고 남북 관계가 긴장되는 등 부정적인 영향도 적지 않았다. 대표적인 용병론자인 블랙번은 파병의 명분이나 임무의 성격은 중요하지 않다고 보고 파병 대가로 경제적인 보수를 받았는지를 가장 중시한다. 그는 존슨 정권의 '보다 많은 국기(more flags)' 정책의 당초 목적은 미국의 베트남 정책에 대한 자유세계의 지지를 상징하는 것이었지만, 1964년 12월부터 군사적인 색채가 강화되었으며, 특히 미 지상군이 투입되는 1965년 3월부터 미국은 미군과 함께 싸우는 전투부대

표 5-2 1964~1970년의 국가별 파병 규모

(단위: 명)

국가	1964	1965	1966	1967	1968	1969	1970
오스트레일리아	200	1,557	4,525	6,818	7,661	7,672	6,763
한국	200	20,620	45,566	47,829	50,003	48,869	48,537
태국	0	16	244	2,205	6,005	11,568	11,586
뉴질랜드	30	119	155	534	516	552	441
필리핀	17	72	2,061	2,020	1,576	189	74
타이완	20	20	23	31	29	29	31
스페인	0	0	12	13	12	10	7
총계	467	22,404	52,566	59,450	65,802	68,889	67,444

자료: Larsen and Collins(1975: 23).

의 확보에 중점을 두기 시작했다면서 파병 대가로 경제적인 보수를 받지 않은 오스트레일리아와 뉴질랜드와 달리 한국, 태국, 필리핀 군대를 용병으로 규정했다. 블랙번은 연간 1만 3000달러의 비용이 드는 미군에 비해 절반 정도의 저렴한 비용으로 한국군을 고용할 수 있었다고 주장하지만, 한국군은 독자적인 작전통제권을 가지고 있었을 뿐만 아니라 용병론만으로 한국의 파병 정책이나 이유를 충분히 설명할 수는 없다(Blackburn, 1994).

1960년대 한국이 처한 국내외 상황을 고려하면 한국군의 베트남 파병 문제는 한·미 관계의 문맥 속에서 종합적으로 살펴볼 필요가 있다. 1961년 5월 군사쿠데타로 정치 무대에 등장한 박정희는 북한과 군사적으로 대치하는 이상 정권의 정통성과 안정성 확보를 위해 경제발전과 안전보장 문제를 중시하지 않을 수 없었고, 자신이 설정한 과제를 달성하기 위해서는 정치·경제·군사적으로 전면적으로 의존하는 대미 관계가 중요함을 충분히 인식하고 있었다. 그러나 한·미 사이에는 한국 측의 기대와 그에 대응하는 미국의 방침 사이에, 양국의 인식차이에서 발생하는 구조적 취약성이 내재되어 있었다. 특히, 박정희는 정권의 명운을 걸고 심혈을 기울이던 경제개발5개년계획이 미국에 의해 수정되는 과정에서 미국의 대한 정책 방침이 한국의 기대와 요망을 반영한 것이 아니라는 사실을 통감했다.

이러한 상황에서 박정희 정권은 존슨 정권이 베트남에 대한 개입을 강화하는 과정에 적극 협력하게 된다. 한국군의 베트남 파병은 한국에게 다양한 경제적 이익을 가져다주었으며, 이것이 한·일 국교 정상화 이후의 일본 자본 유입과 더불어 1960년대 중반 이후 한국 경제의 고도성장을 지탱하는 물질적 기반이 되었다.

그러나 한국이 전투부대의 파병을 결정한 배경에는 경제적 이익의 획득을 위해서만이 아니라 자유 진영의 일원으로서 자신의 지위를 어필함으로써 한·미 관계에 내재되어 있던 구조적 취약성을 극복해 대미 관계를 보다 대등한 관계로 바꾸고, 국제사회에서 한국의 지위 향상을 도모하려는 기대가 있었던 것으로 보인다. 다시 말하면, 한국군의 베트남 파병은 단순히 미국의 파병 요청을 받아들인 수동적인 것이 아니라 경제적 이익과 더불어 외교·안보상의 고려가 동시에 작용했던 것으로 봐야 하며, 박정희가 한국이 명실상부한 자주독립국가로 변모할 수 있는 좋은 기회로 판단했다고 말할 수 있을 것이다.

다른 한편, 한국군의 베트남 파병은 북한의 남조선혁명론을 자극했으며, 북한의 대남 강경노선은 남북 간의 군사적 긴장을 고조시켰을 뿐만 아니라 한·미 사이에도 커다란 인식의 차이를 노정시켰다. 한국군의 베트남 파병은 많은 경제적 이익과 정치·외교적 성과를 거두었지만, 북한의 대남 도발 행위를 촉발시키는 원인이 되었다. 또한 북한의 강경한 대남 정책은 한·미 관계에 균열을 가져와 박정희 정권은 북한에 대한 적대감과 함께 미국의 대한 방위 공약의 신뢰성에 의문을 갖기 시작했다. 한국 정부는 북한이 중·소와 체결한 조약과 달리 헌법 절차에 따른 행동을 규정한 한미상호방위조약은 그 실효성이 약하다면서 조약의 개정을 요구했지만 미국은 응하지 않았다. 한미상호방위조약의 구조적 취약성을 실제로 보완했던 것이 전방 지역에서 대북 방위를 담당하던 주한미군이었으며, 한국군의 베트남 파병을 통해 한국은 미국으로부터 주한미군의 계속 주둔을 약속받음으로써 일방적인 철수나 감축을 어느 정도 막을 수 있었다.

그러나 미국은 한국 정부에 통보하지 않은 채 주한미군 병력의 일부를 베트남으로 보내기도 했으며, 베트남 주둔 한국군은 1969년 1월 닉슨 정권 등장 이후 미국이 추진한 주한미군의 철수를 막는 지렛대 역할을 더 이상 하지 못하게 된다. 이것은 한반도라는 지역적 맥락에서 한국이 미국에 기대했던 것과 세계적 맥락에서 입안·실행되는 미국의 대한 정책 사이에 간극이 생기고, 그 결과 양국 사이에 알력을 초래하기 쉬운 구조적 취약성이 내재되어 있었다는 것을 보여준다고 할 수 있다. 그렇지만 1968년 5월에, 한·미 국방장관이 북한 정세나 한미동맹, 주변국 정세 등을 논의하는 한·미 국방각료급회[현 한·미 연례안보협의회의(Security Consultative Meeting)]가 창설되었다는 점은 주목할 만하다.

한편, 약 8년 6개월의 베트남 파병 기간 동안 5000여 명의 전사자와 1만 1000명 이상의 전상자가 발생했으며, 아직도 8만여 명의 고엽제 피해자가 질병에 시달리고 있는 것으로 알려져 있다. 1999년 9월 시사주간지 ≪한겨레 21≫에 이어 2000년 4월 ≪뉴스위크(Newsweek)≫가 한국군에 의한 베트남 양민 학살 의혹을 제기했으며, 파병된 한국군 병사와 베트남 여성 사이에 태어난 자녀들인 라이따이한 문제 등을 생각하면 베트남전쟁은 우리에게 '잊혀진 전쟁'이 아니다.

양국 사이에 이 문제가 외교적 쟁점이 되지는 않았지만 한국군에 의한 양민 학살 의혹은 반드시 규명되어야 할 문제다. 구체적이고 실증적인 증거의 뒷받침 없이 일부 증언만으로 한국군의 야만성이나 비인도성이 폭로의 대상이 되어서는 안 되지만, 8년 반 동안 한국군의 작전 과정에서 발생한 혹은 발생했을 수도 있는 베트남 측의 희생이 피아 구별이 어려웠던 베트남전쟁의 특수성에 의한 것으로 정당화될 수 있는 것은 아니다.

2001년 8월 23일 서울에서 열린 한·베트남 정상회담에서 김대중 대통령은 "불행한 전쟁에 참여해 본의 아니게 베트남인들에게 고통을 준 데 대해 미안하게 생각하고 위로의 말씀을 드린다"라며 처음으로 사과의 뜻을 표명했다. 트란 둑 루옹 베트남 국가주석은 "한국의 참전으로 베트남인들이 고통을 받았다는 지적도 있으나 양국은 미래지향적으로 관계를 구축해 나가야 한다"라면서 문제가 더 크게 확대되지 않도록 배려했지만, 국내 베트남전쟁 참전 단체를 중심으로 크게 반발하는 일도 있었다.

1992년 12월 22일 한국과 베트남이 국교를 수립한 이후 양국 관계는 괄목할 만한 성장을 계속해 현재 베트남은 우리의 네 번째로 큰 교역 상대국이며, 한국은 베트남 내 투자 1위국이자 두 번째 교역 상대국이다. 2018년 3월 베트남을 국빈 방문했던 문재인 대통령은 23일 쩐 다이 꽝 국가주석과의 정상회담에서 2020년까지 양국 교역액이 1000억 달러에 이르도록 무역 확대 기반을 마련하자고 합의했으며, 한국군의 베트남전 참전과 민간인 학살에 관해 "양국 간의 불행한 역사에 유감의 뜻을 표한다"라고 다시 한 번 사과의 뜻을 밝혔다.

미국의 베트남전쟁 수행 과정에서 중요한 역할을 맡았던 맥나마라 전 국방장관은 자신의 회고록에서 베트남에 관한 정책결정에 참여했던 사람들은 미국이 중시하는 원칙과 전통에 입각해 정책을 결정했지만, 거기에는 중대한 과오가 있었다고 인정했다(McNamara, 1995: xvi). 어떠한 정책이든 실행 과정에서 의도하지 않는 결과가 초래될 수 있으며, 왜 그런 결과가 발생했는지가 규명되어야 한다. 미래를 위해 지금 무엇을 할 것인가를 결정하는 데 있어서 과거의 경험을 어떻게 활용할 것인가 하는 점이 중요하기 때문이다. 그런 의미에서 한국군의 베트남 파병 문제를 되돌아보는 것은 한국과 베트남의 미래지향적인 관계 구축을 위해서도 매우 중요하다.

참고문헌

조진구. 2003a. 「존슨 정권 후반기의 한·미관계: 북한의 대남도발에 대한 한미 간의 인식 차이를 중심으로」. ≪한국과 국제정치≫, 제19권 3호, 83~110쪽.

_____. 2003b. 「중소대립, 베트남전쟁과 북한의 남조선혁명론, 1964~68」. ≪아세아연구≫, 제46권 4호, 227~256쪽.

_____. 2006. 「미국의 베트남 개입 확대와 한국군의 베트남파병, 1963~1965」. ≪국방정책연구≫, 제71호, 127~155쪽.

_____. 2007. 「한국군의 베트남파병과 박정희 정부의 외교적 이니셔티브 : 한미행정협정, ASPAC, 베트남전 참전국 정상회담」. ≪해외파병사 연구총서≫, 제2집, 127~195쪽.

朴根好. 1993. 『韓国の経済発展とベトナム戦争』. お茶の水書房.

趙眞九. 2002. 「朴政権の登場と60年代の韓米関係-国家的自立追求と構造的脆弱性-」. 東京大学大学院法学政治学研究科博士論文.

Blackburn, Robert M. 1994. *Mercenaries and Lyndon Johnson's 'More Flags' : The Hiring of Korean, Filipino and Thai Soldiers in the Vietnam War*. North Carolina: McFarland & Company Inc., Publishers.

Castley, Robert. 1997. *Korea's Economic Miracle: The Crucial Role of Japan.* New York: St. Martin's Press.

McNamara, Robert S., Brian VanDeMark. 1995. *In Retrospect: The Tragedy and Lessons of Vietnam*. New York: Times Books.

6

동·서 데탕트와 7·4 남북공동성명

조재욱
경남대학교 정치외교학과 교수

1. 머리말

분단을 극복하기 위해서는 수많은 난관을 극복해야 하고 그만큼 시간도 오래 걸린다. 분단은 역사적 과정이기 때문에 당장 극복되기가 쉽지 않고, 그래서 오랫동안 짊어지고 가야할 운명일지도 모른다. 그러나 단절은 분단과 달리 정치 지도자의 의지에 따라 어느 정도 극복이 가능하다. 따라서 단절의 극복은 시대의 책임이며, 특히 정치 지도자의 사명이기도 하다. 냉전 시기 서독은 동·서독 관계가 단절되지 않도록 최선의 노력을 다했고, 그 결과 통일의 결실을 맞이했다. 이처럼 통일을 위한 첫걸음이자 최소한의 필요조건은 바로 단절된 관계를 회복하는 것이다.

단절의 극복은 연결을 의미한다. 끊어진 교류가 다시 재개되고 연속되는 것이다. 그렇다면 교류의 문을 열고, 이것이 연속성을 가지기 위해서는 어떠한 조건과 노력이 필요할까? 우선 분단국 당사자끼리 '만남'이 전제되어야 하고, 이 '만남'이 지속되어야만 한다. 이를 위해서는 만남의 필요 및 중요성에 대한 공감대를 형성해야 하고, 이 만남 속에서 긴밀한 대화와 협력을 통해 상호 간의 불신과 반목을 제거해야 하며 그리고 신뢰와 함께 평화의 보루를 조금씩 쌓아가야 한다. 즉 최소한의 평화를 만들기 위한 최소한의 장치가 바로 만남 속의 대화인 것이다. 이 대화를 통해 상호 간의 공통분모를 늘려간다면 평화공존 체제가 형성될 가능성은 매우 높다고 할 수 있다.

남북한은 분단 이후 단절의 상태를 맞이했고, 아이러니하게도 최초의 만남은 다름 아닌 '전쟁'이었다. 이후 양측은 분단과 냉전이라는 톱니바퀴 속에 일상화된 긴장과 대결을 반복했으며, 그 결과 상호 간의 대화와 접촉은 요원한 듯했다. 그러나 국제사회의 데탕트 물결 속에 남북대화의 물꼬가 트였고, 급기야 양측은 한반도 통일의 토대가 되는 7·4 남북공동성명(이하 7·4 성명)을 발표하기에 이르렀다. 더욱이 7·4 성명의 조국통일 3원칙은 지금까지 남북한이 확인을 거듭해 옴으로써 어느 쪽도 부정하거나 일방적으로 폐기할 수 없는 통일의 기본 원칙이 되었고, 국제사회도 7·4 성명의 정통성을 인정하고 있다(박건영 외, 2003: 62).

하지만 남북 화해의 기쁨은 그렇게 오래가지 못했다. 1년 2개월 만에 막을 내리고 말았다. 한반도의 데탕트는 시작과 동시에 무산되고 만 것이다. 그러나 7·4 성명은 남북한 당국의 공식적인 첫 접촉이었고, 한반도에서 갈등과 대립의 국면을 벗어나기 위한 첫 실험의 장이었다는 점, 그리고 이 때문에 이후의 남북 관계 설정에서 하나의 표준이 되었다는 점에서 매우 의미 있는 사건이었다(심연수, 2003: 170). 그렇기 때문에 7·4 성명의 고찰은 남북한 당국 간 합의 이후의 갈등과 대립이 반복되는 본질적 원인에 대한 실체적 접근을 가능하게 할 뿐 아니라 향후 전개될 남북대화에서도 시사점을 충분히 제공할 수 있다(김신정, 2016).

이 장의 목적은 동·서 데탕트가 본격적으로 막을 올린 1969년부터 7·4 체제가 소멸한 1973년까지의 시기 동안, 역사적 접근을 통해 남북대화 및 만남의 생성과 진화 그리고 소멸을 설명하는 데 있다. 후술하겠지만 7·4 성명을 통한 남북 화해 시대의 개막은 당시 국내외 환경의 종합 판이라 할 수 있는 정치적 산물이었다. 아울러 7·4 체제가 소멸한 것도 국내 정치와 연관성이 매우 깊다. 이에 이 장에서는 남북한 당국이 민족화해의 막을 열게 된 목적이 무엇인지 그리고 왜 그렇게 막을 빨리 닫았는지 그 원인을 국내외 정치 환경 변수를 중심으로 살펴보고, 이를 통해 앞으로 전개될 남북대화의 함의를 찾아보고자 한다.

2. 데탕트의 물결과 한반도

1) 데탕트와 정치적 효과

냉전체제가 국제사회를 지배하던 1968년, 미국 대선에서 닉슨(Richard M. Nixon)의 당선은 경쟁과 대립이 아닌 평화와 공존이라는 일대 변혁을 예고했다. 닉슨은 실제 강력한 반공주의자였지만(Ambrose, 1987), 대통령 재출마를 고려한 1967년부터는 자신의 입장을 바꾸었다. 그는 냉전적 사고에 의한 대결 정책은 더 이상 미국의 국익에 부합하지 않는다는 생각을 가졌고(Drew, 2007: 88), 이를 선거공약에 적극 반영했다. 그의 이러한 정치적 신념은 1969년 7월, 베트남전의 조기 종식을 비롯해 아시아에 대한 군사적 개입을 회피한다는 '닉슨 독트린(Nixon Doctrine)'으로 이어졌다.

데탕트 국면의 조성은 여러 정치적 효과를 낳았다. 미국은 닉슨 독트린 발표 이후 소련과 화해를 적극 모색했고, 소련도 여기에 조응하는 모습을 보였다. 양측은 1969년 11월 핵무기 제한 회담 개최를 통해 핵확산금지조약(NPT)을 정식 비준했다. 나아가 닉슨은 1970년 10월 유엔총회에서 미·소 간의 협조가 세계 문제 해결의 선결조건이라고 역설했으며, 브레즈네프(Leonid Ilyich Brezhnev) 역시 1971년 3월 제24차 소련 공산당 대회에서 평화공존의 원칙을 실천적으로 보완하고 상호 군사력 감축 회담 의사를 표명했다(김지형, 2008: 30).

이처럼 미·소 간의 이해관계가 일치되자 미국은 1971년 4월부터 이른바 '핑퐁외교(ping-pong diplomacy)'를 통해 중국과의 접촉에 나서기 시작했고, 같은 해 6월에는 미국이 한국전쟁 이후 20년 가까이 지속해 오던 중국에 대한 무역 금지 조치를 해제했다(김보미, 2015: 55). 7월에는 키신저

(Henry A. Kissinger)가 중국을 방문하겠다는 의사를 공식 표명했고, 10월에는 중국의 유엔 가입이 성사되었다. 이런 흐름 속에 닉슨과 마오쩌둥(毛澤東)은 1972년 2월 미·중 정상회담 개최를 통해 상하이 공동성명(Shanghai Communique)을 발표했다(김지형, 2008: 29).

미·중 데탕트의 움직임은 중·소 데탕트 경쟁으로 이어졌고, 이는 소련이 대미 데탕트를 더욱 강화하는 동력으로 작용했다. 소련은 과거보다 훨씬 더 적극적으로 전략무기감축협상 등에 나서는 한편, 닉슨을 모스크바로 초청했다. 닉슨은 중국을 방문한지 3개월 만인 1972년 5월에 모스크바를 방문했으며, 그 결과 역대 미·소 정상회담에서 가장 중요한 결실 중 하나로 꼽히는 전략무기제한협정(SALT)을 체결했다.

하지만 미국의 데탕트정책은 미·소, 미·중의 긴장완화만을 유도하는 데 그치지 않았다. 미·중 데탕트는 '소련 견제'라는 양국의 이해관계가 일치한 덕분이었다. 따라서 미·중 데탕트로 허를 찔린 소련은 서유럽 국가들과 서둘러 데탕트를 추구할 수밖에 없었고(≪한겨레≫, 2018.6.11), 이는 결국 1975년 7월 '유럽안보협력회의(CSCE)' 개최로 이어졌다.* 아시아에서도 데탕트 물결은 확산되었다. 미·중 데탕트에 편승한 중국과 일본은 소련에 대한 안보 대응, 경제협력 등에서 서로 간의 이해관계가 맞물려 1972년 9월 중·일 국교 정상화를 실현했다. 또한 일본은 이와 병행해 소련과의 관계 개선도 꾀했다. 1972년 10월 다나카 가쿠에(田中角榮) 수상은 소련을 방문해 일소평화조약에 관한 협의를 이끌어냈다.

한편, 분단국가인 서독은 이러한 데탕트의 물결을 기회로 활용해 동방

* CSCE는 소련과 동유럽을 포함해 전 유럽국 정상이 한자리에 모여 유럽의 항구적인 평화와 안전보장이라는 대의를 마련한 회의였다.

정책을 만개시킬 수 있었다. 당시 미국과 서독은 동·서 데탕트정책에 대해 서로 협력을 추구했지만 갈등 국면이 있었던 것도 사실이다. 닉슨이 추구하는 데탕트는 사회주의 세력과 적대적 관계를 지양하여 그들의 체제를 인정하고 양극체제 속에서 세력균형 관계를 안정적으로 유지하는 것이었지, 동서 진영으로 이루어진 양극체제 자체를 해소하려는 것은 전혀 아니었다. 이를 위해 동서 진영을 대표하는 미국과 소련은 자신들의 헤게모니를 기반으로 동서 분할 체제를 안정적으로 관리하고 현상유지(status quo)하려 했다.

하지만 서독의 빌리 브란트(Willy Brandt) 총리는 동서 간의 긴장완화 정책 속에 미·소 중심의 냉전 구도를 완화하려 했다. 그는 1970년 소련의 양해를 얻어 동·서독 간의 기본 관계를 회복했고, 폴란드와 바르샤바조약을 맺어 동유럽과 서유럽의 경계를 허물려 했다. 이를 바탕으로 그는 동·서독의 관계를 미·소 분할 체제로부터 벗어나도록 하려 했고, 그 첫걸음이 바로 동·서독 관계의 정상화 추구였다.* 이와 같은 브란트 동방정책의 속도와 범위에 대해 닉슨과 키신저는 상당한 불만을 가지고 있었던 것이 사실이었다. 그리고 그들은 브란트의 동방정책이 동·서 데탕트의 물결을 주도하지 않을지, 이로 인해 자칫 데탕트의 주역 자리를 브란트에게 빼앗기지는 않을지 상당히 우려했다.**

* 브란트의 참모이자 동방정책의 설계자인 에곤 바르(Egon Bahr)는 1970년 워싱턴을 방문했을 때 소련과의 협상을 비롯한 동·서독 관계에 대해 모든 것을 설명하고 미국의 이해를 구했다. 이에 대해 키신저가 의구심을 드러내자 바르는 "나는 자네에게 조언을 구하기 위해서가 아니라, 통보를 하러 온 거야. 우리는 반드시 성공하고 말 거야"라는 말을 키신저에게 건넸다(김연철, 2013). http://h21.hani.co.kr/arti/world/world_general/34737.html(검색일: 2019.3.26).

** 브란트는 1970년 12월 ≪타임(Time)≫ 올해의 인물로 선정되었고, 1971년에는 동방정책으로 노벨평화상을 수상했다. 닉슨과 키신저는 공개적으로 동방정책을 비난하지 않았으나, 사적으로는 불편한 감정을 숨기지 않았다. 그들은 자신들의 데탕트 전략에서 동방정책을 하위 요소로 여겼을 뿐만 아니라 브란트를 향해 '값싼 민족주의자'라는 비난을 서슴지 않았다(Dallek, 2007: 214~215).

그럼에도 불구하고 닉슨은 공개적으로 브란트의 동방정책을 비난할 수 없었다. 닉슨의 비난은 자기모순 상황에 빠지는 것과 같았다. 오히려 닉슨의 입장에서 볼 때 동방정책은 자신의 데탕트정책을 적극 지지하는 보완적 성격을 갖고 있었다(Lundestad, 2003: 171). 동서 진영 간의 데탕트가 고조되기 위해서 동·서독 간의 긴장완화는 최소한의 필요조건이었다. 닉슨의 데탕트 추구와 브란트의 동방정책은 서로 불편한 동거였지만, 당시 데탕트라는 거대 물결 속에서 상호 간의 알력은 봉합될 수밖에 없었고, 오히려 브란트는 미국으로부터 겉으로나마 동방정책에 대한 공식적인 지지를 얻어낼 수 있었다. 바르가 닉슨 정부를 향해 아무리 독자적인 외교정책을 펼치겠다고 강변해도 당시 국제질서 구조를 감안할 때 미국의 반대가 있었다면 쉽지 않았을 것이다. 이런 점을 고려할 때 닉슨의 데탕트 추구와 브란트의 동방정책은 향후 서독이 동유럽 공산국가와의 긴장 관계를 더욱 완화하고, 동·서독 통일에 있어 시너지 효과를 유발한 동력이었다.

2) 데탕트와 한반도

(1) 데탕트와 남한

닉슨 독트린은 미국의 한반도 정책에 대한 변화를 예고했다. 닉슨은 미국이 아시아 국가들과 동맹을 준수하겠지만 내부 안보 문제와 군사적 방어 문제에서 아시아 국가들은 스스로 해결할 것을 기대한다고 밝혔다. 이는 미국이 더 이상 아시아 국가에 병력을 주둔시키면서 직접 전투에 참여하지 않겠다는 의사를 밝힌 것과 다름없었다. 따라서 닉슨 독트린은 베트남뿐만 아니라 군사동맹과 주한미군을 존속시키고 있는 남한에 대해서도 미군의 감축 내지 철수, 군사지원의 감소 등 중대한 변화를 의미했다(장갑준, 2009: 208).

닉슨 독트린은 박정희에게 위기감과 충격을 안겨주었다. 1968년과 1969년은 박정희가 북한의 직접적인 군사 위협을 맞고 있던 해였다. 1968년 1월 청와대 기습 사건과 푸에블로호 피랍 사건, 10월 울진·삼척 간첩 침투 사건, 1969년 4월 미군 EC-121 정찰기 격추 사건 등이 연이어 발생했다(우승지, 2018: 135). 이러한 흐름 속에 1969년 6월 멜빈 레어드(Melvin R. Laird) 미 국방장관은 하원 청문회에서 주한미군 철수를 검토하고 있다고 증언했고, 곧이어 닉슨 독트린이 이어졌기 때문에 박정희는 매우 당혹스러울 수밖에 없었다(김지형, 2008: 33).

안보 위기에 놓인 박정희는 이를 해결하고자 닉슨이 대통령에 취임한 이후에 끊임없이 한·미 정상회담을 요구했다. 그러나 닉슨 정부는 차일피일 미루면서 그의 요구를 들어주지 않다가, 닉슨 독트린 발표 이후 자신들의 필요에 의해 박정희의 요구를 들어주었고(장준갑, 2009: 209), 그 결과 1968년 8월에 한·미 정상회담이 이루어졌다. 한·미 정상회담에서 예상과 달리 변화의 예고는 감지되지 않았다. 이 회담에서 닉슨은 "김일성이 도발 행위를 자행하고 있는 이때 한국에 있는 미군은 철수할 생각이 전혀 없다"라고 언급하면서, "만약 주한미군의 감축 또는 철수 계획이 있을 경우 사전에 한국 정부에 그 일정을 알려주고 베트남에서의 평화 협상에 대해서도 한국 정부와 긴밀히 협의하겠다"라고 말했다.* 박정희 역시 귀국 성명에서 "한국에 대한 미국의 기본 정책 전환은 추호도 없을 것이다"라고 단언했다(마상윤, 2011: 108).

그러나 한·미 정상회담이 열린 당시 닉슨 행정부는 사실상 주한미군 철

* "Visit of Park Chung Hee, President of the Republic of Korea, August 21~22, 1969," NSC Files, Box 930, Line Item 64, Nixon Library Museum.

수 계획을 검토하고 있었다. 그 결과 회담이 이루어진지 1년이 채 지나지 않은 1970년 3월 닉슨은 주한미군 2개 사단 중 하나를 철수한다고 결정했고,* 이 사실은 1970년 7월 박정희에게 일방적으로 통보되었다. 그리고 그 해 8월에 스피로 애그뉴(Spiro Agnew) 부통령은 주한미군 감축에 대한 미국의 입장을 설명하기 위해 방한했고, 그는 방한을 마치고 떠나면서 5년 내에 주한미군은 더 많이 감축될 것이라 언급했다. 박정희는 주한미군 감축 계획을 받아들일 수 없다고 강력히 맞섰지만, 정치적 약자인 그는 닉슨 정부의 결정에 따를 수밖에 없었다.**

주한미군 감축 문제는 미·중이 데탕트를 추진하는 중에 계속 논의되었다. 저우언라이(周恩來)와 마오쩌둥은 1971년 10월 키신저, 1972년 2월 닉슨과의 만남에서 주한미군 철수 및 주한미군 철수 후 일본 군사력의 대체 주둔 불가를 주장했고, 이에 대해 박정희는 1971년 9월 닉슨에게 극비 서신을 보내 중국과 주한미군 철수에 관해 어떠한 합의도 이루어져서는 안 된다고 맞섰다.*** 그러나 닉슨은 중국 정부와의 회담에서 극동의 정치적 관계가 개선되는 한 주한미군 감축은 계속될 것이며, 일본의 군사력 확장에 대해서도 명확히 반대 의사를 표명했다. 그리고 미국과 중국이 주도하는 한반도 평화 체제 구축의 필요성을 강조했다(서중경, 2011: 169-173). 이런 점에 비추어볼 때 닉슨의 주한미군 점진적 감축은 기정사실이었으며, 궁극

* National Security Decision Memorandum 48.

** 박정희와 애그뉴 회담에서 애그뉴는 정식으로 미군 철수를 통보했고, 한국은 이에 대해 30억 달러의 군사원조를 원했지만, 미국은 15억 달러의 군사지원만 약속했다. 이후 1971년부터 3월부터 7월 사이에 1차로 2만 명이 철수했다(임혁백, 2005: 118). 닉슨 정부의 주한미군 감축 계획에 관한 자세한 내용은 다음을 참조하라(박태균, 2006: 333~336).

*** 박정희 대통령이 닉슨 대통령에게 보낸 서한(1971/9/16), POL 7 KOR S, Central Files 1970-73, RG 59, National Archives and Records Administration.

적 목표는 감축이 아닌 완전 철수였다.

이렇듯, 데탕트는 박정희의 위기의식을 고조시키는 독립변수나 다름없었다. “북한이 전쟁 도발을 못하는 주된 이유는 주한미군 때문이다”라는 박정희의 발언에서 보듯(마상윤, 2011: 107), 주한미군은 박정희의 안보 자산 중 가장 큰 비중을 차지했다. 중국의 유엔 가입과 함께 주한미군의 감축 실행은 결국 1971년 12월 국가비상사태로 이어졌다. 박정희는 미국의 적극적인 지원에 힘입어 남한에서 견고한 정치세력으로 성장할 수 있었다. 그러나 닉슨 독트린은 1960년대 밀월 관계를 유지해 왔던 한·미 관계를 긴장 관계로 전환시키는 역할을 했고, 그 결과 박정희는 상당한 정치적 시련을 맞이하게 되었다. 이후 박정희는 미국의 지원이 아닌 자신의 힘으로 한반도 안보 문제를 비롯한 자신의 정치적 입지에 대한 자구책을 강구해야만 했다(장준갑, 2008: 246).

(2) 데탕트와 북한

미·중 데탕트 시기 북한은 니키타 흐루쇼프(Nikita Khrushchyov)의 실각과 브레즈네프 지도부의 등장, 베트남전쟁의 확대, 중국의 문화혁명 발발 같은 일련의 정세 변화 속에 중국과의 관계가 급속히 나빠졌다. 양국 관계에 긴장이 감돌면서 김일성 수상은 1965년부터는 연례행사처럼 드나들던 북경 방문을 꺼리기 시작했다. 중국 쪽에서도 북한에 대한 고위대표단 파견을 중단시켰다. 1969년까지 북한과 중국은 양국의 대사를 소환했을 정도로 관계가 악화되었으나, 그해 가을에 이르러 경색된 관계가 풀리기 시작했고, 1970년 4월 저우언라이가 평양을 방문하면서 북·중 관계는 다시 정상화되었다(김보미, 2015: 56).

중국은 미국과의 관계 개선을 추진하는 과정에서 북한에 대한 관리가 매우 중요했다. 미·중 데탕트로 인해 북한이 친소련 국가로 회귀하는 것을 막을 필요가 있었기 때문이었다. 1971년 7월 키신저의 베이징 비밀 방문이 이루어지고 있는 시기에 북한은 조중조약 10주년을 기념하는 대표단을 중국에 파견했다. 저우언라이는 7월 11일 북한대표단의 만찬 행사에 참석하기 위해 키신저와의 회담 마무리를 후앙후아(黃華)에게 맡기고 미리 자리를 뜨기도 했으며, 미·중 양국이 7월 16일 닉슨의 중국 방문을 동시 발표하기로 결정한 이후 저우언라이는 7월 15일 평양을 방문해 북한에 직접 설명하고 이해를 구하기도 했다. 닉슨의 중국 방문 후에도 저우언라이는 1972년 3월 평양을 방문해 미·중 회담의 상황을 전달하는 한편, 중국이 미국과의 협상 과정에서 북한의 이해관계를 적극적으로 반영한 메시지를 미국 측에 전달했다고 전했다(이동률, 2014: 85~86). 저우언라이는 실제 1972년 2월 미·중 회담에서 미국에게 주한미군의 즉각적인 철수, 북한이 제시한 8개 항의 수락 촉구,* 유엔한국통일재건위원단(UNCURK)을 비롯한 각종 유엔 기구에서의 남북한 동등 대우 및 북한에 대한 정식 호칭 사용 제안 등을 요구했다(이종석, 2000: 253~261).

아시아에서 갑작스러운 긴장완화 도래는 북한에게 의도치 않은 변화임에 틀림없다. 북한 정권 수립 이후 북·중 관계는 때론 소원한 적도 있지만 모든 분야에서 순치(脣齒) 관계로 표현될 만큼 긴밀한 혈맹 관계를 유지해 왔다. 북한의 입장에서 중국의 미·중 데탕트 물결은 북한과 중국의 동맹관

* 1971년 4월 12일 최고인민회의 제4기 제5차 회의에서 조선노동당 외교부장 허담은 8개항의 통일 방안을 발표했다. 그 내용은 주한미군 철수, 각각 10만 또는 그 이하로 감군, 한미상호방위조약과 한일조약 등 폐기, 자유 총선에 의한 통일정부 수립, 남북 전역에서 정치활동 자유 보장과 정치범 석방, 과도적 조치로서 연방제 실시 또는 최고민족위원회 조직, 광범위한 남북교류 실현, 남북정치 협상회의 개최 등이다.

계가 약화될 수 있는 위기 요인으로 작용할 수 있었다. 그러나 중국의 적극적인 설득으로 인해 북한은 중국의 대미 접근에 대해 지지를 표명하고,* 미·중 데탕트에 수용적인 입장을 보였다.** 북한은 미국이 중국을 고립시키고 봉쇄하는 정책을 써왔으나 중국의 국제적 위신이 오히려 높아졌다고 설명하고, 중국의 유엔 가입을 "중국 인민이 거둔 커다란 승리"라고 평가했다(조선중앙년감, 1973: 42).

북한은 오히려 미·중 데탕트를 위협이 아닌 기회로 삼고자 했다. 1960년대 후반 북한은 안팎으로 위기에 봉착하고 있었다. 국제적 차원에서 북한은 중·소 분쟁 사이에서 독자노선을 걸을 수밖에 없었고, 한·일 국교 정상화에 뒤이어 한국, 미국, 일본, 베트남으로 이어지는 자본 진영의 반공 연대가 강화되고 있었다. 국내적 차원에서 북한은 경제가 침체를 면치 못하는 상황에 직면하고 있었고, 군부 내 특정 강경파의 존재가 두드러졌다. 1960년대 후반부터 시작된 김일성 및 김일성 가계에 대한 우상화, 유일사상 체계의 확립 등 이른바 수령 체제의 구축 시도는 바로 이 같은 위기에 대한 대응에서 비롯된 것이다(정해구, 1988: 88). 이러한 상황 속에서 북한은 미·중 데탕트를 맞이하게 되었고, 북한은 중국과의 공조 속에 위기 탈출을 모색했다.

이처럼 북한은 중국을 통해 미국과의 직접 대화를 달성하려고 했으며, 이를 통해 남한과의 경쟁에서 우위를 점하고자 했다. 그리고 북한은 데탕트 환경에 발맞춰 일본을 포함한 자본주의 진영에 대한 외교 노선을 신축

* 1970~1972년 동안 마오쩌둥과 저우언라이는 김일성과 여섯 차례에 걸쳐 회동했다(이종석, 2001: 311).

** 중국이 미국과의 협상 과정을 통보했던 3개국 중 북한만 지지 입장을 표명했고, 베트남과 알바니아는 반감을 표시했다.

적으로 확장하려 했다. 그러나 북한이 데탕트 상황을 내심 적극적으로 환영한 것은 아니었다. 1972년 2월 마오쩌둥은 닉슨과의 회담에서 중국은 병력을 국외로 파병하지 않겠다고 언급했다. 이는 김일성에게 한반도에서의 분쟁 발생 시 중국의 군사적 지원을 기대할 수 없다는 의미로 해석될 수 있었다(히라이와 슌지, 2013: 117). 북한은 자신의 안보를 중국에게 의존할 수밖에 없는 상황에서 미·중의 정책에 의해 한반도 문제가 결정될까 봐 우려를 갖고 있었다.

한편, 북한은 남한의 공산화 계획과 반미 입장에 대해서는 변화를 보이지 않고 오히려 더욱 강화하려 했으며, 더욱이 주한미군 철수에 대해서는 중국 역할을 크게 기대했다. 달리 말해 북한은 변화하는 국제정세 속에 남한에 대한 특별한 정책을 가지고 선제적으로 대응하지는 않았다. 북한은 단지 미·중 데탕트 물결을 바라보며 중국이 뭔가를 해주기만을 기대했던 것이다.

3. 남북화해의 첫걸음과 중단

1) 남북 접촉 및 대화의 시작

7·4 성명 발표에 앞서 남북한 만남의 발판은 박정희 정권이 1970년 '8·15 평화통일구상'을 선언하면서부터 시작되었다. 당시 8·15 선언은 국내 상황에 비춰볼 때 매우 획기적인 발표였지만 반응적 선언에 불과하다는 한계점을 노정하고 있다. 한반도에서 긴장완화를 바라는 미국은 꾸준히 한국 측에 북한과 대화를 종용했고 여기에 마지못해 반응한 것이 바로 8·15

선언이었다(김지형, 2008: 35). 그렇다 보니 이 선언은 어디까지나 아이디어 및 정책 제안 차원에 머물렀고, 구체적인 계획이나 실행 방안은 전무했다. 그리고 무엇보다도 박정희의 의중이 충분히 반영되어 있지도 않았다. 이 선언과 관련해 김일성은 조선노동당 제5차 당 대회에서 8·15 선언을 "허위와 기만에 찬 정치적 모략선전"이라고 비난하면서 남북대화에 대해 완강한 거부 의사를 표명했다(김일성, 1983: 314).

이처럼 8·15 선언은 미국의 종용과 압박 면피용으로서 '시간 벌기 전략'의 일환으로 추진되었고, 다음 해 치러질 대선을 염두에 둔 박정희의 대선용 대북정책이라는 점에서 저평가를 받고 있는 것이 사실이다. 그럼에도 불구하고 이 선언은 해방 이후 소모적이고 비현실적인 통일정책을 '선 평화, 후 통일'이라는 획기적이고 현실적인 방향으로 전환시켰다는 점, 또한 북한을 선의의 체제 경쟁 대상으로 처음 인정하고 그러한 바탕 위에 남북관계를 개선하겠다는 뜻을 공개적으로 밝혔다는 점에서, 그 정치적 의미는 매우 크다고 할 수 있다.

이후 남북대화는 남북적십자회담에서 물꼬를 텄고, 이것은 7·4 성명의 첫 출발이 되었다. 박정희는 1971년 1월 연두 기자회견에서 다시 8·15 선언을 언급했고, 8월 12일 남북적십자회담을 제의했다. 이에 김일성도 1971년 8월 6일 캄보디아 노로돔 시아누크(Norodom Sihanouk)의 평양 방문 환영 군중대회에서 연설을 통해 남한의 민주공화당을 포함한 모든 정당과 사회단체 및 개별 인사들과 아무 때나 접촉 및 대화할 용의가 있음을 밝혔다.

남북한 당국 간의 정치적 접촉은 1971년 11월 19일 제9차 남북적십자 예비회담에서 남측 제의로 논의되었고, 다음 날 남측의 정홍진(중앙정보부 협의조정국장), 북측의 김덕현(노동당 중앙위원회 정치위원회 직속 책임지도원) 두 실무자 간의 비밀 접촉이 이루어졌으며, 1972년 3월 22일까지 11차례에 걸쳐 접촉이 진행되었다. 이 비밀 접촉에서 양측은 남북한 당국 간의 '정치적 대화'를 위해 남측의 이후락 중앙정보부장과 북측의 김영주 노동당조직부장 간의 회담을 개최하는 데 합의했다. 남측은 회담 장소로 제네바나 파리 등 제3국 도시를 제의했지만, 북한 측이 남측의 선 평양 방문과 북측의 후 서울 방문을 고집했고, 남측이 이를 수락함에 따라 이후락 부장이 먼저 평양을 방문하기로 했다(국토통일원, 1982; 한국정치연구회 정치사분과, 1993: 281).

이후락은 3명의 수행원을 대동하고 1972년 5월 2일부터 5일까지 3박 4일간 평양을 비밀리에 방문해 김일성, 김영주와 각각 두 차례씩 회담을 가졌다. 이 회담에서 양측은 "남한은 미국 및 일본과 결탁해 전쟁을 일으키지 않는다", "북한은 남침과 적화통일을 추구하지 않는다"라는 기본 양해에 도달함으로써 자주적·평화적 통일 원칙을 이끌어냈다. 이러한 두 가지의 기본 양해를 바탕으로 양측은 남북한 사이의 긴장완화와 오해 및 불신의 제거 그리고 이해와 신뢰의 조성을 위한 구체적 사업의 전개를 통해 '민족적 대단결'을 추구해 나가기로 합의했다(한국정치연구회 정치사분과, 1993: 282). 북측도 김영주 부장의 대리인 자격으로 5월 29일부터 6월 1일까지 비밀리에 서울을 방문해 박정희, 이후락과 회담했고, 평양에서의 합의 사항을 재확인했다. 나아가 양측은 이후락과 김영주를 공동위원장으로 하는 남북조절위원회를 구성 및 운영하기로 합의하고, 이 위원회 안에 분야별 분과위원회를 설치해 남북 사이에 다양한 교류와 협력을 추진하기로 했다(국토통일원, 1982: 85~89).

2) 7·4 체제의 시작과 중단

남북한은 서울과 평양 상호 방문을 통해 토의·합의된 내용 7개항을 공동성명의 형태로 정리해 국내외에 공표하기로 합의하고 문안의 조정 작업에 들어갔다. 공동성명안은 1972년 6월 29일 최종 합의되었고, 이후락과 김영주가 이에 서명했다. 그리고 7월 4일 오전 10시 이후락은 내외신 기자회견을 통해 "실은 제가 5월 초 평양에 다녀왔습니다"라는 말로 온 국민을 흥분의 도가니로 몰아넣으면서 남북 화해의 서막인 7·4 성명을 대내외에 알렸다. 북한도 같은 날 7·4 성명을 북한 주민에게 발표했으며, 대외적으로는 7월 17일 사회주의 우방국들에게 추진 경위를 간략하게 설명하고 공동성명의 내용을 요약해 발표했다.

7·4 성명은 전 세계의 이목을 한반도에 집중케 한 획기적이면서 역사적인 사건이었다. 미국 정부도 이 성명이 한반도의 평화와 안전을 위한 전망에 유익한 영향을 미친다고 평하면서 환영의 뜻을 보였다(조세형, 1986: 404). 7·4 성명은 국토 분단 27년 만에 처음으로 한반도의 제반 현안 문제 해결과 조국의 평화적 통일을 추구하기 위해 남북한 당국이 온 민족 앞에 엄숙히 약속한 사실상 최초의 선언이었다(최완규, 1999: 22; 김지형, 2008: 288).

7·4 성명에서 가장 핵심이 되는 것은 남북한이 표면적으로 세 가지 통일 원칙에 합의했다는 것이다. 첫째, 외세에 의존하거나 간섭 받지 않고 자주적으로 해결하며, 둘째, 무력행사에 의거하지 않고 평화적 방법으로 실현하고, 셋째, 사상과 제도의 차이를 초월해 하나의 민족적 대단결을 도모한다는 내용을 담고 있다. '자주', '평화', '민족 대단결'로 통일을 이룬다는 '통일 3원칙'을 제시했다는 점에서 높은 평가를 받고 있다. 이 외에도 중상비방, 무장 도발과 군사적 충돌 방지, 민족적 연계 회복을 위한 다방면적 교류, 적십자회담 성사, 서울-평양 직통전화 가설 등 군사적 대치 국면에서 좀체 기대하기 어려운 합의들을 담아냈다. 그리고 7·4 성명 이후 양측은 통일 문제를 협의하기 위한 공식 대화 기구인 남북조절위원회를 구성했다.

7·4 성명은 국민적 합의 없이 관계자들만의 비밀회담 성과물이라는 비판적 평을 받았지만, 남북한이 통일을 위해 노력하겠다는 최초의 합의로서 기존의 외세 의존적이고 대결 지향적인 통일 노선을 거부하고 올바른 통일의 원칙을 도출해 냈다는 점에서 그 정치적 의의를 찾을 수 있다. 남북한 간의 정치적 통로를 마련해 분쟁과 대립의 남북 관계를 민족의 화해와 단합 그리고 조국통일로 나아가는 공동의 이정표를 만들어 거족적 통일운동에 함께 나설 수 있다는 역사적 의미를 담고 있는 공동선언이었다. 한마디로 7·4 성명은 남북한이 처음으로 무력이 아닌 상호협력과 평화적 방식으로 통일을 모색하는 '공존의 실험' 그 자체였다.

이 조치들이 제대로 시행된다면 그동안 적대적 대치만을 계속해 왔던 남북한은 새로운 남북 관계, 즉 단절을 극복할 수 있었다. 그러나 화해의 발걸음은 그렇게 오래가지 못하고 1년이 조금 지나 역사의 뒤안길로 사라졌다. 7·4 성명의 합의에 따라 '남북조절위원회'가 운영되고, 1972년 11월부터 1973년 6월까지 세 차례 남북조절위원회 회의가 개최되어 7·4 성명의 이행 방안에 대해 논의했지만, 양측의 심각한 의견 차이로 회의는 진전을 이루지 못했다.

남측은 비정치적·비군사적 분야에서의 협력을 바탕으로 정치적·군사적 문제를 해결하자고 제의한 반면, 북측은 남북한 군사 문제의 우선 해결을 주장했다. 예컨대, 남측은 경제면에서의 사업 개발, 공동 이익의 추구 및 분업, 언어 사용의 통일, 문화유산의 공동개발, 금강산 공동 관광 개발 등을 우선했고, 북측은 무력 증강과 군비경쟁 중단, 남북한의 군대 및 군비의 대폭 축소, 외국으로부터의 일체 무기와 작전 장비 및 군수물자 반입 중지, 미군을 포함한 일체의 외국 군대 철수, 평화협정 체결 등을 더 중시했다(노중선 엮음, 1985: 497~501).

조절위원회의 이러한 시각차는 적십자회담에도 그대로 투영되었다. 조절위원회와 더불어 적십자회담 역시 서울과 평양을 오가며 7차례에 걸쳐 개최되었는데, 남측은 회담의 '인도주의적 성격'을 강조한 반면, 북측은 회담의 '정치적 성격'을 중시했다. 1973년 8월 28일 북측의 김영주는 김대중 납치사건과 박정희의 6·23 외교선언을 구실로, 남북조절위원회 회의 등 모든 분야의 남북대화를 사실상 중단한다고 선언했다(백학순, 2014: 96~97; 한국정치사연구회, 1993: 286). 이후락은 다음 날인 8월 29일 김영주 선언의 부당함을 지적하고 대화를 재개할 것을 촉구하는 성명을 발표했지만, 이에 대해 북한은 어떠한 반응도 보이지 않은 채 10월 하순부터는 대남비난방송과 전단 살포를 본격적으로 재개했다(노중선 엮음, 1985: 510).

4. 7·4 체제, 왜 실패했나

1) 강대국 종용에 의한 타율적 성격

영합게임(zero-sum game)을 지향하던 남북한이 서로 대화와 접촉에 나선 것은 결코 쉽게 내린 결정은 아니며, 양측 모두 충분한 이유와 이해관계가 있었기 때문에 가능했다. 오늘날도 그렇지만 냉전시기 국제정치 차원에서 남북한은 한반도 문제에 대한 자기주도권이나 자기결정권이 거의 없었다. 남한은 미국에, 북한은 중국이나 소련에게 예속되어 있었다. 따라서 남북한과 제각기 동맹국이며 한반도를 둘러싸고 있는 미·중 사이의 화해 노력은 한반도에 어떠한 형태로든 영향을 미칠 것이 분명했다.

앞서 언급한 것처럼 미·중은 데탕트 속에서 한반도 긴장완화를 원했고,

한반도 문제의 평화적 해결을 바랐다. 미·중은 한반도에서 남북한을 상호 자제시키기로 합의했다. 키신저는 한반도의 긴장완화를 위해 "미국과 중국의 동맹국이 군사적 모험을 하지 못하도록 미·중이 함께 개입해야 한다"라고 저우언라이에게 제의했고,* 이에 대해 저우언라이는 정전위원회에 중국 대표가 참여하고 있음을 상기시키며, 중국이 북한에게 영향력을 행사할 수 있다고 답했다. 이를 위해 양측은 남북대화가 지속되도록 지원한다는 데 의견을 같이 했다.

1969년 한·미 정상회담에서 닉슨은 박정희에게 남북한 간의 긴장완화 조치에 남한이 주도권을 잡고 움직이기를 권고했고,** 이후 포터(William J. Porter) 주한 미 대사를 통해 계속해서 접촉 및 대화를 종용했다. 그러나 포터에 따르면 박정희는 북한과 어떠한 종류의 '직접적 협상'을 거부한다고 밝혔다. 이에 그는 박정희가 긴장완화를 위한 만족할 만한 조치를 취하지 않을 경우 미국이 직접 북한과 비공식 대화에 나설 필요가 있다고 주장했고, 실제 미국은 북한과의 관계 개선을 위해 민간인 방문을 비롯한 일련의 경제제재 조치 중단 및 완화 방안을 검토하고 있었다.***

이러한 미국의 압박과 움직임은 박정희를 정치적 곤경에 빠트릴 수 있었다. 닉슨 독트린이 변경되거나 취소되지 않는 한 데탕트 물결은 더 거세질 가능성이 높았고 시간은 결코 박정희 편이 아니었다. 그는 피후견국(client state) 지위라는 제약 속에서 약간의 시간 벌기 말고는 다른 선택의 여

* Memorandum of Conversation, Beijing, October 21, 1971, 10:30 a.m.~1:45 p.m., https://history.state.gov/historicaldocuments/frus1969-76v17/d162(검색일: 2019.3.7).

** "Visit of Park Chung Hee, President of the Republic of Korea, August 21~22, 1969," National Security Council Files, Box 930, Line Item 64, Nixon Library Museum.

*** "The U.S. Posture Toward North Korea," 1972, RG 59, National Archives.

지가 없었다. 결론적으로 닉슨의 아시아 데탕트에 박정희는 초대를 받았고, 그는 자신의 의지와 상관없이 초대에 응할 수밖에 없었다(장준갑, 2008: 527). 그리고 그 초대에 대한 선물로 8·15 구상과 7·4 성명 등을 내놓은 것이었다.

이는 북한도 마찬가지였다. 1970년 김일성은 중국 방문에서 중국이 남북 관계 개선을 바라는 마음을 확인했다(박광득, 2014: 18). 이 외에도 1971년 9월 중국이 보낸 북한 건국 23주년 축전을 보면 한반도 통일에 대해 '조국통일'이 아닌 '평화통일'이라는 표현을 처음 사용했고, 이어 1972년 4월 중국이 북한에 보낸 김일성 생일 축전과 인민군 건군 40주년 축전에서는 "자주·평화통일의 정의 투쟁"이라는 표현을 사용했다. '평화'라는 단어의 사용은 어떻게 보면 그 당시 중국이 북한의 남한에 대한 해방 통일 입장을 계속 인정하지 않고, 한반도 평화통일을 위해 남북대화를 권유한 것으로 이해할 수 있다(이종국, 2018: 228).

한 가지 주목할 점은 두 강대국의 대화 권유에서 김일성의 정치적 압박감이 박정희와 비교해 볼 때 상대적으로 덜했다는 것이다. 북한은 대북 지원이라는 중국의 선물과 함께 남북대화를 권유받았고, 특히 중국의 주한미군 철수 요구는 북한이 미국의 군사적 위협으로부터 벗어날 수 있는 절호의 기회가 될 것으로 생각했다(박광득, 2014: 18~19). 이러한 상황에서 북한은 남한과 접촉을 하게 되었고, 후술하겠지만 북한이 남한보다 더 공세적인 자세로 대화에 임할 수 있었던 것도 이와 같은 연유에서 비롯된 것이었다.

이렇듯, 정도의 차이는 있지만 남북한은 처음부터 자발적으로 만남과 대화를 가질 의사가 전혀 없었다. 7·4 성명은 미국과 중국의 권유에 대한 '보여주기식 화답'에 불과했다. 미국과 중국이 한반도 문제를 거론하기 시작했는데도 분단 당사자들이 이에 대해 어떠한 모습도 보이지 않는다면 향후 그들의 입지는 축소될 수밖에 없었다. 남북한이 만남과 대화를 마지못해 시도한 것은 미국과 중국이 한반도 문제를 일방적으로 처리하지 않도록 방지하기 위한 하나의 방편이었다(홍석률, 2012: 203~204). 7·4 성명은 남북한이 취한 '어쩔 수 없는 일종의 수동적 반응'이었다.

2) 박정희의 소극적 자세

북한은 대화 초기부터 반복적으로 남북정상회담을 제안했다. 1972년 3월 정홍진이 방북했을 때 김영주가 이미 정상회담의 필요성을 제기했고, 5월 이후락이 김일성을 만났을 때 김일성은 정상회담의 의사를 밝혔다. 그리고 같은 달 박성철이 박정희를 만났을 때도 정상회담을 공식적으로 제안했고, 11월 이후락을 비롯한 남북조절위원회 남측 대표들이 김일성을 만났을 때도 김일성의 정상회담 제안은 재확인되었다.

이처럼 김일성은 남북대화 국면에서 이후락에게 정상회담을 비롯해 각종 제안을 쏟아내며 전면에 나서는 모습을 보였다. 이에 반해 박정희는 전면에 나서기보다는 뒤로 물러나 있었고 특히 정상회담에 대해 매우 부정적이었으며, 실제 거부 의사를 명확히 밝혔다. 1972년 6월 박정희는 필리프 하비브(Philip Habib) 대사에게 북한을 아직 믿을 수 없다는 등의 이유를 내세우면서 북한의 정상회담 제의에 분명한 거절 의사를 표명했다(김연철, 2012: 236).

그러나 박정희가 정상회담을 거절한 핵심적 이유는 당시 남한이 처한 내외적 조건과 그로부터 비롯된 정부의 정책적 입장 때문이었다. 박정희는 남한이 북한을 경제적으로 완전히 압도한 것은 아니기 때문에 '선 건설, 후 통일'이라는 입장을 견지하려 했다. 통일정책의 적극적인 변화를 모색하기 위해서는 시간이 더 필요하다고 본 것이다. 이 외에도 정부 내부의 의견을 조율하는 데 어려움이 있었다. 특히 군의 부정적 반응이 한몫했다. 박정희 정부는 주요 요직이 군 장성 출신으로 채워진 군사정부였던 만큼 군의 동향에 신경을 쓸 수밖에 없었다. 당시 남한의 장교 집단은 남북대화에 매우 비판적이었다. 하비브는 7·4 성명에 대해 남한 사회가 대부분 우호적으로 수용하는 분위기인 반면, 군의 장교 집단은 매우 차갑고 부정적인 반응을 보였다고 지적했다(홍석률, 2012: 224).

정상회담은 실무 회담과 또 다른 의미를 가진다. 실무 회담이 정상회담의 예비적 성격을 갖고는 있지만 문제의 근본적 해결은 결국 정상 간 만남에 의해 풀릴 가능성이 더 높다. 데탕트 시기 정상회담은 가장 중요한 외교적 행위였다. 신뢰가 부족한 적대관계에서 실무 회담만으로 불신의 관계를 극복하기가 쉽지 않다. 그리고 정상회담은 관계의 성격을 전환하고 결정적인 진전을 만드는 계기가 될 수 있다(김연철, 2012: 236~237). 그렇기 때문에 정상회담은 양국 관계가 정상화로 가고 있다는 징표와 같다.

분단 이후 남북한의 최고지도자가 처음으로 상면한다는 것은 역사적 의미에서 볼 때 그 중요성을 아무리 강조해도 지나침이 없다. 이것은 그동안 갈등과 대립의 관계에 있던 남북한이 협상에 의해 공존의 길을 모색한다는 것을 의미하며, 남북한이 각각 상대방의 정치 실체와 대화 상대자로서의 위상을 인정하는 것이다. 그리고 한반도 문제의 당사자 원칙을 재확인하고 남북한이 한반도 문제의 해결을 위해 적극적으로 주도권을 행사할 수 있는 계기가 된다(박종철, 2000: 3). 이런 점을 고려할 때 박정희는 정상회담 제의를 수락했어야 했다. 박정희의 의지만 있었더라면 남북정상회담은 성사될 수 있었다. 그럼에도 불구하고 그가 정상회담에 응하지 않은 것은 남북 관계의 진전이 가져올 변화를 원치 않았기 때문이다.

정상회담에 대한 박정희 미온적 반응은 7·4 성명의 근거를 불확실하게 만들어놓았고, 이것은 이후 남북대화의 토대를 취약하게 만들었다. 7·4 성명에 남북이 합의한 것은 틀림없고 박정희와 김일성 모두 승인한 것이 틀림없지만, 공식성이라는 점에서 문제가 제기될 수밖에 없다. 주지하듯 7·4 성명은 박정희, 김일성이 서명한 것이 아니었다. 서명자 부분을 보면 "서로 상부의 뜻을 받들어 / 이후락, 김영주"라고 모호하게 써놓았으며, 정식 국호도, 서명자들의 직책도 표기되지 않았고, 문구도 모호하게 해놓았다.

한편, 7·4 성명에 대한 박정희 정부의 태도는 기만에 가까웠다. 이후락은 7·4 성명을 발표한 후 기자회견 과정에서 남쪽의 우려 여론과 북의 입장을 모두 고려해서 나름 상당히 절제된 발언을 했지만, "대화 없는 대결에서, 대화 있는 대결의 시대로 접어들었다"라고 언급해 공동성명의 대의를 무색하게 했다. 김종필 총리는 부정적인 입장을 더 노골적으로 드러냈다. 그는 7월 5일 국회 질의 답변과정에서 "북한은 국가로 볼 수 없기 때문에 7·4 성명은 조약이나 약정이 될 수 없고, 조약으로서의 효력도 없는 것으로 보고 있으며, 하나의 약속에 불과한 것"이라는 훨씬 더 강경한 발언을 쏟아냈다(동아일보, 1974.7.4). 그의 발언은 7·4 성명의 대의에 정면으로 반하는 것으로서 남북 관계 개선의 진전을 가로막는 중대한 장애요인이 될 수 있었다. 더욱이 이는 7·4 성명의 최종 승인자인 박정희에게 도전하는 행위로도 볼 수 있었다. 그러나 그의 발언에 대해 박정희는 어떠한 조치도 취하지 않았다. 오히려 그는 7·4 성명 발표 이후 공동성명에 대해 지나친 낙관을 하지 말고 반공교육을 계속 강화하라고 지시했다(동아일보, 1974.7.8).

박정희 정부는 남북한 만남에 있어 주체가 되지 못했고 그럴 의욕도 없었다. 그렇다 보니 현상을 극복하고 변화를 바라는 마음을 전혀 품고 있지 않았다. 이에 반해 브란트는 화해를 통해 변화를 강조하면서 정치적으로 현상을 극복하고자 했다. 브란트는 1970년 3월과 5월에 동·서독 정상회담을 가졌으나 그 회담에서 별다른 성과는 내지 못했다. 이에 대해 야당은 날선 비판을 가했지만, 전반적으로는 정치권과 국민 모두 20여 년간 쌓아 올린 현실의 장벽을 묵묵히 인정하는 동시에, 신뢰의 고리를 만드는 것 자체로 만족해하며 함께 관계 개선을 향한 '작은 발걸음'을 내디뎠다(연합뉴스, 2019.3.30). 브란트 정부가 성공하고 박정희 정부가 실패한 이유는 '주체'와 '객체'의 차이였다. 브란트는 변화의 중심을 이끄는 감독이었다면, 박정희는 무관심한 방관자에 불과했다.

3) 실천의지의 결여

남북한은 통일 3대 원칙의 내용에 대한 해석을 놓고 상당한 차이를 보였다. 상술했듯이 7·4 성명은 내용 그 자체가 모호성을 수반하고 있어 해석의 논쟁 여지는 충분했다. 첫째, 남한은 '자주'를 남북이 당사자가 되어 민족문제를 해결해 나가되, 국제사회의 지지와 협력을 토대로 하는 열린 자주로 해석했고, 북한은 외세 배격을 통한 배타적 자주로 해석했다. 둘째, 남한은 '평화'를 북한의 무력도발 포기와 상호 불가침으로 해석했고, 북한은 남한의 자주 국방력 강화 제동, 한미 합동군사훈련의 중단을 원했다. 셋째, 남한은 '민족대단결'을 자유와 민주의 바탕에서 민족적 이질화를 극복하는 것으로 받아들였고, 북한은 남한의 반공 정책 포기, 국가보안법 폐지를 원했다.

양측의 이러한 극단적 주장은 7·4 성명 이후 남북조절위원회에서도 목도되었다(노중선 엮음, 1985: 491~492). 남북한은 회담에서 비정치·비군사 분야 교류협력을 우선할 것인지, 정치군사 문제를 우선적으로 다룰 것인지를 놓고 팽팽한 의견 대립을 보였다. 남측은 첫째, 먼저 남북조절위를 구성, 발족시키고, 둘째, 사회적 이질화의 극복과 민족적 동질성의 회복 등을 점진적으로 추진해 가며, 셋째, 각기 자기 체제를 보호하면서 서로 상대방의 체제 내적 질서에 대해 간섭함이 없이 교류와 협력을 추진해 가자고 주장했다.

이에 반해 북측은 첫째, 남측이 대내적으로도 반공 정책을 포기하고 공산주의를 용납해야 하고, 둘째, 통일과 관련해 더 이상 자유민주주의 체제를 옹호하지 말아야 하며, 셋째, 유엔도 외세이기 때문에 유엔은 어떠한 형태로도 한반도 통일문제에 개입하지 말아야 하고, 넷째, 주한미군은 즉시 철수해야 하며, 다섯째, 한국군의 전력 증강은 물론 군사훈련도 중지되어야 한다고 주장했다.

양측의 회담 태도도 사실상 또 하나의 극단을 보여준 것과 다름없었다. 남측의 비정치·비군사적 분야의 협력에 기반한 인도적 접근은 기능주의와 실용주의 방식으로 김대중, 노무현, 문재인 정부의 대북정책과 그 맥을 같이한다. 이런 점을 고려한다면 당시 남측의 접근 방식은 획기적이라 할 수 있다. 그러나 남측은 처음부터 큰 틀의 그림은 무시한 채, 의제를 각각의 단계로 나누어 바로 실무적 접근을 시도했다. 남북이 27년 만에 만나 처음으로 대화를 하는데, 사업 전반에 대한 충분한 의견 교환 없이 논의를 너무 세부적인 실무 문제로 몰아간 것이다. 이는 되레 대화의 진전을 가로막는 역효과를 낳고 말았다. 북측 역시 남측과 같은 태도를 보인 것은 마찬가지였다. 남북조절위원회 회담에서 북측의 정치 편향도 극단이었지만, 남측의 기능주의와 실용주의도 극단이었던 것이다(홍석률, 2012: 217).

이 외에도 북측의 평화협정 체결 주장에 대해 남측은 불가침조약 체결을 표명했고, 남측의 남북 유엔 동시 가입 제안에 대해 북측은 남북한 영구 분단이란 논리를 내세우며 반대 입장을 보였다. 이처럼 양측의 극단적 주장과 이에 대한 서로의 명확한 반대 의사 표명은 계속해서 반복을 거듭했고, 종국에는 어느 정도 큰 틀에서의 합의조차 한 번 이루지 못한 채 파국을 맞이하게 되었다.

남북 관계가 개선되기 위해서는 지속된 만남 속에 구체적인 합의를 이루어내야 하고 이것은 또 이행으로 이어져야 한다. 즉 대화의 모멘텀(Momentum)을 이어가면서 이견(異見)을 줄이는 한편 교집합을 찾고 넓혀가는 선순환 구조를 형성하는 게 중요하다. 그러나 7·4 성명 이후 양측은 팽팽한 이견만을 확인했다. 양측의 대화는 상대 배려의 쌍방향 구조가 아닌 자기중심의 일방향 구조 속에서 계속 진행되었다. 양측은 타협의 여지는 고려치도 않고 대화에 그냥 응했을 뿐이다. 이것은 양측 모두 남북 관계 개선을 위한 실천 의지가 애초부터 없었다는 것을 방증하는 것이다

4) 독재체제 강화를 위한 전략적 접근

박정희와 김일성은 자신들의 독재체제를 공고화하기 위한 목적으로 7·4 성명을 악용했다. 7·4 성명이 발표되고 약 3개월 후인 10월 17일, 박정희는 통일을 준비하기 위해서라는 이유로 계엄령을 선포하고 국회를 해산시켰다. 그리고 그는 '유신'이란 단어를 국민 앞에 내세웠다. 그는 비상국무회의에서 유신헌법을 만들어 사실상 독재의 길로 접어들었다. 대통령을 선출하는 기구인 '통일주체국민회의'는 다분히 7·4 성명을 의식한 이름이었다.

박정희는 남북회담에 효율적으로 대처하고 국론을 통일하기 위해서는 민주주의 체제보다 독재체제가 우월하다는 주장으로 유신체제로의 전환이 필요하다고 강조했고, 유신은 남북대화를 효율적으로 추진하기 위한 체제

정비라고 정당화했다(임혁백, 2005: 123). 그는 계엄을 선포하면서 '통일'이란 단어를 총 19회 사용했으며, 더욱이 "국민이 유신에 찬성하지 않는다면, 국민이 남북대화를 원치 않는다는 표시로 받아들인다"라는 입장까지 표명했다(서울경제, 2016.7.4). 이는 유신 없이는 남북대화도 통일도 없다는 메시지를 국민들에게 직접 전달한 것이나 다름없었다. 통일을 빌미 삼아 유신 개헌을 관철시키려는 박정희의 의지 표출이었다.

박정희의 입장에서 북한의 도발은 내부 단결을 유도하고, 이것은 나아가 자신의 권력을 지탱하는 일종의 동력으로 작용했다. 그러나 앞서 언급했듯이, 1960년대 말과는 달리 1970년대 들어서는 북한의 도발 횟수와 강도가 현격히 줄어들었고 안보를 위협할 수준은 아니었다. 이런 가운데 닉슨 독트린과 뒤이은 데탕트 물결은 박정희가 정권을 지탱하는 데 심각한 장애요인이 되었다. 박정희는 데탕트로 인한 국제정세의 불안정성을 들어 '내부의 강력한 체제 구축'이 필요하다는 역설과 함께 중국이 유엔에 가입한 것을 빌미로 1971년 12월 국가비상사태를 선포했다(김연철, 2012: 229).

박정희의 안보 위기론은 더 이상 명분이 없었고, 국가 생존을 위한 동원으로 정당화할 수 있는 작업이 아니었다. 오히려 한·미 관계를 악화시키는 원인으로 작용했고, 이는 박정희 정권에게 부정적인 영향을 미칠 수밖에 없었다. 그래서 박정희는 자신이 역설한 강력한 체제 구축을 단행하기 위한 전략적 차원에서 일시적으로 데탕트에 동참했고, 북한과의 대화를 추구하려고 했던 것이다. 그는 유신체제로의 전환을 위한 필요의 창출에서 안보 위기를 가장 큰 무기로 활용했다. 그러나 그 무기의 실효성이 약화되었을 때, 그는 대화를 통한 통일이라는 새로운 유신의 필요성을 창출해 내는 능력을 발휘한 것이다(임혁백, 2005: 122). 따라서 박정희의 입장에서 7·4 성명은 유신체제 구축을 위한 정치적 밑거름에 불과했다. 7·4 성명은 미국의 남북화해 요구를 어느 정도 반영하는 외교적 카드이자, 동시에 일정 부분 체제 변동을 정당화하는 수단으로 활용되었다고 볼 수 있다.

박정희는 유신체제의 대의를 통일 시대의 대비에서 찾았지만 그러나 역설적이게도 유신체제의 등장은 남북대화의 필요성을 약화시킨다. 그에게 있어서 통일 문제는 결국 국내 정치권력의 지지 기반 강화에 필요한 도구였지(김형욱 외, 1985: 115), 북한과의 당면 협상 의제가 아니었기 때문이었다(김연철, 2012: 244). 남북대화의 지속은 오히려 박정희가 유신체제를 유지하는 데 불안 요인으로 작용할 가능성이 컸고, 7·4 성명 이후 남측이 남북대화에 소극적이었던 것도 바로 이 때문이었다(정해구, 1998: 97). 민주 지향성과 함께 가지 않는 통일 지향성 추구는 결국 반공 지향성과 분단 지향성의 재강화로 이어진다. 한마디로 유신체제는 국가안보를 요체로 하는 반공 지향과 통일 지향의 불편한 결합에 지나지 않았다(신종대, 2005: 159). 그렇다 보니 남측은 7·4 성명의 실행을 보장할 남북대화에 적극적으로 나설 필요가 없었던 것이다.

한편, 북한도 7·4 성명이 발표되고 5개월 후에 김일성의 유일 지배체제를 확고히 하는 개헌을 단행했다. 북한은 제5기 1차 최고인민회의에서 김일성의 일인 독재체제를 공고화하는 헌법을 개정하고 공포했다. 북한의 새 사회주의 헌법은 서울이 아닌 평양을 수도로 선언함으로써 분단을 고착화하고, 국가주석제를 신설해 분단의 반쪽인 북한에서 김일성의 유일 독재체제를 구축하기 위한 법과 제도를 완성한 것이다(이상우, 1986: 239~241). 특히 북한에서 통일은 체제의 정통성 확보와 인민대중의 동원 및 일체감 조성, 그리고 경제적 어려움을 감내하도록 하는 중요한 상징 기제로 작용하고 있다(최완규, 1999: 23). 이런 점을 고려하면 김일성 역시 7·4 성명을 독재체제 강화로 가는 디딤돌로 악용했다고 볼 수 있다.

이렇듯, 남북대화와 더불어 남북 양측에서는 헌법 개정을 통한 강력한 체제 개편을 단행했다. 이는 내부적인 권력 강화를 위해 통일문제가 하나의 술책과 수단이 되었다는 평가를 피할 수 없다. 정도의 차이는 있지만 분단 이후 양측은 다 같이 '통일 정치 게임'을 통해서 각각 자신의 체제를 정당화하고 국민 동원과 일체감을 조성해 왔던 것이다. 이러한 게임의 일차적 목적은 남북한 관계 개선이나 분단의 해소보다는, 오히려 각자의 체제나 정권을 안정적으로 유지하는 데 있는 것이다(최완규, 1999: 23). 요컨대, 양측의 남북대화 목적은 통일 담론을 동원해 정권의 기반을 다지면서 동시적으로 '유신'과 '유일'이라는 1인 독재체제를 수립하는 것이었다. 양측 모두 남북대화의 목적이 체제 정비에 있었다는 것을 반증이라도 하듯, 유신과 유일체제가 수립된 이후 남북한의 통일 열기는 급속히 냉각되고 말았다(신종대, 2005: 159).

5. 맺음말

제2차 세계대전 후 세계는 '총성 없는 차가운 전쟁' 이른바 '냉전시대'를 맞이하게 되었다. 국제사회는 긴장과 대립 상태가 지속되었고, 그로 인해 세계가 동서 두 진영으로 이분화되면서, 냉전이라는 용어는 단순히 미국과 소련 간의 대립과 갈등을 가리키는 수준을 넘어서 하나의 시대로서 그리고 국제적 체제로서의 개념을 획득했다.

한편, 냉전시대 최초의 열전은 '한국전쟁'이었다(슈퇴버, 2016). 그러나 아이러니하게도 이 전쟁은 냉전이 더 이상 열전으로 변전되지 않도록 하는 국제적 체제의 형성에 기여했고, 냉전적 대치 상태를 격화하는 동인으로 작용했다(김명섭, 2003). 냉전은 남북한이 대결적 통일정책을 수립하고 지속하는 데 매우 강력한 영향을 끼쳤다. 한국전쟁 이후 자본 진영의 미국과 일본, 공산 진영의 소련과 중국은 남과 북을 각각 냉전의 전초기지로 유지하기 위해 남북 대결을 부추겼다(김진환, 2010: 182). 남북한 통치자들도 국제사회 못지않게 냉전체제와 분단을 이용해 남북한을 대결과 분열의 장으로 유도했고, 이를 통해 자신들의 정권 유지 및 강화에 악용했다. 그들은 한반도 평화와 통일을 추구하기 위해 안보 위기를 극복하기보다는 오히려 안보 위기를 명분 삼아 서로의 '적대적 공존' 또는 '적대적 공생' 관계를 형성했고, 이는 통일을 요원하게 하는 요인으로 작용했다.

하지만 좀처럼 풀릴 것 같지 않던 냉전체제에 변화가 생겨났다. 닉슨에 의해 시작된 평화공존의 움직임은 냉전을 대체하는 새로운 국제질서 형성을 기대케 했고, 이는 한반도에도 직접적인 영향을 미쳤다. 그리고 그 결과물로 7·4 성명이 탄생했다. 7·4 성명은 남북한 당국이 분단 이후 최초로 작성한 통일과 관련한 합의문이며, 이후 50여 년이 되어가는 현재까지 남북한 교류 및 협력과 통일정책의 규범적 시각을 제공하면서 후속 남북대화에 많은 영향을 미치고 있다. 그러나 기대와는 달리 7·4 성명 발표 이후 남북한 통일 논의는 오히려 퇴보의 모습을 보이면서 1973년 하반기를 기점으로 동력을 잃게 되고 한반도는 또다시 긴장 고조의 국면으로 되돌아가고 말았다.

7·4 성명이 지속성을 갖지 못한 것은 무엇보다도 수동적 반응에 의해 탄생한 결과물이기 때문이다. 남북한은 적극적이고 자발적인 의지가 결여된 상황에서 만남과 대화를 시작했지, 양측 모두 분단과 단절의 극복을 염두에 둔 '자주적 선택'을 한 것이 전혀 아니었다. 미국과 중국의 구심력을 받아 수렴된 형식적 관계 진전의 양상이었다. 그렇다 보니 양측은 상호 간의 의견 차이를 좁히고 공통분모를 찾는 그런 만남을 애초부터 원치 않았

던 것이다. 따라서 이 시기의 회담에서는 양측이 경직되고 비타협적인 행태를 보였으며, 관계 개선을 위한 합의 도출의 필요성도 없어서 그저 '대화를 위한 대화'에 그칠 수밖에 없었다(김형기, 2013: 43).

다음으로 7·4 성명은 남측 정부에 있어 정치적 도구에 지나지 않았다. 박정희 입장에서 7·4 성명은 유신체제를 선포하기 위한 일종의 포석이었고, 그 결과 남북 접촉과 대화는 유신체제가 수립된 이후 무용지물로 전락하고 말았다. 한편, 박정희는 남북 접촉과 대화는 절대 불가하다는 정권 내부의 초강경 세력들이 자신에게도 도전할 수 있도록 내버려 두어서는 안 된다는 판단하에 7·4 성명의 합의가 필요했다. 그렇다 보니 대북정책은 일관성이 결여되었고, 국내 냉전 세력을 돌파할 수 있을 만큼의 미래지향적 철학이 부재했다. 그리고 대화의 필요성은 인정했지만, 냉전 구조에서 발생하는 '불신의 계곡'을 벗어날 만큼의 정치적 의지는 부족했다(김연철, 2010: 112).

이는 북한도 마찬가지다. 북한은 남북대화에서 남한보다 더 공세적이고 적극적인 자세를 보였다. 하지만 북한이 남북대화를 통해 기대했던 궁극적 목표는 한·미 간의 분리와 주한미군의 완전 철수였다. 그러나 목표 달성이 쉽지 않다는 것이 분명해졌을 때 북한의 입장에서 남북대화는 아무 의미가 없는 것이었다. 그리고 북한 역시 7·4 성명을 통해 김일성 유일 지배체제를 확고히 하는 체제 내적 응집력을 보였다.

7·4 성명은 실패로 막을 내렸다. 그러나 7·4 성명은 한국전쟁 이후 남북한 당사자가 만남과 대화를 통해 처음으로 합의를 이루어냈다는 점에서 충분한 의미를 가진다. 물론 성명 발표 이후 실행으로 이어지지 못했다는 비판적 견해도 존재하지만, 적어도 남북한이 마주 앉았다는 사실 자체가 이미 사실상 상대방의 실체를 인정하는 결과를 가져왔다는 점에서 의미가

크다고 할 수 있다(김형기, 2013: 43). 실패가 결코 종점을 의미하지는 않는다. 7·4 성명이 단절 극복을 위한 남북대화와 교류협력 사업의 '단초'로 자리매김해 온 것은 분명한 사실이다. 그렇기 때문에 7·4 성명은 아직까지도 우리 사회에 큰 울림을 내고 있는 것이다. 7·4 성명의 연장선이 바로 남북기본합의서, 6·15 공동선언, 10·4 선언인 것이다.

7·4 성명을 통해 분명히 주지해야 할 사실은 진정성 없는 남북대화나 정권의 필요에 따른 남북문제 접근은 오히려 분단체제를 더욱 고착시킨다는 것이다. 이 점을 교훈 삼아 양측의 간극을 좁힐 수 있는, 즉 갈등과 대립이 아닌 상생과 협력의 기틀을 마련하는 만남과 대화가 지속적으로 이루어져 한다. 물론 여기에는 북한의 전향적인 태도 변화가 함께 이루어져야 한다. 그러기 위해서는 우리 정부가 관계를 개선시키겠다는 확고한 실천적 의지를 가질 필요가 있으며, 이러한 바탕 위에 북한의 태도 변화를 유인하고 만남의 장으로 끌어들이기 위한 외교적 노력이 병행되어야 할 것이다.

참고문헌

국토통일원. 1982.『남북대화백서』. 국토통일원.

김명섭. 2003.「한국전쟁이 냉전체제 구성에 미친 영향」. ≪국제정치논총≫, 제43집, 1호, 115~133쪽.

김보미. 2015.「데탕트 시대의 냉각지대: 북한외교정책의 이념과 한계」. ≪현대북한연구≫, 제18권 2호, 39~76쪽.

김신정. 2016.「7·4남북공동서명의 지속성과 저해요인」. ≪사회과학연구≫, 제24집 2호, 8~24쪽.

김연철. 2010.「김대중·노무현 정부 10년의 남북관계」. ≪기억과 전망≫, 통권 22호. 109~140쪽.

______. 2012.「7·4남북공동성명의 재해석」. ≪역사비평≫, 통권 99호. 220~260쪽.

______. 2013.「역행하는 남북관계, 빌리 브란트가 그립다」. ≪한겨레 21≫, 964호. http://h21.hani.co.kr/arti/world/world_general/34737.html

김일성. 1983. ≪김일성 저작선집, 25권≫. 조선로동당출판사.

김지형. 2008.「정부수립 60년, 남북회담 60년: 7.4 공동성명 전후의 남북대화」. ≪사림≫, 제30호, 27~50쪽.

김형기. 2013.「남북관계와 대북정책의 변화」. ≪KDI 북한경제리뷰≫, 4월 호, 44~63쪽.

김형욱 외. 1985. ≪김형욱 회고록3≫. 아침.

노중선 엮음, 1985. ≪민족과 통일 I : 자료편≫. 사계절

마상윤. 2011.「데탕트의 위험과 기회」. ≪세계정치≫, 제31권, 2호. 103~134쪽.

박광득. 2014.「7·4남북공동성명의 주요내용과 쟁점분석」. ≪통일전략≫, 제14권, 3호. 9~39쪽.

박종철. 2000.「남북정상회담의 의의와 전망」. ≪학술회의 총서 2000-03≫. 통일연구원. 1~19쪽.

박태균. 2006. ≪우방과 제국, 한미 관계의 두 신화≫. 창작과비평사.

백학순. 2014. ≪박정희 정부와 전두환 정부의 통일·대북정책 비교≫. 세종연구소.

서정경. 2011. 「미·중관계의 맥락에서 본 한국안보」. ≪현대중국연구≫, 제13권 1호, 159~196쪽.
서중석. 2016. ≪서중석의 현대사 이야기≫. 오월의 봄.
슈퇴버, 베른트(Bernd Stöver). 2016. ≪한국전쟁≫. 황은미 옮김. 여문책.
신종대. 2005. 「유신체제 수립원인에 관한 재조명」. ≪사회과학연구≫, 제13권 1호, 128~162쪽.
우승지. 2018. ≪남북관계의 이해≫. 경희대학교 출판문화원.
이동률. 2014. 「중국의 1972년 대미 데탕트」. ≪국가전략≫, 제20권 3호, 71~161쪽.
이상우. 1986. ≪박정권 18년: 그 권력의 내막≫. 동아일보사.
이종국 외. 2018. 「1970년대 긴장완화와 7·4남북공동성명」. ≪한일군사문화연구≫, 제26집, 217~241쪽.
이종석. 2001. ≪북한-중국관계: 1945~2000≫. 중심.
임혁백. 2005. 「유신의 역사적 기원(하)」. ≪한국정치연구≫, 제14집 1호, 115~146쪽.
장준갑. 2008. 「닉슨 독트린과 미국의 대한정책: 1969년 8월 한미 정상회담을 중심으로」, ≪역사학연구≫, 제34집, 229~250쪽.
______. 2009. 「닉슨행정부의 아시아 데탕트와 한미 관계」. ≪역사와 경제≫, 70호, 195~220쪽.
정해구. 1998. 「남북대화의 가능조건과 제약조건 분석: 7·4남북공동성명과 남북기본합의서 사례를 중심으로」. ≪통일문제연구≫, 제30권 2호, 83~104쪽.
조세형. 1986. 「박 대통령의 단독결정이었는가: 72년 남북대화를 보는 미국의 시각」. ≪월간조선≫, 1월 호
최완규. 1999. 「분단과 통일의 역사: 1972년 7·4남북공동성명채택」. ≪통일한국≫, 제192권, 22~23쪽.
한국정치연구회 정치사분과. 1993. ≪한국현대사 이야기 주머니 2≫. 녹두.
홍석률. 2012. ≪분단의 히스테리≫. 창작과비평사.
히라이와 슌지(平岩俊司). 2013. ≪북한·중국관계 60년: 순차관계의 구조와 변용≫. 이종국 옮김. 선인.

Ambrose, Stephen E. 1987. *Nixon: The Education of Politician, 1913-1962*. New York Simon & Schuster.

Dalleker, Robert. 2007. *Partners in Power: Nixon and Kissinger*. New York: Harper Collins Publishers.

Drew, Elizabeth. 2007. *Richard M. Nixon*. New York: Times Books.

Lundestad, Geir. 2003. *The United States and Western Europe Since 1945*. New York: Oxford University Press.

7

신냉전과 한반도

이웅현
한국지정학연구원 원장

1. '냉전', '신냉전' 그리고 '1979년'

국제관계사의 현상으로서의 '냉전'은 제2차 세계대전 종전 후부터 1989년 베를린장벽의 붕괴 또는 1991년 소련의 해체까지의 시기를 이르는 용어로 사용되어 왔다. 그런데 냉전의 출발점에 관한 견해는 이념적 경향을 달리하는 학자들 사이에 유럽 및 아시아의 그것이 각기 궤를 달리하고 있고, 또한 그러한 경향성에 따라서 냉전 촉발의 책임 소재도 각기 다른 곳을 지목하고 있다. 소련이 지도하는 국제공산주의 운동의 확장에 의혹의 눈길을 거두지 않았던 일군의 학자들의 주장에 따르면, 유럽의 냉전은 제2차 세계대전 중 소련군의 동유럽 해방 및 위성국화와 중근동 지역으로의 팽창 그리고 1948년 2월 체코슬로바키아의 쿠데타에 이르는 일련의 과정에서 시작되었고, 아시아의 냉전은 1949년 중국 대륙의 공산 정권 수립과 1950년 한국전쟁의 과정을 거치면서 전개되었다.

반면 자본주의 국가들의 팽창 경향에 비판적인 이른바 수정주의적 견해를 지닌 학자들에 따르면, 유럽의 냉전은 전후 전 세계적인 제국주의 지배 질서를 유지하고 또 유럽의 부흥·재건 과정에서 소련과 동유럽의 공산 정권을 소외시키려는 미국을 비롯한 자본주의 진영의 의도가 표출된 1947년의 트루먼 독트린과 마셜플랜 등에서 비롯되었다. 이들에 의하면, 일본과 한반도의 남쪽을 군사 점령한 미국의 반공 정책이 아시아 냉전의 기원이 될 것이다.

분명한 것은 저널리즘의 용어로 탄생한 '냉전'이라는 말이 반세기 가까운 기간 동안 복잡한 국제정치 현상을 설명하는 단순명료한 개념어로서 '양극체제'라는 조어와 함께 사용되면서, 보이지 않고 존재하지 않는 것을 마치 눈에 보이고 사실로 존재하는 것 같은 착시현상을 야기해 사람들의 의식을 지배해 왔다는 점이다.* '차갑지만 뜨거운' 말 그대로 모순관계가 국가들 사이에 실체가 있는 구조물로서 형성되어 있다는, 그야말로 '모순적인' 인식을 비판적인 관점을 배제한 채 수용해 왔다는 것이다.

그럼에도 불구하고 이와 같이 '없는 것을 마치 있는 것처럼 설명하는' 구체화(reification)가 일종의 도구로서 제공하는 지적 편리함도 무시할 수 없는 것이어서, 전후 지구상에서 전개된 강대국 특히 미·소 갈등은 물론 이 두 국가가 직간접적으로 관련하고 있는 것으로 추정되는 모든 국제적 갈등을 '냉전'의 프레임에 맞춰보면서 일면적 진실을 찾아낼 수 있었다는 점도 부인할 수 없다.** 아무튼 이러한 한계에도 불구하고 지난 20세기의 후반기에 '냉전'이라는 말은 첫째, 미국(자본주의)과 소련(공산주의) 사이의 이념적 대립, 둘째, 양국 사이의 (경제)체제 우월성 경쟁, 그리고 셋째, 양국 사이의 군사력 경쟁 등을 내포하는 전 세계적 충돌·대립 현상이라는 명쾌한 도식을 사람들에게 제공해 주었다.

제2차 세계대전 종전 후부터 베를린장벽의 붕괴 내지 소련 해체에 이르는 긴 시기를 '냉전시대'로 보는 관점의 연장선상에서 보면, 1970년대 말기에 시작된 '신'냉전은 그 출발점과 발생 지역이 어떠하든 미국과 소련에 비견할 수 있는 초강대국들의 '전쟁에 이르지 않는 긴장상태'의 형성, 양 대국 간의 체제·이념의 차이에 따른 경쟁과 갈등 그리고 이 같은 대립·갈등의 전 세계적 확산이라는 제반 요인들이 '다시' 머리를 든 시대라고 보아야 하

* 이러한 현상을 교육학 용어로는 '실체화의 오류(fallacy of reification)'라고 한다. 국제정치학에서 빈번하게 사용되는 '세력균형(balance of power)'이라는 말 역시 이러한 범주의 오류를 야기하는 용어일 것이다.

** 그러나 '일면적 진실'의 발견이란 결국 논리학에서 '성급한 일반화의 오류(fallacy of generalization)'라고 부르는, 인식 실패의 다른 표현일 것이다.

며, 이러한 요인들이 '해빙' 또는 '데탕트'에 자리를 양보한 일정 시기가 있음을 전제로 해야 할 것이다.

따라서 '신'냉전은 1970년대 미국과 중국의 화해 그리고 이와 연동한 미·소 데탕트(1972년과 1979년의 SALT I, II) 분위기가 일변한 것으로 판단해, 대개의 경우 1979년 12월 소련의 아프가니스탄 침공 사건을 그 출발점으로 간주한다. 이어서 이듬해 1월 페르시아만 지역에서의 미국의 이익을 선언한 '카터 독트린'의 발포, 소련에 대한 곡물 수출 금지를 비롯한 경제제재 조치와 더불어 그해 여름으로 예정되어 있던 모스크바 올림픽의 불참 선언 등으로 새로운 냉전의 대립 구도는 더욱 선명해졌다.

이와 마찬가지로 1979년을 새로운 냉전의 출발점으로 보면서도 '신'냉전이라는 용어 대신 '제2의 냉전(Cold War II)'이라는 표현을 사용하는 수정주의적 경향의 한 연구자에 따르면 "냉전의 가장 선명한 지표가 전쟁의 위험성에 대한 인식이 커지는 것이라면, 제2의 냉전 역시 적의 공격에 의한 전쟁 가능성 및 군사적 준비의 필요성"에 대한 상호 인식의 강화를 특징으로 한다. 요컨대 1978년 이래 서방국가들은 국제관계에서 무력 사용의 정당성을 부각시키고 군사적 지출의 확대 필요성을 강조하면서 새로운 군비증강을 주장해 왔으며, 1976년의 대선에서 당선된 미 대통령 카터 역시 당장 1978년의 군사비 지출을 3% 증가하겠다는 공약을 내걸었다는 것이다(Halliday, 1983: 11). 이 연구자는 냉전적 대치 상황이라 하더라도 경제적·군적인 면에서 상대적으로 더 위협을 느낀 쪽은 소련과 동유럽 국가들이었음을 시사하는 다음과 같은 표도 제시하고 있다(Halliday, 1983: 39, 57. 이 연구자가 제시한 <표 7-1>과 <표 7-2>의 출처는 각각 World Bank, *World Development Report 1981*, p.135; SIPRI Yearbook 1981, p.156).

'공산주의 국가들'이라는 표현 대신 '탈자본주의 국가들'이라는 용어를

표 7-1 1979년 국가별 1인당 국민총소득

[단위: 미 달러화(US$)]

자본주의 국가들		탈자본주의 국가들	
서독	11,730	동독	6,430
미국	10,630	체코슬로바키아	5,290
프랑스	9,950	소련	4,110
일본	8,810	헝가리	3,850
영국	6,320	폴란드	3,830
이탈리아	5,250	불가리아	3,690

표 7-2 1970~1980년 미국과 소련의 군사비 지출 추이

(단위: 1978년 물가와 환율을 기준으로 한 미국 달러화)

	1971	1972	1973	1974	1975	1976	1977	1978	1979	1980
미국	120,655	121,105	114,976	113,666	110,229	104,261	108,537	109,247	109,861	111,236
소련	93,900	95,400	96,900	98,300	99,800	101,300	102,700	104,200	105,700	107,300

사용함으로써 마르크스주의적 성향을 뚜렷이 보여주면서, 〈표 7-1〉은 세계은행이나 스톡홀름국제평화연구소 등의 객관적 지표를 통해서 1970년대 말을 전후한 시기에 경제력과 이를 토대로 한 군사력 증강으로 적을 위압했던 것은 자본주의국가들이었다는 점을 강조한 것이다.

그러나 국가 간의 관계에서 객관적 지표보다 중요한 것은 주관적 인식일 것이다. 즉 국가 정책결정자에게는 적이 무엇을 가지고 있느냐가 아니라 적이 가지고 있는 것이 자국에 얼마나 위협적이냐가 중요한 문제가 될 것이다. 그런 점에서 1979년은 미국과 소련 모두에게 상대방으로부터 느낄 수 있는 위협이 고조된 해라고 할 수 있다.

앞에 언급한 연구자보다 좀 더 중립적으로 '신'냉전의 출발점을 분석한

한 연구자에 따르면, 소련은 (미일동맹이 엄존하는 가운데) 1979년 1월 중국 지도자 덩샤오핑의 워싱턴 방문으로 절정에 이른 미·중 관계의 개선을 바라보면서, 데탕트(미·소 화해)는 환상이라고 느낄 수밖에 없었다. 환상이 깨지면서 결국 소련은 세 나라의 대소 포위망이 좁혀지는 느낌을 받았고, 1979년 2월에 발생한 이란혁명으로 소련의 중앙아시아 이슬람 공화국들의 이탈 가능성까지 고민해야 하는 상황으로 내몰렸다. 그리고 같은 해 11월에 이르러 혁명세력의 테헤란 주재 미 대사관 점거 사건이 발생하자, 거꾸로 미국이 궁지에 몰린 이 시점이 소련에게는 포위망 돌파 정책(아프가니스탄 침공)을 결정할 수 있는 절호의 타이밍이었다는 것이다(Lesch, 2001: 123).

이러한 시각은 소련·아프가니스탄 관계의 독자성 및 소련과 아프가니스탄의 국내적 상황을 간과한 것이기는 하지만,* 국가들 사이의 안보딜레마(security dilemma)** 상황 그리고 새로운 냉전의 시작점으로서 1979년의 역사적 의미를 강조했다는 점에서 긍정적인 평가를 할 수 있다["Chronology", *The United States and the Two Koreas 1969-2000*, Digital National Security Archive; 五百旗頭(1999)를 토대로 작성한 <표 7-3> 참조]. 문제는 1979년에 격화되기 시작한 새로운 냉전이 한반도에서도 위태로운 긴장 상태를 야기했는가 하는 것이다. 즉 냉전의 전 기간 동안 한반도의 국제정세는 세계적인 냉전 상태 및 양극체제와 연동하는 것으로 간주되어 왔는데, 과연 '신'냉전이라는 일시적인 기간 동안 한반도의 정세도 이와 연동하였는가 하는 점이다.

* 1979년 소련의 아프가니스탄 침공을 소련·아프가니스탄 관계의 독자성과 아프가니스탄과 소련의 국내적 요인을 중심으로 분석한 연구로는 이웅현(2001) 참조.

** 한 국가의 방위를 위한 군사력 강화가 다른 국가의 안전에 위협 요소로 작용해 그 국가의 군사력 증강을 부르며, 이것이 거꾸로 자국에 대한 군사적 위협으로 비침으로써 더욱 군비를 강화해야 하는 상황을 일컫는다. 국제정치학자 존 허즈(John Herz)의 조어(造語)다.

표 7-3 1979년 주요 사건 일지

연월일	사건
1979.1.1	미·중 국교 정상화
1979.1.16	이란혁명. 2월 1일 호메이니 귀국
1979.2.17	중·월 전쟁 발발
1979.6.18	미·소, SALT-II 조인
1979.6.29~7.1	카터 대통령 한국 방문. 카터의 주한미군 철수 재고에 합의
1979.7.2	브레진스키, 주한미군 철수 1981년까지 중단한다고 발표
1979.10.5	카터 행정부, 김영삼 국회 제명에 항의표시로 글라이스틴 주한 미국대사 소환
1979.10.26	박정희, 중앙정보부장 김재규에 의해 암살
1979.12.12	전두환, 군사쿠데타로 실권 장악
1979.12.27	소련, 아프가니스탄 침공

자료: *The United States and the Two Koreas: 1969~2000*; 五百旗頭(1999).

2. 카터의 주한미군 철수 정책과 한반도

1979년의 한국은 도래하는 신냉전은 물론 데탕트와도 무관한 고립된 전통적 냉전의 고립된 섬처럼 보였다. 1977년 1월 임기를 시작한 미국 대통령 카터의 대한 정책은 '주한미군의 철수'와 이른바 '3자회담'의 추진으로 요약될 수 있었다. 그런데 이러한 정책들은 오히려 미·소 데탕트, 미·중 화해의 분위기 속에서만 추진될 수 있는 것들이었고, 신냉전이든 고전적 냉전이든 긴장이 지속되는 한반도에서는 실현 가능성을 장담할 수 없는, 즉 노력 그 자체로만 평가를 받을 수 있는 그런 정책들이었다.

3만 3000명에 달하는 주한미군의 5단계 철수 방안은 카터의 선거공약이었고, 1977년 취임 직후부터 그가 나서서 추진한 정책이었다. 이에 대해 한국 정부는 당연히 반발했다. 즉 1953년 이래 지속되어 온 한미동맹조약에 의거하여 주둔하고 있는 미군은 한국뿐만 아니라 동북아시아 전체의 평화와 안정에 기여해 왔고, 북한의 공격적 자세가 누그러지지 않고 있는 상황에서 주한미군이 유지되어야 한다는 것이었으며,* 북한의 반응은 주한 미 공군은 그대로 잔류시키는 "단계적이고 부분적인 철수"에는 만족할 수 없다는 것이었다.** 그러나 정작 카터의 철군 정책을 결정적으로 방해, 지연시킨 것은 미국의 국내적 요인이었다.

이 시기 북한의 군사적 측면을 탐구한 한 연구에 따르면, 철군 반대의 중심에 있던 인사는 주한미군 사령관 존 베시와 참모장 존 싱글러브였다. 싱글러브는 1977년 5월 ≪워싱턴 포스트≫에 종래의 북한 군사력 평가가 잘못되었으며 북한의 병력 증강이 위협적이라는 분석 결과를 소개하면서, "지상군을 철수하면 전쟁이 일어날 것"이라고 비판했다. 카터 대통령은 그를 경질했지만, 한국은 물론 일본 정부와 미국 의회 모두 반대론을 제기했고, 결국 카터는 철군 속도를 완화하는 수정안 준비할 수밖에 없었다. 이와 같은 철군 찬반 논쟁에서 우세해진 반대론자들의 주장은 영국의 국제전략문제연구소(IISS)가 매년 출간하는 『밀리터리 밸런스(Military Balance)』에도 반영되어 카터의 입지를 좁혔다.***

〈표 7-4〉에 따르면 1975년 당시 한국이 우위를 점했거나 균형을 이루었던 총병력과 화기가 카터의 철군 계획 발표 이후인 1978년에 이르면 북

* CONFIDENTIAL, STATE 056574, P142204Z MAR 77, FM SECSTATE WASHDC TO AMEMBASSY SEOUL, "ROK MEMORANDUM ON TROOPWITHDRAWAL," pp.1~2. *The United States and the Two Koreas 1969-2000*, Digital National Security Archive[이하 USTK DNSA].

** MEMORANDUM FOR DR. BRZEZINSKI, FROM The Situation Room, "Evening Notes," March 18, 1977, USTK *DNSA*.

*** 〈표 7-3〉, 〈표 7-4〉 및 그에 대한 의문의 제기는 和田春樹(1998: 211~212).

표 7-4 1975~1978년 남북한의 군사력 변화

	1975		1978	
	한국	북한	한국	북한
총병력	625,000	467,000	642,000	512,000
육군	560,000	410,000	560,000	440,000
탱크	1,000	1,000	880	1,950
박격포	미발표	2,500	5,300	9,000
82밀리 무반동포	미발표	미발표	미발표	1,500

표 7-5 1978~1979년 남북한의 군사력 변화

	1978		1979	
	한국	북한	한국	북한
총병력	642,000	512,000	619,000	632,000~672,000
육군	560,000	440,000	520,000	560,000~600,000
보병 사단	19	20	17	35
탱크	880	1,950	860	2,150
야포	2,000	3,000	2,000	3,500

한의 우위로 바뀌었고, 심지어 한국이 보유한 탱크의 숫자는 오히려 감소한 것으로 나타나 있다. 박격포의 급증, 무반동포의 갑작스러운 등장 역시 통계수치의 신빙성을 훼손하고 있다.

〈표 7-5〉의 경우도 신빙성을 의심하지 않을 수 없는 것이, 1978~1979년의 불과 1년 사이에 북한의 총병력과 지상군 병력은 12만 명이나 급증했고, 각종 화기도 한국이 현상을 유지하고 있는 반면 북한은 증가한 것으로 나타나 있다. 이러한 통계수치가 카터의 철군 정책에 변화를 요구한 근거자료였는지는 확인할 수 없지만, 적어도 통계상의 군사력의 분포상 철군을 고집할

수 있는 상황은 아니었다. 결국 카터 행정부는 1979년 2월부터 철군 정책을 수정하기 시작했고, 그해 7월에는 전면 중지하지 않을 수 없었다.

남북한과 미국이 참여하는 '3자회담' 역시 주한미군 철수와 비슷한 운명에 처하게 된다. 원래 카터의 주한미군 철수 정책에 고무된 북한이 1977년 제3국을 통해서 북·미 협상을 제안했는데, 이에 대한 거부의사 표시로 미국은 거꾸로 한국의 참석을 전제로 한 북·미 대화를 제안했다. 그리고 1978년 유고슬라비아와 중국이 적극적 중재에 나서면서 아연 활기를 띠기도 했지만, 기본적으로는 협상 과정에서 소외되는 것을 우려했던 한국이 소극적 태도로 일관했다. 그리고 주한미군 철수 문제가 지지부진해지면서 북한의 관심도 사라져갔다. 결국 카터 행정부가 1979년 7월 20일 철군을 사실상 동결하자 '3자회담'은 동력을 상실했다. 미군의 철군 추진과 3자 대화(북·미 대화) 추구는 상호 연계되어 추진되다가 한 정책이 무산되자 다른 하나도 무산되는 운명에 처한 셈이었다(이완범, 2017: 152). 요컨대 1970년대 말 한반도의 정세는 데탕트의 연속선상에서도 여전히 냉전적·현상유지적 요소가 힘을 발휘하는 상태였다.

3. 한반도의 '신'냉전, 한·미·일 연대

1979년 10월 박정희 대통령이 자신의 중앙정보부장에 의해 사살되고, 12월에 쿠데타로 군 수뇌부를 제거하고 전두환의 신군부가 부상했을 때 미국은 기묘한 딜레마에 직면했다. 주한미군 철수 논쟁이 역설적으로 1980년 등장한 한국의 신군부에게 북한의 공격 위협을 상대화하고 쿠데타 세력의 권력 강화에 집중할 수 있는 계기를 제공했던 것이다.

즉 12월 12일의 쿠데타 직후 전두환을 만난 미 대사 글라이스틴은 전두환에게, "[12월 12일의] 행위는 한국 군부 내에 위험한 선례를 남겼고, 북한의 위협을 생각하면 심대한 위험을 초래할 수도 있는 것이었으며, 국내적으로는 질서 있는 정치적 자유화와 관련한 그리고 대외적으로는 안정의 전망에 관한 최규하 정부의 능력에 깊은 의문을 제기한" 사건이었다고 말하고, "한국은 민간정부를 유지해야 하며, 이 사건에 깊은 우려를 하게 된 미군 및 사업가들의 지지를 잃어서는 안 된다"라고 말했다. 그러나 신군부는 북한의 위협에 관한 한 미국인들보다 더 잘 알고 있다는 자신감을 가지고 있었고, 북한의 위협을 심각하게 생각하지도 않았다. 최근까지 미국이 주한미군 철수를 추진한 것도 실제로는 북한의 군사적 위협을 중시하지 않았기 때문이라고 판단했던 것이다(Oberdorfer, 1997: 122~123).

글라이스틴이 1980년 1월 본국으로 보낸 메시지에 이러한 미국의 딜레마가 잘 요약되어 있다. 즉 한국의 국내 문제에 대한 "전례 없는 적극적 역할"을 받아들일 수도 거부할 수도 없는 상황이었다. 그는 보고서에 "만일 우리가 충분한 역할을 수행하지 않으면 위험한 사건들이 발생할지도 모른다. 만일 우리가 너무 많은 일을 하려고 한다면 강력한 국수주의자들의 반발을 불러일으킬 수도 있다"라거나, "대부분의 한국인들은 미국의 실제적인 힘이 줄어들고 있다고 느끼고 있고, 소련의 도전에 직면하여 대처하려고 하는 우리의 의지가 박약한 것이 아닌지 점차 우려하고 있으며, 베이징을 다루는 우리의 능력에 대해서도 어느 정도 회의적이다"라고 적고 있다. 한국인들은 테헤란 미 대사관의 점거와 인질 사건에 매여 있는 미국이 한반도의 문제까지 신경을 쓸 여유가 없을 것이라고 생각한다는 것이었다(Oberdorfer, 1997: 123). 새로운 냉전이 아니라 1979년의 사건들이 한반도의 상황을 통제하기 시작한 것이다.

미국이 이러한 딜레마에 빠진 상황에서 5월 한국에서 또 한 번 전두환 국군보안사령관 세력의 두 번째 쿠데타가 발생했고, 이에 저항하는 광주의 민주화운동이 전개되었다. 신군부는 민주 세력의 지도자 김대중 등을 체포하여 9월의 군법회의에서 사형을 선고했다. 같은 달 북한은 이와 같은 사태에 항의한다면서 2월부터 시작되었던 남북총리회담 예비회담을 비롯한 일련의 남북한 접촉의 단절을 선언했다. 10월에는 조선로동당 제6회 대회가 개최되었고, 이 대회에서 김정일이 중앙위원, 정치국 상무위원, 비서, 군사위원회위원으로 선출되면서 김일성에 이은 2인자로서의 위치를 구축했다. 그에 대한 호칭도 '당 중앙'에서 '친애하는 지도자 김정일 동지'로 바뀌었다. 그리고 김일성은 대회의 보고에서 통일을 위한 남한의 "파쇼적 '유신' 독재체제의 철폐"를 강조하고, 한국의 민중운동을 지지한다고 언급했다(和田春樹, 2019: 143~144). 남북한 관계의 결빙은 한반도의 내부적 상황 변화에 따라 발생한 현상이었다.

신냉전의 전개에 따라 한반도의 정세가 결정되는 것이 아니라, 한반도의 정세 특히 한국의 새로운 군사정권의 의향이 미국을 비롯한 주변국의 정책에 영향을 주는 상황이 전개되었다. 특히 김대중에 대한 군법회의의 사형선고가 내려진 후 카터를 비롯한 미국의 정부인들은 민주 지도자의 처형이 곧 실행될지도 모른다고 우려하기 시작했고, 실제로 차기 행정부를 담당하게 될 레이건 당선자 및 그의 참모들과도 대책을 논의했다(NSC, Memorandum "Kim Dae Jung," November 14, 1980, The United States and the Two Koreas 1969~2000).

카터 행정부의 이러한 우려를 계승한 새로운 백악관의 안보보좌관 내정자 리처드 앨런은 김대중의 사형집행 중지와 전두환의 백악관 방문, 즉 전두환 정권과 워싱턴 신정부의 관계정상화를 맞교환하는 협상을 성사시켰다. 레이건 신임 대통령의 취임일인 1981년 1월 21일 백악관은 전두환의 방미를 발표했다. 그리고 사흘 후 전두환 정권은 계엄령의 해제와 김대중의 종신형으로의 감형을 발표했다(Oberdorfer, 1997: 136). 2월 2일 전두환은 워싱턴을 방문, 레이건과 정상회담을 가졌다.

미국과의 관계 개선은 정통성이 빈약한 한국의 신군부 군사정권에게 국제사회에서의 자신감을 부여했다. 1981년 5월에는 스즈키 젠코 일본 총리의 워싱턴 방문과 미·일 정상회담이 있었는데, 회담 후의 공동성명에서는 "양국 간의 동맹관계"라는 표현과 함께, "일본의 방위 및 극동의 평화와 안정을 확보하는 데 있어서, 두 나라 사이의 적절한 역할 분담이 바람직하다"는 내용이 포함되었다. 이것은 거의 군사적인 동맹의 수준으로 미·일 관계가 강화되었음을 의미했다.

한국은 한·일 관계 역시 '특별한 관계'임을 강조하면서, 5월의 미·일 정상회담 후의 공동성명에 나타난 '역할 분담'을 한·일 관계에도 적용할 것을 일본에 요구했다. 즉 한국은 휴전선에서 북한과 대치하고 있고 이를 통해서 일본의 방위를 대신하는 역할을 하고 있기 때문에, 한국의 이러한 역할에 대한 경제적 부담을 일본이 해야 한다는 논리였다(五百旗頭, 1999: 194~195). 이 교섭이 어떤 결과를 산출하기 전인 1982년 6월부터 이른바 '교과서 파동'이 발생하여 협상 자체가 지지부진해졌지만, 이와 같은 한국의 요구는 한국과 일본이 동맹관계는 아니지만, 미국을 매개로 하여 미일동맹과 한미동맹을 연계하겠다는 것이었다. 군사정권은 미국으로부터 형식적인 승인을 받았다고 간주하고, 일본에게도 정권의 정통성을 확인받으려 한 것이다. 동북아시아에서 심화되고 있는 신냉전 구도에 편입하겠다는 의사표시라고도 할 수 있었다. 스즈키 젠코에 이어 일본 총리가 된 나카소네 야스히로는 이러한 한국의 희망에 적극 호응했다.

1983년 1월 11일 나카소네는 총리 취임 후 첫 방문국으로 한국을 찾았다. 제2차 세계대전 종전 이후 일본 총리가 한국을 공식 방문한 것은 이것이 처음이었다. 나카소네는 서울에서 두 나라 사이의 '불행한 역사를 엄숙히 받아들'인다면서, 한국 문화를 칭찬하고 한국 노래를 부르는 퍼포먼스도 연출했다. 1981년 8월 이래 해결되지 않은 현안인 경제협력의 문제에서도, 한국이 안전보장과의 연관, 즉 '역할분담론'을 취소하면서 7년 동안 40억 달러의 차관을 제공하는 데 합의를 이루었다(五百旗頭, 1999: 197~198). 일본은 미국으로부터의 방위력 증강요구를 한국에 대한 경제협력으로 비껴가려 했던 것이다. 곧이어 17일 나카소네는 워싱턴을 방문하여 레이건과 첫 미·일 정상회담을 갖고 미국과 일본은 '운명공동체'임을 강조했다. 미국은 대소 강경노선에 일본의 지원을 확보했고, 이른바 '론-야스 시대'*를 열었다.

한·미·일이 밀착하는 가운데, 소련에서는 1982년 11월 공산당 서기장 레오니드 브레즈네프가 사망하면서 볼셰비키혁명 이래 공산 정권 역시 노쇠해지고 있음을 전 세계에 알렸다. 뒤를 이어 서기장에 취임한 유리 안드로포프 전 KGB 의장은 14개월 만인 1984년 2월 사망했다. 뒤이어 서기장이 된 콘스탄틴 체르넨코 역시 73세를 넘긴 병약한 노인으로, 사회주의 제국이 석양 속에 기울고 있음을 알렸다. 미·소 간의 새로운 냉전은 허울만 남아 있는 셈이었다.

이에 앞서 1982년 봄에는 북한 지도자 김일성의 탄생 70주년을 기념하여 개선문, 주체사상탑, 인민대학습당과 같은 각종 대형 건조물이 세워졌다(和田春樹, 2019: 145~146). 소련에서 자연사하기 시작한 개인숭배의 그림자

* 로널드 레이건과 나카소네 야스히로가 서로를 성이 아닌 이름 그것도 애칭(론, 야스)으로 부르는 친밀한 관계를 형성했다는 의미다.

표 7-6 1980~1982년 주요 사건 일지

연월일	사건
1980.4.25	미국, 테헤란 미 대사관 인질 구출 작전 실패
1980.5.18~5.27	신군부의 학생 시위 탄압, 계엄 선포, 김대중 체포에 항의하는 광주민주화운동 전개
1980.7.18	미 하원 스티븐 솔라즈 의원 방북하여 김일성과 회담. 김일성은 미국과의 문화교류 환영 의사 표명
1980.8.12	카터 행정부, 한국 정부에 정치개혁 수행할 때까지 거리를 둘 것이라고 통지
1980.11.4	카터, 미 대통령 선거에서 로널드 레이건에게 참패
1980.12·13	미 국방장관 해롤드 브라운 방한. 전두환에게 김대중의 사형집행 중단 촉구
1981.1.21	미 백악관, 전두환 대통령이 레이건 대통령의 초청으로 2월 미국을 방문할 것이라고 발표
1981.1.23	한국 정부, 김대중의 사형을 종신형으로 감형
1981.1.24	한국 계엄령 해제
1981.1.28.~2.6	전두환 방미
1982.3.29	미 국방장관 캐스퍼 와인버거 방한. 한국에 대한 변함없는 안보 제공 약속
1982.8.26	일 관방장관 미야자와 기이치, '역사 교과서에 관한 정부 견해' 발표

자료: *The United States and the Two Koreas: 1969~2000*; 五百旗頭(1999).

가 평양에는 여전히 드리워 있었다.

4. 신냉전의 내리막길, 한·중 접근

1980년대 북한은 베이징과 견고한 관계를 유지하고 있다고 자부했지만, 중국은 한국과 경제적인 관계의 확장을 모색하기 시작했고, 중국의 현대화와 발전에 한반도의 평화와 안정이 절대적으로 필요하다는 인식을 갖고 있었다. 이미 1979년부터 한국과 공산주의 국가들 사이의 경제교류는 확대되어 오고 있었다. 당시 한국의 대공산권 교역 현황에 관한 CIA 비밀 보고서에는 다음과 같은 문장들이 들어 있었다.

> "[한국과] 소련 및 동유럽 진영과의 간접적인 교역은 소규모 — 매년 2억 달러 — 이지만 진행되어 왔다."
>
> "이미 지난해[1978년]부터 중국과 한국 사이의 교역은 시작되었다."
>
> "중국-한국의 교역은 적은 양이지만 빠르게 증가하고 있다. 홍콩 항의 공식 통계에 따르면 한국으로 선적되는 중국 상품은 1979년 1/4분기에만 700만 달러에 달한다. 1978년 같은 시기에는 100만 달러에도 못 미쳤다."
>
> "덩샤오핑 부주석은 타이완 및 일본과 함께 한국을 무역 지향적 발전[국가]의 지도적 모델로 규정했다. 한국은 중국이 수출하고자 하는 품목 — 석탄, 원유, 비철금속 — 과 저렴하게 수입할 수 있는 필요 중간재 — 시멘트, 비료, 강철 — 를 비롯한 많은 물품들의 교역을 위한 가깝고도 성장하는 시장이다."*

1970년대부터 한국과 중국 모두 경제적인 측면의 접근을 필요로 한 것으로 보이며, 최적의 중계항은 홍콩이었을 것이다. 이와 같은 양국의 비공식적인 접촉 및 교역의 공식화에 나선 것이 베이징 주재 미국 대사관이었다. 1983년 여름 미 국방장관 캐스퍼 와인버거가 중국을 방문했을 때 덩샤오핑은 베이징에서 한국과 북한이 미국의 참석하에 만날 것을 제안했다

* US Central Intelligence Agency, Memorandum[Classification Excised], July 27/ August 21, 1979, *The United States and the Two Koreas 1969-2000*.

(Tucker, 2001: 429~430). 이 제안은 성사되지 않았지만, 한국을 제외한 북·미 대화를 요구하는 북한의 동맹국이 태도 변화를 보인 것으로 중요한 전기라고 할 수 있었다.

그해 10월 북한은 한국 지도부에 대한 테러를 감행했다. 즉 버마(현 미얀마)를 방문 중인 전두환 대통령이 버마 독립의 영웅 아웅산 장군의 묘에 헌화하는 일정이 있는 것을 이용해서 묘소에 폭탄을 설치, 폭발시켰다. 전두환 대통령은 화를 면했지만 한국의 장관 4명을 비롯하여 고위관리 17명이 사망하는 대사건이었다. 버마 정부는 북한이 파견한 범인 2명을 체포했다고 발표하고 북한과의 관계를 단절했다.

한국은 사건 발생 즉시 북한의 범행이라고 비난했고 버마 정부의 발표도 있었지만, 북한은 이를 부인했다. 묘한 것은 이 사건에 대한 중국 정부의 논평이었다. 중국은 한국과 북한 그 어느 쪽의 입장도 지지하지 않았다. 단순히 "여하한 나라의 행위이든 테러리즘에는 반대한다"라는 성명을 발표했다(和田春樹, 2019: 150). 동맹국 북한의 행위를 옹호하지 않고, 다소 중립적인 태도를 표명한 것이었다. 실제로는 미국과 북한 그리고 한국의 회담을 주선하기 위해서 노력하는 가운데 발생한 이 테러에 대한 중국 정부 관리들의 반응이 "경멸과 조롱이 뒤섞인 것"이었다고 한다(Tucker, 2001: 431).

미국은 이 테러 공격에 분노한 한국 정부가 북한에 대한 군사적 공격을 감행하지 않을까 우려했다. 한·미·일 삼각 연대가 강화되고 있는 과정에 발생한 이와 같은 북한의 테러 공격이 한국의 보복 작전을 야기하여 한반도의 분쟁 상황이 발생하면, 미국과 일본이 개입해야 하는 상황이 될지도 모르는 일이었다. 1983년 11월 12일로 예정된 로널드 레이건 미 대통령의 한국 방문을 앞두고 미 국무성이 미 대통령의 방한과 관련해 작성한 체크리스트는 다음과 같은 내용을 담고 있었다. 한미 정상회담 시에 미국 측이 한국 측에 확실하게 전달해야 할 사항들이었다.

- 이번 방문의 주요 목적 가운데 하나는 우리[미국]의 안전보장 역할, 특히 KAL 격추 사건(1983년 9월)과 랑군 사건(10월) 이후 특히 중요해진 역할을 확인하는 것이다.
- 우리는 한국에 미군의 주둔을 계속 유지할 것이며, 전투 능력을 향상시킬 것이다.
- KAL 사건과 랑군 사건에 직면한 한국이 자제력을 발휘, 강화해 주기를 희망한다.
- 북한의 도발에 대한 여하한 형태의 반응을 보일 경우라도 충분한 협의를 필요로 한다. 만일 전[두환]이 이 문제를 꺼내면, 우리는 일방적인 한국군의 행동에 대해서 결단코 반대할 것이라는 점을 강조하기 바란다.*

이 문서의 '긴장완화(Tension Reduction)'라는 항목에는 "한국에 대한 중국의 접촉을 더욱 장려하기 위해서, 우리는 한국과 협의하여 북한에 대한 추가적인 '제스처'를 고려할 수도 있다는 점을 전두환에게 말해두어야 한다"라는 문장이 있었다. 미국은 랑군 테러를 한·중 접촉을 강화하는 계기로 삼으려는 의도가 있었던 것이다.

1984년 1월 북한은 중앙인민위원회와 최고인민회의 합동 회의에서 북한, 미국, 한국의 3자회담을 제의하기로 결정했다. 그리고 그해 봄 레이건 대통령과 슐츠 국무장관이 중국을 방문했을 때 중국의 자오쯔양(趙紫陽) 총

* US Department of State, Briefing Memorandum, Secret, From EA-Paul Wolfowitz to the Secretary, "Checklist for the President's Visit to Korea" October 28, 1983, *The United States and the Two Koreas 1969-2000*.

리가 이러한 북한의 의사를 전달했다. 미국과 중국은 3자회담이 아니라 중국을 포함한 4자회담이 바람직하다는 데 합의했고 나중에 미국이 일본과 소련을 포함한 6자회담으로 제안의 폭을 넓혔지만, 결과적으로 성사 단계에는 이르지 못했다. 다만 랑군 테러가 동북아시아 관련 국가들의 대화 분위기를 촉진했다는 점은 역설적이다. 한반도의 냉전이 열전의 위기를 정점으로 내리막길에 접어든 것이다.

5. 한반도의 해빙(?)

중국이 북한과 거리두기를 시작하면서 한국 측으로 기울어지는 것을 감지한 북한은 중국, 소련과의 연대 강화를 시도했다. 1984년 5월 중순부터 7월 초까지 김일성은 소련과 동유럽 국가들을 방문했다. 소련, 동독, 루마니아, 헝가리 등지를 방문했는데, 동독 공산당 서기장 호네커와의 회담에서 김일성은 다음과 같은 언급을 한 것으로 알려져 있다.

"중국은 전쟁을 바라지 않는다. 경제와 국민의 생활수준에서 문화혁명의 결과를 극복하는 데는 시간이 걸린다. 모든 자원을 여기에 쏟고 있다. …… 일본에는 군국주의와 미국과의 동맹을 부활시키려고 원하는 사람들이 있지만, 일반적으로 일본은 경제적 이유 때문에 재군비에 관심이 없다"(和田春樹, 2019: 151~152). 동북아시아에서 전쟁은 물론 긴장 상태가 조성되는 것이 무의미하며, 바람직하지도 않다는 것이었다.

북한은 그해 9월 한국에 홍수로 인한 수해가 발생하자 원조를 제공하겠다는 의사를 표명했다. 북한의 쌀과 원조 물자가 판문점을 통해서 한국으로 들어왔을 때 한국 국민들은 그 질적 수준에 실망했지만, 아무튼 이러한

표 7-7 1983~1985년 주요 사건 일지

연월일	사건
1983.1.11	일 총리 나카소네 방한, 전두환과 회담. 대한 경제협력 40억 달러 합의
1983.1.17	나카소네 방미, 미·일 정상회담
1983.1.19	≪워싱턴 포스트≫, 나카소네의 '일본열도 불침항모' 발언 보도
1983.2.6~2.8	미 국무장관 슐츠 방한. 한국의 안보에 대한 미국의 역할 확인
1983.9.1	소련 공군기, 사할린 상공에서 KAL 007 격추
1983.10.9	랑군 테러 사건 발생
1983.11.12.~11.14	레이건 미 대통령 방한. 주한미군 강화를 약속
1984.5.1~5.2	미 국무장관 슐츠 방한. 레이건 방중 시 논의된 남북한 관계에 관해 설명
1984.9.6	전두환 방일. 일왕, 환영 만찬에서 불행한 과거에 '유감' 표명
1985.2.8	김대중, 미국 망명생활을 마치고 귀국, 가택 연금
1985.3.6	한국 정부, 김대중과 김영삼을 포함한 정치인 14명의 정치활동 허용
1985.3.10	소련공산당 서기장 체르넨코 사망. 후임으로 고르바초프 등장
1985.4.25~4.27	전두환 방미
1985.8.15	나카소네, 야스쿠니 신사 공식 참배
1985.10.15	고르바초프, 페레스트로이카 노선 발표
1985.12.12	북한, 핵비확산조약(NPT) 가입

자료: *The United States and the Two Koreas: 1969~2000*; 五百旗頭(1999).

해빙 무드는 11월의 남북한 경제회의와 남북적십자회담 예비회담으로 이어졌다. 그리고 이듬해인 1985년 4월 북한은 최고인민회의 제7기 제4차 회의에서 이른바 '대한민국 국회에 보내는 편지'를 채택하고, 이를 한국의 국회의장 이재형과 민정당, 신민당, 국민당 등 3당 대표에게 발송하면서 남북한 국회차원의 회담 개최를 제의했다. '남조선 괴뢰정부'가 아닌 '대한민국'의 국회에 서신을 보낸 것이었다.

"첨예한 조선반도 정세를 완화시키고 북남관계를 개선하며 평화와 통일의 새 국면을 열어나가길 위한 적극적인 의지로부터 출발한 애국적 호소"라면서, "지난해 우리 민족은 아슬아슬한 일촉즉발의 전쟁위기를 겪었다. …… 더 이상 그런 위험 속에서 살 수 없으며 하루빨리 긴장을 완화하고 화해와 단합, 평화와 통일번영으로 나가야 한다"라는 내용이었다. '아슬아슬한 일촉즉발의 전쟁위기'가 무엇을 의미하는지 명확하지 않지만, 북한으로서는 중국(개혁개방)과 소련(정권 변동)의 변화 속에서 출구를 찾지 않으면 안 되었을 것이다. 그리고 그해 9월에는 남북한 이산가족의 상호 방문이 실현되었다.

미국과 소련 사이의 신냉전은 1985년 소련의 고르바초프 등장으로 온기를 머금기 시작했다는 평가가 일반적이지만, 1979년부터 1984년까지 전개된 한반도의 신냉전체제는 이러한 세계적인 차원의 신냉전(제2의 냉전)과 맞물려 형성되거나 해체되지 않았다.

제2차 세계대전 종전 후 35년이 지난 시점에서 국가들 사이의 관계는 이미 '양극체제'라는 그릇 안에 모아 담을 수 없을 정도로 다양화, 다원화되었다. 특히 동북아시아에서 중국의 성장과 개방정책은 이 지역에서 냉전구도를 무의미한 것으로 만들었다. 요컨대 미·중 관계 개선 이후 한국과 일본에 대한 중국의 태도 변화는 지역 차원의 신냉전이 공고화하는 것을 억제하는 효과를 발휘한 것이다.

이뿐만 아니라 1979년 말 한국에서 출현한 신군부 그리고 이들의 군사정권은 정통성의 부재를 만회하기 위해서 박정희 정권과는 달리 적극적으로 미일동맹에 편승하는 정책으로 전환했고, 이러한 해양 3국 연대의 구도가 북한으로 하여금 유화적 자세를 취하지 않을 수 없게 했다. 물론 북한의 대외 자세 변화에는 전통적 동맹국인 중국과 소련의 북한과의 '거리 두기'

가 또 다른 요인으로 작용했을 것이다. 한마디로 1970년대 말부터 1980년대 중반까지의 한반도는 제2차 세계대전 이후 형성된 전 세계적인 냉전체제의 전초 위치에서 이탈하고 있었다. 북한이 한국의 국회와 정당 지도자들에게 남북한 국회 차원의 회담을 제안하고 또 남북한 이산가족 상호 방문을 성사시키면서 한반도 해빙의 시작을 알린 1985년은 서울올림픽(1988)까지 3년, 한·소 수교(1990)까지 5년, 그리고 한·중 수교(1992)까지는 7년을 남겨놓은 시점이었다. 한반도를 포함한 동아시아의 결빙 상태는 짧은 해빙기를 거쳐 쇄빙의 지각변동을 기다리고 있었다.

참고문헌

이완범. 2017. 『카터 시대의 남북한: 동맹의 위기와 민족의 갈등』. 한국학중앙연구원 출판부.

이웅현. 2001. 『소련의 아프간 전쟁: 출병의 정책결정 과정』. 고려대학교출판부.

The United States and the Two Koreas 1969~2000. Digital National Security Archive.

Halliday, Fred. 1983. *The Making of the Second Cold War*, London: Verso.

Lesch, David W. 2001. *1979: The Year That Shaped the Modern Middle East*, Cambridge: Westview.

Oberdorfer, Don. 1997. *The Two Koreas: A Contemporary History*, Basic Books.

Tucker, Nancy Bernkopf(ed.). 2001. *China Confidential: american diplomats and sino-american relations, 1945-1996*. New York: Columbia University Press.

五百旗頭. 1999. 『戦後日本外交史』. 有斐閣アルマ(조양욱 옮김. 『일본 외교 어제와 오늘』. 다락원. 2002).

和田春樹. 1998. 『北朝鮮—遊撃隊国家の現在』. 岩波書店(서동만·남기정 옮김. 『북조선: 유격대국가에서 정규군국가로』. 돌베개. 2002).

______. 2019. 『北朝鮮現代史』(改訂版). 岩波書店.

8

노태우 정부의 북방정책과 남북관계

조성렬
북한대학원대학교 초빙교수

1. 머리말

1) 문제 제기

1953년 7월 군사정전협정이 체결된 이후 남북 관계는 상호 체제 경쟁 속에서 이렇다 할 화해 분위기가 이루어지지 않았다. 그러던 중 1972년 미·중 간의 데탕트 분위기 속에서 처음으로 남북고위급회담이 이루어져 '7·4 공동성명'이 발표되고 남북조절위원회가 구성·운영되기도 했다. 하지만 남북한의 진정한 화해 없이 국제적인 데탕트 분위기에 편승해 이루어진 남북대화는 오래갈 수 없었다. 남북한은 화해보다 체제 불안정을 우려해 같은 해 10월 남한은 유신헌법을 제정했고, 북한도 새로운 사회주의 헌법을 채택하는 등 오히려 남북 양측은 화해에 역행하는 체제 강화 조치를 취했다.

장기 집권했던 박정희 정권의 몰락 이후 국민들의 민주화 열망을 짓밟고 등장한 전두환 정부는 북한이 '고려민주연방공화국 창립 방안'을 발표하자 이에 대응해 통일방안의 마련에 들어갔다. 그리하여 1982년 1월 22일 전두환 대통령은 우리나라 최초의 일관된 형태의 통일방안으로 평가받는 '민족화합민주통일방안'을 제안했다. 이 통일방안은 남북대표들이 만나 통일헌법, 통일정부를 구성하되 과도기 조치로서 남북 관계를 규정할 '남북한 기본관계에 대한 잠정협정'을 제안했는데, 이는 노태우 정부의 대북정책으로 계승되었다(조성렬, 2012: 192).

본격적으로 남북 관계가 급진전된 것은 노태우 정부(1988.2~1993.2)가 들어서면서부터이다. 노태우 정부는 남북 분단의 역사에서 대북정책을 가장 획기적으로 전환한 정부로 평가받고 있다. 노태우 정부는 동서 냉전의 해체 시기를 활용해 북방정책을 내놓았으며, 이와 함께 남북 관계를 한 단계 끌어올렸다. 이러한 북방정책에 따른 대북정책은 1990년대 후반 김대중 정부와 2000년대 중반 노무현 정부의 대북정책에 커다란 영향을 미쳤다.

이 글은 시기적으로 노태우 대통령이 취임한 1988년 2월부터 1989년 말까지 추진됐던 북방정책과 남북 관계를 중점적으로 다루었다. 전임 전두환 대통령의 재임 시기에 해당하는 1980년대 중반부터 임기 말까지 우리 정부의 대북정책이나 남북 관계는 노태우 정부가 추진하는 대북정책의 배경으로 다루어졌다. 1990년대 이후 임기 말까지 노태우 정부의 대북정책은 맺음말에서 정리했다.

2. 노태우 정부의 대북정책 추진 환경

1) 국제 차원에서 탈냉전의 급진전

미·소 양국은 1985년 11월부터 1989년 12월까지 여섯 차례 정상회담을 갖고 냉전체제를 해체하는 문제에 관해 논의했다. 그리하여 1985년부터 미·소 군축회담이 진행되었고, 마침내 1987년 12월 회담에서는 냉전 종식의 첫걸음으로 상징성을 갖는 핵 군축 조약인 '중거리핵전력조약(INF Treaty, Intermediate-Range Nuclear Forces Treaty)'을 체결했다.

이와 함께 소련은 동유럽 국가들에 대해 통제를 가해온 '브레즈네프 독트린(Brezhnev Doctrine)'을 해제했다. 브레즈네프 독트린은 체코 침공 직후인 1968년 11월 폴란드 공산당 제5차 대회에서 제시된 것으로, 사회주의 진영의 어느 나라가 생존 위협을 받게 되면 이를 사회주의 진영 전체에 대한 위협으로 간주해 다른 사회주의국가가 개입할 권리를 가진다는 '제한주권론'이다. 이 해제는 1988년 12월 고르바초프 소련 대통령이 유엔총회에서 "동유럽 국가들이 자신들의 내부 문제를 자유롭게 결정할 수 있으며 그에 대해 소련은 무력을 사용하지 않는다"라는 선언으로 처음 공표되었다.

실제로 1989년 6월 폴란드에서 자유선거가 실시되어 공산주의 정권이 아닌 바웬사가 이끄는 자유연대노조(Solidarity)가 승리했지만, 소련은 일절 개입하지 않았다. 1989년 10월 소련 외교부 대변인 게라시모프(Genndy Gerasimov)는 새로운 대외정책을 '마이웨이(My way)'라는 곡에서 따 '프랭크 시나트라 독트린(Frank Sinatra Doctrine)'이라고 불렀다. 마침내 10월 28일 바르샤바조약기구(WTO) 외무장관회의는 '브레즈네프 독트린'을 공식적으로 폐기했다.

이와 같이 소련의 대동유럽 정책이 바뀐 가운데, 11월 9일 동독 공산당은 여행 자유화 조치를 발표했다. 동독 주민들은 이 소식을 듣고 베를린장벽으로 몰려가 동독의 국경수비대원들과 대치했다. 하지만 국경수비대는 동독 주민들이 서베를린으로 넘어가는 것을 저지하지 않아 사실상 베를린장벽이 무너졌다. 베를린장벽의 붕괴는 동독 공산당 정권의 붕괴로 이어져 동독 과도정부를 거쳐 마침내 동·서독의 통일이 이루어졌다.

1989년 12월 2~3일 지중해에 위치한 섬나라 몰타 해역의 배 위에서 부시 미 대통령과 고르바초프 소련 대통령은 몰타 미·소 정상회담(Malta Conference)을 갖고 동유럽의 변혁, 미·소의 군비축소, 경제협력, 남미·중동의 지역분쟁 해소 등에 관해 논의했다. 이 회담에서 구체적인 합의문이나 협정을 체결하지는 않았지만, 냉전체제를 종식하고 평화를 지향하는 새로운 세계질서를 만들어나간다는 데에 역사적인 합의를 이루었다.

2) 국내 민주화운동의 고양과 직선제 개헌

국내에서는 1985년 2·12 총선에서 전두환 군사정권에 맞선 신민당이 제1야당으로 등장해 직선제 개헌이 최대 정치쟁점이 되었다. 2·12 총선 1주년을 맞이한 1986년에 들어 신민당은 헌법개헌추진위원회를 발족하고 직선제 개헌을 위한 1000만 명 서명운동에 들어갔다. 5월 3일 인천지부 현판식에서는 대규모 집회가 벌어져 경찰과 충돌했다. 6월 부천경찰서 성고문 사건이 발생했고, 1986년 10월 28일부터 4일간 건국대학교에서 전국 대학생들이 모여 농성을 벌였다.

1987년 1월에 들어와 서울대생 박종철 고문치사 사건이 발생했다. 1987년 전두환 정부가 '4·13 호헌 조치'를 발표하자, 5월 27일 민주헌법쟁취국민운동본부가 결성되어 직선제 개헌을 위한 전국 단위의 투쟁본부가 만들어졌다. 전국적으로 민주화 시위가 확산되는 가운데, 6월 9일 열린 대학생 집회에서 경찰의 과잉 진압으로 연세대생 이한열이 사망하는 일이 발생했다. 그다음 날 이에 항의하는 6·10 국민대회가 개최되어 서울시청 앞에 100만 명의 시민들이 운집했고, 전국적으로 민주대항쟁이 전개되었다.

이러한 국민들의 민주대항쟁에 굴복해 전두환 대통령은 야당과 국민들이 요구한 직선제 개헌을 수용한다는 '6·29 민주화선언'을 발표했다. 이처럼 '6·29 선언'이 발표되면서 1980년대 후반에 전개된 민주화운동은 전환점을 맞이했다. 이에 따라 본격적인 개헌 작업이 이루어져 10월 27일 제9차 개헌이 이루어졌고 제13대 대통령 선거운동이 시작되었다. 하지만 대통령 선거운동 과정이 순탄하지는 않았다.

대통령 선거운동이 한창이던 11월 29일 이라크 바그다드에서 출발해 서울로 향하던 대한항공 858기가 미얀마 부근 안다만 상공에서 실종돼 승무원과 탑승객 115명 전원이 사망한 사건이 발생했다. 당시 전두환 정부는 1988년 서울올림픽을 방해하기 위한 북한의 공작이라는 조사 결과를 대통령선거를 앞둔 1987년 12월 7일 발표하고 현지 조사단을 철수시키는 등 사건을 서둘러 마무리했다. 이 사건은 대통령 선거 기간 내내 최대 이슈가 되었고, '북풍' 의혹을 불러일으켰다.

결국 1987년 12월 16일에 실시된 대통령 직접선거에서 여당의 노태우 후보가 당선되어 18년 만에 민선 정부가 탄생했다. 전두환 군사정부를 계승해 군인 출신의 노태우 정부가 출범했지만, 1988년 4월 26일에 치러진 국회의원 총선거에서는 노태우 정부에 대한 견제 심리가 강하게 드러났다. 동·서 데탕트 분위기가 지속되고 6월 민주항쟁의 열기가 아직 가시지 않은 상황에 지역주의가 결합하면서 여소야대 국회가 탄생한 것이다.

4·26 총선에서 국회의원 정수 299석 가운데 집권당인 민정당이 득표율 34.0%로 지역구 87석·비례대표 38석 도합 125석, 제1야당인 평민당이 득표율 19.3%로 지역구 54석·비례대표 16석 도합 70석, 제2야당인 민주당이 득표율 23.8%로 지역구 46석·비례대표 13석 도합 59석, 신민주공화당이 득표율 15.8%로 지역구 27석·비례대표 8석 도합 35석, 기타 한겨레민주당이 1석을 얻어 여소야대 국회가 형성되었다.

여소야대의 출현으로 정치 지형이 바뀌면서 국회에서는 5공 청산 문제가 최대 현안으로 등장했다. 그에 따라 5공화국 청문회와 국정감사 등이 열리면서 정치부패 척결과 민주화에 대한 국민적 열망이 한층 고조되었다. 국민들의 지지를 바탕으로 야당에 의해 주도된 일련의 정치적 민주화 노력들은 재야 세력의 사회 민주화와 통일 논의로 확대되었다.

3) 통일 논의의 활성화와 헌법의 통일조항 신설

노태우 정부의 등장 이전에 국내 정치권의 주요 관심사가 직선제 개헌을 통한 정치 민주화였다면, 노태우 정부의 출범과 4·26 총선 결과에 따른 여소야대 정치 국면에서의 주요 관심사는 5공화국 비리 척결이었다. 하지만 이러한 정치권의 움직임과 달리 6월 민주대항쟁을 이끌었던 학생운동권과 재야 세력들의 관심은 사회 민주화와 더불어 독자적인 통일 논의로 발전했다.

한국 사회에서 통일 논의가 확산된 데는 동서 양 진영의 화해와 사회주의권의 개방이라는 세계적 안보 환경의 변화가 크게 영향을 미쳤다. 냉전 시대에 극으로 치달아 왔던 동서 진영의 핵 군비경쟁이 1987년 미·소 정상의 '중거리핵전력조약(INF)' 타결로 중대 전환점을 맞이했고, 동유럽 사회를 짓눌렀던 '브레즈네프 독트린'이 철폐되면서 동유럽 국가들에서 자유화 운동이 고양되었으며, 마침내 베를린장벽이 무너져 동·서독이 통일의 길을 향해가고 있었다.

이와 같은 국제적인 냉전 질서 해제 분위기 속에서 1984년 9월 8일 북한은 남한 수재 복구를 위해 쌀 5만 석, 천 50만 미터, 시멘트 10만 톤, 기타 의약품 등을 보내겠다고 평양방송으로 통고하면서 남한 적십자사의 협조를 요청했다. 당시 남한 지역에 있었던 수해는 이미 복구가 끝난 상태였지만 1986년 아시안게임, 1988년 서울하계올림픽 등 주요 국제 행사를 앞둔 한국 정부는 남북 화해를 위해 북측의 적십자사 접촉 요구를 받아들였다. 그리하여 9월 18일 판문점에서 남북적십자사 간 실무접촉을 가졌고, 이 때 남북적십자회담의 재개 문제가 논의되었다.

1985년 5월 서울에서 중단된 지 12년 만에 제8차 남북적십자 본회담이 열려 '남북 이산가족 고향방문 및 예술공연단 교환'에 합의했다. 이에 따라 처음으로 9월 20~23일 사이에 고향방문단 51명, 기자·수행원 50명, 예술공연단 50명 등 각 151명이 상호 방문했는데, 남한 측에서는 35가구가 재북 가족 45명과 상봉하고 북측에서는 30가구가 재남 가족 51명과 상봉했다. 남북적십자회담에 맞춰 1985년 9월과 10월 허담 노동당 대남비서의 서울 방문과 장세동 안기부장의 방북이 이루어지는 등 당국자 간 남북대화도 이루어졌다.

국내에서 민주화운동이 고양되면서 전두환 정부가 추진했던 관 주도의 남북대화에 대한 반발이 일어났다. 이러한 반발은 그동안 전두환 정부의 제5공화국에서 민간 부문의 통일 논의를 짓누른 데 원인이 있었고, 민주대항쟁에도 불구하고 집권한 노태우 정부로서는 이전과 차별화된 통일정책을 세울 필요가 있다고 판단했다. 북한 측 요인도 작용했는데, 북한은 1980년대 중반 이후 동유럽 사회주의권의 동요로 인한 외교적 고립과 경제난으로 체제유지에 불안을 느끼게 되자 남북대화에 호응하며 공존을 모색했다.

그리하여 1987년 민주대항쟁에서 나온 통일 열기를 새로운 헌법 정신에 반영해 개정된 대한민국 헌법의 제1장 총강 제4조에 "대한민국은 통일을 지향하며, 자유민주적 기본질서에 입각한 평화적 통일정책을 수립하고 이를 추진한다"라는 조항이 신설되었다. 그리고 1980년 헌법의 제3장 정부 제38조 ③항에 있던 "대통령은 조국의 평화적 통일을 위한 성실한 의무를 진다"라는 조항은 내용의 수정 없이 제4장 정부 제66조 ③항으로 옮겨졌다.

이와 같은 헌법의 통일 조항들은, 그동안 북한의 혁명적 공세에 시달려왔던 한국 사회가 경제뿐만 아니라 외교·군사를 아우르는 남북한 간 체제 경쟁에서 확실한 우위를 차지했다는 점을 반영하는 것이다. 상대적으로 국력이 우세했던 한국이 남북 관계에서 주도적인 역할을 수행할 수 있다는 자신감을 가진 점도 일정하게 작용했다.

3. 북방정책의 목표와 전개

1) 북방정책의 전략목표와 추진 방향

1988년 봄부터 재야 단체와 학생층을 중심으로 통일 논의가 확산되면서 '6·10 남북청년학생회담'이 강행되었고, 판문점을 향해 행진하는 대학생들과 이를 저지하는 경찰이 충돌하는 상황이 벌어지면서 국내에서 통일 운동의 기운이 끓어올랐다. 특히 대학생들과 시민단체에서는 남북한 관계 개선 요구가 봇물처럼 터져 나왔다. 노태우 정부로서는 이러한 요구를 적절히 받아들일 필요가 있다고 판단하고 변화된 국제 정세를 반영해 새로운 대북전략을 모색했는데, 그것이 바로 북방정책이다(김달중, 1990: 41~52).

노태우 정부의 북방정책은 국내의 통일 열기와 사회주의권의 붕괴라는 국제 정세 속에서 대북정책과 대사회주의권 정책이라는 이중적인 관계를 고려하면서 추진되었다. 이를 통해 한편으로 남북 관계에서 대북 우위를 확보하고, 다른 한편으로 사회주의국가들과의 정치·경제적 관계를 강화함으로써 대북한 정책을 측면에서 지원한다는 양면전술의 성격을 지녔다.

"나는 특히 남북한 대치 상태에 대해서는 중국 전국시대 진나라가 썼던 원교근공 전략을 생각했다. …… 북한의 문이 안 열리니 저 먼 데로 돌자고 판단한 것이다. '제1차로 비동맹국, 그다음에 북한과 관계가 있는 나라들, 즉 동유럽권, 소련과 중국까지 우리가 친밀해지자'고 작정했다. 어차피 남

그림 8-1 노태우 정부의 북방정책 개념도

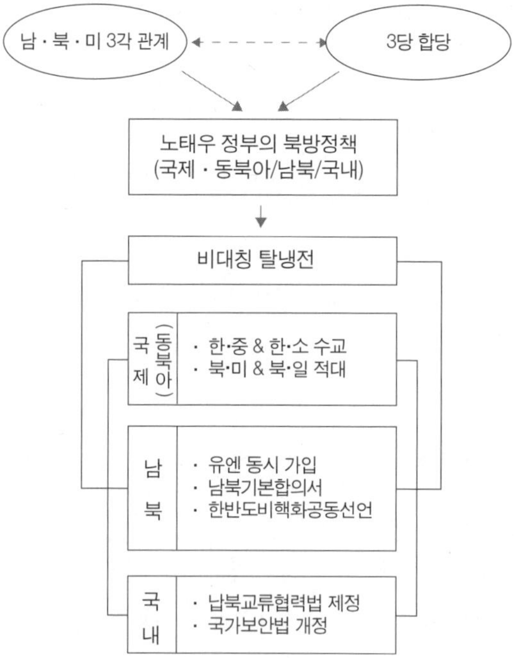

자료: 이제훈(2016: 54).

북통일이라는 것은 전쟁을 통하지 않고서도 개방만 시키면 되는 것이다. '개방 = 통일'이라는 것이 나의 통일에 대한 기본 개념이었다"(노태우, 2007: 51~54).

노태우 정부는 당면한 남북 관계 개선의 목표를 남북정상회담의 실현에 두고 이를 통해 국내적으로 제기되는 통일 열기를 흡수함으로써 '5공 청산'과 같은 산적한 정치 문제들을 한꺼번에 해결하려고 시도했다.

한발 더 나아가 노태우 정부가 추진했던 북방정책은 단순히 국내의 민주화 과정 속에서 남북대화의 열기를 수용하거나 대북한 우위를 차지하는 데 그치는 것이 아니라, 한국이 오랫동안 추진해 온 남북한 교차승인의 길을 열려는 것이었다. 북방정책의 목표는 그동안 북한이 '두 개의 조선 책동'이라며 거부감을 드러냈던 교차승인을 추진하는 것이었다(박철언, 2005: 23~49).

그리하여 노태우 정부는 남북한 교차승인을 실현하기 위한 첫발로서 사회주의국가들과의 교류·접촉을 추진했다. 북방정책은, 한편에서 한국이 동유럽·소련·중국 등 사회주의국가들과 관계 개선을 추진하면서 냉전체제의 일각을 허물고 있었지만, 그 반대편의 북한은 미국·일본·서유럽 국가들과 여전히 적대 관계에서 벗어나지 못하고 있는, 비대칭적 탈냉전 상황을 만들었다. 이러한 비대칭적 탈냉전 상황은 국제적 고립을 우려한 북한으로 하여금 전통적인 '하나의 조선' 정책에서 탈피해 유엔 동시 가입으로 나아오도록 이끌었다.

2) 북방정책의 전개

(1) 7·7 특별선언

노태우 대통령은 1988년 7월 7일 조국의 평화적 통일을 실현해 나가기 위한 새 정부의 대북 통일정책을 밝힌 '7·7 특별선언'을 발표했다. '7·7 특별선언'은 "자주·평화·민주·복지의 원칙에 입각해 민족구성원 전체가 참여하는 사회·문화·경제·정치 공동체를 이룩함으로써 민족자존과 통일번영의 새 시대를 열어 나갈 것"을 약속하면서 다음과 같은 6개 항의 정책을 발표했다.

첫째, 정치인, 경제인, 언론인, 종교인, 문화·예술인, 학자, 체육인 및 학생 등 남북 동포 간의 상호 교류를 적극 추진하며 해외동포들이 자유로이 남북을 왕래하도록 문호를 개방한다.

둘째, 남북 적십자회담이 타결되기 이전이라도 인도주의적 견지에서 가능한 모든 방법을 통해 이산가족들 간에 생사, 주소 확인, 서신 왕래, 상호 방문 등이 이루어질 수 있도록 적극 주선·지원한다.

셋째, 남북 간 교역의 문호를 개방하고 남북 간 교역을 민족 내부 교역으로 간주한다.

넷째, 남북 모든 동포의 삶의 질을 향상시킬 수 있도록 민족경제의 균형적 발전이 이루어지기를 희망하며 비군사적 물자에 대해 우리 우방들이 북한과 교역을 하는 데 반대하지 않는다.

다섯째, 남북 간의 소모적인 경쟁·대결 외교를 종결하고 북한이 국제사회에 발전적 기여를 할 수 있도록 협력하며, 또한 남북 대표가 국제무대에서 자유롭게 만나 민족의 공동 이익을 위해 서로 협력할 것을 희망한다.

여섯째, 한반도의 평화를 정착시킬 여건을 조성하기 위해 북한이 미국·일본 등 우리 우방과의 관계를 개선하는 데 협조할 용의가 있으며 또한 우리는 소련·중국을 비롯한 사회주의국가들과의 관계 개선을 추구한다.

'7·7 특별선언'은 노태우 정권이 구상하는 통일·외교정책의 기본 방향을 넘어 탈냉전시대에 대비한 새로운 통일구상이라는 의미도 갖고 있다. 이 특별선언은 한편으로 북한을 적대적인 경쟁상대로 인식하지 않고 적극적인 대북 협력 의지를 표명하면서 각종 대북 제의에 항상 수반되었던 전제조건을 달지 않았다는 점에서 획기적인 조치로 평가되었다.

(2) 유엔총회 연설: "한반도에 화해와 통일을 여는 길"

1988년 10월 18일 노태우 대통령은 제43차 유엔총회에 대한민국 대통령으로는 최초로 참석해 연설했다. 노 대통령은 "한반도에 화해와 통일을 여는 길"이라는 제목으로 연설하면서 다음과 같이 제안했다(한겨레신문,

1988.10.19).

첫째, 동북아 6개국 평화협의회의 개최이다. 동북아의 평화 없이 세계의 평화가 없으며, 이 지역 국가 간의 협력 없이 태평양 번영의 시대를 열 수 없다면서 "동북아에 지속적인 평화와 번영의 공고한 바탕을 구축하기 위해 미국, 소련, 중국, 일본과 남북한이 참여하는 '동북아 6개국 평화협의회의'를 개최하자"라고 제의했다. 노 대통령은 이 회의에서 동북아의 평화와 안정, 발전과 번영을 위한 모든 문제를 폭넓게 다뤄나갈 수 있을 것으로 확신한다고 밝혔다.

둘째, 비무장지대 안에 평화시(平和市) 건설이다. 노 대통령은 냉전체제의 마지막 유산으로 남은 한반도에서 남북 대결 구도를 종식시키기 위해 서로 개방하고 교류협력 해 믿음을 심는 길밖에 없다고 역설하면서 "북한이 당장 문을 열고 개발을 실시하는 데 어려움이 있다면 휴전선 안 비무장지대 안에 '평화시'를 건설하자"라고 제안했다. 이 평화시 안에 남북의 이산가족들이 자유로이 만나서 민족문화관, 학술교류센터, 상품교역장 등을 설치해 폭넓은 교환·교류·교역을 실시하자고 주장했다.

셋째, 남북정상회담의 개최 추진이다. "국제사회에서 남북한은 서로의 위치를 인정하고 민족 전체의 이익을 위해 협력해 나가야 한다"라고 전제하면서 "최고책임자가 아무 전제조건 없이 직접 만나서 쌍방의 견해나 입장을 털어놓고 논의함으로써 서로 받아들일 수 있는 가능한 타협의 실마리를 찾아야 한다"라며 남북정상회담을 거듭 제안했다. 또한 남북정상회담에서 "불가침 또는 무력 불사용에 합의하고 이를 공동으로 선언할 것을 제의"하고, 정전협정을 항구적인 평화 체제로 대체하는 구체적 방안도 강구할 수 있다는 입장을 밝혔다.

넷째, 남북한의 교차승인 추진을 통한 평화통일 기반 조성이다. 이를 위해 한국은 사회주의국가들과 교류협력을 확대하고, 북한도 한국의 우방국들과 관계 증진을 하도록 한다는 것이다. 노 대통령은 한국이 중국과 소련 등 사회주의국가들과 다방면에 걸쳐 교류협력 관계를 넓혀가고 있다면서, 우리의 우방국가들도 북한과 관계를 증진해 북한의 개방과 발전에 기여해 주기 바란다고 밝혔다. 또한 북한과 가까운 사회주의국가들이 한국과 우호·친선 관계를 증진해 가더라도 북한과 더욱 좋은 관계를 유지하면서 그들과 더욱 협력해 나가기 바란다는 입장을 천명했다.

(3) 한민족공동체 통일방안

새로 출범한 제6공화국 정부는 변화된 국내외 상황에 맞는 새로운 통일방안을 마련할 필요성을 느꼈다. 노태우 대통령은 1989년 9월 11일 국회 특별연설을 통해 제6공화국의 통일방안인 '한민족공동체 통일방안'을 발표했다. '한민족공동체 통일방안'은 남북 간 교류협력의 확대를 주요 골자로 하는 1988년 7월의 '7·7 특별선언'과 같은 해 10월 유엔총회에서 북한과 조건 없는 군축 및 군비통제 협상 의사를 밝힌 연설의 연장선 위에 있다.

이 통일방안은 남북 간의 오랜 불신과 대결 의식 그리고 민족 이질화를 그대로 둔 채 일시에 통일을 이룩하기는 어렵다는 현실을 받아들여 국가통일보다는 민족공동체의 형성을 우선하고 있다. 과거에 정치와 이념을 바탕으로 한 국가 중심의 통일 개념을 공동체 중심의 개념으로 전환하고 원칙과 과정, 실현 절차와 미래상 등을 체계화했다. 그 내용은 〈표 8-1〉과 같다.

한민족공동체 통일방안은 자주, 평화, 민주를 원칙으로 내걸고, 통일국가의 미래상으로 자유, 인권, 행복이 보장되는 민주주의 국가의 건설을 내세우고 있다. 새로운 통일방안의 큰 특징은 민족통일을 거쳐 국가통일로 나아가자는 것으로, 과도적 통일 체제인 남북연합(Korea Commonwealth)을 제시

표 8-1 한민족공동체 통일방안 개요

통일 원칙		자주, 평화, 통일	※ 7.4 남북공동성명: 자주, 평화, 민족 대단결
통일 미래상		자유, 인권, 행복이 보장되는 민주국가	
통일 과정		중간 과정의 과도적 통일 체제로서의 '남북연합'	※ 남북의 공존공영과 민족사회의 동질화, 민족 공동 생활권의 형성 등을 추구
남북연합	체계	o 남북정상회의: 최고 의사결정기구 o 남북각료회의: 남북 정부대표로 구성 o 남북평의회: 남북 국회의원 동수로 구성 o 공동사무처: 업무 지원 및 합의 사항 실행 o 상주연락대표: 서울과 평양에 상주	※ 남북각료회의: 공동의장 남북한 총리 ※ 남북평의회: 통일헌법안 기초, 통일국가 건설 위한 구체적 절차 논의
	추진 방향	남북대화 추진으로 신뢰회복 → 남북정상회담 개최로 '민족공동체 헌장' 채택	※ 민족공동체 헌장: 평화와 통일을 위한 기본 방향과 당면 조치를 비롯해 남북 연합의 설치·운영에 관한 사항을 규정
통일국가 수립 절차		통일헌법에 따라 총선거 실시 → 통일국회와 통일정부 구성 → 통일민주공화국 수립	

하고 있는 점이다. 남북연합은 국가연합(confederation)이나 연방(federation)과 달리, 1민족 내부의 2체제 연합 형태로 통일을 지향하는 과도적이고 특수한 결합 형태다. 남북연합 안에서 남북은 각각 주권국가이지만 국제법상의 관계가 아닌 국내법에 준하는 특수한 법적 유대 관계를 갖는다.

남북연합의 체계는 최고 의사결정기구인 남북정상회의와 남북 정부대표로 구성된 남북각료회의(공동의장 남북한 총리), 남북 국회의원 동수로 구성된 남북평의회로 이루어지며, 통일헌법안을 기초하고 통일국가 건설을 위한 구체적인 절차를 논의하도록 했다. 서울과 평양에 상주연락대표를 파견하며, 공동사무처를 두어 업무 지원과 합의 사항의 실행을 담당토록 했다. 또한 비무장지대 평화구역 내 평화시를 건설해 남북연합기구와 시설들을 설치하도록 하고 있다(신영석, 2008: 195~198).

통일국가는 남북대화를 통해 신뢰를 회복한 뒤, 남북정상회담의 개최로 '민족공동체 헌장'을 채택해 남북연합을 수립한다. '민족공동체 헌장'은 평화와 통일을 위한 기본 방향과 당면 조치를 비롯해 남북연합의 설치·운영에 관한 사항을 규정한다. '민족공동체 헌장'은 국가 간 조약이 아닌 국내법적 협정에 가깝다. 남북평의회는 통일헌법을 제정하고 통일국가의 건설방안을 논의한다. 통일헌법이 민주적 절차와 방법으로 확정·공포되면, 통일헌법이 정하는 바에 따라 총선거를 실시해 지역 대표성을 갖는 상원과 국민 대표성을 갖는 하원으로 된 양원제의 통일국회와 민주공화국의 통일정부를 구성하도록 했다.

3) 북방정책의 법제화와 외교적 성과

(1) 남북교류협력 관계의 법제도화

노태우 정부는 '7·7 특별선언'을 법률적으로 뒷받침하기 위해 남북교류협력과 관련한 법률을 제정했다. 1989년 2월 13일 정부가 '남북교류협력에 관한 특별법안'을 국회에 제출했고, 정부 측 안과 정당 측 안을 절충해 '남북교류협력에 관한 법률안'이 마련되었다. 1990년 7월 14일 법률안은 국회 본회의에서 의결되어, 마침내 8월 1일 '남북교류협력에 관한 법률'(이하 남북교류협력법)이 공포되었다. 뒤를 이어 8월 9일 '남북교류협력에 관한 법률 시행령', 11월 9일 '남북교류협력에 관한 법률 시행규칙'이 제정됐다.

'남북교류협력법' 제1조는 법의 제정 목적을 "군사분계선 이남지역과 그 이북지역 간의 상호 교류와 협력을 촉진하기 위해 필요한 사항을 규정함으로써 한반도의 평화와 통일에 이바지하는 것"으로 규정했다. 제3조는 다른 법률과의 관계에 대해 "남한과 북한의 왕래·접촉·교역·협력사업 및 통신 역무(役務)의 제공 등 남한과 북한 간의 상호 교류와 협력을 목적으로 하는 행위에 관해서는 이 법률의 목적 범위에서 다른 법률에 우선해 이 법을 적용한다"라고 밝히고 있다. 제4조는 남북교류협력 정책을 협의·조정하고, 중요 사항을 심의·의결하기 위해 통일부에 남북교류협력추진협의회를 두도록 규정했다.

'남북교류협력법'은 북한을 적대 관계로 보던 냉전적 시각에서 벗어나 교류·협력의 당사자로 간주한 국내 최초의 법률이다. 이 법은 남북 간에 이루어지는 교류협력의 내용을 '주민 간 접촉', '남북한 방문', '남북한 교역', '수송장비 운행', '협력 사업' 등으로 세분하고 각각의 추진 절차를 규정하고 있다. 이처럼 '남북교류협력 기본 지침'이 마련되면서 법률이 정하는 절차에 따라 남북 간의 인적 왕래, 물자 반출·반입 등이 체계적으로 규율될 수 있게 되었다(김천식, 2014: 38~39).*

'남북교류협력법'에 따른 남북 간의 상호교류와 협력을 촉진하기 위해 남북협력기금을 설치하고 그 운용과 관리에 관한 사항을 규정하기 위해 1990년 8월 1일 '남북협력기금법'을 제정했다. 이 법은 정부가 낸 출연금, 장기 차입금, 공공자금 관리기금의 예수금, 남북협력기금을 운용한 수익금, 대통령령이 정한 수입금으로 남북협력기금의 재원을 마련한다고 규정하고, 이 기금의 운용과 관리 방안 및 보고, 환수 등에 관한 규정들을 담고 있다.

* 남북 교역액이 크게 늘면서 국제사회가 남북 간의 무관세교역을 문제 삼을 수 있다는 점을 고려해 2005년 5월 31일 개정된 '남북교류협력법'에 "남북 간의 거래를 민족내부 거래로 본다"라는 내용이 포함되었다.

(2) 사회주의국가들과의 수교 및 교차 승인

노태우 대통령은 '7·7 특별선언'의 제4항에서 북한이 비군사적 물자에 대해 우리 우방국들과 교역하는 데 반대하지 않을 것이며, 제6항에서는 북한이 미국, 일본과 관계를 개선할 수 있도록 협조하고 남한도 소련, 중국을 비롯한 사회주의국가들과 관계 개선을 추구할 것임을 대외적으로 공표했다. 이러한 '7·7 특별선언'에 따라 우리나라는 사회주의권 국가들과 수교를 추진했다.

사회주의권 국가 가운데 가장 먼저 수교한 나라는 헝가리다. 1987년 12월 헝가리 수도 부다페스트에 대한무역진흥공사(KOTRA) 사무소가 개설됐고, 1988년 3월 서울에 헝가리 무역사무소가 개설됐다. 1988년 9월 한·헝가리 양국은 대사급 상주대표부 개설에 합의한 다음, 1989년 2월 1일에 정식으로 국교를 맺었다. 한국과 헝가리의 수교를 신호탄으로 1989년 11월 1일 폴란드, 12월 28일 유고슬로비아와 정식 수교했고, 1990년에 들어와 3월 22일 체코슬로바키아, 3월 23일 불가리아, 3월 30일 루마니아와 국교를 수립했다.

사회주의 종주국이었던 소련과의 수교는 다음과 같이 진행되었다. 1988년 10월 서울에 소련 무역사무소 개설에 합의한 뒤 이듬해 4월 KOTRA와 소련 상공회의소가 각각 모스크바와 서울에 무역사무소를 개설했다. 같은 해 12월 영사관계 개설에 합의한 뒤 이듬해 3월에 서울과 모스크바에 양국의 영사관이 교환 설치되었다. 1990년 6월 4일 노태우 대통령과 고르바초프 대통령 간에 한소 정상회담이 열린 뒤, 세바르드나제 소련 외무장관이 한소 수교를 통보하기 위해 평양을 방문했다. 이때 북한은 소련 외무장관에게 핵개발로 나아갈 수밖에 없다고 협박하며 냉대했다. 이에 불쾌감을 느낀 소련은 남측 요구를 받아들여 당초 1991년 1월 1일로 잡았던 수교일을 1990년 9월 30일로 앞당겼다(배광복, 2018: 291).

동유럽권 국가들과 소련이 한국과 수교하자, 북한은 중국마저 한국과 수교하는 것을 막고 양국 관계를 강화하고자 했다. 하지만 북한의 기대와 달리 한국과 중국은 1989년 3월 KOTRA와 중국 국제무역촉진회가 베이징과 서울에 무역사무소를 개설하기로 합의했고, 1990년 9월에는 비자와 같은 영사 기능 일부를 갖춘 무역대표부를 개설하기로 했다. 그리하여 1991년 1월 한국의 무역대표부가 베이징에 개설되었고, 6월에는 중국의 서울대표처가 개설되었다.

그러는 한편 한국은 단독으로 유엔 회원국 가입을 추진하고 있었다. 북한은 우방국이자 유엔안보리 상임이사국인 소련과 중국이 남한의 유엔 가입에 거부권을 행사해 주길 기대했다. 하지만 북한은 소련은 물론 중국으로부터도 남한의 유엔 단독 가입을 저지하는 데 지지를 얻지 못했다. 오히려 1991년 5월 중국 리펑 총리는 북한을 방문해 한국의 유엔 단독 가입에 대해 거부권을 행사하지 않을 것임을 통보했다. 이렇게 되자 북한은 스스로 '하나의 조선' 원칙을 포기하고 같은 해 9월 18일 제46차 유엔총회에서 남북한이 각기 별개의 의석을 가진 회원국으로 유엔에 가입했다. 결국 1992년 8월 24일 한·중 수교가 이루어졌다(배광복, 2018: 291).

4. 북방정책과 남북관계의 전개

1) 남북 고위당국자회담의 추진

'7·7 특별선언'은 1980년 북한의 고려민주연방제 방안 제시 이후 준비해 왔던 통일방안 준비와 국내외적인 안보 환경 변화에 따른 전환기 한국 정부의 대북정책을 구체화한 것이다. 이 선언을 계기로 남북국회회담 및 남북고위급회담을 위한 예비회담 등 남북대화가 이루어졌으며, 사회주의 권과의 경제교류 및 수교 등 북방정책을 추진하는 시발점이 되었다.

(1) 남북한의 고위급회담 제의

전두환 정부에 들어와 남북 간의 경제회담, 적십자회담, 체육회담, 국회회담 예비 접촉이 잇달아 열렸으나 북측이 '팀스피릿 한미합동군사훈련'을 문제 삼으면서 별다른 성과를 거두지 못한 채 끝나고 말았다. 그러던 중 1986년 12월 30일 최고인민회의 제8기 1회 대의원회의에서 김일성 주석은 고위급 정치군사회담을 제의했다. 그는 이 회담이 성과를 거두어야 중단된 남북대화가 재개될 수 있고 최고위급회담도 개최할 수 있다고 주장했다. 이에 대해 1987년 3월 17일 전두환 정부는 남북총리회담을 역제의했다. 3월 30일 북측은 예비회담을 수정 제의해 왔으나 서로의 입장 차이로 성사되지 못했다.

그런 가운데 1988년 2월 25일 출범한 노태우 정부는 취임사에서 남북협력시대의 개막을 선언하고 남북대화의 문호를 열겠다는 뜻을 밝혔다. 그 뒤 계기에 맞춰 남북적십자회담, 고위급당국자회담, 교육당국자회담 등을 제의했다. 같은 해 6월 남측은 양측의 각료급을 수석대표로 하는 '남북고위당국자회담'의 개최를 제의했다. 하지만 북한은 이러한 남측 제안을 거부했다.

1988년 10월 18일 노태우 대통령은 유엔총회 연설에서 "한반도에 화해와 통일을 여는 길"을 주제로 연설하면서 ▲ 동북아 6자 평화협의회의 개최, ▲ 비무장지대 안에 평화시 건설, ▲ 남북정상회담의 개최, ▲ 한국의 사회주의국가들과의 교류협력 확대 및 북한의 한국 우방국들과의 관계 증진 환영 등을 제안했다.

이에 대해 11월 7일 북한은 '중앙인민위원회, 최고인민회의 상설회의, 정무원 연합회의'를 열어 그동안 북한이 제기해 온 정치군사문제 우선 해결의 입장을 체계화한 '포괄적 평화방안'을 다음과 같이 제시했다(김형기, 2010: 155~156).

첫째로 단계적인 주한미군의 철수와 남북 군축 방안을 내놓았다. 북측은 1991년까지 3단계로 나누어 주한미군을 철수하고, 마지막 제3단계에서 남북이 병력을 감축해 무력 균형을 유지한 뒤에 미군 철수와 남북무력 감축에 대한 통보와 검증을 진행하자는 것이다. 이를 위해 남·북·미 3자회담을 제의하고, 그러한 성과를 바탕으로 북미 평화협정과 남북 불가침선언을 채택하자고 주장했다.

둘째로 남북 간의 당면한 정치군사적 대결 상태를 완화하는 방안을 제시했다. 먼저, 상호 비방 중상을 중지해 정치적 대결 상태를 완화하며, 상대방을 비난하고 대결을 고취하는 정치 행사를 중지하며, 상대 체제를 부정하는 법규를 철폐하고, 다방면적인 합작과 교류를 실현한다는 것이다. 다음, 군사적 대결 상태를 완화하기 위해 비무장지대를 평화지대로 바꾸고, 대규모 군사연습을 중지하며, 군사분계선 일대에서 일체의 군사행동을 중지하고, 우발적 충돌 사건의 확대를 방지하기 위해 고위 군사당국자 간에 직통전화를 가설하자는 것이다.

(2) 남북고위급회담의 첫 개최

1988년 11월 16일 북한의 연형묵 총리는 부총리급을 단장으로 하는 남북고위급 정치·군사회담을 또다시 제의했다. 이러한 북한 측의 제의에 대해 12월 28일 강영훈 국무총리는 ▲ 상호 비방·중상 중지, ▲ 상호 존중 및 불간섭, ▲ 다각적인 교류협력 실시, ▲ 군사적 신뢰구축, ▲ 남북정상회담 개최를 의제로 남북총리회담을 갖자고 수정 제의했다. 이에 대해 북한 측이 남측의 수정 제의를 자신의 제의에 동의한 것으로 간주하겠다고 받아들였다. 그리하여 마침내 남북고위당국자회담을 위한 예비회담이 1989년 2월 8일 판문점에서 개최되었다.

제1차 예비회담에서는 팀스피릿 한미 군사연습과 문익환 목사 및 서경원 의원 방북 사건으로 난항을 거듭했다. 제1~4차 예비회담에서 양측의 총리를 수석대표로 해 서울과 평양에서 번갈아 회담을 연다는 데는 쉽게 합의했지만, 회담의 명칭과 의제에 관해서는 의견 접근이 이루어지지 않았다. 특히 북측이 ▲ '팀스피릿89' 합동군사연습의 중지, ▲ 군사연습에 동원된 병력과 장비의 축소, ▲ 군사연습의 규모 축소 및 명칭 변경 등 3개 항의 긴급조치와 같은 무리한 요구를 계속하는 바람에 회담이 한동안 중단되는 등 파행을 겪었다.

이처럼 난항을 겪은 끝에 1989년 12월 20일에 열린 제5차 예비회담에서 회담의 명칭을 남북고위급회담으로 하고 의제도 다각적인 교류협력 실시와 정치군사적 대결 상태 해소를 포괄하는 표현으로 하기로 의견 접근이 이루어졌다. 제6, 7차 예비회담에서 양측이 합의서 문항을 검토하기 시작했으며, 1990년 7월 26일에 열린 제8차 예비회담에서 양측은 합의서에 서명했다. 그리하여 1990년 9월 4~7일 사흘간 서울에서 '남북 간의 정치군사적 대결상태 해소와 다각적인 교류협력 실시 문제'를 의제로 제1차 남북고위급회담을 열기로 했다(김형기, 2010: 157).

마침내 남북 총리를 단장으로 하는 제1차 남북고위급회담이 1990년 9월 4일 서울에서 개최되었고, 이후 1992년 10월까지 8차에 걸친 회담이 서울과 평양을 오가며 개최되었다.

2차(1990.10.16: 평양), 3차(1990.12.11: 서울), 4차(1991.10.22: 평양) 회담이 이어졌다. 1991년 12월 제5차 회담에서는 '남북 간의 화해와 불가침 및 교류협력에 관한 합의서(남북기본합의서)'가 채택되었다. 이 합의서에서 남북은 당장에 통일이 불가능하다는 공동 인식 아래 상호 인정, 군사적 불가침, 교류협력을 통한 점진적 통일을 내외에 천명했다.

1992년 2월 제6차 회담에서 '비핵화 공동선언'과 '분과위 구성·운영 합의서' 등에 합의하고 '남북기본합의서' 문건을 정식 교환해 발효시켰다. 그해 5월 제7차 회담에서는 군사, 경제 교류협력, 사회문화 교류협력 등 3개 공동위원회를 구성하고 남북연락사무소 및 남북화해위원회를 설치·운영하는 데 합의했다. 9월 제8차 회담에서는 남북기본합의서의 구체적 이행을 위한 화해, 불가침, 교류협력 등 3개 분야의 부속합의서가 발효되었다.

2) 국회회담, 체육회담 및 적십자회담

(1) 남북국회회담 준비 접촉

남북국회회담은 전두환 정부 때인 1985년 4월 9일 북한이 최고인민회의 상설회의 양형섭 의장 명의로 남측 채문식 국회의장 앞으로 편지를 보내 '남북불가침에 관한 선언'을 채택하는 문제를 협의하자고 제의해 옴으로써 비롯되었다. 통일헌법 제정을 위한 남북 협의기구 구성과 통일 기반 조성에 관한 사항을 논의하자는 남측의 수정 제의를 조율하기 위해 1985년 7월 23일과 9월 25일 두 차례에 걸쳐 예비 접촉을 열었다. 하지만 북측이 자신들이 내세운 의제를 고집하는 바람에 제3차 접촉이 이루어지지 못한 채 중단되고 말았다.

북한은 1988년 7월 21일 최고인민회의 상설회의 양형섭 의장 명의로 또다시 '대한민국 국회에 보내는 편지'를 보내왔다. 북한 당국은 이 편지에서 남북연석회의가 소집되기 이전에라도 남북국회연석회의를 열자면서 ▲ 불가침에 관한 공동선언을 발표하는 문제, ▲ 긴장 상태 완화와 평화 보장에 유익한 문제를 협의하자고 제의하면서, '북남불가침에 관한 공동선언' 초안을 함께 보내왔다.

남한은 이러한 북한의 제의를 받고서 남북국회회담을 위한 준비 접촉을 갖자고 제의했다. 이에 대해 북한은 이를 자신들이 제의한 남북국회연석회의 개최에 동의한 것으로 간주한다면서 접촉에 응해왔다. 그리하여 8월 19일 판문점에서 남북이 제1차 준비 접촉을 갖게 되었다. 하지만 이 준비 접촉에서 회담의 형식과 의제를 둘러싸고 남북한이 커다란 입장 차이를 드러냈다(김형기, 2010: 152).

회담 형식과 관련해, 남한은 국회의원 대표 회담을 주장한 데 비해, 북한은 국회의원 전원과 정당·사회단체 대표, 각계 인사가 참여하는 연석회의를 주장했다. 회담 의제와 관련해, 남한은 북한 선수단의 서울올림픽 참가 문제, 남북 간 인적·물적 교류와 협력의 추진 문제, 남북 당국 사이에 불가침협정 체결을 권고하는 문제, 기존 회담 재개를 촉구하는 문제, 남북정상회담 개최를 촉구하는 문제 등을 제시했다. 북한은 불가침 공동선언을 발표하는 문제, 제24차 올림픽 경기대회 문제, 기타 긴장완화와 평화 보장과 관련해 남측이 제기하는 문제로 하자고 제안했다.

남북 양측은 국회회담의 회담 순서에 관해 개최 모임, 본 회담, 폐회 모임 순으로 하고, 개·폐회 모임에는 남북 국회의원 전원이 참석하고 본회담에는 각기 50명의 대표가 참석한다는 절충이 이루어졌다. 하지만 양자회담식 국회 대표 회담과 연석회의식 대표 회의의 차이를 둘러싼 이견은 끝내

좁혀지지 않았다. 협상은 12월 29일에 열린 제7차 접촉 뒤 10개월 동안 중단 상태에 있다가 재개되었으나, 북한이 내세운 팀스피릿 군사훈련 중단 문제 때문에 1990년 1월 24일 제10차 접촉을 끝으로 또다시 중단되었다.

(2) 남북체육회담

남북체육회담의 계기가 된 것은 서울하계올림픽의 개최 결정이다. 서울하계올림픽의 개최는 1981년 9월 30일 바덴바덴에서 열린 제84차 국제올림픽위원회(IOC) 총회에서 결정되었다. 그 뒤 올림픽의 공동 개최 문제가 이슈로 떠올랐다. 1985년 2월 1일 사마란치 IOC 위원장은 남북한 국가올림픽위원회(NOC)에 각각 서한을 보내 '북한 선수단의 서울올림픽 출전 문제'에 관한 협의를 하자는 제의를 해왔다.

이러한 제의를 수용해 남측은 1985년 10월 8일과 9일 이틀 동안 스위스의 로잔에서 제1차 남북체육회담을 가졌다. 이 자리에서 남측은 "제24회 올림픽 개최지로 서울을 선정한 IOC 총회 결정과 올림픽헌장을 존중할 것"을 주장하면서 올림픽헌장 범위 내에서 배구·축구·핸드볼·탁구·양궁 등 일부 종목의 예선 경기를 평양에서 분산 개최할 용의가 있다고 제안했다.

북한 측은 남·북한 국가올림픽위원회가 공동 주최하고, 대회 명칭도 '조선올림픽경기대회' 또는 '조선평양 서울올림픽경기대회'로 하며, 경기 종목은 서울 12개, 평양 11개로 하며, 개폐회식은 서울과 평양에서 각각 따로 거행해야 하고, 텔레비전 방영권의 이익도 반반씩 나누어야 한다고 주장했다. 이에 대해 IOC 측은 "올림픽을 서울과 평양에서 따로따로 개최한다는 것은 올림픽헌장에 정면으로 위배되기 때문에 절대로 불가능하며, 일부 종목의 분산 개최는 가능하다"라고 절충안을 내놓았다.

제1차 회담이 아무 결론 없이 끝난 뒤, 1986년 1월 8~9일에 제2차,

1986년 6월 10~11일에 제3차, 1987년 7월 14~15일에 제4차 회담을 가졌으나, 북한 측에서 끝내 공동 개최를 주장해 모처럼의 남북체육회담은 아무 성과 없이 막을 내리고 말았다. 그 뒤 1988년 5월 13일 일본 니가타[新瀉]에서 열린 아시아탁구선수권대회에 출전한 북한 선수단 단장이 "공동개최가 아니면 북한의 서울올림픽 불참 방침에는 변함이 없다"라고 말함으로써 북한의 서울올림픽 참가를 위한 대화는 끝났다.

결국 9월 17일부터 10월 2일까지 전 세계 160개국의 선수단이 참가한 가운데 서울에서 개최된 하계올림픽에 북한은 참가하지 않았다.* 서울하계올림픽이 성공적으로 끝난 뒤인 1988년 12월 21일 북한 당국은 북한올림픽위원회 김유순 위원장 명의로 1990년 7월 베이징에서 열릴 제11차 아시아경기대회에서 남북한 단일팀을 구성해 출전하자며, 이를 협의하기 위해 남북체육회담을 갖자고 제의해 왔다. 남측은 이러한 제안을 받아들여 1989년 3월 9일 제1차 체육회담을 개최한 뒤 1990년 2월 7일까지 아홉 차례에 걸쳐 회담을 진행했다.

남북체육회담을 통해 단일팀의 명칭, 단기(團旗), 단가(團歌), 선수 선발, 훈련 등 10개 항의 기본 사항에 합의했다. 단일팀의 명칭은 우리말로 '코리아', 영어로 'KOREA', 중국어로 '可禮亞(keliya)'로 하기로 하고, 단기는 흰색 바탕에 하늘색 한반도 지도로, 단가는 1920년대부터 불리던 '아리랑'으로 하기로 했다. 이후 남북한의 공동체육행사에는 이 원칙이 계속 적용되었다.

그 뒤 1990년 9월 22일~10월 7일 베이징아시안게임 기간 중에 남북 체육 당국자들이 만나 바르셀로나올림픽대회 등 주요 국제경기대회에 공동

* 북한 당국은 서울올림픽에 참가하지 않는 대신, 이에 맞서 1989년 7월 1월부터 8일까지 평양에서 세계청년학생축전 개최를 추진했다.

으로 참가하는 문제를 협의했다. 그 결과 같은 해 10월 중에 평양과 서울에서 '남북통일축구대회'를 열어, 남북 분단 후 처음으로 남북 체육 교류가 실현되었다. 이 축구대회 기간 중에 남북한의 고위 체육 당국자가 만나 제41회 세계탁구선수권대회, 제25회 바르셀로나올림픽대회, 제6회 세계청소년축구대회에 단일팀으로 참가하기 위한 회담을 개최하기로 합의했다. 그리하여 1991년 2월 12일 제41회 세계탁구선수권대회 및 제6회 세계청소년축구선수권대회에 단일팀을 구성해 출전했다.

(3) 적십자회담과 이산가족 상봉 행사

전두환 정부 때인 1985년 9월 이산가족 상봉 이후에는 적십자회담이 이루어지지 못했다. 이에 대한적십자사는 북한 적십자사에게 남북 적십자회담의 재개를 촉구했다. 1989년 1월 24일 대한적십자사는 이산가족들의 생사 확인을 제안하고, 국내 이산가족들의 재북 가족 생사 확인 신청서인 '이산가족 찾기 의뢰인 명부'(4346명)를 북한 적십자사에 전달하면서 제11차 남북 적십자회담 본회담을 제안했다.

북한 적십자사 손성필 위원장은 1989년 2월 15일 "팀스피릿 훈련이 강행되는 상황에서 적십자회담의 재개는 무의미하다"라는 내용을 담은 대남서한을 보내왔지만, 그 뒤 5월 31일 제2차 고향방문단 및 예술단의 교환을 제의해 왔다. 그리하여 9월 제11차 적십자회담 본회담이 재개되었고, 그 뒤 이산가족 고향방문단 및 예술공연단 교환을 위한 실무대표 접촉이 열렸다.

1989년 11월 21일 제6차 실무 접촉에서는 '제2차 고향방문단 및 예술단 교환'과 관련해 방문단 규모를 571명으로 하기로 합의했다. 그 뒤 양측은 1990년 1월 8일까지 8차에 걸쳐 접촉해 방문단 교환 일자와 규모, 방문지 등에 합의했다.

같은 해 7월 20일 우리 정부는 이산가족 상봉과 민족 자유 왕래 실현을 위해 '민족 대교류기간'(8.13~17)을 선포하고 방북 신청을 접수해 총 6만 1355명의 방북 희망자 명단을 확보한 뒤, 이 명단을 전달하려 했으나 북측이 접수를 거부했다. 결국 1990년 11월 8일 제8차 실무 접촉 때 북측이 예술단이 혁명가극인 '꽃 파는 처녀'를 공연하겠다는 주장을 굽히지 않는 바람에 방문단의 교환이 이루어지지 못했다.

3) 재야 통일단체의 출범과 개별 인사의 방북

(1) 재야 통일단체의 출범과 범민족대회 추진

1985년 3월 29일 해방 이후 가장 폭넓은 계층, 부문, 지역 간의 재야운동 연합체인 민족통일민중운동연합이 결성되었다. 민통련의 결성을 계기로 진보적 통일운동이 본격화되었다. 1987년 1월 박종철 고문치사 사건이 일어나자 민통련은 야당, 종교계 등과 연대해 '고문 및 용공조작 저지 공동대책위원회'를 조직하면서 활동을 재개했다. 공대위를 중심으로 한 재야와 야당 그리고 학생들의 공동투쟁은 5월 27일 '호헌철폐 및 민주헌법쟁취 국민운동본부'의 탄생으로 이어졌다. 국민운동본부는 곧이어 벌어진 6월 항쟁에서 구심 역할을 담당했다.

1987년 6월 항쟁 중에 경찰이 쏜 최루탄에 맞아 이한열 학생이 숨지자, 장례 절차를 위해 7월 5일 연세대학교에서 전국의 대학교 학생회장들이 모여 회의를 열었고, 전국적인 대학생 대중조직의 건설에 관한 논의가 시작되어 마침내 8월 19일 전국 95개 대학에서 3500여 명의 학생 대표가 참석한 가운데 전국대학생대표자협의회(전대협)를 발족했다. 전대협은 1988년 4월 16일 남북학생체육대회와 국토순례대행진을 위한 남북학생회담을 추진했다.

이러한 분위기에 맞춰 남한의 민간 통일단체들을 중심으로 범민족대회를 개최하자는 제안이 나왔다. 1988년 8월 문익환, 박형규, 계훈제 등 재야인사들이 '한반도의 평화와 통일을 위한 범민족대회 추진본부'를 발족하면서 서울하계올림픽(9.17~10.2) 기간에 범민족대회를 개최하자고 제의했다. 북측은 뒤늦게 호응해, 12월 9일 조평통이 공개 편지를 통해 범민족대회를 소집하기 위한 남북한과 해외동포 실무 대표들의 예비 접촉을 제의했고, 평양청소년축전 기간 중인 1990년 8월 15일에 맞춰 판문점에서 범민족대회를 열자고 결의했다.

그리하여 1990년 8월 15일 판문점에서 제1회 범민족대회를 개최했고, 이 자리에서 남측 추진본부가 조국통일범민족연합(범민련)을 결성할 것을 제의했고, 이에 북측과 해외 측이 동의했다. 이에 따라 같은 해 11월 20일 남북한과 해외동포 대표들이 독일 베를린에서 만나 범민련 남측·북측·해외 본부를 결성하고 해외 본부 산하에는 일본·미국 등 8개 지역 본부를 두었다. 범민련의 창립은 민주화운동의 성과를 민간 통일운동으로 발전시켜보자는 취지에서 당시 민주화운동가, 통일운동가들이 역량을 모아 만든 결과물이었다.

(2) 개별 인사의 방북과 공안정국의 조성

남한 내의 통일운동이 고조되면서 남측의 개별 인사들이 방북해 북한 인사들과 접촉했다. 맨 처음 북한을 방문한 사람은 평민당의 농민운동가 출신 서경원 국회의원이다. 그는 1988년 8월 2박 3일간 북한을 비밀리에 방문해 김일성 주석과 허담 조평통 위원장 겸 당 국제비서를 만나고 돌아왔다. 서경원 의원의 밀입북이 알려지기 전인 1989년 3월 황석영 소설가와 문익환 목사가 평양을 방문했고, 6월 말에는 전대협 대표로 임수경 학생이 방북했다.

소설가 황석영은 북한 조선문학예술총동맹의 초청으로 1989년 3월 평양을 방문해 김일성 주석을 만났다. 그는 곧바로 귀국하지 못한 채 독일예술원 초청 작가로 1991년 11월까지 베를린에 거주하고 뉴욕에 잠시 머물다가 1993년 4월에 한국으로 돌아왔다. 그는 국가보안법 위반 혐의로 투옥되었다가 1998년 3월 김대중 정부에 의해 특별사면 되었다.

같은 달 전국민족민주운동연합(전민련) 상임고문 문익환 목사가 북한 조평통의 초청으로 방북해 평양에서 김일성 주석을 두 차례 만났고, 조국평화통일위원회 허담 위원장과도 만나 공동성명을 발표했다. 이 공동성명에는 7·4 공동성명에 기초한 통일 접근, 2개의 조선정책 반대, 정치군사회담 및 이산가족 문제 등 교류와 접촉 실현, 공존의 원칙하에서 연방제 방식으로 통일 실현 등 9개 항의 합의문을 담고 있다.

1989년 6월 21일 임수경 학생이 전국대학생대표자협의회(전대협) 대표로 평양축전(7.1~7.8) 참가를 위해 서울에서 출발해 도쿄와 함부르크를 거쳐 6월 30일 평양에 도착했다. 임수경 학생은 평양축전에 참석한 뒤, 30여 개국 400여 명이 참석한 국제평화대행진 일행과 함께 7월 20일 삼지연에서 출발해 7월 27일 판문점에 도착했다. 임수경의 무사 귀환을 위해 방북한 천주교정의구현사제단 문규현 신부와 함께 8월 15일 판문점의 군사분계선을 걸어 넘어서 남쪽으로 귀환했다.

그러던 중 1989년 6월 말 서경원 의원이 국가안전기획부(안기부)에 자진출두함으로써 10개월 전에 밀입북했던 사실이 밝혀졌다. 이 사건으로 서 의원이 구속되고, 대북 친서 전달설과 관련해 김대중 평민당 총재에게 구인장이 발부되고 불고지죄와 외환관리법 위반죄가 적용되어 불구속 기소되는 등 총 14명이 구속되었다. 이 사건으로 인해 문익환 목사 방북 이후 조성된 공안정국이 강화되고 사회의 보수화 분위기를 증폭시켰다.

노태우 정부는 문익환 목사 방북 사건을 계기로 좌경용공세력의 발본색원이란 명목하에 안기부와 검찰, 경찰로 구성된 공안합동수사본부를 설치해 재야와 학생운동에 대한 전면적인 수사를 진행했고, 전민련과 전대협 지도부가 대규모로 검거되었다. 정치권에 대해서는 문익환 목사의 동생인 평민당 문동환 부총재와 김대중 총재가 각각 문익환 목사와 서경원 의원 방북 사건과 연루되었는지 수사를 벌이면서 정국이 얼어붙었다.

1989년 정치권 전반을 지배한 공안정국은 폐지 논의가 진행되고 있던 국가보안법을 정치적 목적으로 남용하고, 다양한 통일 논의를 가로막고, 정치적 분위기에 편승한 우익단체들을 비호한다는 평가를 받게 되었다. 또한 노태우 대통령이 '7·7 특별선언'을 발표해 국민들의 남북교류에 대한 열망을 높였으면서도, 이와 관련한 법제도 정비가 늦어지면서 연이은 방북 사건을 초래했다는 비판도 제기되었다.

5. 맺음말

새로운 남북관계의 정립을 향해

세계적인 사회주의 체제의 몰락으로 냉전체제가 해체되고 1990년대가 몰타 체제의 성립과 함께 시작되면서, 한반도 정세에도 커다란 변화가 시작되었다. 한국의 북방정책으로 북한의 우방국인 헝가리, 러시아, 중국이 잇달아 한국과 수교하고, 1991년 9월에는 남북한 유엔 동시 가입이 이루어졌다. 개혁개방을 거부하고 기존의 사회주의 체제를 고수하고 있던 북한은 고립무원에 빠진 채 체제 위기에 몰리게 되었다.

북한은 체제 위기 속에서 남북공존을 모색했다. 그 결과 남북한의 총리를 대표로 하는 남북고위급회담을 1990년 9월에 시작하고 수차례 개최해서, 마침내 15개월 만인 1991년 12월 13일 서울에서 열린 제5차 고위급회담에서 남북한은 '화해 및 불가침, 교류협력'의 내용을 담은 '남북기본합의서'를 채택했다. 그 뒤 1992년 2월 제6차 고위급회담에서 합의서 문건을 정식으로 교환하고, 그해 9월 제8차 고위급회담에서 3개 부속합의서를 채택함으로써 효력이 발생했다.

'남북기본합의서'는 서문에서 7·4 남북공동성명에서 천명한 조국통일 3대원칙의 재확인, 민족화해 이룩, 무력 침략과 충돌 방지, 긴장완화와 평화 보장, 교류협력을 통한 민족 공동의 번영 도모, 평화통일을 성취하기 위한 공동의 노력 등을 규정하고 있다. 이 기본합의서 채택으로 남북한이 상대방의 실체를 인정하고, 군사적 침략이나 파괴·전복 행위를 하지 않으며, 상호 교류협력을 통해 민족 공동 발전과 점진적·단계적 통일을 실현할 수 있는 기틀을 마련했다.

한편, 1989년 9월 프랑스 상업위성이 영변의 핵시설 사진을 공개하면서 북한 핵문제가 국제사회의 현안으로 떠올랐다. 한국과 미국은 북한의 핵 프로그램을 중단시키기 위해 남한 내에 배치된 전술핵무기를 전면 철수하기로 약속하고 북한도 국제원자력기구(IAEA)의 안전조치협정에 서명하고 일반사찰을 받아들였다. 그리하여 1991년 12월 31일 ▲ 핵무기 시험·제조·생산·접수·보유·저장·배비·사용의 금지, ▲ 핵재처리시설·우라늄농축시설의 보유 금지를 담은 '한반도 비핵화 공동선언'이 발표되었다(조성렬, 2016: 93~94).

노태우 정부는 민주대항쟁의 성과물인 직선제 선거에서 승리해 군사정부를 계승했지만, 이듬해 총선에서 여소야대 국면이 만들어지면서 자의든 타의든 전향적인 대북정책을 전개했다. 무엇보다 '7·7 특별선언'으로 대북정책의 방향을 평화공존으로 설정하는 획기적 전환을 이룩했으며, 국민과 전문가들의 여론수렴을 거친 초당파적인 지지를 바탕으로 '한민족공동체 통일방안'을 마련하는 성과를 거두었다. 1992년 12월 18일 대통령선거에서 김영삼 후보가 당선되고 이듬해 2월 25일 신정부가 출범함으로써 노태우 대통령은 임기를 끝냈지만, 노태우 정부의 대북정책은 이후로도 김대중, 노무현, 문재인 정부의 대북정책에 커다란 영향을 미치면서 계승되어 오고 있다.

참고문헌

김달중. 1990.「북방정책의 개념, 목표 및 배경」. ≪국제정치논총≫, 제29집 2호, 41~51쪽.

김형기. 2010.『남북관계 변천사』. 연세대학교 출판부.

노태우. 2007.『노태우 육성 회고록』. 조갑제닷컴.

박철언. 2005.『바른 역사를 위한 증언 (1), (2)』. 랜덤하우스중앙.

배광복. 2018.『남북대화 (1971~1992): 힘·선택·말의 남북관계 역사』. 아연출판부.

백학순. 2012.『노태우 정부와 김영삼 정부의 대북정책 비교』. 세종연구소.

신영석. 2008.『역대정권의 통일정책 변천사』. 평화문제연구소.

이정철. 2012.「탈냉전기 노태우 정부의 대북정책: 정책연합의 불협화음과 전환기 리더십의 한계」, ≪정신문화연구≫, 제35권 2호, 131~161쪽.

이제훈. 2016.『노태우 정부의 북방정책과 비대칭적 탈냉전: 남·북·미 3각 관계와 3당 합당의 영향을 중심으로』(북한대학원대학교 박사 학위논문).

조성렬. 2012.『뉴한반도비전: 비핵 평화와 통일의 길』. 백산서당.

______. 2016.『한반도 비핵화 리포트: 포괄적 안보-안보 교환론』. 백산서당.

≪한겨레신문≫. 1988.10.19.

王俊生. 2016.「中朝'特殊關係'的邏輯: 複雜戰略平衡的產物」. ≪東北亞論壇≫, 1期, pp. 54~59.

王洪光. "朝鮮若崩潰中國救不了". http://news.wenweipo.com(검색일: 2018. 10.6).

趙立新. 2015.「構建東北亞和平安全機制需要什麽樣的中朝關係」. ≪世界知識≫, 12期.

沈志華. "中朝關係驚天内幕". http://wenku.baidu.com(검색일: 2018. 10.6).

3부

냉전의 종언과
미·중 경쟁시대의 한반도 국제관계

9

냉전의 종언, 독일통일과 한반도

문용일
경남대학교 극동문제연구소 교수

1. 머리말

문재인 대통령은 2019년 6월 12일 오슬로 포럼 기조연설에서 "평화가 국민의 삶에 실질적으로 도움이 될 때 국민들은 적극적으로 분단을 극복하고 평화를 만들어갈 것"이라며 '국민을 위한 평화'를 강조했다. "함께 살아야 할 생명공동체"인 남과 북의 주민들이 "분단으로 인해 겪는 구조적 폭력을 평화적으로 해결하는 것"이 중요하며, 이러한 구조적 갈등의 요인을 평화적으로 해소하기 위한 방안의 일환으로 '남북 접경위원회'의 설치를 제안했다.* 기능주의를 기반으로 한 예전 동·서독 교류협력의 모범적 사례였던 '동·서독 접경위원회'의 경험을 남북한의 상황에 접목시키자는 것이다.

동·서독 접경위원회는 1972년 동·서독 기본조약의 체결 이후, 동독과 국경을 맞대고 있던 서독 지역 4개 주의 대표와 동·서독 양측의 연방정부 관계자들을 중심으로 1973년 설치된 위원회이다. 동·서독 접경위원회는 동·서독 간 국경 문제와 관련한 자료를 수집 및 분석하고 양측의 국경을 명확히 하며, 수해·병충해·환경 및 에너지 문제 등 초국경적 협력이 필요한 다양한 문제들에 함께 대응하는 것을 목표로 했다. 또한, 1987년 동·서독 간 환경보호기본협정 체결을 통해 수자원 및 환경 분야에서 협력을 추진하기로 합의하면서 접경위원회 역시 엘베강 등 양측이 공유하고 있는 하천의 보호, 산림훼손 방지, 각종 폐기물 처리 문제 등을 해결하기 위해 협력하기 시작했다. 이 과정에서 서독은 '오염자부담원칙'을 강조하면서 동독에게 문제해결을 요구했으나, 동·서독 간 경제적 격차 등을 고려해 서독 연방정부 및 접경지역 지방정부가 비용을 부담하고 기술이전까지 하겠다고 제안하

* 문재인 대통령 오슬로 포럼 기조연설, "국민을 위한 평화"(2019.6.12).

면서 양측의 협력을 가능하게 했다.

동·서독 접경위원회의 협력 성공 사례는 단순히 접경지역 문제에 대한 논의의 장을 넘어 동·서독 간 소통의 통로로 기여하면서 동·서독 통합의 견인차 역할을 했다. 우리 정부는 남북 접경위원회 역시 접경지역 문제해결 및 평화적 이용을 위한 논의의 장 마련을 넘어 남북대화의 또 다른 상설기구로서 남북협력의 강화를 통해 국민을 위한 평화 구축에 이바지할 것을 기대하고 있다.

비단 동·서독 접경위원회 사례뿐 아니라 1990년 동·서독의 제도적 통일 및 사회적 통합은 우리에게 많은 시사점을 제시한다. 독일통일은 냉전체제의 시작과 함께 분열되었던 하나의 민족국가가 재결합한 사례인 동시에 냉전체제하에서 동서 진영의 최전선에서 직접 맞닿아 있던 두 정치단위가 통합을 이룩했다는 점에서 한국과 상당히 유사한 사례라 할 수 있다. 독일통일 이후 한국의 수많은 연구자들 및 정책결정자들이 동·서독 통합의 사례를 지속적으로 연구·분석하고 있는 이유이기도 하다.

물론 한반도의 통일 및 남북한 통합이 독일의 통일 과정과 똑같을 수는 없다. 통합 당시 동·서독 간 경제규모의 차이나 유럽통합을 비롯한 주변 국제정세 등을 고려한다면, 독일의 통일 성공 사례가 우리의 통일과 한반도 평화 체제 구축에 똑같이 적용될 수는 없다. 그럼에도 불구하고 독일통일 사례는 한반도의 통일을 위해 우리가 나아가야 할 방향 및 지속적으로 추진해야 하는 노력이 무엇인지에 대해, 한편으로는 모범사례로서 다른 한편으로는 반면교사로서 중요한 함의를 가진다. 따라서 동·서독 통합 사례에 대한 이해와 분석은 여전히 필요한 작업이라 할 수 있다.

독일통일은 흔히 1989년 11월 베를린장벽의 붕괴로 회자된다. 동·서독의 제도적 통합은 베를린장벽의 붕괴 이후 수개월도 채 지나지 않은 1990

년 여름에 이루어졌고, 따라서 언뜻 보기에는 갑작스러운 사건처럼 보일지도 모른다. 그러나 동·서독의 통합은 어느 한순간 갑작스레 이루어진 단절적 사건이 아니다. 동·서독은 독일이라는 국가의 기나긴 역사의 연속선상에서 존재하고 있었고, 독일의 제도적 통일로 동·서독이라는 두 사회의 차이와 간극이 그 즉시 사라진 것도 아니다. 독일의 통일을 이해하기 위해서는 단순히 1989~1990년 당시의 결정적 순간들만을 보기보다는 이를 가능하게 했던 전후의 역사와 노력을 함께 살펴보고 이해해야 한다. 따라서 이 장에서는 먼저 분단 이후 동·서독의 통일·통합 정책을 살펴본 후, 냉전의 종식 및 제도적 통일을 전후한 독일통일의 과정을 되짚어 보고자 한다.

2. 분단 직후 동·서독의 강경한 내독정책

유럽에서 연합국과 추축국 간 제2차 세계대전이 종결의 기미를 보이면서, 미국과 영국, 프랑스, 소련 등 연합국들은 1945년 포츠담에서 회담을 열어 전후 독일을 비롯한 패전국들을 어떻게 할 것인지에 대해 논의했다. 포츠담회담에서 4개국은 '연합국 관리이사회'를 만들어 독일의 영토를 4개의 지역으로 분할해 관리하기로 합의했고, 수도의 상징성 및 중요성을 감안해 당시 독일의 수도이자 중심지였던 베를린 역시 4개국이 분할해 공동 관리하기로 결정했다. 그러나 1948년 패전국 독일의 통치·관리 문제를 둘러싸고 4개국 간에 첨예한 대립 구도가 발생한다. 미국과 영국, 프랑스는 독일을 하나의 국가로 만들고자 했지만 소련은 이에 강하게 반대했고, 결국 연합국 관리이사회까지 탈퇴하기에 이른다. 1948년 6월에 미국과 영국, 프랑스가 각자의 분할 관리지역을 통합한 서독 지역에서 화폐개혁을 단행하자, 이에 반대한 소련은 자신의 분할 관리지역 속에 있던 베를린시와 서독 지역을 연결하는 모든 육상 교통로를 봉쇄하는 '베를린 봉쇄'를 단행하기에 이른다. 각자의 분할 관리지역을 통합한 미국과 영국, 프랑스는 서독 지역에서 자유민주주의에 기반한 정부를 수립하기 위해 노력했고, 결국 1949년 5월 23일 서독 지역에서는 '독일연방기본법'에 기반한 독일연방공화국이 출범했다. 반면, 소련의 분할 관리지역이었던 동독 지역에서도 1949년 10월 7일 독일민주공화국이 출범하게 된다. 수직적 권한 분배에 있어서 연방정부뿐 아니라 주정부에도 상당한 권한을 부여하는 연방주의적 체제를 추진했던 서독과는 달리 동독은 강한 중앙집권적 정부 체제를 추진했다. 독일공산당(KPD)과 민주사회당(SPD)이 주축이 된 동독 사회주의통일당(SED)의 주도로 1946년 동독의 헌법 초안이 작성되었고, 결국 동독에는 사회주의통일당을 중심으로 강력한 중앙집권체제가 수립되었다. 전후 독일의 동·서독 분단체제가 확립된 것이다.

분단 직후 동·서독은 상대방에 대해 적대적이고 공세적인 정책 노선을 유지했다. 서독 정부는 서독이 전체 독일의 유일한 합법정부라는 입장을 견지했다. 제2차 세계대전 이후 서독 지역에서 연방헌법을 제정하면서, 이를 헌법이라고 명명하지 않고 '독일연방기본법(Grundgesetz)'이라고 명명한 것 역시 이러한 인식의 발로였다. 즉, 서독의 기본법은 실질적으로는 헌법이었지만 명목적으로는 한 국가의 헌법이 아니었다. 독일연방공화국(서독)이 상실한 동독 지역을 아직 회복하지 못하고 있는 불완전하고 일시적인 상황을 해결할 때까지만 존재할 임시법적인 성격을 가지고 있음을 명확히 하고자 했다. 이뿐만 아니라, 국민 개개인의 기본권을 보장하는 것을 핵심 목표로 했던 '독일연방기본법'의 서문은 "함께 참여하지 못한 (동독 지역의) 주민들을 위해서 대신 행동을 취할 것"이라는 점 역시 명시했다.

분단 초기 서독의 집권 여당이었던 기독교민주연합(CDU, 이하 기민당) 정부의 동독에 대한 강경한 외교정책기조는 '할슈타인 원칙(Hallstein Doctrine)'에서 더욱 분명하게 나타난다. 서독의 초대 연방총리였던 콘라드 아데나워 총리는 미국과 서유럽 등 친서방 외교정책을 추진하는 동시에 '(소련 외에) 동독 정부를 승인하는 국가와는 어떠한 외교관계도 거부하는' 할슈타인 원칙을 추진해, 동독 및 동유럽 국가들과 철저히 단절된 외교정책 노선을 고수했다.

이에 반해 동독은 자본주의에 물든 서독과는 하나의 국가가 될 수 없다며, 동독과 서독이 별개의 두 국가라는 점을 강조했다. 따라서 동독에 대한 국제법적 승인, 특히 서독 정부에 의한 국제법적 승인을 계속해서 요구했다.

3. 브란트의 신동방정책

1) 신기능주의적 접근의 시작

서독 정부의 강경한 대동독 정책은 1969년 사회민주당(SDU, 이하 사민당)의 브란트 정부가 들어서면서 크게 변한다. 브란트 정부가 할슈타인 원칙에 기반한 대동독 강경책에서 벗어나 대화와 접근을 통해 동독의 변화를 꾀하고 이를 바탕으로 독일통일을 목표로 하는 신기능주의적 외교정책 노선을 채택했기 때문이다. '접근을 통한 변화(wandel durch annahrung) 원칙'에 기반해, 동독 및 동유럽 공산국가들과의 직접적인 대화에 기반한 화해와 협력을 추진하고 이를 통해 독일통일뿐 아니라 유럽의 평화까지 목표로 하는 브란트 정부의 외교 및 내독정책은 이후 신동방정책이라고 불리게 된다.

1969년 9월 28일, 독일 총선에서 당시 집권 여당이었던 기민·기사당은 총 46.1%의 지지로 242석을 획득해 여전히 최대 의석수는 확보했으나 1965년 선거에 비해 의석수가 상당히 감소했다. 반면, 사민당은 총 42.7%의 지지로 224석을 확보했고, 자유민주당(FDP, 이하 자민당)은 의석 확보에 필요한 최소 필요 득표율인 5%를 겨우 넘긴 5.8%의 지지로 총 30석의 의석을 확보했다. 이러한 상황에서 1965년 선거까지 기민·기사당과 연립정부를 이루었던 자민당이 이번에는 사민당과의 연정을 전격적으로 결정하게 된다. 이는 사민당과의 연정을 통해 차기 내각에서 더 많은 영향력을 발휘하기 위한 당의 전략적 선택이기도 했지만, 동시에 발터 셸(Walter Scheel) 당대표 등 자민당의 주요 지도자들이 당시 서독의 주요 정책들, 특히 외교정책 및 내독정책에서 이전과는 다른 정책적 변화를 추진해야 할 필요성을 느꼈기 때문에 내린 결정이기도 했다.

자민당과의 연정을 통해 집권당이 된 사민당의 브란트 정부는 이전 기민·기사당 정부와는 사뭇 다른 정책들을 추진했다. 특히 내독 정책에 획기적인 변화가 있었다. 브란트는 서독이 이제 할슈타인 원칙에서 벗어나 동·서독이 서로의 존재에 대한 상호인정에 기반해 대화와 협상을 추진해야 한다고 주창했다. 동독의 존재에 대한 맹목적인 부정은 독일 지역의 평화와 독일 민족의 미래에 도움이 되지 않는다고 생각했던 것이다. 그보다는 오히려 동독 정부와의 갈등과 긴장관계를 완화하고 상호 간에 불필요한 대결 국면을 해소하기 위해 노력해야 한다고 주장했다. 브란트 정부의 이러한 외교·내독정책기조는 당시 공산주의 국가들과의 데탕트를 추진하던 미국 닉슨 행정부의 정책기조와도 결을 같이 하는 것이었다.

브란트의 신동방정책은 독일통일을 추구함에 있어서 동·서독 간 화해협력 추진이라는 양자적 관계에만 매몰되는 것이 아니라, 독일의 통일이

유럽 평화의 정착과 함께 이루어져야 한다며 다자적 관계의 중요성 역시 강조하는 것이었다. 제1차 세계대전과 제2차 세계대전의 전란을 거치면서 영국과 프랑스를 비롯한 유럽의 많은 국가들이 세계대전의 원인이 독일에게 있다고 인식했다. 기존 국제질서 및 유럽 지역 내 세력균형 구조에 불만을 품은 독일이 급상승한 국력을 바탕으로 주변 국가로의 무력 팽창을 시도한 결과가 전쟁의 구조적 원인이라는 것이다. 따라서 당시 상당수의 유럽 국가들은 동·서독의 통합이 이루어진다면 독일의 국력이 급속도로 강화될 것이고 독일 군사력의 강화 및 팽창으로 이어져 예전처럼 자신들의 안보에 심각한 위협이 되고, 궁극적으로는 유럽의 안정과 평화를 무너뜨리는 계기가 될 수 있다는 우려를 가지고 있었다. 홀로코스트 등 나치 정권하에서 자행되었던 반인륜적 범죄에 대한 기억은 주변국들의 이러한 우려를 더욱 심각하게 했다. 그러므로 독일통일을 위해서는 주변 국가들의 이러한 안보적 우려를 무마해야만 하는 상황이었다. 동·서독 간 통합을 위해서는 유럽의 평화가 반드시 필요할 뿐 아니라, 동시에 독일의 통일이 유럽 지역의 안정과 평화 체제의 공고화를 위해 필요하고 이에 이바지할 수 있다는 사실을 분명히 보여줄 필요가 있었던 것이다.

이를 위해 브란트 정부는 미국을 위시한 서방국가들과의 협력을 강화했다. 특히 영국, 프랑스 등과의 양자관계뿐 아니라 유럽공동체 발전을 강력하게 추진했다. 프랑스의 강력한 반대로 가입하지 못하고 있던 영국 역시 1972년 독일의 적극적인 지지로 유럽경제공동체(European economic community: EEC)에 가입하게 된다.

동시에 브란트 정부는 동유럽 국가들과의 관계 개선 및 협력 증진에도 힘을 기울인다. 먼저 서독은 1970년 8월 모스크바 조약을 체결해 소련과의 긴장완화 및 관계 개선을 추진했다. 냉전체제 속에서 유럽 지역 내 평화를 구축하고 이를 바탕으로 동·서독 간 통일을 촉진하려는 브란트 정부로서는 소련과의 관계를 개선하고 긴장 국면을 완화할 필요가 있었기 때문이다. 게다가 두 차례에 걸친 동·서독 정상회담이 결렬되고 교착상태에 빠진 내독 관계의 매듭을 풀어나가기 위해서는 소련의 협력이 절실했다. 전문 및 5개 조항으로 이루어진 모스크바 조약은 서독과 소련 두 국가가 국제적 평화유지 및 긴장완화를 위해 노력하는 것을 목표로 하고 두 국가 간 분쟁을 오직 평화적 수단을 통해 해결할 것을 결의하는 동시에, 독일과 폴란드 간 국경 문제를 고려해 현 국경선의 유지에 대한 지지를 분명히 했다. 또한, 브란트 총리는 모스크바 조약의 의회 비준을 위한 일종의 전제조건으로 동독과의 관계 개선 및 베를린협정의 체결을 위한 소련의 전폭적인 협력과 지원을 강조했고, 소련이 이에 호응하면서 서독과 소련의 정상회담은 이후 동독과의 베를린협정 체결에도 크게 기여한다.

2) 동·서독의 만남

동독과의 대화와 협력을 지향했던 서독 브란트 총리의 신동방정책은 동·서독 최초의 정상회담으로 이어진다. 서독의 브란트 총리와 동독의 슈토프 총리가 1970년 3월 동독 지역인 에르푸르트에서 만난 것이다.* 첫술에 배부르기 힘든 것처럼, 전후 최초로 이루어진 동·서독 정상의 첫 만남이 가시적 성과물을 내지는 못했다. 동독의 슈토프 총리는 서독 정부가 동독을 부정하는 할슈타인 원칙을 포기하고 국제법에 근거해 동·서독 간 외교

* 당시 동독의 실질적 지도자는 동독 공산당 서기장이었던 울브리히트라고 할 수 있으나, 제도상으로는 빌리 슈토프(Willi Stoph) 총리가 동독 정부의 수반이었다.

관계를 수립할 것을 요구했으나, 이는 서독 브란트 총리로서는 도저히 받아들일 수 없는 요구였기 때문이다. 그러나 동·서독 정상은 두 달 후인 1970년 5월 서독의 카젤(Kassel)에서 두 번째 정상회담을 가지기로 합의했다. 대화 국면을 지속해야 할 필요성에 공감했던 것이다.

2차 정상회담에서 서독의 브란트 총리는 양측이 서로에 대한 무력 사용이나 위협을 자제하고, 독일 영토 내에서 더 이상의 군사적 충돌이 재발하는 불행한 상황을 방지하며, 유럽 안보와 평화 증진을 위한 동서 진영 간의 군비통제 노력에 적극 참여할 것을 제안했다. 동시에 브란트 총리는 동·서독이 서로에 대한 국제법적인 승인 여부와는 별도로 서로의 독립성 및 개별성을 존중하는 동시에, 교통이나 우편·통신과 같은 비정치적 분야에서 상호 교류와 협력을 확대하자는 내용을 담은 20개의 항목을 동독에 제안했다. 그러나 이는 동독 슈토프 총리로서는 받아들일 수 없는 제안이었다. 동독이 간절히 바라던 국제법상의 승인 문제가 해결되지 않았기 때문이다. 결국 두 번째 동·서독 정상회담 역시 가시적 성과물 없이 끝나고 말았다.

1971년 5월 실용주의적인 성격이 강했던 에릭 호네커(Eric Hoecker)가 동독 공산당 서기장으로 취임하면서 동·서독 간 협정 체결을 위한 논의가 급속도로 진행되었고, 1971년 9월에는 드디어 동·서독 간 베를린협정이 체결되었다. 베를린협정의 기본 내용은 서베를린의 안전을 보장하기 위한 것이었다. 동·서독 양측은 베를린에서 더 이상 무력 사용이나 위협을 하지 않기로 했을 뿐 아니라, 동독 지역을 거쳐 서베를린으로 들어가는 서독의 물자 및 인력에 대한 안전을 보장하기로 합의했다. 그러나 베를린협정은 단순히 동·서독 양자 간 긴장완화만을 의미하는 것이 아니었다. 베를린협정의 당사국은 동독과 서독뿐 아니라 미국과 영국, 프랑스 그리고 소련이라는 2차 세계대전 승전국 간의 조약이기도 했다. 따라서 베를린협정은 미국과 소련, 서유럽과 동유럽이라는 동서 진영 간의 긴장완화를 의미하는 것이기도 했다.

3) 통행조약 및 기본조약의 체결

동·서독 양측은 베를린협정을 기반으로 1972년 5월 26일 동서독통행조약(Verkehrsverttrag)을 체결한다. 33개 항으로 이루어진 통행조약은 철도와 육로, 수로 등을 통한 동·서독 간의 상호 통행을 허용했다. 하지만 통행조약의 의미는 상호 통행 허용 이상이었다. 1970년에 있었던 두 차례의 동·서독 정상회담에서 가장 첨예하게 대립했던 의제였던 동독의 국가성을 서독이 인정하는 것이었기 때문이다. 또한 통행조약은 1966년 12월 동독이 서독 및 서베를린 시민들의 동베를린 방문을 금지한 이래 급속히 경색되었던 동·서독 간의 인적 교류를 다시 활성화하는 계기가 되었다. 사실 1966년 이전까지만 하더라도 동서 베를린 사이에 인적 교류는 활발한 편이었다. 물론 동·서독이 별개의 정부를 수립한 직후부터 동독은 지속적으로 동베를린에 대한 서독 및 서베를린 주민들의 왕래를 제한하는 정책을 추진했다. 1952년 5월에는 서독 및 서베를린과의 국경을 차단했고, 1961년에는 그동안 일정 부분 허용해 오던 서베를린 시민들의 동베를린 방문 역시 전면 금지했다. 1963년 당시 서베를린 시장이었던 브란트 총리가 연말연시 연휴 기간 동안에는 서베를린 시민들이 동베를린에 거주하는 친지를 방문하는 것을 허용해 주기를 동독 정부에 요청하면서, 비자를 받은 서베를린 주민들에 한해 동베를린 방문을 허용하는 통과비자 협정이 체결되기도 했다. 이로 인해 수십만에 이르는 서베를린 시민들이 동베를린을 방문할 수 있었다. 그러나 1966년 동독이 이마저 금지하면서 동·서베를린 간 인적 교류는 거의 중단된 상태였다. 이러한 경색 국면이 통행조약 체결을 통해 완화되고 서베를린 시민들이 동베를린 지역 친지와 지인을 방문할 수 있는 인적 교류의 창이 다시금 열리게 되었다.

서독 브란트 정부 시기 동·서독 간 협력관계의 강화는 1972년 11월 동·서독 간 선린 관계를 발전시키기 위한 동서독기본조약(grundlagenvertrag)의 체결로 정점에 이르게 된다. 서독의 총선을 며칠 앞둔 1972년 11월 8일 동·서독 양측은 동·서독 기본조약에 가조인했고, 서독의 총선이 끝난 12월 21일 이 조약을 정식으로 체결했다. 서독의 브란트 총리는 동독과의 대화를 통해 동·서독 기본조약 체결에 원칙적으로 합의했음에도 불구하고 조약의 공식 체결은 11월 19일로 예정되어 있던 서독 총선 이후로 미루었다. 이는 임기 만료가 얼마 남지 않은 내각이 동독과 중요한 조약을 체결할 경우 발생할 수 있는 정치적 논란을 잠재우고 정당성을 확보하기 위한 방안이었던 동시에, 총선 승리를 위한 전략이기도 했다. 당시 자신에 대한 국민의 지지가 하락세였던 상황에서, 동·서독 기본조약의 체결 문제를 총선과 연결시켜 국민의 의견을 수렴하는 형식을 취함으로써 자신의 신동방정책을 선거의 주요 이슈로 부각시키기 위한 것이었다. 실제로 당시 서독 총선에서 동독과의 기본조약 체결 문제가 주요 쟁점이 되었고, 브란트 총리는 분위기를 반전시켜 총선을 승리로 이끌었다. 사민당의 총선 승리는 동시에 브란트 정부의 신동방정책에 대한 서독 국민들의 지지를 보여주는 것이기도 했다. 이러한 절차를 통해 총선 이후 서독 정부가 동·서독 기본조약에 공식 서명했다. 이로써 동·서독은 상호 불가침 및 무력 사용이나 위협의 포기, 양측 간 분쟁 발생 시 평화적 수단을 통한 해결 등의 원칙에 대한 합의를 분명히 한 동시에 기술이나 우편, 전신, 문화 등 경제적·사회적·문화적 교류의 확대와 더불어 상주대표부의 교환 설치까지 합의했다.

이를 계기로 동·서독 간 인적·물적 교류, 특히 서독 주민들의 동독 및 동베를린 방문이 급격히 증가해 그 수는 1973년에만 약 228만 명에 달했다. 동·서독 간의 내독거래(Innerdeutscher Handel) 역시 급증했다. 특히 동독 제품은 동·서독 간 무역이라는 특수성을 살려 미국, 서유럽 등 서방국가들과의 거래에서도 관세감면 등 서독 제품과 동등한 혜택을 받을 수 있게 되었다. 이처럼 신기능주의적 접근에 기반한 서독 브란트 정부의 신동방정책은 전후 경색되어 있던 동·서독 간 관계를 완화해 대화와 교류의 물꼬를 트고 이후 동·서독 간 협력증진 및 통합의 밑거름이 되었다.

4) 동·서독 간 교류의 확대

브란트 정부의 신동방정책 기조는 이후 1974년부터 1982년까지 집권했던 슈미트(Helmut Schmidt) 정부와 1982년부터 독일통일 시까지 집권했던 콜(Helmut Kohl) 정부에서도 유지되었다. 특히 야당 시절에는 사민당 브란트 정부의 신동방정책을 강하게 비판했던 기민·기사당이 콜 정부 시기 동독과의 대화 및 교류협력 확대를 오히려 더욱 적극적으로 추진하는 모습을 보여준다. 예를 들어, 브란트 정부 시절 동독과의 협력 강화를 앞장서서 비판했던 기사당의 슈트라우스는 1980년대 중반에 들어서면서 동독에 대한 원조의 확대를 적극적으로 주장하기 시작했다. 이는 동독의 경제가 점점 더 악화되고 있는 당시 정세하에서 동독에 대한 차관과 원조의 제공이 오히려 서독에 대한 동독의 경제적 의존성을 심화할 수 있으며, 이를 바탕으로 정치적 자유화를 향한 내부적 움직임을 포함한 동독의 변화를 촉진할 수 있을 것이라고 믿었기 때문이다.

1987년 9월에는 동·서독 정부 간 군사안보 분야에서의 협력에 대한 공동성명이 발표된다. 동독의 호네커 서기장이 서독의 본을 방문한 동안 발표된 이 공동성명에서 동·서독 정부는 독일 영토 내에서 전쟁이 재발해서는 안 된다는 원칙 및 양측이 평화를 싹틔우기 위해 노력해야 한다는 원칙적 입장에 대해 공감하고 있음을 보여주었다(바이츠제커, 2012: 95).

4. 냉전의 종식과 베를린장벽의 붕괴

1) 소련의 개혁개방정책과 동유럽의 자유화 물결

흔히 냉전의 종식 및 독일통일의 시작을 가장 잘 보여주는 역사적 사건으로 베를린장벽의 붕괴를 꼽는다. 1989년 11월 9일 베를린장벽이 무너지고 동독의 자유화 및 동·서독의 제도적 통일이 본격적으로 시작될 수 있었던 것은 동·서독 내부의 역량과 노력뿐 아니라 당시 탈냉전의 시공간적 상황에 있던 소련 및 동유럽 국가들 내에서 개혁개방과 자유화의 움직임이 급속하게 전개되었기 때문에 가능한 일이다.

1985년 소련의 새로운 공산당 서기장으로 취임한 미하일 고르바초프는 소련 내 공산당 일당독재체제를 완화하고 서방국가들과의 긴장 및 대결 국면의 완화를 꾀하는 등 혁신적인 개혁개방정책, 즉 '페레스트로이카'와 '글라스노스트' 정책을 추진했다. 그리고 소련에서 시작된 이러한 변화의 움직임은 곧 헝가리, 체코슬로바키아, 폴란드 등 동유럽 국가들로 재빠르게 확산되었다.

먼저 폴란드에서는 1989년 6월에 2차 세계대전 이후 최초로 자유선거가 실시되었고, 자유노조연합이 승리해 공산당과 연립정부를 구성했다. 공산당 일당독재체제가 무너진 것이다. 헝가리에서도 1989년 6월에 9개 정당이 참여한 '원탁회의'가 열렸고, 향후 연립정부를 구성하고 시장경제로 체제를 전환할 것을 결정했다. 체코슬로바키아에서는 1989년 12월 '시민포럼'의 대표였던 하벨이 대통령으로 선출되면서, 민주주의로의 체제 전환이 이루어졌다.

이처럼 1980년대 말 동유럽 국가들 내에서 자유화의 물결이 확산되고 체제 전환이 연이어 이루어질 수 있었던 것은 자유화·민주화에 대한 동유럽 국가들 내부의 강한 열망이 있었기 때문이기도 하지만 동시에 개혁개방 및 공산권 유럽 국가들에 대한 소련의 정책 변화가 크게 작용한 결과이기도 하다. 과거 1956년 헝가리의 자유화 운동, 1968년 '프라하의 봄'으로 상징되는 체코슬로바키아의 민주화운동 등을 '제한주권론'* 을 강조하면서 강하게 탄압했던 소련이 이제는 이들 동유럽 국가들에 대한 개입을 하지 않겠다는 입장을 명확히 했던 것이다. 특히 고르바초프 소련 공산당 서기장은 "사회주의국가들 사이의 정치적 관계는 원칙적으로 각 국가의 완전한 자주성을 전제로 삼으며 …… 각 국가는 독자적으로 자기 나라가 당면한 문제에 책임 있게 대처할 권리를 가진다"라면서 자유화 운동이 전개되고 있던 동유럽 국가들의 주권 및 자기결정권, 나아가 소련이 더 이상 동유럽 국가 내부의 자유화 운동에 개입하지 않겠다는 불개입의 원칙을 명확히 했다(고르바초프, 1990: 169~171).

* 1968년 11월 제5차 폴란드 공산당 대회 연설에서 소련의 브레즈네프 공산당 서기장은 "사회주의 진영에 속한 한 국가가 그 생존을 위협받을 경우, 이를 사회주의 진영 전체에 대한 위협으로 간주하며, 다른 사회주의국가들은 이에 개입할 권리를 가진다"라고 주장했다. 즉, 동유럽 국가들 사이에서 민주화운동 등의 이유로 공산당 독재체제에 위협이 발생할 경우, 이는 공산주의 진영 국가 전체에 대한 위협이므로 소련이 이들 동유럽 국가들의 주권적 영역에 개입하고 제한할 수 있다는 '제한주권론'을 명확히 했던 것이다(고르바초프, 1990: 169~171).

2) 동독 주민들의 연이은 서독행 행렬

동유럽 국가들의 자유화 물결은 동독 내부의 자유화 움직임을 자극했을 뿐 아니라 동유럽 국가들로의 여행이나 이동이 상대적으로 자유로웠던 동독 주민들의 이탈 역시 촉진했다. 사실 동유럽 국가 등 제삼국을 거쳐 서독으로 이주하는 동독 주민들의 행렬은 이미 자유화 물결 이전부터 시작되었다. 그러나 1989년 동유럽 국가들의 자유화 물결로 인해 동독을 이탈하는 주민의 수가 급속히 증가하게 된다.

1989년 6월 27일 오스트리아의 알로이스 모크(Alois Mock) 외무장관과 헝가리의 줄러 호른(Gyula Horn) 외무장관이 참석한 가운데, 두 국가의 국경을 가르던 철조망을 자르고 양국 간 국경이 개방되었다. 제2차 세계대전 종전 이후 동서 진영을 갈라놓았던 '철의 장막'이 걷히는 이 역사적인 순간은 전 세계로 중계되었다. 오스트리아와 헝가리 간 국경의 개방은 동독을 떠나 서방국가로 가기를 희망하는 동독 주민들에게 또 다른 기회를 제공해 주었다. 서독 및 서방국가 방문의 기회를 얻는 것보다 같은 공산주의 진영 국가였던 헝가리로의 여행이나 이동이 훨씬 쉬웠던 상황을 이용해, 상당수의 동독 주민들이 헝가리를 방문한 후 개방된 헝가리와 오스트리아 간 국경을 이용해 서방세계로 탈출했던 것이다. 그 수는 해마다 급증했고, 이는 곧 동독과 헝가리에서 심각한 문제가 되었다.

헝가리 정부는 오스트리아로 탈출하는 과정에서 체포된 동독 주민들을 동독으로 강제송환했다. 동독과의 협정에 따른 결정이었다. 그러나 강제송환자의 수가 급증하면서 서독 정부가 헝가리 정부에게 강한 항의를 하기 시작했고, 헝가리 정부는 고민에 빠졌다. 같은 공산주의 진영에 속해 있던 동독과의 역사적 관계나 양국 간 조약을 생각한다면 동독 이탈주민들을 동독으로 돌려보내는 것이 당연한 일이었지만, 자유화 및 시장경제로의 체제 전환을 추진하려는 헝가리 정부로서는 서독의 경제적 지원과 협력의 중요성을 등한시할 수 없었기 때문이다.

고민에 고민을 거듭하던 헝가리 정부는 결국 1989년 8월 9일, 오스트리아로 탈출을 시도하다가 헝가리에서 체포되는 동독 이탈주민들을 동독으로 강제송환 하는 조치를 취하지 않을 것이며, 그들의 여권에 오스트리아로 탈출하려다 실패했다는 사실을 보여주는 도장 역시 더 이상 찍지 않겠다는 결정을 발표한다. 동독을 탈출하려는 시도를 했다는 사실 자체를 굳이 동독 정부에 알리지는 않겠다는 의미였다. 헝가리 정부의 발표는 헝가리와 오스트리아를 통한 동독 탈출을 꿈꾸던 동독 주민들의 의지를 크게 자극했고, 실제로 헝가리를 통한 동독 이탈주민의 수 역시 급증했다.

발표 직후, 동독 정부로부터의 강한 반발과 주변 동유럽 국가들로부터 유무형의 압박에 시달리던 헝가리의 미클로스 네메트(Miklos Nemeth) 총리는 1989년 8월 25일 서독을 방문해 서독의 콜 총리와 헝가리 내 동독 이탈주민 문제를 깊이 논의했다. 헝가리 정부의 곤혹스러운 상황을 설명하기 위해서였다. 그러나 서독 정부의 입장에서는 헝가리 정부가 동독 이탈주민의 강제송환을 중지하고 서방세계로의 탈출을 묵인하는 현재의 정책이 절실히 필요한 처지였다. 이미 상당수의 동독 주민들이 8월 여름휴가를 핑계로 헝가리뿐 아니라 체코슬로바키아, 루마니아, 불가리아 등 주변 동유럽 국가들로 나와 있는 상황이었기 때문에, 헝가리 정부의 결정과 후속조치는 더 이상 헝가리 내 동독 이탈주민들에게 국한되는 문제가 아니라 동유럽 국가들에 나와 있는 동독 주민들의 향후 운명을 좌우할 수 있는 문제가 되었기 때문이다.

서독 정부의 설득과 노력으로, 헝가리 네메트 총리는 앞으로도 동독 이탈주민들의 강제송환 조치는 없을 것이며 오스트리아 국경 역시 계속 개방 상태를 유지할 것이라는 점을 명확히 했다. 서독의 콜 총리는 소련의 고르바초프 서기장과 전화 통화를 통해 헝가리 네메트 총리와의 정상회담 내용을 전하며 소련의 협조를 구하는 동시에 헝가리의 결정에 대해 소련의 공식적인 반대 성명은 없을 것이라는 암묵적 동의를 받아내어 네메트 총리의 부담을 덜어주었다.

1989년 9월 10일 헝가리 정부는 호른 외무장관의 성명을 통해 헝가리에 있는 동독 주민들이 자신들이 희망하는 국가로 나가는 것을 허용한다는 결정을 공식적으로 발표했다. 또한, 동독 이탈주민들의 동독으로의 강제송환을 의무화했던 동독과의 상호협정을 9월 11일 자로 폐기했다. 헝가리 정부의 발표 이후 헝가리와 오스트리아 간 국경을 통해 서방세계로 탈출한 동독 이탈주민의 수는 10만여 명에 이르게 되었다. 또한, 처음에는 서독 및 서방세계로 가려는 동독 이탈주민들에게 호의적이지 않았던 다른 동유럽 국가들 역시 헝가리를 따라 국경을 개방하고 동독인들의 이동을 허용하면서 체코슬로바키아 등을 통해 서방세계로 이탈하는 동독 주민의 수 역시 수만 명에 이르게 된다. 〈표 9-1〉은 서독으로 이주한 동독 주민들의 수를 보여준다. 〈표 9-1〉에서 알 수 있듯이, 잠시 소강세를 보이던 숫자는 1989년 이후 급속히 증가해 수십만 명에 이르게 된다. 특히 1989년 한 해에만 삼십만 명이 넘는 동독 주민이 서독으로 이주했음을 알 수 있다. 이는 11월 베를린장벽의 붕괴 이후 넘어간 인원

표 9-1 **동독인의 서독 이주 현황**

연도	인원
1984	40,974명
1985	24,912명
1986	26,178명
1987	18,958명
1988	39,832명
1989	343,854명
1990	238,518명

자료: 손기웅(2010: 22) 참조.

을 반영한 결과이기도 하지만, 그 이전에 이미 헝가리 등 제삼국이 개방한 국경을 통해 서독으로 넘어간 동독 주민이 급증한 때문이기도 하다.

이렇듯 동독 이탈주민들의 서방세계 및 서독으로의 망명을 사실상 허용한 헝가리 정부의 이러한 조치는 탈냉전의 흐름 속에서 예상 외로 급속히 전개되었던 동독의 내부적 붕괴와 이후 더욱 빠르게 진행된 동·서독 간의 제도적 통일을 크게 촉진시키는 계기가 되었다.

3) 베를린장벽의 붕괴

베를린장벽은 1961년 8월 13일 세워졌다. 베를린장벽이 세워지기 전까지만 하더라도 동독 지역 한가운데에 위치했던 서베를린은 육지 속의 섬인 동시에 동독 주민들에게는 동독을 떠나 서방세계로 갈 수 있는 탈출구였다. 1950년대부터 연간 약 25만 명에 이르는 동독 주민들이 서독이나 서베를린으로 넘어갔고, 1961년에는 상반기에만 약 20만 명의 동독 주민이 서독으로 망명했다. 이 중 상당수는 서베를린 지역을 통해 이루어졌다. 주민들의 이러한 대규모 이탈은 동독으로서는 심각한 문제였다. 따라서 동독과 소련은 1961년 8월 13일 서베를린 시를 둘러싸는 철조망을 치기 시작했고, 16일부터는 서베를린의 둘레를 콘크리트 장벽으로 둘러싸기 시작했다. 이후 동서 진영 간 갈등과 냉전을 상징하게 되는 베를린장벽이 설치된 것이다. 이로써 서베를린으로의 탈출뿐 아니라 서베를린과 동베를린을 포함한 동독 지역과의 교류가 완전히 끊어지게 된다. 베를린장벽을 설치하기 전까지만 하더라도 동독 영토의 한복판에 위치한 서베를린을 점차 동독으로 흡수하려는 생각을 가지고 있던 동독 정부의 정책에 변화가 생겼음을 보여주는 것이다(바이츠제커, 2012: 92쪽). 독일통일 당시 서독의 대통령이었고 이후 독일연방의 초대 대통령을 역임했던 바이츠제커 전 대통령은 베를린장벽이 "2차 세계대전 이후 가장 악명 높은 정치적 건축물"이자 비인간적인 건축물이며 "베를린장벽의 설치는 독일 사람들에게는 견디기 힘들고 가슴 아픈 상처인 동시에 역설적으로 (동·서독 사람들의) 공동체적 연대감을 강화"시켜주는 장벽이었다고 평하기도 했다(바이츠제커, 2012: 46~47).

1989년 여름 이후 점점 급증하는 동독인들의 서방세계 및 서독으로의 탈출은 동독 정부가 가장 우려하던 사태였다. 주민들의 급속한 이탈 현상의 심화로 인해 체제가 무너지는 최악의 상황을 방지하기 위해 동독 정부는 여러 조치들을 서둘러 발표한다. 새로 선출된 동독의 지도부는 그동안 동독 주민들의 서독 방문 등을 막고 있던 여행법을 전면 개정하는 작업을 추진하는 동시에, 임시방편으로서 베를린장벽을 포함한 동독의 국경을 개방하는 것을 포함하는 여행 자유화 조치를 1989년 11월 10일 자로 시행할 것을 결정했다.

11월 9일 저녁, 동독 공산당의 대변인 귄터 샤보브스키(Günter Schabowski)가 기자회견을 열어 이러한 여행 자유화 조치를 발표했다. 발표 이후 질의응답 과정에서 여행 자유화 조치의 발효 시점을 묻는 한 기자의 물음에 샤보브스키 대변인은 "지금부터"라고 답하고 만다. 이는 명백히 샤보브스키의 실수였다. 그러나 대변인의 대답은 라디오와 텔레비전 방송을 통해 그 즉시 전파되었고, 수많은 시민들이 열광하며 거리로 뛰쳐나왔다. 당시 서베를린과 동베를린 경계에 있던 브란덴부르크 문을 지키던 국경 수비대는 사전에 아무런 통보를 받지 못한 상황에서 시민들이 앞다투어 전하는 여행 자유화 조치 발표 소식에 이윽고 서베를린과의 국경을 개방하게 된다. 브란덴부르크 문을 통해 수많은 동베를린 시민들이 서베를린으로 넘어왔고, 양측 시민들이 망치 등을 이용해 그동안 베를린을 둘로 가르고 양쪽 시민들의 교류를 막아왔던 베를린장벽을 앞다투어 부수면서 지난 28년간 동서 베를린을 굳건히 분리해 왔던 베를린장벽이 갑작스럽게 무너진 것이다. 이는 단순히 베를린장벽이라는 물리적 경계가 무너지는 것을 의미하는 것이 아니었다. 동서 베를린의 분단, 동·서독의 분단, 나아가 제2차 세계대전 이후 지속되던 동서 진영 간 대결과 냉전의 시간이 무너지기 시작했음을 알리는 새벽종이었다.

이 역사적 순간은 전 세계로 생중계되었다. 베를린장벽이 무너지기 시작한 시간에 회의를 진행 중이던 서독 연방의회는 갑작스러운 소식에 휴회를 선언했고, 폴란드 바르샤바를 방문 중이던 서독의 헬무트 콜(Helmut Kohl) 총리 역시 예상치 못했던 반가운 소식을 해외에서 전해 듣고 즉시 기자회견을 열어 "세계사가 새롭게 쓰인" 역사적 순간을 축하하면서 (독일통일을 향한) "역사의 수레바퀴가 더 빨리 돌아가고 있다"라는 소회를 밝혔다(최영태, 2018: 170).

콜 총리의 소회처럼 베를린장벽의 붕괴는 예상 밖의 순간에 갑작스럽게 다가왔다. 장벽이 무너진 다음 날 베를린의 쇤베르크 시청 앞에서 급히 집회가 열렸고, 폴란드에서 급히 날아온 콜 총리를 비롯해 브란트 전 총리, 겐셔 외무장관, 몸퍼 베를린 시장 등 서독의 주요 정치인들이 참석해 동·서독을 가로막고 있던 장벽의 붕괴를 축하했다. 콜 총리는 동독 시민들이 혼자가 아니며 동·서독은 하나의 민족임을 강조했고, 겐셔 외무장관은 이제 자본주의 국가도 사회주의국가도 아닌 하나의 독일이 있을 뿐이라고 강조했다. 브란트 전 총리는 베를린장벽의 붕괴가 종착역이 아닌 중간역에 불과하다는 점을 재차 강조했다. 이제 독일의 통일, 동·서독 사회의 통합을 위해 나아가야 한다는 사실을 분명히 한 것이다.

5. 독일통일을 위한 동·서독의 노력

1) 민주화를 향한 동독의 열망과 노력

주한 독일 대사를 지낸 롤프 마파엘(Rolf Mafael)은 독일의 통일이 동독 내부의 통일에 대한 열망과 서독의 '20년에 걸친 준비'가 없었다면 불가능했을 것이라고 했다(국민일보 2014.9.17). 서독 정부의 신동방정책에 기반한 준비와 더불어 자유화와 통일을 향한 동독 내부의 열망과 노력이 독일통일을 가능하게 하고 앞당길 수 있었던 근본 동력이라는 점을 정확히 지적한 분석이다.

사실 동유럽을 휩쓴 자유화의 물결은 베를린장벽이 무너지기 전부터 동독에서도 서서히 표출되기 시작했다. 1989년 봄에 치러진 지방선거에서 집권 여당이 95퍼센트가 넘는 지지를 받았다는 선거 결과 발표가 있었다. 그러나 이는 자유화에 대한 열망과 기대가 고조되고 있던 당시 동독의 분위기와는 다소 거리가 있는 것이었고, 이에 대한 야당의 공식적인 문제제기와 더불어 종교단체들을 중심으로 한 시위운동이 전개된다. 한편에서는 점점 더 많은 동독 주민들이 헝가리 등 제삼국을 통해 서방세계로 이탈하던 1989년, 다른 한편에서는 지식인들을 중심으로 시위운동이 조직화되기 시작하여, 동독의 민주화를 위한 시민운동 연합체로서의 성격이 강했던 '새로운 포럼(Neues Forum)'이 9월 출범한다. 또한 마르틴 구트자이트(Martin Gutzeit)와 마르쿠스 메켈(Markus Meckel) 등이 중심이 되어 동독 사회민주당(SPD)을 만들기로 했으며, '민주주의 지금(Demokratie Jetzt)', '민주혁신(Demokratische Aufbruch)' 등 다양한 민주화 단체들이 창설되어 표현과 집회의 자유 등을 포함한 자유화·민주화에 대한 시민과 사회의 요구를 적극적으로 표출하기 시작했다. 동독이 수립된 지 40년이 되던 1989년 10월 7일을 전후해 라이프치히, 드레스덴, 포츠담 등 동독의 주요 도시들에서 적게는 수천 명부터 많게는 십여만 명에 이르는 시민들이 참여한 자유화 시위 및 평화 행진이 연이어 발생했다. 시위 참여자의 수는 점점 증가해 10월 중순 경에는 라이프치히 시위에서 20만 명 이상이 참여했고, 11월 4일 동베를린의 알렉산더 광장에서는 동독 각지에서 모여든 50~100만 명에 육박하는 시민들이 참여해 동독 당국의 허가하에 집회를 진행했다.

이처럼 점점 더 고조되는 자유화 운동의 물결에 직면한 동독 정부는 당시 동독 총리 빌리 슈토프(Willi Stoph) 이하 각료 전원이 총사퇴하는 결단을 내렸고, 이후 민주화 시위에 앞장서서 참여했던 동독 공산당 드레스덴 지역 서기장인 모드로가 후임 총리로 취임한다.

2) 동독 자유선거의 실시

이러한 상황에서 11월 9일 베를린장벽이 무너졌다. 동독의 자유화에 대한 국민적 열망은 더욱 커졌다. 동독 주민들의 탈주 행렬 증가가 더욱 가속화되어 이제 그 규모는 동독의 국가경제가 영향을 받을 정도가 되었다. 당연히 냉전 시기 동안 동독을 다스려왔던 공산당 체제의 정당성과 지배력 역시 약화되었다.

분위기 쇄신과 정국의 반전을 위해 동독 공산당은 12월 9일 특별전당대회를 열어 다소 자유주의적 성향을 보였던 그레고르 기지(Gregor Gysi)를 차기 서기장으로 선출했고, 당의 명칭 역시 공산당에서 '독일사회주의통일당-민주사회당(SED-PDS)'으로 바꾸었다. 변화를 추구하는 사회의 흐름을 반영해 공산당 역시 변화와 쇄신을 꾀하겠다는 의지와 노력의 결과였다.

그러나 이미 한참 전에 떠나버린 국민들의 마음을 되찾기는 어려운 일이었다. 베를린장벽이 무너지기 직전 새로 출범했던 모드로 정부 역시 (비록 동·서독의 통합이 시대적 요구이자 흐름이 될 것이라는 점을 어느 정도 인식하기는 했지만) 급변하는 국내외 정세에 효과적으로 대처하지 못하고 있는 실정이었다.

1989년 11월 동독 내 야당들과 새로운 포럼 등 민주화 진영이 함께 '원탁회의(Runde Tisch)'를 열고, 이듬해인 1990년 5월경에 동독 최초의 자유선거를 실시하자는 결의문을 발표한다. 이러한 움직임을 모드로 정부가 받아들이면서 1990년 1월 동독 정부와 원탁회의 양측이 합의를 통해 자유선거를 5월이 아닌 3월 18일에 실시해 선거 결과에 따라 차기 정부를 구성하자는 데 합의했다.

1990년 3월 18일, 드디어 동독에서 최초로 자유선거가 실시되었다. 이 선거를 앞두고 동독에서는 다양한 정당들이 출범했다. 1989년 창설되었던 많은 민주화 단체들과 정당적 성격을 가지고 있던 단체들이 정식으로 창당한 것이다. 동독 자유화 운동의 전개와 발전에 있어서 구심점 역할을 했던 동독 사민당은 사실 1989년 여름부터 창당을 위한 기반을 다져왔고, 이를 바탕으로 1990년 2월 22일 라이프치히에서 공식 창당식을 했다. 동독 사민당은 다가오는 선거를 위해 여행의 자유, 다당제의 출범과 공고화, 사법부 독립을 포함한 권력분립 구조의 공고화 등을 주장했다. 또한 창당을 준비하던 초기에는 서독 사민당과 교류가 거의 없었지만, 3월 총선이 다가오면서 서독 사민당과 긴밀한 협력관계를 형성한다. 변화의 일환으로 당의 명칭을 독일사회주의통일당에서 민주사회당으로 바꾸었던 동독 공산당은 개명한지 한 달 만인 1990년 1월 당명을 다시 동독 민주사회주의당(PDS)으로 바꾸었다. 이후 민사당(PDS)은 먼저 서독의 사민당에게 제휴 관계를 맺을 것을 적극적으로 제안했으나 서독 사민당이 이를 받아들이지 않자 서독 기사당(CSU)과 제휴하게 된다. 한편, 동독 모드로 정부의 부총리였던 로타르드 메지에르(Lothar de Maiziere)를 중심으로 동독 기민당이 출범한다. 동독 기민당 총재가 된 메지에르는 서독 기민당과의 협력을 강력하게 추진했다. 서독 주요 정당들과의 협력 및 이들의 지원이 다가오는 3월 총선에서 승리를 위한 결정적인 변수가 되었기 때문이다. 동독 사민당, 민사당 등이 서독의 주요 정당과 손잡으려 했던 이유이기도 하다. 이 외에도 독일포럼당, 독일 사회동맹 등 수십 개에 이르는 정당들이 출범해 3월 선거에 참여했다.

1990년 3월의 선거에서 가장 큰 이슈는 동·서독 통일 문제였다. 동독의 주요 정당들은 향후 통일방안에 대해 서로 다른 입장 차이를 명확히 했다. 특히 가장 많은 지지를 받을 것으로 예상되었던 동독 사민당과 동독 기민당은 동·서독 통일의 방식과 시기에 분명한 차이를 보였다. 먼저 동독 사민당은 동독이 서독에 일방적으로 흡수 편입되는 통합 방식보다는 동·서독이 동등한 자격으로 통일을 논의하고 진행하는 방식을 지향했다. 동·서독의 의회가 함께 통일 독일의 제헌의회를 만들고 제헌의회가 만든 새로운 헌법의 제정을 통해 동·서독의 통일이 점진적으로 이루어지기를 희망했다. 반면, 동독 기민당은 통일 독일 수립을 위한 새로운 헌법의 제정 과정 없이 동독이 서독의 연방기본법 체계에 들어가는 형식으로 동·서독 통합이 하루 빨리 이루어져야 한다고 주장했다. 과거 서독에 편입되었던 자를란트주의 선례에 따라 동독 지역의 5개 주가 서독에 편입하는 방식을 취하자는 것이었다. 이는 서독의 기민당 정부가 원하던 방식이기도 했다.

마침내 치러진 3월 18일 동독 최초의 자유선거에서 예상과는 너무 다른 결과가 나왔다. 총 1238만 명에 이르는 유권자들 중 93% 이상이 참여한 뜨거운 투표 열기 속에서, 당초 과반수에 가까운 의석을 확보하는 압승을 거둘 것으로 예상되었던 동독 사민당이 기대에 너무 못 미치는 성적을 거두었다. 21%를 겨우 넘는 지지율로 총 400석의 의석 중 88석만을 획득했던 것이다. 반면, 동독 사민당과의 경쟁에서 다소 열세일 것으로 예상되었던 동독 기민당이 40%가 넘는 지지율로 163석에 이르는 의석을 확보하면서 최대 정당이 되는 쾌거를 거두었다. 이뿐만 아니라, 선거유세에서 동독 기민당과 연합전선을 만들었던 독일사회동맹(DSU)과 민주부활당(DA) 역시 예상 외로 선전하면서, 동독 기민당을 중심으로 한 선거연합체인 독일동맹이 과반에 가까운 192석의 의석을 확보했다. 과거 동독 공산당이었던 민사당 역시 예상을 뒤엎고 16%가 넘는 득표율로 66석에 이르는 의석을 확보했다. 자유화를 향한 열망과 변화의 흐름 속에서도 동독 체제에 대한 향수와 변화에 대한 거부감을 가지고 있는 유권자들 역시 상당수 있었음을 알 수 있다. 그러나 동독 사민당의 예상 외의 부진과 동독 기민당의 기대 이상의 선전이라는 선거 결과는, 서독 기민당과 콜 총리의 전폭적인 지지를 받았던 동독 기민당이 주장했던 조속한 통일에 대한 동독 시민들의 강한 기대와 지지를 보여주는 결과였다. 나아가, 동독 기민당의 승리는 서독 콜 정부의 전략적 승리를 의미하는 것이기도 했다. 동독의 선거 직전, 서독의 콜 정부는 경제적 현실과 전문가들의 경고를 무시한 채, 동독 마르크와 서독 마르크를 일대일의 비율로 통합하겠다는 화폐통합안을 발표했다. 이는 경제적 분야에서 위험을 무릅쓰고서라도 (서독 중심의) 조속한 통일을 추진하겠다는 콜 정부의 정치적 의지를 분명히 하는 정책결정이었다. 동시에 이는 서독 기민당과의 협력을 통한 조속한 통일을 선거공약으로 내세웠던 동독 기민당이 예상을 뛰어넘는 승리를 거머쥐는 데 크게 기여했다.

선거의 결과로 동독 기민당 총재였던 메지에르가 동독의 새로운 총리가 되었다. 메지에르 총리는 동독 기민당을 포함한 선거연합체였던 독일동맹이 과반수를 확보하지는 못한 상황 속에서 동독 사민당, 자유당을 포함한 연립정부를 수립했다. 새로운 연립정부가 해결해야 할 가장 시급한 문제는 무엇보다도 서독과의 통일을 추진하는 동시에 점점 증가하는 동독 주민들의 이탈을 막는 일이었다. 유세 기간 동안 강조했던 대로, 메지에르 정부는 독일의 통일이 최대한 빨리 이루어져야 한다는 입장을 명확히 했다. 통일을 위한 논의와 협상 과정에서 서독 정부에게 일방적으로 끌려가지는 않겠다는 입장을 분명히 하면서도, 동시에 메지에르 정부는 서독으로의 흡수통일 방식을 추진했다. "서독 기본법의 적용 범위는 서베를린을 포함한 서독의 11개 주이지만, 독일의 다른 부분(동독 지역)의 경우는 편입 이후 (서독 기본법의) 효력이 발생한다"라고 규정한 서독의 연방기본법 제23조에 따라 동독 지역의 주들이 서독의 법체계로 편입함으로써 조속한 통일을 이루어야 한다고 강조했다. 또한, 서독 법체계로의 조속한 편입을 위해 동독 지역의 (사회적) 시장경제체제로의 전환을 위한 다양한 개혁 조치를 신속히 시행하겠다는 의지 역시 분명히 했다.

3) 베를린장벽 붕괴 이후 동·서독의 통일정책

베를린장벽이 무너진 후, 동·서독의 통일은 급속도로 진행되었다. 1990년 8월 31일 동·서독이 통일조약을 체결했고, 10월 3일 동·서독의 제도적 통일이 이루어졌다. 비록 동·서독 사이에 교류와 협력이 꾸준히 확산되고 있었고 미래의 통합을 위해 노력해 오기는 했지만, 베를린장벽 붕괴 이후 채 1년도 되지 않아 독일통일이 이루어진 것이다. 사실 베를린장벽이 무너지기는 했지만, 당시 동·서독의 주요 정치엘리트들은 독일통일에 최소한 수년 이상의 시간이 필요할 것이라고 생각했고, 이러한 인식에 기반해 통합 정책의 비전을 제시했다.

1989년 11월 28일 서독의 콜 총리는 연방의회 연설에서 10개 항에 이르는 독일통일을 위한 로드맵을 제시한다. 베를린장벽 붕괴의 열기가 사라지기 전에 동·서독 간 통일을 위한 논의와 준비 작업을 공론화하기 위함이었다. 콜 총리의 10개 항 통일 로드맵은 몇 가지 특징을 가지고 있었다. 첫째, 콜 총리는 독일통일이 먼저 동독과 서독이 일종의 '조약 공동체'를 형성하는 것으로 시작해 과도기적 단계인 '국가연합'을 거쳐, 궁극적으로 단일한 '독일 연방국가'를 수립하는 것을 목표로 했다. 특히, 조약 공동체를 거쳐 동독과 국가연합을 형성하기 위해서는 무엇보다도 동독의 민주화, 즉 자유선거에 기반한 민주정부가 수립되는 것이 필수 전제조건이라는 점을 명확히 했다(5항). 둘째, 독일통일이 동·서독 사이의 양자적 문제만이 아니며, 유럽의 평화 구축과 유럽공동체 강화에 기여해야 한다는 점을 분명히 했다. 독일통일이 어디까지나 유럽공동체라는 보다 큰 틀에 맞추어 이루어져야 하고(6항), 유럽통합의 핵심인 유럽안보협력회의를 추진하는 가운데 진행되어야 하며(8항), "유럽에 평화가 이룩되고 그 속에서 독일 민족이 자유의사에 따라 통일을 이룰 수 있도록 노력할 것"이라는 점을 강조했다(7항). 동시에 7항에서는 유럽공동체가 동유럽 국가들에 대해서도 열려 있어야 한다고 제안했다. 셋째, 독일통일을 위한 준비 작업은 여전히 비정치적 분야에서의 교류협력을 중심으로 신기능주의적 파급효과를 촉진하고자 했다. 이를 위해 동·서독 간 여행의 일상화를 위한 제도적 장치를 마련해야 한다고 주장했고(1항), 경제·문화·환경·과학 등 다양한 분야에서 동·서독 간의 교류협력을 심화해야 한다고(2항) 강조했다.

콜 총리의 이와 같은 3단계 10개 항 통일방안 제시에 대한 서독 국내의 평가는 상당히 호의적이었다. 상당수의 언론과 여론은 콜 총리의 제안이 독일통일을 위한 길을 구체화하고 있다며 긍정적으로 평가했고, 집권 여당인 기민당·기사당 역시 총리의 제안에 강한 지지를 보냈다. 반면, 야당인 사민당 내에서는 다소 엇갈린 반응들이 나타났다. 사민당의 강력한 차기 총리 후보였던 오스카르 라퐁텐(Oskar Lafontaine)과 니더작센주 당의장 게르하르트 슈뢰더(Gehard Schorder) 등 당의 주요 인사들 중 상당수는 콜 총리의 제안에 대한 비판의 목소리를 높였다. 총리의 로드맵이 동독 주민들의 자결권을 침해하고 동독과의 공존 가능성을 저해한다고 비판했다.

사실 사민당은 신동방정책을 추진한 이래 당시까지 동독과 서독이 서로를 인정하고 공존하는 가운데 서로의 발전을 추진하는 것을 당의 기본 정책 노선으로 삼아왔다. 통일의 필요성과 당위성을 부정하는 것은 아니지만, 동독과의 통일은 기본적으로 유럽공동체가 형성된 틀 속에서 이루어지는 것이 바람직할 것이라는 견해가 많았다. 반면, 콜 총리의 10개 항 통일 로드맵은 동독에 대한 서독의 우위를 강조하면서 그 우위에 기반한 정책이었고, 이는 서독 중심의 흡수통일에 가까운 방안이었다. 여전히 서독 정부의 신동방정책 기조에서 벗어나지는 않으면서도, 과거 기민당 출신 총리였던 아데나워가 주창했던 '힘을 통한 변화'를 떠올리게 만드는 정책이었다. 따라서 그동안 사민당이 추진해 왔던 대동독 정책의 방향과는 큰 차이가 있었다.

그러나 사민당의 다른 한편에서는 콜 총리의 제안을 지지하는 목소리가 터져 나왔다. 당시 사민당 외교 분야 대변인 카르스텐 보이트(Karsten Voigt), 평의회 의장 노베르트 간젤(Nobert Gansel) 등은 사민당의 기존 대동독 정책의 변화를 촉구하면서 콜 총리의 10개 항 제안에 대한 지지의사를 분명히 표명했다. 특히 보이트는 총리의 제안에 대해 당 차원의 공식적인 지지 성명을 발표하기도 해 논란을 야기했다. 당내의 입장이 미처 수렴되지 않은 상황에서 섣불리 자신의 선호에 기반한 공식성명을 냈다는 비판을 받았고, 이러한 역풍으로 인해 결국 당 차원의 공식적인 지지 성명은 철회되는 해프닝을 겪기도 했다. 사민당 출신 전 총리들 역시 콜 총리의 제안에 대해 완전한 찬성은 아니지만 결을 같이하는 긍정적인 반응을 보였다. 브란트 전 총리는 베를린장벽이 무너지고 동독 내에서 민주화를 향한 열망과 행동이 더 커져가는 상황이 독일통일의 소중한 기회를 제공하고 있다고 인식했다. 특히 당시 급속도로 진행 중이던 탈냉전을 향한 시대적 분위기 속에서 동·서독만의 통일이 아닌 유럽의 평화 그리고 유럽공동체라는 큰 틀과 함께하는 독일통일을 이룰 수 있는 기회라고 생각했다. 슈미트 전 총리 역시 콜 총리의 10개 항 통일 로드맵 제안에 대해 긍정적으로 평가했다. 다만 슈미트 총리는 동·서독의 통일이 미처 준비가 되지 않은 상태에서 조급하게 이루어지기보다는 점진적이고 단계적인 통일을 추진할 필요가 있음을 재차 강조했다.

1989년 12월 19일, 서독의 콜 총리와 동독의 모드로 총리가 드레스덴에서 정상회담을 가졌다. 동·서독의 통일 방향에 대해 논의하기 위해서였다. 이 정상회담에서 두 정상은 콜 총리의 로드맵처럼 양측이 먼저 조약 공동체의 틀 속에서 사회·경제·문화 등 다양한 분야, 특히 동독에 대한 서독의 경제적 투자에 있어 상호 간 교류협력을 강화해 나가기로 합의했다. 이를 위해 동독은 그동안 서독 주민들의 동독 지역 및 동베를린 방문을 제약해오던 동독의 비자 제도와 동독 마르크 강제 환전 제도를 완전히 폐지하는 한편, 서독은 ERP(Enterprise Resource Planning) 차관의 규모를 20억 마르크로 확대하기로 했다. 또한 두 정상은 동·서독 간 교류 확대 및 문호 개방을 상징하는 차원에서 베를린에 위치한 브란덴부르크 문을 개방하기로 합의했다. 이에 따라 12월 22일 동서베를린 시장 등 주요 인사가 모두 참석한 가운데 브란덴부르크 문이 열렸다. 제2차 세계대전 이전까지 독일의 수도였다가 전후 동서로 나뉘어 있던 베를린이 다시 하나가 되는 기념비적인 순간이었다.

이듬해인 1990년 2월에는 동독의 모드로 총리가 서독 콜 총리의 3단계 10개 항 통일 로드맵에 상응하는 동독의 통일 비전을 제시했다. '하나의 조국, 독일을 위한 4단계 통일방안'이라고 명명된 이 발표를 통해서, 모드로 총리는 동독과 서독이 조약 공동체 형성부터 시작해 국가연합과 연방국가의 단계를 거쳐 최종적으로는 중립국가화해야 한다는 4단계 통일방안을 제시했다. 서독 콜 총리의 3단계에 걸친 단계적 통일방안 원칙에 동의를 표하면서, 동시에 통일된 독일이 군사적으로 중립을 지켜야 한다고 주장했다. 냉전 시기 동안 미국과 서유럽 중심의 북대서양 조약기구(NATO: North Atlantic Treaty Organization)와 소련과 동유럽 중심의 바르샤바 조약기구(WTO: Warsaw Treaty Organization)로 나뉘어 있던 상호 대립의 구조에서 벗어나 통일 이후 어느 쪽에도 속하지 않는 군사적 중립을 지켜야 한다는 주장이었다. 그러나 이는 서독으로서는 도저히 받아들일 수 없는 통일방안이었다. 독일의 통일이 유럽공동체 통합의 강화라는 틀 속에서 이루어져야 한다는 서독의 통일 전략과 정면으로 부딪히는 것이었기 때문이다. 이처럼 동독 모드로 정부와 서독 콜 정부의 통일 전략이 상치되는 가운데 동독 최초의 자유선거가 치러졌고, 어느 당이 차기 동독 정부를 이끌게 될지가 결정적인 변수가 되었다.

4) 화폐·경제 및 사회통합을 위한 조약의 체결

3월 선거의 결과로 동독 기민당의 메지에르 정부가 들어서면서 동·서독의 제도적 통일이 급속히 진행된다. 조속한 통일을 바라는 동독 시민들의 열망이 선거를 통해 명확히 표출되었기 때문이다. 1990년 7월 1일, 동·서독은 '화폐·경제 및 사회통합을 위한 조약'을 체결했다. 이는 동독의 경제가 공산주의 정권하의 계획경제 체제에서 벗어나 (사회적) 시장경제 체제로 전환하기 위한 조치인 동시에 차후 동·서독의 경제적 통합을 위한 발판을 마련하기 위한 결정이었다. 단순히 계획경제 체제를 포기하고 국영기업 등의 사유화·민영화를 추진하는 것 뿐 아니라 개방경제체제를 도입하고 조세와 화폐, 은행 시스템을 포함한 금융 분야의 서구적 개혁과 개방을 위한 혁신 조치를 시행하겠다는 것이었다.

이 중 가장 합의가 어려웠던 이슈 중 하나가 바로 화폐통합이었다. 서독의 콜 총리는 앞에서 설명했듯이 1990년 3월 동독의 자유선거를 앞두고 동·서독 화폐의 1 : 1 교환 정책을 발표했다. 동독 기민당의 선거 승리를 위한 전략인 동시에 독일통일에 대한 강한 정치적 의지의 표출이자 독일통일의 흐름을 앞당기기 위한 결정이었다. 사실 서독의 콜 총리는 이미 1990년 2월 동독 모드로 총리에게 동·서독 마르크의 통합을 제안했다. 동독이 개혁개방을 위한 혁신적 변화를 추진한다면 서독은 두 마르크의 동등한 교환을 추진하겠다는 의사를 밝힌 것이다.

양측의 화폐통합에 대한 논의가 시작되던 초기부터 많은 전문가들은 동·서독 마르크의 1 : 1 교환에 대한 우려와 경고의 의견을 밝혔다. 동독과 서독 사이의 경제적 격차와 두 마르크 간 실질적 교환가치를 고려하지 않았기 때문이다. 당시 동독과 서독 마르크 사이의 환율은 공식적으로는 5 : 1이었으나, 실제로는 이보다 훨씬 더 낮은 것으로 평가되었다. 이러한 상황에서 경제적 현실을 무시한 두 화폐의 1 : 1 교환은 현실적으로 상당한 제약과 위험부담을 내포하는 것이었다. 서독에서는 지나치게 과대평가된 동독 마르크를 껴안음으로써 통일비용이 급증하는 등 재정 부담이 지나치게 커질 것으로 전망되었고, 동독에서는 동독 제품의 가격경쟁력을 크게 악화하고 동독 지역 내 실업률이 급증할 가능성이 높다는 우려의 목소리가 강하게 터져 나왔다. 서독 중앙은행위원회는 당시 동·서독의 경제적 환경과 역량을 감안했을 때 동독 마르크와 서독 마르크의 화폐통합이 추진될 경우 그 교환 비율은 4 : 1 이상이어야 한다는 의견을 제시하기도 했다.

한편, 동독에서는 두 마르크의 화폐통합이 1 : 1의 비율로 이루어져야 한다는 요구가 강했다. 1 : 1 교환이 아니라면 서독과 화폐통합, 나아가 통일까지도 거부해야 한다는 목소리도 컸다. 동독 시민들의 이러한 요구에 근거해 동독 정부 역시 1 : 1 환율에 기반한 화폐통합을 서독에게 강력하게 요구했다.

이러한 상황에서 동독 선거를 며칠 앞둔 3월 13일 서독 콜 정부가 1 : 1 비율에 근거한 화폐통합 결정을 발표한 것이다. 비록 1 : 1 교환의 대상이 개인의 소액 저축 및 봉급으로 제한되기는 했지만, 그 여파는 컸다. 콜 총리는 통일에 대한 동독의 유인 동기를 촉진하고 동독 주민들의 서독 이주에 대한 유인 동기를 약화하기 위한 방편으로 1 : 1 환율에 기반한 화폐통합을 강하게 추진했다. 또한, 화폐통합 추진을 통해 콜 총리는 동독 기민당의 선거 승리를 견인했을 뿐 아니라 동·서독 양쪽의 유권자들에게 자신이 미래의 통일 독일을 생각하는 지도자라는 정치적 이미지를 각인시키는 데에도 성공했다.

동독 기민당의 선거 승리 이후 1 : 1 교환 비율에 근거한 화폐통합이 빠르게 진행된다. 서독 정부가 동독 정부의 요구를 상당 부분 받아들이면서, 1990년 7월 1일 자로 동·서독이 '화폐·경제 및 사회통합을 위한 조약'을 체결했다. 조약 체결을 통해 동·서독은 이후 서독의 마르크를 공식 화폐로 하는 화폐통합에 합의한다. 이를 위해 동독 주민들이 가지고 있는 동독 마르크를 서독 마르크로 교환하는 작업을 진행하며, 그 교환비율은 1 : 1로 결정했다. 그러나 1 : 1 비율은 어디까지나 월급이나 연금, 기타 일정 한도(최대 6000 동독 마르크가 한도였으며 연령대별로 차등 한도를 적용) 내의 개인저축에만 허용되었고, 그 외 공식적인 대외 환율이나 기타 목적을 위한 교환의 경우에는 2 : 1의 환율을 적용하기로 결정했다. 이로써 독일의 통일 과정에 있어서 가장 난해했던 장애물 중 하나가 해결되었다.

5) 통일조약의 체결

화폐통합 이후 동독의 메지에르 정부는 서독과의 제도적 통일을 더욱 서두르기를 원했다. 화폐통합 이후 전문가들의 우려대로 동독 경제의 붕괴가 급속도로 진행되고 있었기 때문이다. 제도적 통일, 특히 현실을 반영하지 못했던 화폐통합은 사회적 불안과 상대방에 대한 불만으로 이어져 내적 통합을 힘들게 하는 사회적 갈등을 야기하기도 했다. 1 : 1 비율로 이루어진 화폐통합으로 동독 지역 경제에 인플레이션이 발생했고, 물가 및 임금 상승이 동독 제품의 경쟁력을 급격히 약화하고, 동독의 공장들은 도산 위기로 몰리게 되었다. 동독 경제가 무너지기 시작했던 것이다. 동·서독은 동독 경제의 이러한 위기를 동·서독 간 제도적 통일을 서둘러 진행하는 것으로 해결하고자 했다.

이에 1990년 7월 메지에르 총리는 조속한 통일방안을 논의하기 위한 통일조약 회담을 제안했다. 논의 과정에서 통일 독일의 수도를 어디로 해야 하는지, 과거 동독 정부 또는 소련에 의해 국유재산으로 몰수되었던 재산의 반환이나 배상은 어떻게 이루어져야 하는지 등 다양한 문제들에 대한 양측의 이견으로 협상의 진행에 어려움이 많았다. 그러나 양측은 일부 문

그림 9-2 **독일통일 과정**

1972년 12월 21일	동·서독 기본조약 정식 체결
1989년 06월 27일	오스트리아·헝가리 간 국경 개방
1989년 08월 09일	헝가리 정부, 동독 이탈주민의 강제송환 중지 발표
1989년 11월 09일	베를린장벽 붕괴
1989년 11월 28일	서독 콜 총리의 3단계 10개 항 통일 로드맵 발표
1989년 12월 19일	드레스덴 동·서독 정상회담
1990년 02월 1일	동독 모드로 총리, 4단계 통일방안 발표
1990년 03월 13일	서독, 1 : 1 교환 비율로 화폐통합 실시 발표
1990년 03월 18일	동독 최초의 자유선거 실시
1990년 07월 01일	동·서독 화폐, 경제 및 사회통합 조약 체결
1990년 08월 31일	동·서독 통일 조약 체결
1990년 10월 03일	독일통일

제에 있어서는 조속한 합의를 이끌어내는 한편, 조속한 해결이 어려울 것으로 보이는 나머지 문제들에 대해서는 차후 시간을 두고 논의하기로 합의하는 방법을 통해 동·서독 간 제도적 통일을 위한 회담을 완료했다.

1990년 8월 31일 서독의 쇼이블레 내무장관과 동독의 크라우제 정무차관이 동베를린에서 만나 동·서독의 통일을 위한 '통일조약'을 체결했다. 그리고 동·서독은 10월 3일 자로 드디어 제도적 통일의 절차를 완료한다.

동·서독의 통일은 양측의 기민당 정부가 추진했듯이 동독 지역의 5개 주[브란덴부르크(Brandenburg), 메클렌부르크포아포메른(Mecklenburg-Vorpommern), 작센안할트(Sachen-Anhalt), 작센(Sachen), 튀링겐(Thuringen)]가 서독의 독일연방기본법 23조에 따라 서독으로 편입되는 방식으로 이루어졌다. 또한, '통일조약'은 전문에서 동·서독의 통일이 어디까지나 평화롭고 자유로운 방식으로 양측의 자기결정권에 의해 이루어졌음을 강조하는 동시에 하나 된 독일이 유럽의 안정과 평화를 위해 적극 노력할 것이라는 점 역시 명시했다.

6. 독일통일과 국제사회의 지지

이처럼 동·서독의 통합은 통일에 대한 동독과 서독의 열망과 상호 이해와 협력의 증진, 이에 기반한 양측의 사회적·정책적 노력이 있었기에 가능했다. 그러나 동·서독의 제도적 통일은 양측의 관계 개선과 노력만으로는 결코 이룰 수 없는 일이었다. 미국과 소련, 영국, 프랑스 등 주요 관련 국가들의 협조와 국제사회의 지지가 없었다면 힘들었을 일이었다. 이는 그냥 주어진 것이 아니었다. 독일의 통일이 어디까지나 유럽의 통합과 평화 체제의 확립 속에서 이루어져야 하며 독일의 통일을 위해 유럽의 평화가 필요할 뿐 아니라 유럽의 평화를 위해서도 독일의 통일이 필요하다는 이른바 '유럽 평화 속의 통일 독일' 정책 속에 20여 년간 끊임없이 노력했던 독일, 특히 서독 정부의 노력이 있었기에 가능했던 결과였다.

사실 동독과 서독, 한국과 북한, 예멘과 북예멘 등 분단국가들의 통일을 흔히 양자적 관계의 문제인 것으로 인식하는 경우가 많다. 그러나 이는 명백한 착각이다. 주변국 및 관련 국가들의 협력과 지지가 없다면 통일 과정 및 통일국가의 안정을 확보하는 것은 극도로 어려운 일이다. 탈냉전 직후 동·서독 역시 이러한 문제를 분명히 인식하고 있었다. 더군다나 영국과 프랑스를 비롯한 많은 유럽국가들 특히 서방국들이, 독일은 제1차 세계대전과 제2차 세계대전을 촉발시켰고 유럽 및 세계의 평화와 안정을 크게 위협한 국가라는 인식을 가지고 있었으므로, 통일 독일이 혹여나 유럽 평화를 위험하게 만드는 새로운 불안 요소가 될 수 있다는 가능성에 극히 예민했다. 따라서 통일을 추진하던 독일, 특히 서독은 주변 국가들의 이러한 안보 불안을 적극적으로 해소해야만 했다.

이를 위해 서독은 동독과의 통일을 유럽통합이라는 보다 큰 틀 속에서 추진해야 한다는 생각을 오래전부터 해왔다. 브란트 총리는 취임 이전부터 독일 민족의 이익은 주변 국가들과의 협력 없이는 있을 수 없다고 강조했고, 그의 이러한 생각은 사민당 정부 시절부터 시작된 신동방정책을 통해 구체화되었으며, 이후 서독 외교정책의 근간이 되어왔다.

1984년 서독 대통령에 선출되어 동·서독의 통일 과정에 깊숙이 관여했고, 1990년부터 1994년까지 통일 독일의 초대 대통령 리하르트 폰 바이츠제커(Richard von Weizsäcker)에 따르면, 베를린장벽이 무너지고 동독 내에서 자유화에 대한 요구의 목소리가 커져갈 당시, 독일에서는 동독 지역의 경제적 발전을 촉진해야 한다는 필요성에 대한 합의와 더불어 동독과 서독이 힘을 합쳐 유럽의 평화와 안정에 기여해야 한다는 공감대가 형성되어 있었다(바이츠제커, 2012: 13). 동·서독의 협력과 평화, 나아가 독일의 통일은 유럽의 평화와 안정과 불가분의 관계라는 점을 이미 잘 이해하고 있었음을 알 수 있다. 물론 서독 내에서는 아직 통일보다는 미국과 NATO 등 전통적인 우방국들과의 동맹과 협력 관계를 더 우선시해야 한다는 의견도 강했고, 동독 내에서도 조급한 통일보다는 민주화나 법치국가의 확립 등을 통해 동독의 근본적인 개혁, 발전이 선행되어야 한다는 조심스러운 의견 역시 강하게 나왔다(바이츠제커, 2012: 13). 이러한 상황에서 서독의 콜 총리가 3단계 10개 항 통일 로드맵의 발표를 통해 독일의 조속한 통일을 주창했던 것이다.

서독 콜 총리의 통일 로드맵에 대한 서독 국내의 평가가 긍정적인 입장이 더 강했던 것과는 달리 이에 대한 주변 관련국들의 반응은 그다지 호의

적이지 않았다. 소련의 고르바초프 서기장은 제2차 세계대전 종전 이후 독일 지역에는 동독과 서독이라는 2개의 국가가 존재해 왔다는 사실을 강조하면서, 서독 콜 총리가 민주화에 기반한 동독의 체제 전환을 전제조건으로 강조한 점을 강하게 비판했다. 이는 서독이 자신의 경제적 우위에 기반해 경제원조와 지원을 빌미로 소련의 동맹국인 동독에게 부당한 위협을 가하는 것이라고 느꼈기 때문이기도 했지만, 또 한편으로는 독일 지역의 변화가 지나치게 급진적으로 전개될 수 있다는 사실에 대한 우려가 강했기 때문이기도 했다. 특히 제2차 세계대전 당시 나치 독일과의 전쟁으로 인해 막대한 인적·물적 타격을 입었던 소련으로서는 독일이 갑작스레 통일되어 강한 군사력을 다시 가지게 될 경우 야기될 수 있는 안보 위협에 대한 불안감이 클 수밖에 없었다. 영국과 프랑스 역시 콜 총리의 제안에 부정적인 반응을 보였다. 영국의 마거릿 대처(Margeret Thatcher) 총리는 독일의 급격한 통일이 유럽의 정세를 크게 뒤흔드는 계기가 될 수 있다고 걱정했다. 또한 동·서독의 급격한 통합이 이제 막 시작된 동유럽 국가들의 민주화운동과 체제 전환 노력에 오히려 나쁜 영향을 줄 수 있다고 생각했다. 따라서 영국 역시 독일의 통일이 급속도로 진행되는 것에 대한 우려를 가지고 있었다. 프랑스의 미테랑 대통령 역시 콜 총리의 통일 비전에 회의적이었다. 그러나 미테랑 대통령은 서독·프랑스 관계 및 유럽공동체 강화를 위한 추동력의 확보 필요성 등을 고려했을 때, 독일의 통일이 서독이 얘기하듯이 유럽 통합이라는 큰 틀 속에서 함께 진행된다면 콜 총리의 독일통일 비전이 긍정적일 수 있다는 의사를 표명했다.

반면, 미국은 콜 총리의 10개 항 통일 로드맵을 지지했다. 특히 부시 대통령은 단순한 지지의사 표명을 넘어 1989년 12월 초에 열린 미·소 정상회담에서 소련 고르바초프 서기장을 설득하는 한편, NATO 16개국 정상회담에서도 독일의 통일을 지지한다는 내용의 연설을 발표했다. '새로운 유럽의 미래상과 신대서양 주의'라는 제목으로 행해진 이 연설에서 부시 대통령이 동·서독의 통일에 대한 공식적 지지의사를 명확히 표명한 것이다. 다만, 부시 대통령은 독일의 통일이 조급하게 추진되기보다는 점진적이고 단계적인 평화적 통일을 지향해야 한다면서, 독일이 통일된 후에도 NATO 회원국으로서의 책임을 다해야 한다고 강조했다.

독일통일에 대한 미국과 영국, 프랑스, 소련 4개국의 지지는 형식적인 측면에서도 필요한 일이었다. 제2차 세계대전 승전국인 이 4개국이 전후 동독과 서독의 수립, 즉 독일의 분단체제를 고착화하는 조약을 체결했기 때문이다. 따라서 동독과의 통일을 이루기 위해 서독은 이 4개국들의 동의와 지지가 필요했고, 특히 서독 중심의 독일통일에 강한 반대 의사를 보이던 소련을 설득하는 데 더욱 공을 들였다. 소련과 포괄적인 경제협력 관계를 만들기로 합의하는 한편, 고르바초프 서기장이 제안한 '유럽 공동의 집' 구상을 수용하기로 한다. 동시에 통일 독일의 군사력 증강에 대한 주변국의 안보 불안을 해소하기 위한 방안으로 통일 후에도 독일이 NATO에 남을 것을 약속하고 향후 통일 독일의 군사 규모를 37만 명 정도로 감축하는 데 동의했으며, 동독에 주둔 중이던 소련군은 1994년까지 철수하기로 합의했다. 서독 정부의 이러한 노력으로 독일통일에 대한 4개 승전국을 포함한 국제사회의 지지를 확보하는 데 성공했으며, 결국 동·서독 간 통일조약을 체결한 직후인 1990년 9월 12일 미국과 영국, 프랑스, 소련이 모스크바에서 독일통일 문제에 관한 4개 승전국의 합의 절차를 마무리한다.

통일 독일에 대한 주변국들의 안보위협을 불식시키기 위한 독일의 노력은 통일 후에도 계속되었다. 1990년 10월 4일, 독일의 콜 총리는 의회 의사당에서 새로운 통일 독일의 외교 전략 및 추진 방향에 대해 발표했다. 이

제 하나가 된 독일은 주변국들과의 우호적인 관계를 추구하고 유럽공동체의 책임감 있는 일원으로서 유럽의 안정과 세계평화에 이바지하고자 한다고 강조했다. 이를 위해 미국 등 전통적인 우방국들과의 동맹관계를 유지하고, 프랑스 등 주변 유럽 국가들과의 협력을 통해 유럽통합을 이끌어나가며, 소련과도 우호협력 관계를 유지하고자 한다고 밝혔다. 지난 두 번의 세계대전의 책임, 특히 나치 독일이 자행했던 홀로코스트 등 반인도적인 범죄행위 및 주변국 침략과 점령, 약탈 행위 등 과거사에 대한 반성과 책임의식을 분명히 했다. 그와 동시에 향후 통일 독일이 주변국과 유럽의 안정에 있어서, 안보 위협국이 아니라 유럽의 평화와 통합에 공헌하는 책임감 있는 공동체의 일원으로서 책무를 다할 것임을 대내외적으로 재천명한 것이었다. 통일 독일에 대해 의혹의 눈초리를 보내고 있던 주요 관련국들의 안보 불안을 다시 한번 해소하고, 통일 독일과 유럽 평화의 불가분의 관계를 재차 강조하기 위한 또 하나의 노력이었다고 볼 수 있다.

7. 독일통일과 한반도

동독과 서독이 하나가 되기 위해 노력하던 당시, 탈냉전의 흐름과 독일의 통일 과정을 지켜보던 한국의 대북정책과 북한의 외교정책에도 변화의 바람이 불었다. 노태우 정부는 북방정책을 통해 구 공산주의 국가들과의 국교 수립을 적극적으로 추진하는 한편, 1988년 '7·7 선언', 1989년 9월 '한민족공동체 통일방안' 발표 등을 통해 남북이 함께 공존할 수 있는 공동체를 만들 것을 제안했다(김근식, 2019: 48). 북한 역시 미국과 일본 등 서방세계 국가들과의 관계정상화를 적극 추진하기 시작한다. 동유럽 국가들이 연이어 체제를 전환하고, 지난 냉전 시기 동안 북한 체제의 든든한 지원자 역할을 해주었던 중국과 소련이 한국과 외교관계를 맺자 위기감을 느낀 북한이 외교적 고립 위기의 해소와 체제 안정을 위해 이전의 적대적인 자세에서 벗어나 서방국가들과의 관계 개선을 적극적으로 추진하는 모습을 보였다. 이러한 노력의 결실로 1990년 북한과 미국의 학자들이 워싱턴과 평양을 방문해 세미나에 참석하고 미국 스티븐 솔라즈(Stephen Solarz) 의원이 방북해 김일성 주석까지 만났으며, 참사관급으로 시작된 북·미 실무자 간 외교 접촉이 1992년 12월까지 지속적으로 이어지기도 했다.

이러한 해빙 분위기 속에서 남북 관계 역시 크게 개선되었다. 1990년에는 남북고위급회담이 성사되었고, 1991년 9월에는 서로를 국가로 인정하지 않았던 남북한이 유엔에 동시 가입했다. 1991년 12월 13일에는 남북한이 '남북한 기본합의서'를 채택해, 서로의 체제를 인정하고 상호 불가침 및 남북교류와 협력 확대를 위해 노력할 것에 합의했다. 동·서독의 통일과 유럽의 통합 과정에서 볼 수 있었던 신기능주의적 협력의 모습이 남북한 사이에서도 나타나기 시작했던 것이다.

그러나 동·서독과 달리, 남북한은 냉전이 종식되면서 잠시 열렸던 기회를 충분히 살리는 데 성공하지 못했다. 탈냉전의 흐름 속에서 북한은 결국 서방세계와의 교류협력 확대 대신 핵무장이라는 길을 선택했고, 남북 관계는 물론 미국, 일본 등 주요 서방국가들과의 관계 역시 급속히 경색되었다. 그리고 북핵 문제는 2019년에도 여전히 현재진행형이다.

2019년 6월 동독의 마지막 총리로서 동·서독의 통일을 이끌었던 한스 모드로 전 총리는 국내 언론과의 한 인터뷰에서 "남북 간 평화와 안전은 두 국가만이 만들 수 있는 부분이 아니다"라면서 남북한의 통일 전략과 관련해 "(집권) 정당이 바뀔 때마다 정책이 바뀌어서는 안 된다"라는 점을 강조했다. 독일의 통일은 탈냉전의 시대적 조류 속에서 동독 내부의 열망과 서독의 오랜 노력 그리고 국제사회의 지지가 있었기에 가능했다. 독일통일의 경험에 대한 분석과 이해를 바탕으로 남북의 통합과 한반도 평화 체제 구축을 위한 노력을 끊임없이 경주해 나가야 하겠다.

참고문헌

고르바초프, 미하일(Mikhail Gorbachyev). 1990. 『페레스트로이카』. 고명식 옮김. 시사영어사.

노명환. 2012. 「초국가주의 민주주의 평화사상과 지역공동체의 추구 및 분단극복정책: 빌리 브란트의 동방정책과 김대중의 햇볕정책의 비교사적 연구」. ≪EU 연구≫, 제30호, 133~177쪽.

문재인. 2019. 오슬로 포럼 기조연설. "국민을 위한 평화." https://www1.president.go.kr/articles/6495

바르, 에곤(Egon Bahr). 2014. 『빌리 브란트를 기억하다』. 박경서 옮김. 북로그 컴퍼니.

손기웅. 2010. 『독일통일 20년: 현황과 교훈』. 통일부 통일교육원.

임홍배 외. 2011. 『기초자료로 본 독일 통일 20년』. 서울대학교 출판부.

정경섭 옮김. 1990. 『빌리브란트: 동방정책과 독일의 재통합』. 도서출판 하늘땅.

젤리코, 필리프(Philp Zelikow)·콘돌리자 라이스(Condoleezza Rice). 2008. 『독일 통일과 유럽의 변환: 치국경세술 연구』. 김태현·유복근 옮김. 모음북스.

최영태. 2019. 『독일 통일의 3단계 전개과정: 동방정책에서 내적 통합까지』. 아침이슬.

Zelikow, Philp and Condoleezza Rice. 1997. *German Unified and Europe Transformed: A Study in Statecraft*. Cambridge University Press.

10

김대중·노무현 정부와 남북정상회담

6·15 공동선언과 10·4 정상선언

김근식
경남대학교 정치외교학과 교수

1. 남북정상회담에 관한 추억

추억과 기억은 다르다고 한다. 과거의 일을 다시 생각하는 것이 기억이고, 좋았던 과거를 되새기는 것이 추억일 것이다. 즐거웠던 일을 기억하는 게 추억인 셈이다. 따라서 추억은 전부를 기억하지만 기억은 전부를 추억하지 못한다. 2007년에 2차 남북정상회담이 있었다. 그 역사적인 남북정상회담에 특별수행원 자격으로 참여한 필자에게 그날은 여전히 기억하고픈 추억으로 남아 있다(김근식, 2008.10.3).

그러나 이명박 정부 출범 이후 10·4 선언은 단 1개의 합의 사항조차 이행 못 하는 종잇장이 되고 말았다. 그 선언의 남측 당사자였던 노무현 전 대통령은 비운의 죽음에 이르렀고 북측 당사자였던 김정일 위원장도 2011년 사망하고 말았다. 남북정상회담의 화려한 '사건'과 '추억'에도 불구하고 합의의 지속성은 담보되지 못했다. 그리고 남북정상회담은 2018년 우리 앞에 다시 소환되었다. 한 해 동안 한 번도 아니고 세 번이나 남북정상회담이 개최되었다. 그러나 김대중·노무현 정부 시기의 남북정상회담과 문재인 정부의 남북정상회담은 의미와 성격 그리고 내용에서도 일정한 차별성이 존재한다.

수시로 개최되는 작금의 남북정상회담을 제대로 준비하고 평가하기 위해서라도* 김대중·노무현 정부 시기의 남북정상회담을 역사적으로 성찰해 보는 것은 유의미한 일이 될 것이다. 당시 환호와 설렘으로 맞이했던 두 차례의 정상회담을 좀 더 객관적이고 차분하게 돌이켜 봄으로써 감정보다는 이성으로 우리 남북 관계사에 정상회담이라는 사건사를 각인시켜 보는 것도 지금 시기엔 의미가 있을 듯싶다. 2000년의 감동과 2007년의 희망을 넘어 이제 남북

* 문재인 정부 출범 이후 개최된 남북정상회담에 대해서는 이 책의 11장 참고.

관계사에 자리매김된 정상회담의 성사 배경과 합의 내용과 이행 과정을 종합적으로 분석하고 서술함으로써 역사적 재조명을 해보고자 한다.

2. 남북정상회담의 장면 두 가지

#1. 2000년 6월 13일. 평양 순안공항. 김정일 위원장의 공항 영접을 사전에 전혀 알지 못한 김대중 대통령이 비행기 트랩에서 내리는 순간, 붉은 카펫 위에 김정일 위원장이 인민복 차림으로 마중 나와 있었다. 분단과 전쟁, 적대와 대결의 관계로 일관해 왔던 남과 북의 최고지도자가 반갑게 포옹을 했다. 곧이어 김대중 대통령과 김정일 위원장은 함께 연단 위에 서서 조선인민군 육해공군 의장대의 사열을 받았다. 대한민국의 주적인 조선민주주의인민공화국 군통수권자 김정일 국방위원장과 조선민주주의인민공화국의 적화 대상인 대한민국의 군통수권자 김대중 대통령이 나란히 서서 인민군 사열을 받는 이 장면만으로도 남북정상회담의 역사적 의미는 충분했다. 적대와 대결의 남북관계가 공존과 협력의 남북관계로 바뀔 수 있는 희망을 확인한 순간이었다.

#2. 2007년 10월 2일 군사분계선 현장. 남과 북을 가로막은 역사적 비극의 상징, 군사분계선을 노무현 대통령은 한 걸음 내딛어 넘어섰다. 전 세계에 방송된 이 장면은 한반도의 분단과 적대적 대결을 넘어서고자 하는 힘찬 발걸음으로 비쳐졌다. 대한민국 대통령이 군사분계선을 넘어 북측 땅으로 들어가서 남긴 한마디는 역사적 상징성과 깊은 울림을 주는 것이었다.

> 저는 이번에 대통령으로서 이 금단의 선을 넘어갑니다. 제가 다녀오면 더 많은 사람들이 다녀오게 될 것이고, 그러면 마침내 이 금단의 선도 점차 지워질 것입니다. 장벽은 무너질 것입니다.

남과 북을 가로막은 군사분계선이 남측 대통령의 발걸음으로 넘어서지는 순간, 더 많은 교류와 접촉, 화해협력이 진전될 것이고 더 많은 사람들이 분계선을 넘나들게 될 것이고, 결국 선은 존재하지만 그 선이 가졌던 금단의 역사적 의미는 사라질 수 있을 것처럼 보였다.

이 두 장면만으로도 정상회담은 남북 관계사에 결정적인 의미를 제공한다는 것을 알 수 있다. 분단 이후 최초로 남과 북의 군통수권자가 공동으로 북한군 사열을 받는 장면은 화해와 공존의 첫출발을 알리는 상징과 같았다. 남측 대통령이 직접 걸어서 군사분계선을 넘어서는 장면 역시 남과 북의 자유로운 오고감이 결국은 분계선을 지우고 분단을 해소할 것이라는 희망 그 자체였다.

3. 남북정상회담의 성사 배경

1) 2000년 남북정상회담: 남·북·미 삼박자의 어울림*

남북정상회담의 성사 노력은 역대 정권의 공통된 의지였고 실제로도 성사를 위한 막후 노력이 계속 진행되었지만, 실제 이루어진 것은 김대중

* 이 글은 김근식(2006: 40~43)에서 많은 부분을 인용했다.

정부 시기인 2000년이었다. 이는 남북정상회담 성사와 여기에서의 일정한 합의 도출이라는 것이 의지만으로 가능하지 않고, 실제로 가능케 하는 일정한 조건과 배경이 충족되어야 함을 의미한다. 이런 관점에서 볼 때 2000년 당시 남북정상회담이 성사된 데는 크게 세 가지의 배경적 요인이 존재했고 이들이 상호 선순환적으로 작용하면서 유리한 우호적 환경을 만들었기 때문에 가능했음을 지적할 수 있다.

우선 정상회담이 성사되는 데 김대중 정부의 햇볕정책이 결정적으로 기여했음은 아무도 부인할 수 없다. 햇볕정책의 일관된 추진은 북한으로 하여금 남북대화에 진지하게 나설 수 있는 신뢰감을 증대시켰다. 김대중 정부의 햇볕정책이 기존 정권과는 다른 차별적인 대북정책의 내용과 방향이 있었기 때문에 실제 정상회담 성사가 가능했음은, 바로 이전 정권인 김영삼 정부 시절 정상회담 합의가 이루어졌지만 실제 성사에는 이르지 못한 저간의 사정과 비교해 보면 더욱 확연해진다. 즉 1994년 당시 정상회담 합의는 남측의 대북 화해협력 의지의 산물이라기보다는, 당시 조성된 북핵 문제로 인한 첨예한 대결 상황의 위기 해결을 위한 돌파구로서 카터 전 미국 대통령의 중재로 이루어진 것이었다.* 그러나 2000년 정상회담은 냉전 구조 해체를 위한 김대중 정부의 햇볕정책 추진의 성과물로서** 축적된 남북 간 신뢰를 바탕으로, 우리 정부의 주도적 노력과 북한의 적극적 호응이

* 사회주의권 붕괴와 동·서독 통일 그리고 1994년 김일성 주석 사망을 계기로 당시 김영삼 정부의 대북정책은 북한붕괴론에 근거한 흡수통일 노선이 근간을 이루었다. 위기에 처한 북한이 붕괴할 것을 기대하면서 김영삼 정부의 대북정책은 강경 노선을 기조로 하면서 흡수통일의 의도를 드러냈다. 그러나 북한붕괴론을 가정한 강경 일변도의 대북정책은 결과적으로 한반도의 긴장 격화와 남북관계의 파탄을 가져왔을 뿐 그것이 추구하고자 했던 북한의 붕괴나 굴복은 현실적으로 이루지 못했다.

** 독일의 경우에도 브란트 정권의 신동방정책과 이에 따른 동·서독 정상회담은 동독의 현실적 인정과 공존을 공식화한 것이었다. 이에 대해서는 황병덕 외(2000: 114~128) 참조.

라는 방식으로 성사된 것이었다.

햇볕정책은 기본적으로 상대가 있는 것인 만큼 정책 자체의 유용성만으로는 그 성공을 장담할 수 없다. 따라서 햇볕정책만으로 2000년 당시 남북정상회담의 성공 배경을 모두 설명하기는 힘들다. 여기에는 남한의 대북정책 방향과 더불어서 이에 대한 북한의 태도 여부, 그리고 미국을 포함한 국제환경 등이 동시에 고려되어야 한다. 이 세 차원들은 각기 분리되어 있는 것이 아니라 서로 영향을 주고받는 상호 연관 관계에 있기 때문이다.

이를 감안할 때 당시 정상회담의 성사에는 햇볕정책 추진이라는 한국측 조건 말고도 북한의 권력 승계 완료 및 체제 위기 극복에 따른 적극적 대외관계 개선 의지가 긍정적으로 작용했음을 지적할 수 있다. 1998년 고난의 행군을 마감한 북한은 김정일로의 권력 승계가 완료되고 경제위기가 바닥을 친 상황에서 이제 체제 붕괴의 임계점을 벗어났다는 일정한 자신감을 갖게 되었다.* 따라서 당면한 문제였던 체제 위기의 우려를 씻고 김정일 체제의 상대적 안정성을 확보한 상태에서 경제회생을 위한 북한식 발전 전략을 추진해야 할 필요성이 대두되었으며, 이를 위해서는 남한을 포함한 서방 사회와의 본격적인 관계 개선이 절실한 상황이었다. 당시 정상회담 성사는 북한의 입장에서 볼 때, 체제 발전을 위한 물적 조건 즉 남측으로부터의 대규모 경제적 지원과 협력을 받을 수 있다는 점과 미·일 수교를 포함한 대외관계 개선을 위해서도 남북 간의 가시적 긴장완화 조치가 필요하다는 인식에서 비롯된 것이었다.

정상회담 성사에는 당시 미국을 비롯한 국제사회에 대북 우호적 분위

* 고난의 행군을 마감하고 강성 대국 건설을 슬로건으로 내세워 사상 강국과 군사 강국에 기초해 경제발전을 달성하는 경제 강국을 건설하자고 독려했다.

기가 조성되었던 상황도 긍정적으로 작용했음을 부인할 수 없다. 1994년 북핵 위기를 모면하고 북·미 간 제네바합의를 도출했던 클린턴 행정부가 집권 2기를 맞으면서 '개입정책(engagement)'으로 대북정책의 기조를 잡아가고 있었고, 특히 한미 양국은 김대중 정부의 햇볕정책에 대한 포괄적 이해와 동의를 차곡차곡 쌓아가고 있던 상황이었다. 1998년 대북정책 조정관으로 임명된 페리 전 국방장관이 김대중 정부와의 협의를 통해 1999년 북한을 직접 방문하고 그해 가을 대북 포용정책을 수용하는 '페리 보고서'를 작성한 것은 당시 미국의 대북정책 방향이 남북정상회담 성사의 우호적 배경이었음을 짐작케 한다.* 더욱이 부시 행정부로의 정권교체 이후 북·미 간 갈등이 심화되면서 결국 남북 관계의 진전마저 비우호적인 환경을 맞았음을 비교해 보면, 당시의 국제환경이 상당히 긍정적인 배경이 되었음을 역으로 실감할 수 있다.

정상회담 성사와 관련해 나중에 밝혀진 일이지만, 남한 정부의 대북 송금이 결정적으로 작용했다는 비판적 평가도 존재한다. 그러나 대북 비밀 송금이 당시 정상회담 성사를 확인시킨 하나의 요인일 수는 있지만 그것만으로 정상회담 성사의 이유를 설명하는 것은 지나친 과장이다. 정상회담 대가를 지불한 것 때문에 만남이 성사되었다는 논리는 화해협력을 통한 남북 간의 신뢰 구축 과정과 이를 가능케 하는 우호적 환경이 조성되지 않았더라도 돈만 건네주면 언제라도 정상회담이 이루어질 수 있다는 결론으로 비약될 수 있다.** 오히려 대북 송금은 이전에 합의된 남북경협의 사업 독

* 당시 페리 조정관을 대북 포용정책 입장에서 적극 설득했던 임동원 장관은 그의 자서전에서 페리 보고서의 내용을 "유쾌한 표절"이라고 표현하기도 했다(임동원, 2008: 426~430).

** 2011년 이명박 정부가 북경 비밀 접촉을 통해 남북정상회담을 제안하면서 돈가방을 전달하려 했다는 북한의 폭로를 보면 대가 지불만으로 정상회담 성사가 가능하다는 논리가 비현실적임을 역설

점권에 대한 현대그룹 측의 계약비라는 측면과 오랫동안 적대 관계를 유지했던 두 나라가 극적인 화해를 이루면서 상호 신뢰의 가시적 형태로 제공되는 선물이라는 국제적 관행의 측면으로 해석이 가능하다. 다만 한소 수교나 한·일 수교 과정에서 차관 제공이 공개적으로 진행되었던 것과 비교할 때 당시 야당과 국민의 동의 등 공개적 투명성을 확보하지 못했던 점은 아쉬움으로 남는다.*

2) 2007년 남북정상회담: 북핵과 연동된 현실적 접근**

남북정상회담 추진과 관련한 노무현 정부의 입장은 일관되게 북핵 상황의 일정한 진전을 전제로 한 것이었다. 북핵 상황이 악화되거나 교착된 국면에서 남북정상회담은 추진하기도, 성사되기도, 합의 사항을 도출하기도 어렵다는 현실적 여건을 감안한 것이었다. 남·북·미 삼박자라는 차원에서 보면 부시 행정부의 대북 강경정책 때문에 미국 상황이 결코 만만치 않았고, 부시 행정부와 힘겨운 기 싸움을 벌여야 했던 북한 상황 역시 정상회담을 성사시킬 만한 우호적인 한반도 정세와는 결코 가까워 보이지 않았다. 따라서 2000년 정상회담과 달리 노무현 정부가 부시 행정부의 대북 강

적으로 실감할 수 있다.

* 그러나 역으로 당시 국내정세에서 대북 송금 방침을 공개하고 야당과 국민의 동의를 구하는 것이 과연 극적으로 진행된 남북정상회담의 성사 그 자체보다 중요한 것이었는지는 논란의 여지가 있다. 즉 투명성을 위해 대북송금 사실을 공개하고 이에 대한 동의를 구했을 때 과연 한나라당과 보수 진영에서 쉽게 합의해 주지 않았을 가능성이 높고 그럴 경우 결과적으로는 남북정상회담이 좌초될 수도 있었을 것이다. 결국 역사적인 남북정상회담 성사라는 가치와 대국민 투명성 확보라는 가치가 상충될 경우 어느 것을 더 우위에 둘 것인가에 대한 정치적 판단의 결과로 보인다.

** 김근식(2009: 90~92)에서 인용했다.

경 기조라는 미국 조건과 북핵 2차 위기로 북·미 갈등에 올인하고 있는 북한 조건을 넘어서서 남북정상회담을 성사시키기 위해서는 현실적 접근을 할 수밖에 없었다. 북핵 문제라는 북·미 간 대결 상황이 그나마 호전되지 않는 한 남북정상회담은 거론조차 못할 것이기 때문이었다. 그래서 노무현 정부는 부득불 정상회담을 북핵 문제의 진전과 연동시켰고, 정상회담의 우호적 환경을 기다리면서 북·미 협상을 촉진하고 유도해 가는 다각적인 노력을 기울였다.

취임 직후 첫 한·미 정상회담에서 북핵 상황 악화 시 이른바 '추가적 조치(further steps)'에 합의함으로써 진보 진영은 거세게 항의했고, 부시 행정부의 대북 강경 기조에 동의할 게 아니라 미국의 대북 강경 기조를 전환시키기 위해서라도 시급히 남북정상회담을 추진해야 한다고 주장했다. 그러나 노무현 대통령은 북핵 상황과 남북 관계를 연계시키지 않을 수 없다는 현실적 입장이었고* 오히려 그렇기 때문에 부시 행정부라는 만만찮은 미국 정부를 상대로 북핵 문제를 호전시키기 위해 더욱 많은 노력을 기울였다.** 북핵과 남북 관계를 연계한다는 것은 북핵이 악화되면 남북 관계도 포기하고 한미동맹에 매몰된다는 것이 아니었다. 오히려 상황이 악화될수록 부시 정부를 설득해 대북 협상에 나서도록 촉구하는 역할을 포기하지 않았다.***

북핵 상황과 남북 관계를 불가불 연동시킬 수밖에 없었지만 그렇다고 해서 북핵을 이유로 남북 관계를 중단하거나 단절하는 일은 없었다. 즉 북

* 한반도 평화 체제 구축도 북핵 문제의 일정한 진전과 연계되어 로드맵이 제시되었다(통일부, 2003: 15).

** 사실 임기 초반 정치적 반대 속에 결정된 이라크 파병 방침도 이면에는 부시 행정부의 대북 강경기조를 누그러뜨리기 위한 반대급부의 속내가 있었음을 부인하기 어렵다

*** 북핵 교착에도 미국 정부의 대북 협상을 촉구한 2004년 11월 LA 발언이나 2006년 핵실험 이후 '공동의 포괄적 접근'으로 미국에 대북 협상을 요구한 것 등이 대표적 사례다.

핵 상황 악화에도 불구하고 3대 경협 사업의 지속과 사회문화적 인적 교류는 지속되었고, 특히 대북 식량 및 비료 지원은 매년 꾸준히 지속되었다. 북한의 나쁜 행동에도 불구하고 대북 지원은 계속해야 한다는 것이 노무현 대통령의 지론이었다. 이는 곧 남북 관계의 신뢰를 유지하는 최소한의 마지막 끈이었다.

또한 북핵 상황의 악화를 돌파하기 위한 한국 정부의 노력을 결코 게을리하지도 않았다. 실제로 노무현 대통령은 북핵 문제가 교착되고 어려움에 처했을 때, 남북 관계를 포기하고 한미 공조에 매달려 대북 강압과 봉쇄에 나서는 것이 아니라 오히려 남북 관계의 지렛대를 활용해 국면을 돌파하는 적극적 역할을 포기하지 않았다. 북핵 상황이 좋지 않은 만큼 남북정상회담 추진에 대해서는 신중하게 접근하면서도 당면한 북핵 상황을 호전시키고 북·미 간 협상을 촉진하기 위한 중재자의 역할을 지속적으로 모색했다. 그 대표적인 사례가 바로 2005년 6·17 면담을 통한 북핵 문제 진전 도출이었다. 당시 6자회담이 장기 중단되고 남북 관계마저 탈북자 대량 입국으로 경색된 상황에서 노무현 대통령은 민간 차원의 남북행사에 정부 측 인사를 특사 자격으로 참가시켰고, 결국 당시 통일부 장관이 평양을 방문해 김정일 위원장을 만남으로써 남북 관계 복원과 북한의 6자회담 복귀를 이끌어낸 것이다. 6·17 면담 직후 중단되었던 6자회담이 재개되고 급기야 그 해 9월 북핵 문제의 모범답안인 9·19 공동성명이 합의 도출된 것은 분명 남측의 적극적 역할과 개입의 공로였다.

노무현 대통령이 현실적으로 북핵 악화 상황에서 남북정상회담 추진에 신중했던 것은, 1차와 달리 2차 정상회담은 추상적·원론적 합의를 넘어서는 구체적 합의와 함께 현안에 대한 의미 있는 성과가 나와야 한다는 구조적 제약을 인식했기 때문으로 보인다. 2000년 1차 정상회담은 분단 이후 최초의 정상회담인 만큼 만남 자체만으로도 역사적 의미와 성과를 갖는 것이었고 두 정상의 포옹 장면만으로도 충분한 가치를 갖는 것이었다. 그래서 6·15 공동선언은 포괄적·일반적 합의로 충분한 것이었다. 그러나 6·15 정신을 이어받은 두 번째 정상회담은 당연히 보다 구체적 합의를 도출해야 하고 특히 현안인 북핵 문제에 대한 분명한 답을 얻어내야 하며 6·15 공동선언에 빠진 군사와 평화 부분에 대한 충분한 합의가 있어야 했다. 따라서 노무현 대통령은 북핵 문제가 일정하게 진전되지 않은 조건에서 무리하게 추진하는 정상회담은 바로 그 제약으로 인해 성공적인 회담이 되기 어려울 것이라는 매우 현실적이고 실용적인 판단을 한 것으로 보인다.

그래서 남북정상회담은 2005년 9·19 공동성명 도출로 핵문제 진전이 가시화된 이후 실제로 추진된 적이 있었다(≪동아일보≫, 2008.11.23). 그러나 이 역시 방코델타아시아(BDA) 문제가 불거지고 북·미 관계가 다시 경색되면서 미뤄지게 되었다. 또한 노무현 대통령은 2006년 7월 미사일 발사 직후, 더 이상의 상황 악화를 막기 위해 남북정상회담을 타진해 본 적이 있는 것으로 알려져 있다. 이는 북핵 문제 호전이 아니라 북핵 상황이 최악으로 가는 길목에서 이를 막기 위한 최후의 카드로서 정상회담 추진을 시도한 것으로 풀이된다.

결국 2차 정상회담의 추진은 철저히 북핵 상황과 연계된 현실적 접근이었고 그것은 북핵을 이유로 정상회담을 추진하지 않는 것이 아니라 북핵 문제 진전을 통해 정상회담을 이끌어낸다는 것이었으며 이를 위해 지속적인 남북관계의 유지, 끈질긴 대미 설득, 남북 관계를 통한 국면 돌파 입장을 꾸준히 견지함으로써, 2007년 2·13 합의 이후 비로소 정상회담은 성사될 수 있었다.

4. 남북정상회담의 결과물

6·15 공동선언과 10·4 정상선언

1) 6·15 공동선언: 화해협력과 평화공존의 첫걸음

1차 남북정상회담의 결과물로 도출된 6·15 공동선언은 오랫동안의 적대적 대결관계를 청산하고 화해적 공존관계의 첫발을 내딛음으로써 상호 체제 인정과 평화공존에 근거한 남북 간 평화와 화해협력의 실질적 토대를 마련했다는 종합적 의미를 갖는다고 볼 수 있다. 6·15 공동선언을 통해 남북은 과거의 상시적 긴장과 갈등 대신 평화를, 상호 상승적이었던 불신과 대결 대신 화해를, 소모적 경쟁 대신 협력을 이룰 수 있는 결정적 계기를 마련하게 됨으로써 서로 '싸우면서 살아왔던' 관계를 청산하고 상호 간에 화해협력하며 '평화롭게 살아가는' 토대를 마련할 수 있게 된 것이다(김근식, 2006: 51).

6·15 공동선언은 한반도 냉전 구조 해체와 통일문제에서 '민족적' 차원의 접근의 중요성을 합의함으로써 한반도 문제의 '한반도화'(1항)를 이루었고, 급격한 국가적 통합을 이루는 것이 아니라 체제 인정과 평화공존의 단계를 통해 통일을 지향한다는 것에 합의함으로써 '체제 인정과 평화공존'의 토대를(2항) 마련했으며, 이산가족 문제 해결과 경협을 비롯한 다방면의 협력을 통해 본격적인 화해협력 관계를 구축함으로써 '사실상 통일' 단계로의 진입을 가능케 했고(3항, 4항), 공동선언 실천을 보장하기 위한 당국자 회담 개최 합의를 통해 남북 간 '상시 대화 채널'을 확보(5항)했다.

6·15 공동선언에서 가장 우리의 관심을 끄는 부분은 '북측의 연방제와 남측의 연합제 안에 공통성이 있음을 인정하고 이 방향에서 통일을 지향하기로 했다'는 제2항의 합의이다. 분단 55년 만의 극적인 만남에서 실무적이

고 각론적인 합의 사항이 아닌 통일방안과 관련한 굵직한 합의 내용이 포함되어 있기 때문이다.

그러나 우리 사회 일각에는 북측의 적화통일 전략인 연방제에 손을 들어준 게 아니냐는 오해와 이제 체제와 국가상(像) 등 본격적인 통일방안을 합의해야 하는 게 아니냐는 지나친 기대가 존재하기도 했던바, 이는 2항의 역사적 의미를 잘못 해석한 데서 비롯된 것이다. 2항 합의의 의미는 남측이 북의 연방제 안에 접근한 것이라기보다 오히려 북측이 현실적 통일 경로로서 국가연합 안을 이해하기 시작한 것으로서, 이는 남북이 급격한 국가적 통합을 이루는 것이 아니라 체제 인정과 공존공영의 단계를 통해 통일을 지향한다는 것이며 통일방안이 아닌 '통일 접근방식'에 합의했음을 뜻한다(김근식, 2000; 김근식, 2003 참조).

우선 공동선언 2항이 합의될 수 있었던 것은 북이 과거의 연방제 통일이라는 국가 중심적 통일 접근방식이 현실적으로 불가능할 뿐 아니라 바람직하지 않다고 스스로 인식했기 때문이었다. 북한은 이미 1990년대 이후부터 과거 연방제 안의 경직성에서 벗어나 유연성과 현실성을 점차 인정해 왔다. 6·15 공동선언에 표현된 "낮은 단계의 연방제"라는 1991년 김일성 주석의 신년사 중 "잠정적으로 연방공화국의 지역적 자치 정부에 더 많은 권한을 부여하는" 문제를 협의할 수 있다는 대목에서 연유한다(≪로동신문≫, 1991.1). 즉 과거 연방제 안이 중앙정부에 외교와 국방 등의 권한을 부여하는 '높은' 수준이었다면 이제는 이 권한들마저도 지역정부에 줄 수 있다는 '낮은' 수준으로 변경된 것이다. 이로부터 북한의 통일에 대한 접근방식은 과거 1국가론의 연방제 통일에서 2국가론에 가까운 연합적 성격의 연방으로 '선회'했다고 할 수 있다. 결국 6·15 공동선언의 2항 합의는 우리가 통일방안을 수정했다는 의미가 아니라 북한이 자신의 연방제 통일방안 내용을 수정한 것으로 봐야 한다.

통일은 단일한 제도, 단일한 헌법, 단일한 정부로 완성되긴 하지만 결코 거기에서 시작되지는 않는다. 오히려 가능하고 바람직한 통일은 섣부른 제도적 통합을 이루는 것이 아니라 분단의 결과인 긴장과 갈등 대신 평화를, 불신과 대결 대신 화해를, 소모적 경쟁 대신 협력을 일상화하는 것이며 이는 곧 2체제, 2정부의 평화공존을 보장하는 것이어야 한다. 이런 맥락에서 2항은 남북이 장기적 공존의 방식을 통해 점차 통일로 나아가는 경로 즉 '낮은 단계의 연방' 혹은 '연합'의 방식을 통한 통일 과정에 합의한 것으로서, 통일을 지향하는 평화와 화해협력의 주춧돌을 마련했다는 역사적 의미를 갖는다.

또한 2항 합의와 관련해 유의해야 할 것은 연방과 연합의 공통성 인정이 통일방안의 합의나 통일국가의 상(像)을 합의한 것이 결코 아니라는 점이다. 실제적인 국가연합의 합의나 창설은 오랜 시일이 지난 차후의 문제이며, 2항 합의의 내용을 보장하고 향후 남북 간 평화공존의 토대를 보다 공고히 하기 위해서는 오히려 통일 국가상을 둘러싼 논의가 섣불리 확산되는 것은 바람직하지 않다. 연합제와 연방제의 공통성을 인정한다는 의미가 마치 지금 당장 통일방안에 합의한 것으로 과도하게 해석되어 통일국가의 체제나 이념 문제를 거론하는 일은 우리 사회에 불필요한 이념적 대립을 야기할 뿐 아니라 남북 관계에서도 결코 좋지 않은 결과를 가져올 뿐이다.

분단 현실을 개선하고 통일이라는 현상변경적 목표를 달성하기 위해 가장 필요한 것은 오히려 현실을 인정하고 양 체제의 공존을 공식화하는 작업이다. 그리고 이는 통일 이전에 양측의 제도와 이념의 차이를 실질적으로 인정해야 함을 의미한다. 결국 2항의 통일 접근방식에 관한 합의는 급격하고 과도한 '법적·제도적(de jure)' 통일을 뒤로 미루고 대신에 분단의 피해를 줄이고 고통을 경감하는 차원에서 상호 체제 인정과 평화공존 그리고 화해협력을 이루는 이른바 '사실상의 통일(de facto)' 방식에 남북이 현실적으로 동의했음을 의미하는 것이다.

2) 10·4 정상선언: 6·15 공동선언의 계승과 발전

10·4 정상선언의 역사적 의미를 가장 압축적으로 표현한다면 '6·15 공동선언의 계승과 발전'으로 정리할 수 있다(김근식, 2007). 6·15 공동선언을 계기로 반세기 이상 지속되었던 적대적 대결 관계 대신 화해협력의 남북 관계가 개막될 수 있었고 그 방향이 꾸준히 견지되어 왔다. 그러나 6·15가 개척한 길을 걸어오면서 새로운 과제가 생겨났고 극복해야 할 과제도 발생했다. 정치·군사 분야의 진전을 이뤄내야 했고 기존과는 다른 새로운 경제협력 방식을 창출해야 했다. 그래야만 당시까지의 남북 관계를 한 차원 높은 단계로 발전시킬 수 있었다.

결국 10·4 정상선언은 6·15 공동선언에 기초하여 지속해 왔던 남북 관계를 보다 높은 단계로 발전시키기 위한 토대를 마련했다는 의미를 갖는다. 즉 화해협력이라는 6·15 공동선언의 큰 방향을 그대로 지속하되 6·15 공동선언에 포함되지 않았던 내용을 새롭게 이끌어냄으로써 향후 남북 관계를 보다 바람직한 방향으로 진전시킬 수 있는 중요한 계기가 바로 10·4 정상선언이었던 것이다. 6·15가 열어놓은 길을 좀 더 넓히고 포장하고 반듯하게 가꿈으로써 그 길을 따라가면 우리가 목표로 하는 평화와 통일이라는 목적지까지 무사히 갈 수 있게 이끄는 이정표였던 셈이다.

무엇보다 10·4 정상선언은 한반도 평화와 군사 분야의 진전을 이뤄냄으로써 정상적인 남북 관계 발전을 가능케 했다. 당시까지 남북 관계는 경제와 사회문화가 앞서가고 정치와 군사는 뒤쳐지는 불균형한 모습이었다. 경제협력과 사회문화 교류가 빈번해진 반면 정치적 화해와 군사적 신뢰 구축은 그에 따라가지 못하는 비정상적 형국이었던 것이다. 그러나 10·4 정상선언을 통해 남북은 상호 적대관계 해소와 군사적 긴장완화와 신뢰 구축 그리고 전쟁 반대와 불가침 의무를 재확인하면서 서해평화협력특별지대 구상을 통해 서해에서의 평화 증진에도 합의했다.

또한 10·4 정상선언에서 남북은 한반도 정전체제를 평화 체제로 전환하는 방향에 대해 공감대를 확인하고 이를 위한 구체적 행동으로 종전선언을 추진하기로 합의했다. 그리고 6자회담의 틀에서 비핵화를 이행하기로 합의했다. 남북정상 사이에 한반도 평화 문제가 본격 다뤄졌고 평화 체제 구축 방향에 합의를 이루어낸 것이다. 또한 남북은 한반도 평화 체제 전환에 대해 적극적 의지를 갖고 6자회담의 진전과 종전선언 추진에 힘을 합치기로 함으로써 비핵화 과정과 맞물려 진행될 한반도 평화 체제 프로세스에 구체적인 노력을 기울일 수 있게 되었다. 북핵 문제 해결과 한반도 비핵화에 대해 남북정상이 직접 당사자로서 의견을 교환하고 실천 의지를 확인함으로써 그동안 남북 관계가 북핵 문제 해결에 무관심했다는 비판을 불식할 수 있게 되었다.

물론 정치 분야의 진전도 가시적 성과를 냈다. 정상선언 2항의 상호 존중과 신뢰의 남북 관계 전환은 남과 북이 서로 상대방을 이해하고 존중하는 정치적 화해의 시작을 알리는 것이다. 상호 내정불간섭과 상대방을 부인하는 법·제도의 정비 등은 앞으로 남과 북이 상대방 체제를 있는 그대로 인정하고 용인하는 의사표시의 구체적 내용이 될 것이다. 경제적 협력과 사회문화적 교류가 활발히 진행되면서도 상대방에 대한 정치적 실체 인정이 이뤄지지 않으면 남북의 화해협력은 항상 불안정한 것이 된다. 상대방

체제와 이념과 제도를 인정하고 이에 기초해 상호 존중과 신뢰의 남북 관계를 이뤄가는 것이야말로 정상적 관계의 기본이다. 아울러 당시 정상회담 기간 중에 남측 대표단이 아리랑 참관을 공식 일정으로 소화해 낸 것도 사실은 상대방에 대한 이해와 존중의 상징적 조치다. 이는 2005년 서울을 방문한 김기남 당비서 일행이 공식적으로 현충원을 참배한 것에 상응하는 조치로서 남북 간 정치적 화해의 시작을 알리는 것이기도 했다.

결국 10·4 정상회담은 그동안 남북 관계의 진전 속에서 풀어야 했던 문제들 즉 화해협력을 확대·발전시키기 위해 필수조건이었던 한반도 평화 문제와 군사적 신뢰 구축 문제가 본격 다뤄졌고 남북 차원에서 오랜 쟁점인 북핵 문제가 논의·합의되었으며, 그 결과로 한 단계 업그레이드된 경제협력 방향에 합의를 이루어냈다. 이로써 남북 관계는 군사 분야의 평화 증진과 경제협력의 번영이 동시에 진행되는 정상적 관계로 자리 잡을 수 있게 되었다. 경제협력이 군사적 신뢰 구축과 평화를 더욱 증진시키고 역으로 군사 분야의 진전이 경제협력을 더욱 확대·발전시키는 상호 선순환의 '평화 번영'이 가능해진 것이다. 이른바 평화가 경제에 기여하고 경제가 평화를 확대하는 '평화 경제론'이 비로소 남북 관계에 정착될 수 있는 계기가 마련된 것이었다.

평화와 번영이 동시 병행하는 바람직한 남북 관계의 구상은 10·4 정상선언의 서해평화협력특별지대에 그대로 녹아 있었다. 10·4 선언 중 가장 의미 있는 내용으로 꼽히는 서해평화협력특별지대는 남북 관계의 새로운 이정표를 세우는 발상의 전환이었다. 남북의 군사적 대결과 충돌의 최전방이었던 서해를 군사적 관점에서 협소하게 접근하는 게 아니라 남북의 경제협력과 공동 번영을 통해 항구적인 긴장완화와 평화정착을 도모하는 종합적이고 입체적인 새로운 접근을 한 것이다(김근식, 2009).

서해평화협력특별지대 구상이 실현되면 해주공단에서 남과 북의 노동자가 같이 일하며 공동 어장에서 남과 북의 어민이 함께 고기잡이를 하고 한강 하구에서 남과 북의 배가 공동으로 골재를 실어 나르는 전혀 새로운 그림이 그려진다. 상상하지 못했던 남북 협력과 공동 번영의 구체적 현실이 새로 만들어지는 것이다. 서해 지대에서 남과 북의 협력이 상시화되고 장차로는 개성과 해주와 인천을 연결하는 평화의 삼각지대를 만들어 그 안에서 사람과 물자가 자유롭게 오고 가는 공동 번영의 새로운 장을 형성한다면 여기에는 남북의 군사적 대치와 충돌이 있을 수가 없다. 그야말로 경제협력이 평화를 증진시키고 그 평화가 다시 경제협력을 가속화하는 선순환의 전략적 접근이 서해에서 실제로 가시화되는 것이다.

서해평화협력특별지대는 경제와 군사가 있고 공단과 어장이 있으며 평화와 협력이 동시에 결합하는, 향후 남북 관계 발전의 실험장이자 모델하우스를 지향하는 것이었다. 남과 북이 서로 도움이 되는 경제협력의 현장이자 남과 북의 군사적 대치가 해소되는 평화공존의 지대를 구상했던 것이다. 해주공단을 오고가는 남과 북의 민간 선박이 자유롭게 서해를 왕래하고 공동어로구역에서 일하는 남북의 고기잡이배가 자유롭게 서해를 가로지르면 서해에서 남북의 군사적 대치와 긴장은 저절로 사라지게 될 것이라는 접근이었다.

> 당시 노무현 대통령이 군사분계선을 걸어서 넘었다는 사실이 군사분계선의 존재 자체를 없애는 것은 아니다. 다만 군사분계선을 걸어서 넘는 남과 북의 많은 이들이 늘어나게 되면, 군사분계선은 형식적인 선으로 남지만 그 선이 갖는 기존의 위험성과 적대성은 현저히 약화되고 결국은 해소될 것이다.*

마찬가지로 서해평화협력특별지대가 현실화되면 NLL은 선으로 존재하지만 그 위험성은 현저히 약화되거나 사라지게 된다. 이것이 바로 서해평화협력특별지대와 NLL의 관계이다. 서해평화협력특별지대 구상 안에 NLL은 녹아들어가 있었던 것이다.

5. 남북정상회담과 협상 과정

협상 당자자의 의지와 능력

사실 남북정상회담은 개최 성사보다 실제 회담 진행 과정에서의 협상이 더 어렵다. 일반적인 외교관계상의 정상회담이 아니라 백지상태에서 거의 새로운 그림을 그려야 하는 특수관계의 일대일 협상이기 때문이다. 그런 면에서 김대중 대통령과 노무현 대통령의 개인적 차원의 노력과 의지가 회담 성공에 중요하게 기여했음을 충분히 인정해야 한다. 역사에 만약이란 가정은 부질없다지만, 2000년 그 현장에 김대중 대통령이 아니라 김영삼 대통령이 있었다면 과연 생산적인 합의가 도출되고 역사적인 6·15 공동선언이 합의되었을까? 마찬가지로 2007년 평양에서 노무현 대통령이 아니고 이명박 대통령이 협상의 주역이었다면 어땠을까? 상상만으로도 남북정상회담의 성공에는 구조적 배경과 조건 외에도 협상 당자사의 개인적 능력과 의지가 중요한 역할을 했음을 알 수 있다.

김대중 대통령의 현장 협상력은 필자가 정확히 재구성할 수 없다. 다만

* 2007년 10월 9일 프라자 호텔에서 개최된 통일연구원 주최 남북정상회담 평가 학술회의에서 백낙청 교수가 한 기조발언이다.

임동원 전 장관의 회고록을 통해서 깊은 고민과 진실한 결단이 정상회담의 성공을 가져왔음을 일단이나마 짐작할 수 있을 뿐이다. 평양 도착 이전부터 북은 계속해서 금수산기념궁전 참배를 회담의 전제조건으로 요구했고 김대중 대통령은 우선 회담을 한 이후에 생각해 보자는 유연하고도 원칙 있는 접근으로 곤란을 피해갔다. 양 정상의 첫 회담에서도 김정일 위원장은 남측 검찰이 대학생들의 인공기 게양을 엄벌하겠다고 한 사실을 들어 갑자기 그만 헤어져도 되겠다고 공박에 나섰지만 김대중 대통령은 차분하고 점잖게 간단히 응수함으로써 위기를 넘기기도 했다(임동원, 2008: 54, 91).

특별수행원 자격으로 보고 들은 노무현 대통령의 실제 협상 과정에서는, 한마디로 솔직함과 진실성을 무기로 김정일 위원장을 설득하고 그의 마음을 움직여가는 모습이 인상적이었다.* 물론 협상 과정을 솔직함과 진실성만으로 풀어갈 수는 없다. 그러나 바로 그렇기 때문에 노무현 대통령이 갖고 있는 솔직담백함 그리고 때론 과감한 진실성이 북측 지도자를 움직였을 가능성이 더 컸다.

한국 대통령으로선 처음으로 군사분계선을 걸어 넘은 역사적 장면 이후에 노무현 대통령은 영접 나온 북측 최승철 부부장의 환대를 받고, 꽃다발을 전해준 북측 여성에게 즉석에서 기념사진을 찍자고 제안했다. 사전에 준비되지 않은 거침없는 솔직함이었다. 북측 여성은 당황했지만 뿌리칠 수 없었고 북측 당국자의 눈치를 살피며 결국 사진을 찍었다. 정상회담 처음부터 노무현 대통령은 분단과 적대의 상징인 군사분계선을 넘은 감동에 겨워, 꽃다발을 건네 준 북측 여성과 감격의 기념사진을 찍고 싶어 하는 솔직

* 이하에 서술된 정상회담 과정에서의 노 대통령의 태도와 발언은 당시 필자가 특별수행원 자격으로 일정을 같이하면서 관계자들에게 전해들은 내용을 토대로 재구성한 것이다.

한 모습을 보여주었다.

또 노무현 대통령은 회담 첫날 김영남 상임위원장이 주최한 환영 만찬에서도 즉석에서 건배 제의를 했고, 그 내용은 한반도 평화를 위해 김정일 위원장이 건강하게 오래 사셔야 한다는 것이었다. 자리에 참석한 남북 인사들 모두 일순 긴장했지만, 그것은 말 그대로 한반도 평화와 남북 관계를 위해 김 위원장의 장수를 기원하는 진심어린 건배 제의였다.

솔직하고 진실한 노무현 대통령의 면모는 첫날 김영남 상임위원장과의 2시간여에 걸친 면담에서도 잘 드러났다. 처음부터 김영남 위원장은 '우리 민족끼리'를 역설하며 국가보안법 폐지와 참관지 제한 철폐 등으로 노무현 대통령을 거세게 몰아붙였다.* 이에 대해 노 대통령은 화를 내거나 좌절하지 않고 당당하면서도 부드럽게 응대했다. 김영남 위원장의 지루한 발언이 끝나자 "이제 다 들은 걸로 합시다, 더 하시면 내일 짐 싸서 내려갈 겁니다"라는 등의 솔직한 말로 분위기를 이끌어갔고, 김영남 위원장의 '군기 잡기' 의도에 대해서는 "내일 김정일 위원장 만나서 불편하게 안 하려고 오늘 다 말씀하시는 거죠"라고 응수하여, 기죽지 않으면서도 화기애애하게 면담을 주도했다.

일차 관문인 김영남 상임위원장과의 면담을 잘 통과한 노무현 대통령은 둘째 날 김정일 위원장과의 본격 협상에서도 솔직함과 진실함을 무기로 상대방 이야기를 존중하고 이해하려 했고 동시에 상대방을 논리적으로 설득하려는 노력을 기울였다. 김 위원장이 자주에 대해 누차 설명하자 노 대통령 역시 기든스까지 언급하며 절대적 자주는 비현실적이라고 자세히 설

* 2000년 남북정상회담 이후 북한이 지속적으로 남측에 시정을 요구한 4대 근본문제는 국가보안법 폐지, NLL 문제 해결, 한미합동훈련 중단, 참관지 제한 철폐 등이었다.

명했고, 김 위원장이 북·미 평화협정의 당위성에 대해 설명하면 이를 거부하거나 분개하는 것이 아니라 "둘이 하는데 우리도 좀 끼워주시라"라는 솔직한 요구로 상대방을 설득하기도 했다.

특히 김 위원장과의 본격 협상에서는 노 대통령이 북의 입장을 충분히 이해하고 역지사지의 입장에서 김 위원장의 발언을 존중하는 자세를 보임으로써 오히려 북측을 움직여 협상이 급물살을 탈 수 있게 하기도 했다. 오전 내내 힘든 협상을 하고 옥류관 오찬장에 도착한 노무현 대통령은 "협상을 해보니 벽을 많이 느낀다. 북이 개혁개방이란 단어에 거부감이 많다. 그러나 불신의 벽을 허물기 위해 북을 이해하고 역지사지의 입장이 되어야 한다"는 공개적 발언을 하기도 했다. 북에서의 모든 발언이 체크되고 보고된다는 사실을 감안한다면, 그날 오찬장에서의 솔직한 발언은 북으로 하여금 노무현 대통령의 진실함을 인정케 하는 중요한 계기가 되었던 것으로 보인다. 오전에 꽉 막혔던 협상이 오후에 술술 풀렸던 것도 비슷한 맥락으로 해석되었다. 협상이 일단락되고, 그날 밤에 대통령 일행이 아리랑 공연을 직접 관람한 것도 북에게는 역지사지의 대표적 실행으로 인식되었다.

실제 합의문에 서명하고 남측으로 돌아와 도라산에서 귀국 보고를 하는 자리에서 노 대통령은 "개성공단을 개혁개방의 단초라고 표현하는 것이 북에게 불편했던 것 같다"라면서 "김정일 위원장과 말을 해보니 말이 통하더라"며 감회를 밝히기도 했다.

내용적으로는 남측 여론과 국민들의 요구를 충분히 의식하고 반영하면서도 행태 차원에서는 북측에게 진심을 보여 상대방의 마음을 움직임으로써 결국은 우리의 의견을 많이 수용하게 하는 성과를 낳은 셈이다. 남측이 야심차게 준비해 간 '서해평화협력특별지대' 구상에 대해 김정일 위원장은 군부의 의견까지 청취해 가며 고민 끝에 수용했다. 남북 간 군사적 신뢰 구축 문제도 처음엔 남측 요구에 소극적으로 응하다가 결국 북이 우리 안을 대부분 수용했고, 끝까지 완강하게 거부하던 2차 국방장관 회담까지 북이 수용했다. 통일 방안 논의 역시 북은 6·15의 합의 정신을 이어받아 '연방연합제 통일 방안'을 합의하자고 제의하기도 했지만, 점진적 통일 과정이 중요하며 오히려 남북정상회담 정례화 등 통일을 위한 기반 조성이 더 중요하다는 우리 입장을 받아들여 6·15 공동선언을 재확인하는 선에서 타결되었다.

북한은 수령이 절대적 권력을 행사하는 유일지도체제이다. 수령이 움직이면 중요한 결정이 가능한 사회이다. 따라서 정상회담에서도 가능한 한 북의 수령을 움직이고 설득하는 것이 우리 측의 요구를 관철하는 데 가장 필요한 조건이 된다. 이를 감안한다면 노무현 대통령은 지나친 계산과 분석적 전략보다 개인적 솔직함과 가감 없는 진실함으로 일관하고, 특히 협상 상대인 김정일 위원장의 입장을 이해하며 역지사지하는 자세를 보임으로써 오히려 상대의 마음을 움직이고 상호 신뢰 형성을 가능케 했음을 알 수 있다. 협상 당사자로서 대통령의 의지와 능력, 태도와 발언이 실제 정상회담에서는 적지 않은 영향을 미친 셈이다.

6. 남북정상회담 이후 남북관계

1) 발전과 진통

정상회담 이후 남북 관계는 '발전을 위한 진통'을 겪어왔다고 평가할 수 있다. 과거에 비해 괄목할 만한 눈부신 변화와 발전이 실제로 이루어졌다. 냉전시대에는 상상하지 못했던 남북 관계의 진전이 가시화되었다. 그러나 화해협력이 진전되다가도 주변 정세와 당면 현안으로 인해 남북 관계는 좌초되고 결렬되고 중단되기도 했다. 즉 전반적으로는 발전하면서도 작용과 반작용의 진통을 겪었던 것이다.

정상회담에도 불구하고 남북 관계가 진전과 답보, 발전과 진통을 거의 주기적으로 반복하는 이유는 무엇보다 남북 간 신뢰가 확고하게 제도화된 단계로 정착되지 못했던 데서 기인한다. 그동안 당국 간 회담이 중단된 표면적 이유를 보면 대부분 남북 간 신뢰 부족에서 비롯된 몇 가지 실수들이 북측에 의해 과대포장 된 측면이 강하다. 서로 믿는 신뢰 관계가 탄탄하게 조성되어 있었다면 큰 오해 없이 넘어갈 수 있을 만한 것이었다.

남북 관계를 제약하는 또 하나의 요인은 여전히 한반도 국제질서 특히 북·미 관계가 냉전의 유제를 완전히 극복하지 못하고 있다는 점이다. 남북 화해라는 탈냉전의 힘이 강화되기는 했지만 아직도 한반도에는 북미 간 적대관계라는 냉전적 구조가 온존하고 있다. 따라서 남북 관계의 의미 있는 진전에도 불구하고 2차 북핵 위기와 같은 첨예한 북·미 갈등이 진행되면 당연히 남북 관계는 상당한 제한을 받을 수밖에 없다.

남북 관계가 북·미 관계 개선에 기여하는 우호적 환경을 만들어내는 긍정적 역할을 할 수는 있지만 남북 관계개선이 자동적으로 북핵 해결이나 북·미 관계 개선을 보장하는 필요충분조건은 아니다.* 역으로 북·미 관계 악화나 북핵 문제 답보 상태가 결국은 남북 관계에 부정적 영향을 미치게

* 2000년 남북정상회담 성사 이후 남북관계 진전에 바탕해서 그해 가을 조명록 차수와 올브라이트 국무장관의 상호 방문이 이루어지고 북·미 정상회담 직전까지 갔던 상황이 대표적인 사례로 꼽힐 것이다. 이 경우에도 남북관계의 진전이 북·미 간 고위급 상호 방문에 기여했지만 북·미 관계 자체의 쟁점이 해결되지 않는 한 남북관계만으로 북·미 관계의 완전한 해결을 추동하는 데는 한계가 있었다. 2000년 당시 올브라이트의 북한 방문과 클린턴 대통령의 방북 취소 과정에 대해서는 클린턴(2004: 1332).

되고 북·미 관계 개선이 없는 한 남북 관계의 근본적인 질적 발전이 어렵다는 점에서 오히려 북·미 관계가 남북 관계 진전의 필요조건임을 알 수 있다. 남북정상회담에도 불구하고 이후 북한의 핵실험과 이로 인한 남북 관계의 중단 상황은 북·미 대결과 북핵 사태의 파급효과가 결국 남북 관계에 부정적 영향을 미친 구조적 메커니즘을 보여준 사례다.

2) 6·15 공동선언과 남남갈등의 심화

6·15 공동선언 이후 남북 관계는 급속도로 개선되었고 민족화해는 놀랍게 진전되었다. 다양한 당국 간 회담이 성과적으로 개최되었고 경의선 연결과 개성공단 사업 그리고 금강산 관광 사업 등 굵직한 남북경협이 시간표대로 진행되었다. 다방면의 사회문화적 교류와 접촉이 증대되었으며, 적지 않은 남측 사람이 북을 다녀왔고 북측 사람 역시 남쪽의 각종 체육대회와 민족 공동 행사에 오고갔다. 당국 간 회담이 지속되고 남북경협이 안정적으로 진행되고 교류협력이 다방면으로 진전되면서 이제 남북 관계는 북한을 새롭게 바라보고 북한과의 만남을 자연스럽게 받아들이게 되었다. 금강산 온정각 휴게소는 남쪽 사람들로 붐볐고 개성공단에서는 북측 노동자들이 남쪽 사람과 인간적으로 친해지게 되었다. 심지어 평양을 자주 오가는 지속적 만남이 이어지자 북측 대남사업 일꾼들이 고려호텔에서 미리 술을 먹고 남측 사람이 와서 계산해 주는 것을 당연하게 여기기도 했다.

정상회담 이후 남북 간의 교류·접촉과 만남이 확대되고 민족화해가 꾸준히 증진되면서 그와 동일한 속도로 우리 사회 내부는 더욱 심한 갈등에 빠져들었다. 대북관과 대북정책을 둘러싸고 이른바 '남남갈등'이 심화되고 확대되면서 남북 관계의 화해협력과는 정반대로 우리 내부의 갈등은 더욱 커져갔다. 남북 관계 진전에도 불구하고 북한은 만족할 만한 수준으로 변화하지 않았고 결국 우리 내부에서는 대북 지원과 남북 경협을 '퍼주기'라는 한마디로 폄훼하고 나섰다. 남북 관계가 유지되었지만 안보 이슈인 북핵 문제는 해결되지 않았다. 오히려 북한은 핵실험에 나서고 핵 능력을 키워나갔고 결국 우리 내부에서는 남북 관계가 오히려 북한의 핵무기 개발을 묵인하며 돕고 있다고 비난하기 시작했다. 남북 관계가 남남갈등을 동반하게 된 셈이었다.

남남갈등의 근본 원인은 지금의 한반도가 처한 과도기적 상황에서 찾을 수 있다. 즉 지금의 한반도는 냉전이 종식되었지만 아직 탈냉전의 확고한 새 질서가 정착되지 않은 유동적·과도기적 상황이고 따라서 남북 관계도 화해협력의 안정적 질서가 확고하게 자라잡지 못한 채 북핵 문제의 유동성과 함께 대결적 남북 관계로의 퇴행 가능성이 상존하고 있다. 이로 인해 북한은 아직도 우리에게 경계해야 할 적이면서 동시에 화해해야 할 동포라는 이중성을 동시에 갖는 존재이다.

과거 냉전 시기에 익숙한 대북관과 대북정책은 당연히 적으로서의 북한과 대북 강경 정책이었다. 남북이 분단되어 반세기 동안 전면적 체제 대결과 함께 팽팽한 군사적 대치를 지속하는 상황에서 구성원들의 인식에는 상대방에 대한 적개심과 적대 관계 우위가 자연스럽게 자리 잡았다. 이는 남과 북이 마찬가지였다. 냉전 구조라는 토대 위에 형성된 대북 적대의식은 오히려 당연한 결과였던 것이다. 따라서 냉전이 종식되고 탈냉전의 새로운 질서가 구축되어 상호 적대의 남북 관계가 화해와 공존의 남북 관계로 굳어진다면 이 같은 정세적 토대에 걸맞은 대북관과 대북정책이 자리 잡게 될 것이다. 그러나 한반도와 동북아에서 냉전이 사라졌지만 아직 냉전 이후 질서가 확고하게 자리 잡지 못하고 냉전의 유제와 탈냉전의 변화가 공존하는 과도기적 유동 상태에 놓여 있기에 여전히 과거에 익숙한 인식과 변화에 걸맞은 인식이 동시 착종되어 있고, 이것이 바로 대북관과 대북정책에서 남남갈등의 토양을 제공하고 있는 셈이다(김근식, 2004: 366). 그러므로 남북정상회담으로 민족화해와 남북 관계가 진전되면서 우리 내부의 대북인식을 둘러싼 남남갈등은 더욱 증폭되고 심화될 수밖에 없었다.

3) 10·4 정상선언과 정권교체

2차 남북정상회담에서 10·4 정상선언이 극적으로 타결되었지만 더욱 중요한 것은 합의 사항에 대한 구체적 실천 과정이었다. 특히 6·15와 달리 10·4 선언은 합의를 이행해야 할 구체적 사업만도 45개 과제에 이르는 다양하고 광범위한 내용을 담고 있었다.

그러나 10·4 정상선언의 이행 과정은 노무현 정부 임기 말이라는 시간적 제약을 끝내 극복하지 못하여 구체적 이행의 로드맵과 차후 실천력 담보를 확정하지 못하고 말았다. 북핵 상황과 연계할 수밖에 없었던 현실적 접근은 북·미 간 핵문제에 대한 일정한 합의 진전 이후에야 정상회담 추진이 가능했고, 그 시기는 안타깝게도 2007년 2·13 합의 이후였다. 그리고 이는 노무현 정부 5년 임기의 마지막 해였다는 점에서 역사적 정당성과 의미를 갖는 소중한 합의 도출에도 불구하고 실제 이행을 위한 시간적 제약에 노출되어 있음을 의미하는 것이었다.

10·4 선언 합의 이후 쫓기는 일정 동안 노무현 정부는 총리 회담과 부총리급 경제공동위원회 그리고 국방장관회담과 서해평화협력지대회담 등 당국 간 회담과 함께 합의 내용을 실천하기 위한 각각의 실무급 분야별 회담을 개최하는 것에 만족해야 했다.

정권 재창출에 실패한 노무현 정부의 뒤를 이은 이명박 정부가 이전 정부의 대북정책을 비판하면서 10·4 선언에 대해서도 북핵 진전, 경제성, 재정 능력, 국민 합의라는 경협 4원칙을 내세워 이행을 꺼리게 되었고(동아일보, 2008.2.2), 북은 최고지도자의 합의인 만큼 기존 합의를 존중하라고 강력 주장하면서 남북 관계는 경색 국면으로 치달았다. 결국 2차 남북정상회담의 합의 이행은 임기 말 시간적 제약과 정권교체라는 정치적 환경에 의해 제대로 시작도 못해보고 좌초되고 말았다. 이명박 정부로 정권이 교체되면서 10·4 선언은 꽃도 펴보지 못한 채 시들고 만 셈이다.*

7. 맺음말을 대신해

상징성과 역사성의 남북정상회담

6·15 정상회담은 그 자체로 역사적 '대사건'이었다. 김대중 대통령과 김정일 위원장의 포옹과 인민군 공동 사열 그 자체가 분단의 역사에 큰 획을 그은 '상징성'이었다. 그래서 2000년 1차 남북정상회담은 성사 그것만으로 '역사'가 되었다. 일반적이고 원론적인 합의였지만 6·15 공동선언에 힘입어 남북 관계는 분단 이래 가장 극적으로 진전될 수 있었다. 정상회담의 역사적 상징성만으로 남북 관계는 동력을 제공받을 수 있었던 셈이다.

10·4 정상회담은 끈질긴 노력의 결과였지만 합의뿐인 '해프닝'이 되고 말았다. 노무현 대통령은 인내와 노력으로 끈질기게 북핵 문제의 진전 상

* 2008년 10.1~2일 밀레니엄 힐튼 호텔에서 개최된 10·4 남북정상선언 1주년 기념 학술회의에서 노무현 전 대통령은 격려사를 통해 '10·4 선언이라는 꽃에 물도 주지 못한 채 시들고 말았다'고 아쉬워했다.

황을 기다렸고 마침내 2007년 임기 말이 되어서야 북핵 문제 진전과 함께 남북정상회담이 성사되었다. 북핵 문제라는 외적 악조건하에서도 이를 감수하며 남북정상회담을 성사시킨 노무현 대통령의 현실주의적 성과였다. 그러나 거기까지였다. 임기 말 합의라는 점과 그 직후 정권교체라는 정치 환경의 변화는 남북정상회담의 성과를 하루아침에 무력화했다.

이명박 정부로의 교체 이후 남북 관계는 최악을 거듭했다. 기억 저편 너머 아스라한 추억과 사건으로 남아 있던 남북정상회담은 2018년 화려하게 소환되었다. 문재인 정부는 한 해 동안 세 번의 남북정상회담을 성사시켰다. 이젠 정상회담이 수시로 쉽게 개최될 수 있다는 희망을 가져다주었다. 그러나 남북정상회담의 상징성과 역사성은 그만큼 퇴색되었다는 평가도 가능하다.

판문점에서의 수시 회동과 요란스러운 평양 정상회담에도 불구하고 여간해서 남북 관계는 급진전되지 못한다. 여전히 북은 남측 당국을 향해 신랄한 비난을 일삼고 있다. 대화와 협상은 존재하지만 아직도 북핵 문제는 의미 있는 진전을 보지 못하고 있다. 문재인 정부의 남북정상회담이 수시 회동 형식으로 간편히 개최되는 모습을 보이는 한편, 구조적 제약은 더욱 커져 정상회담만으로는 남북관계를 획기적으로 추동하거나 북핵 문제를 말끔히 해결하지 못하는 상황에 이르렀다. 정상회담이 이제 지나간 추억 속의 그것만큼 만병통치약도 도깨비방망이도 아님을 새삼 인식하게 되었다. 그래서 더더욱 2000년 남북정상회담의 상징성과 2007년 남북정상회담의 역사성을 더 간절하게 추억하고 싶은지도 모른다.

참고문헌

김근식. 2000. 「연방제와 연합제의 공통성 인정: 통일접근 방식과 평화공존에 합의」. ≪아태평화포럼≫, 제39호.

______. 2003. 「연합과 연방: 통일방안의 폐쇄성과 통일과정의 개방성: 615 공동선언 2항을 중심으로」. 『한국과 국제정치』, 제19권 4호, 6~176쪽.

______. 2004. 「남남갈등을 넘어: 진단과 해법」. 경남대학교 극동문제연구소 엮음. 『남남갈등 진단 및 해소방안』.

______. 2006. 「남북정상회담과 6.15 공동선언: 분석과 평가」. ≪북한연구학회보≫, 제10권 2호.

______. 2007. 「2007 남북정상회담을 결산한다」. ≪창작과 비평≫, 2007년 겨울호 참조.

______. 2008.10.3. "10·4의 추억". ≪경향신문≫.

______. 2009. 「NLL 문제와 서해평화협력지대의 접근」. 경남대학교 극동문제연구소. ≪동북아연구≫, 제14권.

______. 2009.9.28. 「10·4 남북정상회담과 노무현 대통령」, 10·4 남북정상선언 2주년 기념 학술회의 자료집.

김일성. 「신년사」. ≪로동신문≫, 1991년 1월 1일 자.

백낙청 교수의 기조발언, 통일연구원 주최 남북정상회담 평가 학술회의(2007.10.9)

이종석 인터뷰. ≪동아일보≫, 2008년 11월 23일 자.

임동원. 2008. 『피스메이커』. 중앙북스.

클린턴, 빌(Bill Clinton). 2004. 『마이 라이프』. 물푸레 출판사

통일부. 2003. 『참여정부의 평화번영정책』.

황병덕 외. 2000. 『신동방정책과 대북포용정책』. 두리.

≪동아일보≫, 2008년 2월 2일 자.

11

부상하는 중국과 한반도 국제관계

이상만
경남대학교 극동문제연구소 교수

1. 머리말

시대정신의 인식

최근 한반도 정세가 또다시 격랑에 휩싸이고 있다. 78체제(제1차 개혁개방) 이후 중국의 부상과 영향력의 증가, 전후 미국의 상대적 헤게모니 쇠퇴와 보호무역주의 발호, 북한의 핵무력 완성 선언, 일본의 과거로의 회귀와 유사 패권 행위의 시도, 한국의 남북 관계개선 의지에 대한 주변국들의 반대 등 지정학적 질서의 변화 속에서 동북아 지역의 권력구조는 원치 않는 신냉전 1.0 시대를 맞이하고 있다.

북한의 비핵화 의지 퇴색과 우리식 사회주의 경제개발 추진, 남·북·미 간의 종전선언 추진과 비핵화 프로세스의 답보 상태, 남북 간의 경제협력을 통한 신한반도 체제 구상에 대한 저항 그리고 중·러 간의 전략적 담합, 중·일의 제3시장에서 지경학적 협력 모색, 한·일 간의 경제·안보 전쟁의 시작 등은 한반도를 둘러싼 국가 간 권력구조를 재편하려는 시도들로 볼 수 있다.

동아시아 역내 국가들 간에 존재하는 다양한 안보 현안들은, 첫째는 동아시아 각국과 미국 사이의 관계에서 유래하는 이슈, 둘째는 일본의 침략이 남긴 역사 문제와 이것이 초래한 영토 분쟁 및 군국주의 부활, 셋째는 중국의 급속한 경제·정치·군사적 성장이 초래한 역내 국가들의 우려, 넷째는 적대적 남북 관계가 평화공존으로 전환되는 과정에서 나타나는 주변 국가들의 세력 재편(현상유지와 현상타파) 등이다.

현재 동북아 지역에 영향력을 행사하는 중·미 간의 전략적 경쟁 구조가 점차 부정적인 방향으로 전개되는 가운데 이미 미·중 간 패권 경쟁에서 종속변수화된 한·일 관계와 남북 관계 역시 불확실성이 크게 증가하고 있다. 동아시아 지역 질서가 각각 미국과 중국을 중심으로 하는 양 진영 간 대립이 격화되는 방향으로 진행된다면, 군비경쟁이 가속화되고 '안보딜레마'*가 가중되어 정치적 대립으로 귀결될 것이다.

만약 이러한 구조가 형성된다면, 현재 각국 간에 존재하는 조어도 문제, 남중국해 분쟁, 방공식별구역 문제 등에서도 더욱 첨예한 대립이 진행되어 군사적 충돌로 이어질 가능성도 높아진다. 동아시아 지역에서 상호 대립하는 질서가 형성되는 것을 방지하고 역내 국가 간 신뢰 구축을 이루기 위해서는 남북 및 북미 간 적대관계의 해소와 미·중 간 전략적 경쟁 완화가 필요하다.

미·중 간의 전략적 경쟁이 본격화되면 한국은 지정학적 위치로 인해 양국 세력권이 첨예하게 대립하는 핵심 지역 중 하나로 부상한다.** 미·중 갈등은 중국의 부상에 따른 세계적 차원의 패권 경쟁 문제이기 때문에 복합적 성격을 띠며, 국제정치상의 구조적인 문제이고, 문제를 해결할 시간이 필요하며, 쌍방이 핵심 이익을 두고 대치하는 국면이라는 관점에서 현 상황을 분석해야 한다(李相万, 2019; 赵全胜, 2019). 따라서 양국 간 전략적 경쟁

* 국가안보딜레마(national security)는 군사안보딜레마(security dilemma)와 경제안보딜레마(economic security dilemma)로 구분할 수 있다. '국가안보'의 개념은 전후 미국 중심으로 세계질서가 개편될 때 미국이 글로벌 헤게모니 사업을 원활하게 추진하기 위해 만들어낸 용어다. 군사안보딜레마는 어떤 A라는 국가가 자국의 안보를 위해 군사력을 증강하게 되면 주변국의 안보를 위협함으로써 주변국 역시 군사력 증강을 도모하게 되므로 A 국가는 또다시 군사력 증강을 하기 때문에 군비경쟁은 가속되고 안보는 확보되지 못함을 의미한다. 실제로 동아시아 지역에서 역내 국가들의 군사력 증강은 군비경쟁만 가속화할 뿐 국가안보는 실현되지 못한다는 것이다. 경제안보딜레마는 한 지역의 지역주의가 다른 지역의 지역주의를 초래해 세계를 경쟁적 지역주의로 분할하고 또다시 경제적 갈등을 증폭시킴으로써 경제적 상호의존을 위협해 경제안보를 훼손시킨다는 것이다.

** 한반도 문제(북한 비핵화, 한반도 평화 체제, 남북 경제협력, 방공식별구역 침범, 한일 갈등)는 남중국해 문제와 타이완 문제를 포함해 미·중 간에 현실적으로 발생 가능한 군사적 충돌의 한 축이 될 수 있는 현실 정치의 단면을 보여주고 있다.

구도하에서 한국이 희생되는 상황을 미연에 방지하기 위해서라도 미·중 양국으로부터의 압력을 최소화할 수 있도록 한국의 대외정책 방향을 수립하는 것이 매우 시급한 과제로 대두되었다.

2. 중국의 부상과 동북아 주변국의 관계 변화

타이완 포럼 이사장이자 중국과 타이완 간에 전략적 모호성을 인정한 92공식(九二共识) 개념의 제창자인 수치(苏起)는 "지난 40여 년간 타이완의 운명을 조종하던 미·중 관계는 이미 과거 40년의 '왕래 시기'를 넘어 새로운 '경쟁의 시기'에 접어들었고, 중국은 40여 년의 도광양회를 통해 국제사회에서 상당한 영향력을 확보했는데 이는 역사의 규율이다"(苏起, 2019.6.28)라고 했다. 중국의 경제력과 군사력이 급속히 성장하면서 미국과 중국 간의 세력전이(power transition) 가능성이나 전략적 경쟁 격화에 대한 담론은 꾸준히 제기되어 왔다.* 2018년 본격화된 미·중 간 무역 전쟁을 기점으로

* 그레이엄 앨리슨(Graham T. Allison)은 "미래 수십 년 동안 세계질서의 핵심적인 문제는 바로 미·중 양국이 '투키디데스 함정'을 피하는가에 달려 있다"라고 언급했고, 존 미어샤이머(John Mearsheimer)는 "중국은 평화적으로 부상할 수 없는 국가다. 만일 중국이 자국의 극적인 경제성장을 앞으로 수십 년간 계속한다면, 미국과 중국은 잠재적 전쟁 가능성이 있는 안보 경쟁에 빠질 가능성이 있다"라고 전망했으며, 반면 케네스 리버설(Kenneth Lieberthal)과 로버트 로스(Robert Ross)는 "중국이 부상하기는 하지만 그렇다고 미국을 능가할 수는 없고, 미국이 주도하는 국제체제하에서 발전하는 것이기 때문에 크게 우려할 필요가 없다"라고 했다. 이상만은 "중국은 미국이 경쟁자(잠재적 적국)라고 인정할 정도의 '중미공치(中美共治)' 시대를 열어가고 있다", "중국은 잠자는 사자에서 태평양을 사이에 두고 미국으로부터 국력에 맞는 응당한 대우를 요구하는 깨어나는 사자로 진화하고 있다. 이제 중국은 미국이 설계한 세계질서의 종속적 파트너가 아니며, 미국과 세계 패권을 놓고 한판 자웅을 겨루어야 하는 경쟁국이 되었고, 지역적 또는 글로벌 수준에서 발생하는 국제사회의 다양한 문제에 적극적이고 능동적으로 참여할 수 있는 규칙 제정자로서의 역할이

경쟁과 협력이 병존하던 양국 관계가 첨단기술 패권을 둘러싼 패권경쟁 시기에 접어들었다. 미·중 간의 패권경쟁은 무역, 기술, 금융 등 경제 영역에서 시작해 현재는 정치·군사 방면의 동맹 가치 재조정으로 이행 중에 있으며, 최종적으로는 미국적 가치와 중국적 가치의 충돌로 이어질 것이다. 한 국가의 경제적 역량은 국제관계를 변화할 수 있는 커다란 힘이 된다.

미국의 쇠퇴와 중국의 부상도 세계사의 구조를 보면 자연스러운 현상이고 변증법적 역사 발전 사례 중 하나일 뿐이다. 미국은 제2차 세계대전 이후 초강대국으로서 미국 중심의 국제질서 유지에 많은 국가재정과 군사력을 투입해 신흥 패권국의 등장을 저지함과 동시에 범세계질서의 기강 유지와 공고화에 매진했다[정(正)]. 하지만 미국의 기존 슈퍼 파워에 대한 신흥 도전국 중국은 현 질서에 대한 도전과 현상타파를 추구하며 현 질서의 창조적 파괴와 새로운 국제관계의 정립을 요구하기 때문에 기존 질서와 새 질서의 충돌은 불가피할 수밖에 없다[반(反)]. 따라서 신질서 재구축과 신레짐의 출현을 창조적으로 수용하는 것이 합리적이다[합(合)].

1) 미국 상황: 인도태평양전략 강화

"위대한 미국 재건(America First)"을 천명하면서 취임한 트럼프 대통령은 집권 2년 차에 치러진 중간선거에서 나름 선전하며 의회 내 입지를 유지했다. 또한 미국 국내에도 미·중 간 무역 전쟁에 대한 우려와 보호무역에 대한 반감이 상당히 존재하지만, 미국의 국내 경기가 호황을 유지하면서 트럼프 대통령은 정권 유지의 자신감을 회복했다.

증대되고 있다"라고 했다(앨리슨, 2018; 미어샤이머, 2017: 483~485; 이상만, 2019: 1).

트럼프 행정부는 정부 공식 보고서(「인도태평양전략 보고서」, 2019)를 통해 중국과 러시아를 "미국에 도전하는 경쟁자(competitor), 국제질서에 도전하는 수정주의자(revisionist)"라고 규정했고, 이에 앞서 지난 2018년 1월 트럼프 대통령의 연두교서에서도 중국을 "경쟁자(rival)"로 규정한 바 있다. 미국의 기본적 세계 전략은 한 지역에서 강력한 지역 패권국의 등장을 제어하거나 봉쇄하는 데 맞춰져 있는데, 현재 트럼프 행정부가 주된 공격 목표로 삼고 있는 대상은 중국이다. 이러한 중국의 부상에 대한 글로벌 강국 미국과 지역 강국 일본은 1990년대 이래로 중국위협론 제기하고, '미일방위협력지침' 개정 등을 통해 동맹관계를 지속적으로 강화·확대시키면서 중국에 대한 경계심을 늦추지 않고 있다. 이러한 경계심과 의구심은 미국의 아태 재균형 전략 등을 통해 지속되어 왔으며, 그 기저에는 중국이 기존의 자유주의 질서에 대해 변화를 추구할 것이라는 기존 강대국들의 우려가 깔려 있다.*

다른 한편으로는, 북미관계와 관련해 트럼프 대통령과 김정은 위원장의 싱가포르와 베트남 하노이에서 진행된 두 번의 북미 정상회담(2018.6, 2019.2)은 정치외교·경제적 관계개선 추구(센토사 합의 제1조)에 방점을 두고, 과거의 군사안보적 접근 과정에서 매듭을 풀지 못하고 점점 경색되어 가던 부정적 상황이 정치외교·경제적 접근을 통해 해결의 실마리를 찾을 수 있도록 하는 계기를 도출했다. 하지만 북미 양국은 비핵화 방식에 대한 의견차를 좁히지 못하고 있으며 이로 인해 남북미 대화를 비롯한 북·중 및 남북

* 2018년 10월 4일 마이크 펜스(Mike Pence) 미국 부통령의 허드슨연구소 연설에서 잘 드러난 것처럼 미국의 정치 엘리트들은 중국과의 관계에서 이념 문제를 정면으로 제기하기 시작했다. 특히 "미국인들은 항상 타이완의 민주주의 수용이 모든 중국인을 위해 더 좋은 길을 제시했다고 믿는다(America will always believe Taiwan's embrace of democracy shows a better path for all the Chinese people)"라고 언급한 것은 상당히 상징적인 사건으로 판단된다.

관계의 진전에 악영향을 미치는 딜레마에 처해 있다.

2) 중국 상황: 중화제국 부활의 꿈 실현

시진핑 주석은 신시대에 2개의 백년 목표 달성과 '중국의 꿈(中國夢)'을 통해 중화민족의 부흥을 국가목표로 설정하고 있다. 시진핑 주석은 2012년 11월 당 총서기에 취임하면서 '2049년까지 선진국 건설'이라는 목표를 제시했다. 또 2017년 10월 제19차 당대회에서 이 목표를 재확인하면서 2020년까지 '샤오캉 사회(小康社會)'를 건설하고 2개의 백년(공산당 창당, 신중국 수립 100주년)인 2021년과 2049년까지 중국의 꿈을 실현한다는 청사진을 제시했다.

이러한 목표 달성을 명분으로, 2018년 3월 개최된 13차 양회에서 헌법 개정을 통해 시진핑 주석의 친정 체제 구축은 물론 권력 강화 및 장기집권의 토대가 마련되었다. 시진핑 집권 이후 중국의 대외전략은 일대일로(一帶一路) 이니셔티브와 '인류운명공동체' 주창을 통해 미국의 대중국 봉쇄망을 돌파하는 것이다. 최근 중국이 미국과의 통상 전쟁에서 일보의 후퇴도 없이 대적하는 것은 미·중 패권경쟁에서 결코 양보하지 않겠다는 강력한 의지의 표현이다.

한반도 비핵화 과정에서도 중국 변수는 중요하게 작용한다. 비핵화협상과 한반도 평화 체제 구축이 동시에 진행되는 현재 상황은 결과적으로 중국이 지속적으로 주장해 왔던 쌍궤병행(雙軌竝行)의 구도하에서 북미 간 협상이 진행되는 것이다. 중국은 북한이 필요로 하는 북한 정권 보호와 대규모 경제 지원(인프라 투자)을 할 수 있는 아주 중요한 국가다. 표면적으로는 미·중 갈등을 해소하려는 차원에서 안보리 대북 제재에 참가한 중국이지만, 그간 대북 제재에 대한 중국의 입장은 늘 국제사회의 비판 대상이었다. 중국은 일관되게 당사국들 간의 대화(劝和促谈)와 쌍중단(双暂停: 핵미사일 실험발사 중단·한미연합군사훈련 중단), 그리고 쌍궤병행(双軌竝行: 비핵화 프로세스·평화 체제 구축)의 3단계 해결 방법론을 공식적으로 채택했고 실제로 1단계와 2단계가 중국의 주장대로 달성되었다. 지난 2018년 3월 김정은 위원장이 취임 후 중국을 첫 방문했고, 곧이어 북·중 정상회담에서 '동보적 단계(steps in synchronization)'의 비핵화를 천명하면서 중국이 제안했던 북한의 비핵화 과정이 그 의도대로 진행되고 있다.

시진핑 주석이 집권한 후 6년여 동안 북·중 관계는 단절되어 있었다. 그 이유는 여섯 번에 걸쳐 진행된 북한의 핵실험과 중국의 대북 유엔 제재 동참으로 북·중 관계에서 전략적 냉전이 유지됐기 때문이다. 그러나 그 후 네 차례 열린 북·중 정상회담(2018년 3월, 5월, 6월, 2019년 6월)에서 북·중 양국은 다시 한번 밀접한 연대의식을 보여주었다. 이는 북·미 관계개선에 앞서, 전통적인 우호관계와 경제발전을 도모하려는 북한의 이해와 북한 지역에 대규모 경협을 준비함으로써 한반도를 포괄하는 동북아 지역에서 일대일로 건설을 가시화하려는 중국의 이해가 일치한 까닭이다.

3) 한국 상황: 한반도 평화와 번영의 꿈

2010년 이명박 정권의 5·24 조치 이후 남북한 간의 교류는 전면 차단되어 있었다. 이러한 상황에서 탄생한 문재인 정부는 2018년 세 번에 걸친 남북정상회담(4월, 5월, 9월)을 통해 한반도에서 전쟁을 방지하고, 남북한 경제공동체를 이룩해 평화와 번영을 모색할 수 있는 결정적 계기를 만들었다. 2018년 4월 27일 진행된 3차 남북정상회담의 결과로 '4·27 판문점선언'이 발표되었고, 9월 19일 '평양공동선언'이 발표되면서 남북한 최고지도자들은 대담한 발상의 전환을 통해 한반도에서 대립과 갈등의 역사를 끝내겠다는 강력한 의지를 표명한 것으로 평가된다. 이 회담을 통해 우리는 한반도에서 냉전 잔재를 청산하고 지경학적 차원에서 남북 경제협력을 통한 평화로운 미래를 설계할 수 있는 기회를 갖게 되었다.

하지만 최근 남북 관계 개선을 위한 두 축인 남북경협과 국내 경기회복이라는 두 마리 토끼가 제대로 잡히지 않고 있는 실정이다. 문재인 정부의 정책 의도와는 달리 북미관계의 진전이 더디고, 국내 경기가 악화되면서 문재인 정부가 중점적으로 추진 중인 두 핵심 정책이 모두 어려워지고 있다. 본래 문재인 정부의 전략은 북미관계 개선을 선순환하도록 해 북한을 개방시켜 단절된 남북한을 다시 연결함은 물론이고, 국내 경기회복을 통해 지지율을 끌어올림으로써 남북경협의 정당성을 확보하고 남북한 경제공동체를 완성해 한민족의 평화와 번영을 함께 향유하겠다는 것이었다. 그러나 이러한 담대한 프로젝트가 점점 현실의 벽에 부딪혀 정체되는 상황이다.

한반도 평화(남북관계 개선과 북미관계 개선)의 도래와 북한의 시장화 등이 북한을 개혁개방의 길로 인도한다고 볼 때 한반도 상황의 평화적 관리는 매우 중요한 사안이다. 특히 남북 간에 존재하는 현실적 경제 격차를 고려한다면 통일은 강력한 쪽의 구심력에 의해 이루어질 것이다. 이는 흡수통일을 말하는 것이 아니라, 남북이 평화적으로 공존하고 상호의존이 심화되는 상황이 되다 보면 보다 더 개방적이고 다원적인 사회로 통합이 이루어질 것이라는 믿음에 근거하는 것이다. 설령 '1민족 2국가 2체제'가 된다 하더라도 남북이 서로 적대시하지 않고 평화롭게 공존할 수 있다면 이 역시 통일의 한 형태로 받아들일 수 있을 만큼의 포용력이 있어야 함을 의미하는 것이다. 이러한 인식은 남북한의 경제적 번영만이 한민족을 결속시킬 최선의 길임을 제시한다.

4) 북한 상황: 사회주의 경제 강국의 꿈

북한은 김정은 위원장은 "사회주의 경제 강국 건설의 꿈"을 실현하기 위해 선대와는 달리 확고한 개방 의지를 보여주고 있다. 북한은 2018년 4월 20일 조선노동당 중앙위원회 7기 3차 전원회의에서 "경제·핵 병진노선 승리"를 선언한 후 "사회주의 경제 건설 총력 집중"을 새 국가전략 목표로 제시했다. 김정은 위원장은 김일성(조부), 김정일(부친) 등 선대들이 가지 않은 '북한식 경제조정(개혁개방)의 길'을 처절히 모색 중이다. 아직은 국제사회의 대북 제재 조치가 해제되지 않은 상태에서 그 목표를 실현하기에는 시기상조이지만, 27개에 달하는 경제특구는 외국자본의 북한 진출에 매력적인 동기를 부여하고 있다. 북한의 전략은 국제 안보 환경을 개선해 인민들에게 행복을 가져다줄 수 있는 '우리 식 사회주의 경제조정'을 완성하려는 것이다.

문재인 정부가 남북한의 분단 상황을 평화적으로 마무리하고자 '한반도 평화와 번영의 꿈'을 실행하는 가운데 북한과의 관계개선을 서둘렀지만, 김정은 정권은 서두르지 않고 사회주의 체제의 일반적인 국가발전 로드맵에 따라 '주체사상 완성 - 핵무력 완성 - 사회주의 경제발전'이라는 그들이 마련한 시간표대로 움직였다. 또한 남한에서 평화공존을 지향하는 문재인 정권이 등장한 이 시점이 적기라고 판단한 북한의 김정은 정권은 그 억지력의 일부분인 핵을 완벽한 체제 보장을 대가로 점진적으로 포기하는 동시에, 중국·베트남이 그랬듯이 자본주의 세계 체제(The Capitanlist World-System)로 편입하려는 수순을 밟고 있다. 지금 한반도 주변에서 진행되는 패러다임의 전환은 북한 역사뿐 아니라 동북아 전체 역사의 전환점이라고 해도 과언이 아니다.

하지만 현재 북미관계가 교착상태에 빠져 진전이 없는 상태이고 미국의 일부 관련 부서에서는 북한의 레짐 체인지를 거론하는 등 더욱 강력한 대북 제재 구상이 등장하고 있다. 이는 북한으로서는 받아들일 수 없는 결과이고 북한 일부에서도 핵·경제 병진의 부활이라는 카드를 다시 거론하고 있는 상황이다. 이 때문에 한반도의 비핵화 구상이 위기에 봉착했으며, 북한의 과격한 돌출 행동이 우려되고 있다.

5) 일본 상황: 지역 질서 재편과 보통국가화 추구

중·일 관계의 갈등 요인으로는 지정학적인 경쟁, 영토분쟁, 적대적인 안보 이슈, 군비경쟁, 경제적 마찰, 시장 및 자원 통제권을 둘러싼 투쟁 등이 있다. 미국이 지역 내 안정자 역할을 하는 상황에서는 중·일 간의 경쟁이 불안정 요인이 되지 않을 것이다. 그러나 미국의 영향력이 상대적으로 감퇴할 경우에는 중국이 지역 내 세력균형에서 점점 더 중요한 역할을 맡을 수 있다.

중·일 관계는 센카쿠(댜오위다오)를 둘러싼 영토 문제로 거의 6년간 경색되어 있었는데, 지난해 중·일 정상회담(2018년 10월 26일) 개최를 통해 답보상태의 중·일 관계 복원에 일단 성공했다. 일본은 북핵·미사일 문제 해결을 놓고, 동맹으로서 미국과 공고한 협력관계를 유지하고 있다. 하지만 트럼프 행정부의 보호무역주의 강화 조치에 따라 일본도 많은 압력(미국의 TPP 탈퇴, 방위비 분담금 증액 요구)을 받아왔기 때문에, 미국의 압박에 대한 대응 수단으로 제3국 시장에서의 경제협력을 매개로 중국과 관계를 개선한 것으로 판단된다. 그동안 일본은 중국의 일대일로 정책에 인도태평양전략으로 맞서면서 중국에 대해 경제적으로 반기를 들어왔으나, 결국 일본도 미국의 대일 관세 폭탄에 대비해 중국과의 경제적 관계개선을 서둘렀던 것이다.

더욱이 일본은 그간 한·일 간의 국제분업 체제를 지탱해 온 화이트 리스트(수출 절차 우대 국가 명단)에서 한국을 제외함으로써 한·일 간의 경제전쟁을 시작했고, 안보 분야로 확전되는 상황을 만들어가고 있다. 2012년 제2차 아베 정권 등장 후 2013년 12월 일본의 국가안전보장전략 책정, 두 번의 방위계획대강 개정 등 일본의 국가전략이나 외교·안보 정책 변화는 한국의 입장에서 군사대국화, 보통국가화, 군국주의로의 회귀 등으로 인식되어 왔다. 더욱이 2018년 외교청서에서 한국이 "전략적 이익을 공유하는 가장 중요한 나라"라는 표현을 삭제했다. 이는 미·일 대 북·중이라는 안보 프레임 속에 한국을 가두고 냉전 구도를 지속시켜 남북 관계 개선을 막으려는 일본의 이해가 반영된 것으로 볼 수 있다. 그 이유는 정치적으로 그동안 일본의 방패막이가 되어왔던 적대적 남북 관계가 개선되어 가고 있고, 향후 남북 관계가 급속도로 진전되면 한국이 남북경협을 통해 동북아 경제에서 차지하는 역할이 커짐으로써 일본이 들어올 공간이 잠식되리라는 위기의식이 발현한 것이다.

6) 러시아 상황: 동방정책 추진

중·러 관계는 시진핑 주석과 푸틴 대통령의 정상회담(2019.6.5~6.7)을 계기로 신냉전 상태로 가는 이정표를 제시했다. 중·러 관계를 '신시대 전면적 전략협력동반자관계'로 격상시켜 중·러 관계를 공고화함은 물론이고 중·러 양국이 글로벌 안정 문제에 공동 대처하기로 했다. 이 정상회담은 대미 연합전선을 구축해 신냉전 1.0시대를 가시화함으로써 중·러의 밀월을 다시 한번 확인하는 계기가 되었다. 중·러와 북한이 연합한 신냉전 1.0 출현이 가시화됨은 물론이고 중·러가 미국의 전방위 압박에 대해 밀월 관계 유지로 대응함에 따라 대북한 지원(대북 제재 완화 요구와 약 3900톤에 이르는 러시아의 대북 밀 지원)이 적극적으로 이루어질 것으로 예상된다. 또한 중·러의 동해상에서의 연합 군사작전과 방공식별구역 침입 등은 동북아 지역의 지정학적 판도를 바꾸려는 시도다.

2019년 북·러 정상회담의 정점은 '6자회담', 즉 '다자안보체제'를 다시 거론한 러시아의 부상이다. 북미관계에 베팅해 온 북한의 입장에서는 이를 전폭적으로 수용하기 어려울 것이다. 미·일 역시 이에 대해 소극적인 평가를 하고 있고 중국은 러시아와 보조를 같이하는 입장이지만, 소련연방 붕괴 이후 북한이 러시아보다 중국에 의존적인 태도를 지속해 온 것으로 보면 북·러 관계의 진전에도 일정한 한계를 두고자 할 것이다. 2019년 북·러 정상회담이 단기적으로 동북아의 정치적 구도를 바꿀 가능성은 없으며, 현안인 북미, 남북한 관계에 영향을 미칠 요소도 발견하기 어렵다. 단지 북한과 러시아의 지도자가 직접 만나 현안을 논의하고 연대를 과시함으로써 심리적 안정감, 상징적 자존감을 얻은 것은 성과라고 할 수 있다(이웅현, 2019).*

* 푸틴이 제창한 '6자회담 부활론'의 의도는 첫째는 2003년 남북한, 미, 일, 중, 러의 참여로 시작되었지만, 2009년 북한의 이탈로 중단된 러시아의 전통적 대동북아 정책의 기본으로 복귀하는 것이고, 둘째는 이를 통해 동북아시아에서의 존재감을 확인·과시하면서 재진입하려는 것이며, 셋째는 중·러가 2007년 이래 견지해 온 북핵 문제(한반도 비핵화 문제)의 단계적 해결론을 중심으로 중·러 관계를 긴밀히 하고, 북한에 대한 지지 의사를 밝히기 위한 것이라 할 수 있다.

3. 동북아 국가 간 갈등과 전략적 경쟁

1) 동북아 지역 국가 간 갈등 요인

동아시아에는 유럽과 달리 2개의 대립적 축이 존재하고 있다. 즈비그뉴 브레진스키(Zbigniew Brzezinski)는 "중국과 일본은 지정학적 맥락의 차이점 때문에 중국은 지역적 강국이 됨으로써 세계적 강국이 될 수 있고, 일본은 지역적 힘에 대한 미련을 버림으로써만 세계적 영향력을 발휘할 수 있다"(브레진스키, 2013: 247~248)라고 했다. 21세기의 새로운 동아시아 국제질서는 미일동맹과 한미동맹을 주축으로 미·일·한 '신남방 3각관계'와 중조동맹 및 조·러 협력을 축으로 하는 러·중·조의 '신북방 3각관계'라는 동북아시아 안보 구도를 구축해 '전략적 경쟁 관계(strategic competitor)'가 형성되고 있다.

탈냉전 후 미국의 대중 정책은 경제적·군사적으로 부상하는 중국을 어떠한 방법으로 관리해야 하는지에 초점을 맞춰 수립해 왔으므로, 경쟁과 협력 요소 간의 복잡한 상호관계 속에서 파악되어 왔다. 중·미 갈등, 미·일 안보동맹, 한반도의 북한 변수, 타이완 변수 등은 동아시아 지역에서 지정학적 요인과 지경학적 요인의 갈등 관계를 유발함은 물론이고, 중국과 미국 간의 동아시아 주도권을 둘러싼 패권경쟁에서 심각한 영향을 미치는 주요 변수들이다.

한반도 주변의 미·중, 중·일 등 패권 경합 국가들은 자국의 군비 증강, 정보화된 군으로의 현대화, 자국의 이익에 부합하는 동맹 체제 변화를 시도한다. 사드와 중거리핵전력 배치 문제로 인한 갈등과 대립, 미국의 군사패권에 대항한 중·러의 연합전선 구축, 일본의 정상 국가화 시도, 북한의 핵전력 고도화 문제로 인한 주변국들의 다자 참여 등 소극적인 다자주의

표 11-1 2000년 이후 동북아 갈등의 주요 내용

갈등 구분	2001~2009	2010~2019
영토 문제	• 한·중 간 간도, 백두산 • 한·일 간 일본 '다케시다 데이(day)' 조례 제정	• 한일 간 독도 영유권 • 한·중 간 이어도·가거도 해양경계 획정 • 중·일 간 조어도 국유화
역사 문제	• 한·중·일 간 일본 역사교과서 문제 • 한·중 간 동북공정 • 한·일 간 야스쿠니신사 참배 • 한·중 간 세계문화유산 등재	• 일본 역사교과서 왜곡 • 일본 각료 야스쿠니신사 참배 • 한·일 간 일본의 과거사 부인 • 한·일 간 '65체제'의 해석 불일치
경제 문제	• 중·일 간 춘샤오유전 • 한·중 간 이어도 해양자원 • 중·일 간 동중국해 유전·가스 개발	• 중·일 간 희토류 무기화 • 중·일 간 지역 경제통합 주도권 • 중국의 일대일로 정책 • 남북한 경협 • 한·일 경제 전쟁(화이트리스트 제외)
정치 문제	• 자위대 해외파병 • 일본 상임이사국 진출 시도 • WMD • 중국의 군비증강 • 일본의 정상 국가화	• 일본 집단자위권 행사(보통국가화) • 북핵 문제 • 중국의 해양 진출 가속화 • 양안관계 악화 • 한·중 간 방공식별구역 침범 문제 • 한·중 간 THADD 배치 • 미국 INF조약 탈퇴 • 한일군사정보협력협정(GSOMIA) 위기

자료: Lee Sang Man(2019: 173).

안보체제에서 적극적인 안보체제로 전환, 세력균형과 글로벌 차원의 패권 추구와 지역적 차원의 유사 패권 추구 행위 등이 첨예하게 대립하고 있다.

결국 동북아 국가들 간에 존재하는 핵심적 사안은 〈표 11-1〉에서 보듯이 경제 및 군사 안보문제로 인식되고 있는데, 그 유형은 영토 문제, 경제 통합을 둘러싼 이해관계의 대립과 갈등, 중국 및 한반도 분단에서 비롯된 안보 문제, 역사·문화적 갈등의 잔존, 원료 독점을 통한 자원의 무기화 등 동북아 국가 간의 세력 및 영향권 확장, 무력 증강 혹은 안보딜레마로 인한 갈등과 충돌이 발생 중이다.

과거와 달리 동북아의 안보 질서가 미국의 패권적 질서에 전적으로 의존하지 않게 된 점 또한 동북아 지역 국가 간 갈등의 구조적 요인을 촉발했다. 물론 미국이 동맹의 네트워크와 미군의 전진 배치, 확장된 억지력 등으로 동북아 역내 안보 질서에 지대한 영향력을 행사한 것은 사실이지만, 역내 국가들은 근대적 국민국가로 성장하면서 이를 관장하는 규범을 체계화하고 상호 간의 생존이나 발전, 협력을 향한 노력을 가속화해 왔고, 경제발전과 성장을 위한 공동 이익의 발견과 그 제도화에 많은 노력을 기울여옴으로써 미국의 패권적 역할의 한계를 보완했으며, 이제 역내 분쟁과 갈등 해결에 많은 역할을 했다.

21세기 동북아 질서 형성에서 특히 중요한 강대국 관계는 미·중·일의 관계다. 이 '신삼각관계'는 상호의존과 상호 제약, 상호협력과 상호 경쟁이 혼합된 관계이다. 미국의 우위하에 중국과 일본이 균형을 이루어 안정된 구조가 수립될 수도 있지만, 중국의 세력이 커지고 일본이 정치 대국을 이루려고 하는 가운데 지역 내 집단안보의 제도적인 장치가 없는 현 상황이 지속되면 중·일 간의 군비경쟁이 유발될 수 있고 동아시아 전체로 군비경쟁이 확산될 수도 있다.

중국의 성장은 자본주의 세계경제로의 편입을 통해 비로소 가능해진 것이었다. 중국이 자본주의 세계체제로 편입된 것은 21세기 자본주의 역사에서 아주 중요한 의미가 있다. 중국은 21세기에도 중요한 세계 자본축적 지역이 될 것이다. 동아시아 지역은 자본투자 지역, 저비용 생산지역, 신산업 소비시장, 군사력 증강 지역이며, 중국은 여전히 이와 같은 네 가지 현안을 충족시켜 줄 수 있다(Wallertein, 2000).

탈냉전 이후 동아시아 지역은 대외정책 및 군사안보전략에서 미국의 '사활적 이익(vital interests)'이 걸린 지역으로, 미국은 지역 안정의 보장자(security guarantee)로서 동북아 지역에 지속적으로 개입할 것이고 중심적인 역할(central role)을 할 것이다. 중국도 동아시아 지역을 중국의 경제력을 투사하는 매우 중요한 지역으로 인식하며, 경제 대국화를 통해 패권국가로 성장하기 위해서라도 동아시아 주변지역의 안정을 중시하고 있다.

2) 미·중 간 '글로벌' 수준의 패권 경쟁 심화

미국은 냉전 이후 국제질서에서 주변부 국가였던 과거 중국을 '개혁을 시도하고 있는 빈곤국가'에서 현재는 '번영을 통해 팽창을 노리는 국가'로, 잠재적 최대 도전국으로 새롭게 인식하고 있다. 21세기 미국에 대한 패권 도전국은 중국이다. 중국의 인구, 영토 규모는 미국과 21세기 패권을 다투기에 충분하다. 더구나 중국은 지난 30년 동안 매년 거의 10%에 이르는 경이적인 경제성장을 기록하면서, 미국 사람들은 물론 세계 대부분 사람들이 중국을 미국과 겨루는 차세대 패권 도전국(hegemonic challenger)이라고 인식하게 만들었다. 현재 미국 세계 전략의 궁극적 목표는 미국에 대한 잠재적인 위협국 중국을 전략적으로 포위하는 것이다.* 미국의 패권에 대한 중국의 도전은 시진핑의 중국몽과 중국제조 2025 그리고 일대일로 정책이고, 2018년 9월 미·중 무역 전쟁도 이로부터 개시되었다.

* 지정학적으로 보면 미국은 이미 구소련으로부터 독립한 중앙아시아 국가들과 군사협정을 맺고 경제적 지원을 하는 등 중국 국경의 북쪽 지역을 확보했다. 미국의 아시아 군사방어선은 이라크전쟁의 승리를 계기로 중동 지역에서 패권을 확보함으로써, 결과적으로 동북아시아의 일본·한국·타이완, 동남아시아의 인도네시아·말레이시아·베트남·태국·싱가포르, 서남아시아의 사우디아라비아·쿠웨이트·이라크·터키, 중앙아시아의 타지키스탄·카자흐스탄·우즈베키스탄·타지키스탄·키르기스탄 등으로 연결되는 군사방위선으로 중국을 포위했다.

동아시아에서 미국의 주요 국익은 유라시아 지역에서 패권국가의 출현을 방지하는 것, 그리고 이 지역의 시장 및 석유와 같은 전략자원에 대한 접근 및 중동 석유 해상운송로의 안전을 확보하는 것이다. 이 같은 이익을 유지하기 위해 미국은 일본과의 동맹을 강화하면서, 1990년대 후반 미국의 동아시아 정책 기조를 "포괄적인 관여 및 확장"으로 삼았다. 또한 아프가니스탄과 이라크 침공 등 미국 주도의 국지전쟁은 '범국제사회적 기강 확립'과 미국의 세계 지배 전략에 반대하는 불량국가 및 집단을 무력화하는 것과 관계있는 것이다(劉曉波, 2003).

2012년 미국이 발표한 '신전략 지침(New Strategic Guidance)'은 미일안보협의회 발표문에 따른 것으로, 미국은 이라크·아프간 전쟁을 끝내면서 아시아·태평양 지역으로 전략의 중점을 옮기기로 했다. 파네타 전 미 국방장관은 "2010년 현재 태평양과 대서양에 50 : 50으로 배치된 미국 해군력이 2020년까지 태평양에 60, 대서양에 40의 비율로 재배치될 예정"이라고 밝힌 바 있고, 그 목표는 경제발전의 힘을 군사력 증강, 특히 해군력 강화에 투입하고 있는 중국에 대한 견제이다. 미국의 15대 교역국 중 7개국이 아시아·태평양 지역에 몰려 있고, 미국 수출액의 60%가 이 지역을 상대로 한 것이다.

미국 외교의 최우선적 목표는 유라시아 대륙에서 1개의 패권국가가 등장하는 것을 저지하는 일이다. 이 미일안보협력 선언에 의해 미국이 대중 견제망의 출발점을 미일동맹 강화에 두고 있음이 확인된 것이다. 미국은 일본, 한국, 호주, 동남아시아, 인도를 연결하는 대중 포위망의 연결고리로 미일동맹의 강화를 선택한 셈이다. 미국과 일본은 대중 견제를 안보 및 외교 정책의 최우선 순위로 삼고 있다는 점에서 '사활적' 국가이익이 일치한다. 미국은 중국이 현재나 가까운 장래에 미국의 적수가 되지는 못하지만

면 장래에 미국에 도전할 수 있는 유일한 국가로 여기고 있다. 이에 따라 미국은 중국을 경계하면서 적대국가로 만들지 않기 위한 전략을 세우고, 중국을 견제하기 위해 미일동맹 체제를 강화하는 것이다. 하지만 미국은 중국이든 일본이든 그 어느 국가라도 미국의 우위에 도전하지 못하게 하겠다는 속내를 감추지 않고 있다.

냉전의 해체가 초래한 불확실성의 증가 현상은 ① 중심부 국가들의 동요(EU, 동아시아), ② 주변부 포섭 방식의 변화와 주변지역의 이탈로 인해 '불량국가' 같은, 미국의 헤게모니 관리 동요에 따른 중심부 내 경합국의 출현 가능성을 높였다. 이에 따라 미국은 일방주의적 전략의 한계와 다자주의에 대한 불신 때문에 ②에 대한 대응으로 '반공'에서 '인권'으로 국제 전략을 수정(UN과 타국 주권을 무시한 일방주의)했다. 이제 미국은 동맹국들이 미국의 일방주의를 수용하는 한계 내에서만 다자주의적 틀을 유지하고 있는 실정이다.

미국은 1995년 「나이 보고서(Nye Report)」를 통해 일본을 동맹으로 유지하고, 동아시아에 미군 10만 명을 주둔시키고, 일본의 국제적 위상을 높임과 동시에 일본의 군사적 행동을 확대시켜 미·일 안보 가이드라인을 확고히 할 것을 밝혔다. 2013년 도쿄에서 열린 미·일 외무·국방 장관 회담(미일안보협의위원회, 2013년 10월 3일)은 미일동맹 체제를 획기적으로 강화하는 합의문을 발표함으로써, 미국이 중국을 상대하는 데 일본을 영국과 비슷한 수준의 주력 동맹국으로 격상시켜 전면적인 협력 체제를 구축하기로 했다.*

* 미·일 간의 전략적 관계 강화에 대해서는, 미·일 간의 전략적 협의를 통해 미일동맹 관계를 강화하기 위한 미일안보협의위원회 합의 요지를 자세히 살펴보아야 한다. 그 요지는 다음과 같다. ① 1997년에 합의한 미일방위협력 지침의 개정, ② 미국은 지역 및 세계의 평화와 안전에 더 적극적으로 공헌하고 싶다는 일본의 결의를 환영, ③ 오키나와 주둔 미 해병대를 괌으로 이전하는 등 재일미군의 재편, ④ 우주 및 사이버 공간에서의 안보 협력 강화, ⑤ 미국은 일본이 추진하는 집단적 자위권 행사를 포함한 자국의 안전보장을 위한 법적 재검토, 방위 예산의 증액, 방위 계획의 대강 재검토, 주권

미국 국방부는 2011년 의회와 행정부가 합의한 예산통제법에 따라 10년간 거의 1조 달러의 국방예산을 줄여야 해서 아시아·태평양 지역의 안보 부담을 덜어줄 나라가 절실하게 필요했다. 여기에 새로 등장한 일본 아베 내각의 적극적인 협력 자세가 맞아떨어져서, 미국은 자국 중심의 세계체제 유지·관리를 위한 막대한 군사비 지출을 일부 일본에 부담시킴으로써 일본을 통해 중국을 견제하는 '이이제이(以夷制夷)'정책을 사용할 수밖에 없었다.

한반도 변수는 한반도 주요 관련국들의 '현상유지 정책' 지속이라 할 수 있다. 미·일·중은 한국에서 미군을 철수시킬 경우 일본 내 재무장을 둘러싼 논란이 가열되고, 통일이 될 경우에는 한반도 주둔 미군이 중국을 직접 겨

하에 있는 영역의 방위를 위한 능력 강화, 그리고 동남아시아 국가를 포함한 지역적 공헌의 확대 방침을 환영, ⑥ 두 나라는 미일동맹이 이 지역의 평화와 안전을 위한 모퉁잇돌의 역할을 한다는 점을 확인, ⑦ 미일동맹은 북한의 핵 및 미사일 계획, 해양에서의 위협적이고 안정 저해적인 행위, 우주와 사이버 공간에서 일어나는 파괴적 행위, 대량살상 무기의 확산, 자연 및 인위적 재해에 대응하기 위한 능력을 갖춰야 한다는 점에 동의, ⑧ 2011년의 미일안보협의위원회(SCC) 공동 발표문에 적힌 대로 양국 각료들은 중국에 대해, 지역의 안정 및 번영과 관련해 책임 있고 건설적인 역할을 다하고, 국제적인 행동 규범을 준수하고, 급속히 확대하는 군사력 현대화에 관한 개방성과 투명성을 향상시킬 것을 계속 촉구, ⑨ 탄도미사일 방위협력: 양국은 탄도미사일 방위(BMD) 능력을 강화하기 위한 약속을 확인하고, 'SM-3블록IIA' 공동 개발사업을 포함한 이 분야의 진전을 환영하며 2기째의 엑스밴드 레이더를 교가미사키의 일본 항공 자위대 기지에 배치하기로 한 계획을 확인, ⑩ 우주 상황 감시 및 우주를 이용한 해양 감시에 관해 두 나라는 정보의 수집과 공유 기능을 강화, ⑪ 공동의 정보 수집 및 감시 정찰 활동의 강화, ⑫ 시설의 공동 사용: 일본의 남서제도를 포함한 지역에 있어서 미국과 일본의 시설을 공동 사용하는 것은 동맹의 억지력을 강화하는 것임을 확인하고 환영, ⑬ (미국의 최신 전투기) F-35의 제조에 일본 기업이 참여하는 식의 연대를 통해 장비 및 기술에 관한 두 나라의 협력을 심화, ⑭ 정보의 보안이 동맹 간의 협력에 있어서 사활적인 중요성이 있음을 확인하고 비밀정보의 보호에 관한 정책의 강화를 추진, ⑮ 두 나라는 동남아시아 및 세계의 안보 능력을 강화하기 위해 상호협력을 강화, ⑯ 미·일 양국과 호주 및 한국 사이에서 정기적으로 이뤄지는 대화의 성공에 유의하며, 이는 양국이 공유하는 안보상의 이익을 증진하고, 아시아 태평양 지역의 안전보장 환경을 개선하는 것임, ⑰ 미 해병대는 MV-22 헬리콥터 2개 비행대대 및 2017년부터 F-35B 전투기를 미국 외에선 처음으로 일본에 배치하고, 미 해군은 P-8 대잠 초계기를 해외에서 처음으로 일본에 배치하며, 미 공군은 2014년 봄부터 글로벌 호크 무인비행기를 배치한다.

냥하는 부담이 될 것이라는 데 공감대가 있다. 또한 미군 철수 시 통일 한국이 미일동맹에 대항해 중국으로 경도될 가능성과 주변국들의 핵무장으로 인한 통일 한국의 핵보유 현실화 문제도 우려하고 있다. 미국의 전략가 브레진스키는 1990년대 출판된 그의 저서 『거대한 체스판』에서 중국은 통일 한국에 미국의 영향력(간접적으로 일본의 영향력)이 확대되는 것을 결코 용인하지 않을 것이라고 예상했는데, 20년이 지난 지금도 유효한 지적이다.

부상하는 중국을 효율적으로 관리하는 것이 어렵기 때문에 미일동맹을 적극 활용해 일본을 통해 중국을 견제할 수밖에 없다. 미국은 이라크전쟁을 비롯한 몇 차례의 국지전을 계기로 동아시아에 대한 제어력이 부분적으로 약화되어, 중국 국가 역량의 증강 현상을 바라볼 수밖에 없는 처지가 되었다.

중국 역시 냉전 이후 미국의 '패권 지향적 글로벌 세계 전략'이 노골화되고 있다고 보고 있으며, 특히 NATO 확대에 따른 동진과 미·일 안보동맹 강화와 MD 체계를 통해 중국을 봉쇄하려는 '중국 봉쇄 전략'을 취하고 있다고 보고 있다. 중국은 1993년 이후 에너지 자원의 대체 공급지로 중앙아시아와 남지나해를 설정하고 이 지역에서 선점권을 확보하기 위해 노력하고 있다. 1990년대 중국은 동아시아 신흥국가의 경제성장을 목격하면서 중국 사회주의 시장경제의 성공을 위해 이들과의 관계개선을 필요로 했다. 이후 중국은 북으로는 러시아와 몽골, 동으로는 한반도와 일본, 남으로는 인도와 필리핀을 포함하는 동남아시아 국가들, 서쪽으로는 중앙아시아를 포함하는 주변지역과 우호적인 관계를 모색하고 있다.*

* 중국이 강조하는 주변지역의 개념은, 우선 개혁개방 이전에는 소련을 지칭했다. 중국은 구소련이 중국의 서부 아프카니스탄, 남부의 접경 국가 베트남, 북방 국가 몽골에 막대한 군사력을 주둔시켜 중국을 포위함으로써 중국의 주변국가 및 지역에서 영향력을 확장하는 과정에서 나타난 외교 및

중국은 부강한 나라가 되더라도 패권주의를 추구하지 않을 것이며 패권주의를 반대하고 세계평화를 수호하는 일에 적극적으로 나설 것임을 선언하고, "영토 보존과 주권의 상호 존중, 상호 불가침, 상호 내정 불간섭, 호혜 평등, 평화공존"을 선언한 이른바 평화공존 5원칙을 준수하면서 독립 자주의 외교 노선을 추구했다. 이 평화공존 5원칙은 수사적으로 동아시아에서 패권국가의 출현을 반대하며 세력균형자의 역할을 하고자 한다는 것이었으므로 국력을 신장시키기 위해 중국은 미국에 대항하지 않고 어느 국가와도 동맹을 맺지 않는다는 방침을 견지했던 것이다. 중국은 1990년대 미국을 중심으로 하는 '대국 외교'와 경제성장을 위해 필요한 '주변 외교'로 대별해 '기미(羈靡)'와 '도광양회(韜光養晦)' 그리고 '불결맹(不結盟)'으로 대표되는 중국의 대외 전략을 구사하면서,* 전면적인 개혁개방을 통한 경제발전이 최대의 국가적 과제라고 선언했다.

대외정책과 관련해서 첫째는 중국이 당면한 최대의 과제인 개혁개방 추진 그리고 현대화와 경제발전이란 국가적 목표를 달성하기 위해 유리한 국제환경을 조성하고, 둘째는 미국의 패권주의와 미·일 중심의 동북아지역 세력 구도 형성을 저지하고 지역 강대국으로서 중국의 위상과 역할을 확보하며, 셋째는 홍콩 및 마카오 반환 이후 점진적으로 타이완과의 통일을 달성하는 것이라고 했다. 그러므로 중국 대외정책은 중국의 현대화와 경제발전을 위한 세계경제와의 상호의존, 동북아 지역에서 미·일을 상대로

군사 행위의 결과를 주시했다. 다른 하나는 근간의 개혁개방과 지속적인 경제발전을 위해 관계개선이 필요했던 동아시아의 일본과 서방국가를 의미한다.

* 이 시기 덩샤오핑은 국제정세 변화에 대해 패권주의 반대, 세계평화의 수호, 자주독립의 대외정책 견지, 평화와 발전이란 당대의 두 가지 과제 수행, 평화공존 5원칙에 따른 국제 신질서의 수립, 적극적 대외 개방의 시행, 일국양제 등을 주창하고, 국제정세 변화에 대해 "冷靜觀察, 穩住陣脚, 沈着應付, 韜光養晦, 善于守出, 決不當頭" 등을 제시한 바 있다.

한 반패권 블록의 형성 및 중국에 의한 타이완 통일 등을 국정의 최대과제로 설정하고 있는 것이다.

따라서 중국의 입장에서는 가능한 한 미국과 직접 충돌을 회피하면서 동아시아에서 미국의 영향력을 줄이고 중국의 영향력을 확대하는 것이 최선의 선택이라 볼 수 있다. 즉 위축된 미국이 지역적 지배 국가인 중국을 동맹국으로 필요하게 될 정도로, 그리고 궁극적으로는 세계적으로 강력해진 중국을 자신의 동반자로 필요하게 될 정도로 미국의 지역적 힘을 약화하는 것이 중국이 할 수 있는 최선의 선택이다. 중국은 당분간 그들의 전략대로 미일동맹에 맞서 단기적으로 강력한 방어적 팽창정책을 추구하거나, 또는 미국 세력을 성급하게 일본 세력으로 대체하지 않는 방식을 추구함으로써 장기적으로 미·일 사이의 균열을 목표로 할 것이다. 중국의 핵잠수함 부대가 2013년 10월 28일 42년 만에 공개됐는데, 중국의 핵잠수함 부대 공개는 최근 아베 정권의 센카쿠(중국명 댜오위다오) 국유화에 대한 영유권 주장 고수와 집단적 자위권 추진 등 군사적 영향력 강화에 나서는 일본에 대한 무력시위로 풀이되지만, 실질적으로는 그 배후인 미국을 겨냥한 무력시위라 할 수 있다.

하지만 중국의 급속한 경제발전과 중국식 특색 사회주의 정치·사회 시스템의 견고한 유지는 미국으로 하여금 중국이 경제발전에 성공한 후에도 미국이 옹호하는 정치체제와 이념 가치를 수용하지 않을 가능성이 높다는 것을 새삼 깨닫게 해주었다. 물론 신중국 건국 이후 미·중 관계는 여러 단계를 거치며 순항했고, 거시적으로 보면 대립과 충돌에서 타협을 통한 공존의 방향으로 전개되었다. 특히 1990년대 중반부터 2010년을 전후한 시점까지 중국은 국가 현대화를 위해 미국이 주도하는 국제경제질서에 적극 참여해 경제발전을 최우선적으로 추진하는 전략을 채택했고, 미국은 세계

최대 시장과 값싸고 우수한 노동력에 대한 접근권을 획득해 경제적 이익을 챙기는 동시에 도전 받지 않는 패권국으로서의 지위를 누릴 수 있었다. 그러나 2018년 본격화된 미·중 간 무역 전쟁을 기점으로 경쟁과 협력이 병존하던 양국 관계가 전략적 경쟁이 주가 되는 시기로 접어들었다.

3) 중·일 간의 '로컬' 수준 패권경쟁

중국의 일본 요인으로부터 나타나는 문제에 대한 우려 역시 작지 않다. 특히 미·일 관계 발전을 위한 「아미티지·나이 보고서(Armitage-Nye Report)」(2000.10)에 의하면, 아시아 지역에서 실질적 적국인 미군 철수 후의 공백에 대한 우려가 매우 크다.* 동아시아 지역에서 미국의 공백을 대신해 미국의 영향력을 행사할 세력은 일본밖에 없기 때문이다. 일본은 미·일 안보동맹을 근거로 아시아 지역에서 벌어지는 모든 사안에 대해서 간섭을 시도할 것이므로 중국은 일본과의 지역 패권을 놓고 다시 한 번 충돌할 가능성이 매우 크다.

미국 의회 자문기구인 미·중 경제안보 검토위원회(UCESRC)는 센카쿠 제도(중국명 댜오위다오)와 남중국해 영토분쟁과 관련, 중국이 영유권 주장을 강화하면서 미국과 군사적 충돌 가능성이 더욱 커지고 있다고 보고했다(≪워싱턴타임스≫, 2013.11.14). 동 위원회 보고서에서 미국은 외교적 행동과

* 중국은 2013 국방백서(p.2)에서 '미국'이라고 구체적으로 지칭하고 있지 않지만 미국을 겨냥해 "어떤 국가(有的國家)"라고 표현하며 이 국가가 "아·태군사동맹을 심화해 자국의 군사적 존재감을 확대해 나가고 있고, 이 지역에서 긴장국면을 자주 조성하고 있다(有的國家深化亞太軍事同盟, 擴大軍事存在, 頻繁製造地區緊張局勢)"고 명시하고 있다. 비록 중국은 미국의 직접적인 대응을 회피하기 위해 우회적 표현을 사용하고 있지만 미국을 위협으로 간주하고 적대적 시각에서 전략을 수립하기 위한 전제로 삼고 있음을 분명히 했다.

아시아 재균형 정책을 통해 동아시아 동맹국 및 파트너 국가와 관계를 강화할 뜻을 비쳐왔으나, 연방예산 자동삭감(sequester)에 따른 미국 군사력 약화 속에서 중국군이 현대화하면서 아시아 지역에서 힘의 균형이 깨지고 있다고 분석했다. 또한 중국이 남중국해 등에서 벌이는 영토분쟁이 새로운 것은 아니지만 날로 증가하는 중국의 외교, 경제, 군사적 역량이 지역안보를 위협에 빠뜨리고 있다고 동 보고서는 경고했다. 최근 중국이 북한의 핵보유 선언 문제에 대해서 강경한 이유도 동북아 지역에서 핵보유국은 중국으로 족하고 북한의 핵보유는 일본의 재무장과 핵보유를 가능케 할 것이므로, 중국의 입장에선 동북아의 핵 도미노 현상이 달갑지 않기 때문이다.

일본은 주변국과의 역사적 갈등으로 인해 주변국과의 우호적 동반 관계 확보에 어려움을 겪고 있다. 패전 후 일본의 일방적인 지역적 우세는 불가능하게 되고, 미국의 군사적 보호 및 국제적 지지와 후원에 의존하게 되었다. 하지만 일본은 세계 2위의 군비 지출국이자 현대화된 국가 무장 체계를 갖추고 있으며, 유사시 신속한 핵무장의 가능성을 가지고 있다.* 일본은 현재 상당한 수준의 군사력을 보유하고 있으며 마음만 먹으면 수개월 내에 핵 억지력을 확보할 수 있는 능력을 가지고 있다. 최근 아베 정권의 현상타파 행위(군국주의로의 회귀, 정상 국가로의 전환)들은 현상유지 세력(미국 의존파)의 입지가 축소된 가운데 나타난 것이다.

일본은 1980년 나카소네 수상의 구상, 1994년 오자와 위원회 보고서 「신일본을 위한 청사진: 국가에 대한 새로운 사고」 등을 통해 '정상 국가(normal state)'로의 전환 모색은 물론 미·일 신안보동맹 체제를 강화하면서

* 일본은 SIPRI(스톡홀름 국제평화 연구소)가 작성한 2018년 세계 군비 지출 순위에서 9위를 기록했고, 2019년 글로벌 파이어파워(GFP)의 순위는 6위, 한국은 7위로 추산했다. https://www.globalfirepower.com/countries-listing.asp(검색일: 2019년 8월 2일)

글로벌 세계정치에 적극 개입(국제적 평화유지 활동 주도)해 국제적 수동성에서 탈피하고자 한다. 현재 일본 내에서 독자적 무장화에 대한 반발 여론이 고조되고 있음에도 일본 정부는 미국의 지원하에 국제사회에서 발언권을 확대해 가고 있으며, 일본의 활동 영역을 연근해에서 동남아까지 확대해(헌법 9조 수정) 경제적 이점을 확대함과 동시에 중국 및 한국과 영토 문제와 역사 인식 왜곡 등을 통해 직접 충돌을 조장하고 있다.

또한 2013년 아베 신조(安倍晋三) 총리의 안보 자문기구인 '안전보장의 법적 기반 재구축에 관한 간담회(이하 간담회)'는 일본의 '집단적 자위권' 행사 확대를 추진하고 있다. '집단적 자위권 행사 사례'에 "동맹국인 미국 본토를 공격한 국가에 무기를 공급하는 선박에 진입, 검사하거나 해당 선박을 일본 항구로 강제 유도하는 방안"을 포함시키자는 것이다. 이는 북한이나 북한과 무기를 거래하는 국가를 염두에 둔 것으로, 선박을 강제로 조사하는 행위는 한반도 주변 수역에서 충분히 일어날 수 있는 일이어서 한반도 안보에 영향을 미칠 수 있는 민감한 사안이다.*

특히 간담회는 유사시 한반도에 상륙하는 방안도 이미 집단적 자위권 행사 사례로 검토한 바 있는데 이는 한반도의 안전을 위해 심각한 문제를 야기할 수 있는 중대한 사안이다. 간담회는 또 "국제질서에 영향을 주는 무력 공격이 발생할 경우 유엔 다국적군 등을 지원하는 방안", "원유를 실은 유조선 등 일본 선박이 다니는 해상 교통로가 기뢰로 봉쇄될 경우 기뢰를 제거하는 활동"도 집단적 자위권 행사 사례에 포함시키기로 했다. 간담회는 일본 영해에 진입한 외국 잠수함이 퇴거 요구에 응하지 않을 경우 어떤

* 노무현 정부 시절 한국 정부가 대량살상무기확산방지구상(PSI) 참여 여부를 검토할 당시에도 한반도 주변 해역에서 북한 선박을 강제 검색하는 것은 민감한 문제라는 신중론이 제기된 바 있었다.

식으로 실력행사를 할지에 대해서도 검토하기로 했다.

하지만 일본 역시 중국과의 직접적 대결선의 성립을 우려하고 있다. 미군 철수가 초래할 직접적 대립, 한반도의 친중국적 변화, 통일 한국의 핵무장 등에 대한 우려가 크기 때문이다. 미·일 군사협력의 영역을 확대하기 위한 방위 가이드라인 재검토는 일본이 지역 강국이 될 것인가 아니면 세계적 주도국가가 될 것인가를 둘러싼 갈등을 초래하고 있다.

4) 미·중 간 패권 경쟁과 양안관계

글로벌 수준에서 미·중 간의 국력 차이가 크다 하더라도 적어도 타이완 문제에서 만큼은 백중지세라고 할 수 있다. 미·중 간의 타이완 문제에서 타이완에 대한 미국의 가치 부여와 결심이 중국이 부여하는 가치와 결심보다 크지 않다. 즉 미국이 타이완에 대해 생각하는 정치·경제적 가치와 결심이 중국의 그것보다 작기 때문에 만일 미국이 자기 자신을 돌볼 겨를이 없으면 기꺼이 타이완을 포기할 가능성이 있고, 만일 중국이 내외적 압력을 크게 받으면 오히려 타이완을 그 압력의 배출구로 사용할 가능성이 큰 것이다(苏起, 2019).

인도태평양전략은 나토와 더불어 미국의 세계 전략 추진에 있어서 매우 중요한 군사전략 구상의 핵심이다. 인도태평양전략이 중국을 견제·봉쇄하는 방패이고, 나토는 유럽으로 팽창하려는 러시아를 견제하는 중요한 군사적 역할을 하고 있다. 인도태평양전략의 추진에는 한·미·일 3각동맹 플러스 호주 그리고 인도의 협력이 필요하며, 인도태평양전략 보고서(2019.6.1)에서 언급했듯이 타이완 역시 이 전략의 핵심 국가이다.

미국은 타이완 문제에 대해서 기본적으로 세 가지를 고려하고 있다. 첫째는 전략적 고려 사항으로, 이미 한국전쟁 시기 맥아더 장군은 타이완을 불침 항공모함으로 불렀고 탈냉전 후에 타이완은 중국 굴기를 제어하는 지렛대 역할을 했다. 둘째는 외교적 고려 사항으로, 타이완은 미·중 간 전략 게임에서 비용이 가장 적게 투입되고 효과가 분명한 가장 편리한 승부 패이다. 셋째는 정치적 고려 사항으로, 한편으로는 미국식 민주주의 가치관을 확산할 수 있고 다른 한편으로는 타이완 문제를 국내정치에 이용할 수 있는 것이다(赵全胜, 2019). 미국 입장에서는 이처럼 비용이 적게 들고 효과가 매우 큰 타이완 카드가, 어떻든 미국에게는 비용이 크게 드는 중국의 심각한 대응을 어느 정도 축소할 수 있는 좋은 패가 되는 것이다. 더욱이 미국의 조야에서는 타이완을 미국의 인도태평양전략에서 아주 중요한 구성원으로 인식하고 있으며, 워싱턴의 정책결정자들도 이 문제를 고려하고 있다.

2016년에 등장한 타이완의 '신남향정책(NSP: The New Southbound Policy)'은 아세안(ASEAN), 남아시아 및 오세아니아 18개 국가와 경제·무역 협력, 인재 교류, 자원 공유 및 지역 연결을 통해 "상호공영의 신협력모델" 창조와 "경제공동체 의식"의 건립을 목표로 설정한 민진당 차이잉원 정부의 대외 정치·경제정책이다(이권호, 2019: 100). 신남향정책은 지난 마잉주 정권의 정치·경제적 정책 지향점이 지나치게 대륙에 편중되어 중국에 대한 의존도가 증가함으로써 타이완 사회의 경제발전에 병목현상이 발생했다는 인식에서 제기되었고, 타이완 정부가 신남향정책을 적극 추진할 수 있는 원동력은 대륙 종속을 우려하는 타이완 민중들의 궐기에서 나오고 있다(이태준, 2018: 776). 즉 타이완을 '하나의 중국' 프레임에 가두어 종속적 위치에 결박하려는 중국 대륙의 양안 통일 시도에 대한 타이완 정부의 전략적 저항 정책이라 할 수 있다.

한편, 중국 당국은 차이잉원 정부가 야심차게 준비하여 추진하고 있는 신남향정책에 곱지 않은 시선을 보내고 있다. 중국의 신남향정책에 대한 부정적 시각은 타이완이 단순히 경제영토를 확장하는 것이 아니라 중국 대륙에 대한 경제적 의존으로부터 벗어나려는 목적을 가지고 있으며, 타이완의 경제적 자주성과 정치적 독립성을 유지하기 위한 탈중국화 전략이라고 인식하고 있는 것이다(邵宗海, 2016: 137). 이러한 현실은 중국의 일대일로 정책과 미국의 인도태평양전략 사이에 놓인 타이완의 신남향정책이 당초 목표한 성과를 낼지에 대한 의문을 불러일으키고 있다.

더욱이 시진핑 정부의 일대일로와 신남향정책이 조우하는 동남아시아와 오세아니아 지역에서 관련 국가와 양안 간의 외교적 마찰에 대한 우려도 증폭되고 있다. 중국은 타이완이 신남향정책을 통해 국가 차원에서 아세안, 인도 등의 국가들과 다원적이고 쌍방향적인 교류를 추진하는 점에 우려를 표하고 있다. 즉 중국은 타이완이 신남향정책을 단지 경제정책의 차원으로 추진하는 것이 아니라 이를 뛰어넘는 전면적인 '가치 동맹'을 목표로 하고 있다고 본다. 이를 통해 타이완이 주변국들과 포괄적이고 광범위한 전면적인 관계를 형성해 중국을 배척하고, 국제적 연대 공간을 확장해 '하나의 중국' 정책을 거부하고 타이완 독립을 추진함으로써 아시아 태평양지역에서 중국의 지정학적 경쟁력을 약화하고 미국의 반중국 분열 정책을 가속화하는 것으로 분석하고 있다[Shi Ding-Sha, 2017; 신창(信强), 2017: 84].

4. 미·중 간 전략적 경쟁 구조의 형성과 가속화

현재 진행되고 있는 미·중 무역 전쟁은 국제정치에서 구조적으로 발생하는 투키디데스의 함정이며 패권국과 도전국의 역학관계에서 장기전의 성격을 띠는 복잡한 패권 경쟁이다. 미국과 중국의 패권 경쟁은 하드파워 부문(제조, 통상, 통화와 군사력)에서 시작하고 있으며, 첫 번째 단계가 바로 기술 패권(중국제조 2025) 장악을 위한 무역(5000억 달러) 및 관세(25%) 전쟁이고, 차후 통화(RMB와 US 달러) 전쟁으로 전이될 가능성이 있다. 미·중 간의 패권 경쟁에서 주변국들은 패권 경쟁 국가들로부터 동승을 강요받기도 하고 독자적인 행동을 할 수도 있겠지만, 타이완이 독자적인 헤징전략(hedging strategy: 위험회피전략)을 구사하기는 쉽지 않은 상황이다.

1) 미국의 중국 봉쇄: 인도태평양전략과 NATO의 동진

미국이 2019년 8월 2일 INF(중거리핵전력조약)* 에서 공식 탈퇴한 후 지상발사형 중거리 미사일(사거리 500~5500km)을 아시아 지역에 배치하려고 한다. 표면적 이유는 러시아가 이 조약을 위반했다는 것이지만 실제적으론 중국을 견제하기 위한 조치라고 볼 수 있다. 미국은 중국을 견제하기 위해 이미 한국에 사드를 배치했고 한국과 일본에 중거리 핵미사일을 재배치하려고 하는 것이다. 미국은 중국의 성장을 경계하면서 냉전시대 미국과 구소련(현 러시아) 간에 맺었던 양자조약을 중국이 포함되는 다자간 조약으로 변경하고자 하는 의사를 내비치고 있다. 그만큼 미국과 러시아가 전략무기를 감축하는 동안 중국이 꾸준히 전략무기를 개발해 실전에 배치하고 있는 사실을 좌시하지 않겠다는 의미이기도 하다.

이러한 미국의 대중국 인식의 근본적 전환으로 인해 기존에 미·중 간

* INF는 사거리 500~5500km 사이의 중단거리 미사일의 개발과 배치를 전면 금지한 조약으로 1987년 미국의 로널드 레이건 대통령과 구소련의 미하일 고르바초프 서기장이 서명한 조약이다.

경쟁과 협력이 공존하던 상황이 협력보다는 경쟁에 방점이 찍히는 상황으로 급격히 변하고 있음을 우리는 목격하고 있다. 거시적인 시각에서 보면 1980년대 미국의 '일본 때리기(Japan-bashing)'에 버금가는 '중국 때리기(China-bashing)' 혹은 전략적인 중국 포위 전략이 진행 중에 있는 것이다. 실제로 트럼프 행정부 출범 이후의 많은 대외 전략은 미·중 간 전략적 경쟁에서 취해지는 미국의 공세라는 측면으로 쉽게 이해될 수 있다. 미국은 중국의 급속한 경제발전에도 불구하고 중국 특색 사회주의 정치·사회 시스템이 견고히 유지되는 것을 목격했고, 이것을 곧 중국이 미국 중심의 세계체제에 대한 도전으로 이어질 가능성으로 인식하는 것이다. 특히 2008년 글로벌 금융위기로 촉발된 미국식 자본주의 시스템의 구조적 문제와 트럼프 대통령 당선으로 상징되는 미국식 민주주의의 위기는 미국의 정치 엘리트들이 기존의 자신감을 상당히 상실하게 하는 결정적 계기로 작용했다. 게다가 중국의 경제성장이 전 세계 경제성장의 주요한 동력이 되었고, 시진핑 주석이 집권 2기를 맞아 더욱 강력한 리더십을 표방하면서 "중국 모델"을 언급하고 대외정책에서 더욱 적극적인 태도를 취했던 것이 맞물리면서 미국 내에서는 '중국 위협론'의 새로운 변형인 샤프파워(Sharp Power) 관련 논쟁이 광범위하게 회자되고 있는 실정이다(Christopher Walker, 2018).*

미국이 추구하는 인도태평양전략은 나토(NATO)와 더불어 미국의 세계전략 추진에서 매우 중요한 군사전략 구상의 핵심이다. 인도태평양전략이

* 샤프파워(Sharp Power)는 군사력·경제력(하드파워)이나 문화의 힘(소프트파워)과는 구별되는 파워로, 회유와 협박은 물론 교묘한 여론조작 등을 통해 행사하는 영향력을 가리킨다. 소프트파워가 상대를 설득해 자발적으로 따르도록 하는 것인 반면 샤프파워는 막대한 음성 자금이나 경제적 영향력, 유인, 매수, 강압 등 탈법적 수법까지 동원해 상대로 하여금 강제로 따르도록 하는 힘이라 할 수 있다.

중국을 견제하고 봉쇄하는 방패이고, 나토는 유럽으로 팽창하려는 러시아를 견제하는 매우 중요한 군사적 역할을 하고 있다. 인도태평양전략의 추진에는 한·미·일 3각동맹에 더해 호주와 인도의 협력이 필요하며, 「인도태평양전략 보고서(Indo-Pacific Strategy Report)」(2019)에서, 미국은 한·미·일 3각 전략적 동맹하에서 한국은 린치핀 역할을 하고 일본은 코너스톤 역할을 한다고 명시했다. 특히 2017년 12월 18일 발표된 트럼프 행정부의 첫 '국가안보전략(the National Security Strategy)'과 2018년 1월 20일 미 국방부가 10년 만에 발간한 「국방전략 보고서(the National Defense Strategy of the United States of America: Sharpening the American Military's Competitive Edge)」에서 공통적으로 중국을 러시아와 함께 미국의 이익에 도전할 강대국이자 "수정주의 세력(revisionist power)"으로 명시한 것은 트럼프 행정부를 구성하는 핵심 세력만의 인식을 반영한 것이 아니라 미국 정치 엘리트의 중국에 대한 보편적 인식 변화를 반영한 것이라는 점에서 이후 미·중 관계에 매우 심대한 부정적 영향을 주고 있다.

더욱이 미국 국방부가 「인도태평양전략 보고서」를 발표한 직후, 중국 국무원이 발표한 「미·중 무역협상에 대한 중국의 입장에 대한 백서(关于中美经贸磋商的中方立场白皮书, 2019)」는 미·중 간의 첨예한 대립과 갈등이 주변국으로 번지고 있는 상황에서 중국의 대미 결사 항전을 표명하는 등 "지구전(持久戰)"을 시작하는 상황으로 묘사했다(NIKKEI ASIAN REVIEW, 2019. 5.30). 미국은 중국을 기존 질서를 파괴하려는 수정주의 국가(Revisionist Power)로 지칭했고, 러시아는 해로운 국가(Malign Actor)로, 북한은 불량국가(Rogue State)로 낙인찍어 과거 냉전시기 북방 삼각관계를 재현하려는 의도를 표출하고 있다.

지난 6월 2일 샹그릴라 아시아안보대화(Asia Security Summit)에서 미국의 패트릭 섀너헌(Patrick Shanahan) 국방장관 대행이 "미국은 타이완관계법(Taiwan Relations Act)에 의거해 타이완과의 국방협력을 계속 하겠다"라고 말한 것에 대한 대응 형식으로 웨이펑허(魏鳳和) 국방장관은 "누구든 중국과 타이완을 분리시키려 하면 중국군은 어떤 비용을 치르더라도 싸울 수밖에 없다"라고 했고, "통일을 수호하지 못한다면 인민해방군이 존재할 이유가 없다"라고도 했다(헤럴드, 2019.6.2). 중국은 국방백서에서 타이완 문제에 대해 "무력 사용도 불사하겠다"라는 단호한 입장을 보였고, "국가 분열에 반대하는 투쟁이 긴박해지고 있다"라면서 "타이완은 반드시 통일해야 하고, 필연적으로 통일된다. 독립 움직임에 대해서는 단호하게 타격을 가하겠다"라고 주장했다(新时代的中国国防白皮书, 2019).

미국은 「인도태평양전략 보고서」에서 인도·태평양 지역에서 정치·경제·안보 이익을 더욱 폭넓게 추구하기 위해 더 적극적으로 중국과 대면하고 있음을 우려하고 있다. 또한 동 보고서는 "규범에 기초한 질서가 중요하다"라고 언급해 공산당의 리더십하에서 중국이 법치에 기반을 둔 국제질서의 가치와 원칙을 훼손하고 있다고 비판하고 있다. 동 보고서는 공개적으로 "가장 큰 장기적 위협은 규칙에 근거한 국제질서를 유지하기보다는 훼손하려는 행위자"라고 명시해 중국 공산당 통치 체제를 공개적으로 비난함으로써, 미·중 갈등은 통상 전쟁을 넘어 체제와 이념 논쟁으로 비화하고 있다. 중국이 인도·태평양 지역에서 미국의 지배적인 지위를 변경하려는 의도를 표출하고 있기 때문에 미국은 인도·태평양 지역에 대한 미국의 약속을 이행하고 미국의 동맹국과 우방국의 이익을 수호하기 위해 행동함으로써 일본·한국·호주 등과 협력해 중국의 저항을 무력화하겠다고 공언하고 있는 것이다.

이에 더해 북대서양조약기구(NATO)가 중국의 영향력이 전 세계로 확산되고 있는 것을 경계하고 나섰다. 스톨텐베르그 나토(NATO) 사무총장은 중국이 나토 회원국에 영향을 미칠 수 있는 지역을 포함해 전 세계적으로 영향력을 확대하고 있다며 중국의 부상이 갖는 의미를 이해할 필요가 있다고 말했다. 중국이 유럽 내 중요 기반시설에 대한 투자, 북극에서의 존재감, 아프리카와 사이버 공간에서의 영향력 확대 등으로 영향력을 키워가면서 나토가 이를 다뤄야 할 중요성도 커졌다며 "호주, 뉴질랜드, 일본, 한국 등 역내 국가들과 긴밀히 협력해 나갈 것"이라고 밝혔다(이창규, 2019). 미국은 타이완, 싱가포르, 뉴질랜드, 몽골을 인도·태평양 지역의 민주국가로서 신뢰할 수 있고 능력 있는 파트너로 분류했으며, 이는 미국이 중국과의 패권 경쟁에서 중국을 압박하기 위해 '하나의 중국 원칙'을 수정해 타이완 카드를 사용함으로써 중국의 3대 아킬레스건(남중국해 문제, 인권 문제, 타이완 문제) 중 하나를 의도적으로 건드린 것으로 평가된다.

2) 중국의 서진 전략: 일대일로 정책과 신형국제관계

21세기 중국의 지속적 성장은 새로운 성장 동력의 창출과 안정적 자원의 공급 및 제해권의 회복을 통해 가능할 것이다. 중국은 지속적인 성장에 필요한 에너지 자원의 확보, 안정적 자원 이동 루트인 해양 수송로의 확보, 해양주권 및 해양자원의 확보와 연관된 영토분쟁 등의 문제에 대응하기 위해 해양 전력을 강화하고 선제공격적인 해양 팽창 성향을 표출하고 있다. 일대일로가 추진되는 지역 및 국가는 유라시아 및 아프리카 대륙을 관통해 지리적으로 매우 광범위하며, 미국의 인도태평양전략 등 강대국 간 갈등은 물론이고 연선국가의 정치적 불안정, 민족 분리주의, 종교 극단주의, 테러리즘의 성행 등으로 인해 지정학적 리스크에 직면해 있는 것이 사실이다. 미국의 전략적 봉쇄, 일본의 전략적 교란, 인도의 전략적 비협조 등 강대국은 일대일로에 대한 경계심과 반대의 목소리를 높여가고 있으며, 주변국의 경우에도 자국의 경제건설에 소요되는 자금, 기술, 무상원조 등에 대한 기대심리와 함께 대중 의존도 심화에 대한 우려 또는 경계심을 노출하고 있다.

일대일로 연선국가는 대체로 신흥경제국과 개도국으로서, 개방과 발전 과정에서 정치 안정, 경제발전, 제도 전환, 정책 조정 등 여러 도전에 직면하고 있으며, 대체로 권위주의 통치 시스템이 작동하고 있거나 관료부패가 매우 심각한 곳이다. 이로 인해 사업의 효율성과 안정성을 해치기 쉬워서, 비즈니스 환경이 열악하고 중국 기업의 해외투자에 불리한 '고부패지대(high corruption belt)', '고위험로(high risk road)'에 해당한다. 더욱이 중국 기업은 법률 관념의 미비, 리스크 의식 부족, 낮은 현지화 정도, 사회 책임의식 결여는 물론이고 국제경쟁력 면에서 취약하고 국제화 경험 및 노하우가 부족해 해외투자 과정에서 해당 국가 및 민중의 저항이나 배척을 수반하는 등 적지 않은 문제점을 야기하고 있기도 하다.

일대일로 구상의 핵심 내용을 보면 그 상관성을 바로 가늠할 수 있다. 일대일로 구상은 ① 주변국과의 도로·철도 등 물류 인프라 건설을 통해 경제적 교류를 활성화함으로써 상호 경제성장을 촉진시키자는 것, ② 인프라 투자를 촉진하는 과정에서 중국이 안고 있는 구조적인 문제를 해결하고 새로운 수요를 창출하는 것, ③ 주변국들과의 인프라 연결을 통해 중국의 동부, 서부, 남부 등 그동안 소외되어 왔던 지역의 개발을 촉진함으로써 중국의 지역 간 불균형을 완화하고 내수가 확대되는 효과를 발생시키는 것, ④ 중국이 주변국들과 자원·인력 등의 교류를 활성화함으로써 효율적으로 자원배분을 하는 것, ⑤ 경제공동체를 추구하기 위해 상호 간의 자유무역협정(FTA) 체결을 확대하는 등 무역·투자 장벽을 제거하는 자유무역지대를 확산해 경제권을 활성화하는 것, ⑥ 일대일로 전략을 지원하기 위해 설립하는 AIIB를 통해 중국의 풍부한 자금을 사용하는 관련국들에게 중국의 영향력을 확대하는 것, ⑦ 교역 증가와 자금 결제 과정에서 위안화 결제를 활성화해 위안화의 국제화를 가속화하는 것이다. 이러한 과정을 통해 중국은 중화제국의 부흥을 위한 물적 토대를 완성해 글로벌 패권을 장악하는 것을 최종 목표로 하고 있다(이상만, 2015: 59).

중국은 미국에 대항해 기존의 제도화된 금융 레짐(브레튼우즈 시스템)을 넘어서 신금융질서를 구축하고(AIIB), 개방적 지역통합을 위한 국가 프로젝트(一帶一路: OB&OR)를 통해 주변국을 결속하면서 신형국제질서를 구축하고 있는 중이다. 중국이 구상하는 세계질서는 어떠한 신형국제관계인가. 한마디로 말하면 중국인들의 의식 저변을 지배하는 천하질서 속에서 일대일로라는 경제적 수단을 통해 중화제국의 위대한 부흥이라는 정치적 목표를 실현하는 것이다. 윌리엄 커비(William C. Kirby)는 "청(淸) 제국은 붕괴되었으나, 제국은 여전히 존재한다"라고 했다(Taiwan Advocates, 2004: 66).* 천하질서는 중국인들의 의식 속에 오랜 세월 동안 각인되어 지울 수 없는 역사적 의식 체계이고, 중국몽은 중화민족의 부흥을 이룩하겠다는 목적이며, 일대일로는 중국몽을 실현하기 위한 물질적 수단인 것이다. 즉 중국식 사회주의와 민족주의가 결합한 중화제국의 원형을 복원하는 것이다. 21세기 중국이 추구하는 새로운 세계질서는 서구 주도의 현 국제질서를 그대로 수용하지 않을 것이고, 또한 은연중에 중국 중심의 국제질서를 구축하려고 하지만, 그 새로운 질서가 전통적 중화 세계질서처럼 중국을 중심으로 한

* 이태준, 「타이완의 '신남향(新南向) 정책'과 '해바라기 학생운동' 고찰」, *Asia-pacific Journal of Multimedia Services Convergent with Art, Humanities, and Sociology*, Vol.8, No.8(2018), p.781 재인용.

제국과 종속국의 관계가 될 수는 없다. 전통적 중화 세계질서는 '조공체계'와 '화이사상'을 주변국에 요구하는 것이었고, 이러한 국가 작용의 행태는 세계적인 저항을 초래할 수 있기 때문에 이를 극복하기 위해서 이미 존재하는 국제사회의 규범, 즉 현대 국제질서를 수용하면서 여기에 중국 특색을 정교하게 가미한 국제질서의 수립을 모색할 수밖에 없다.

또한 중국이 원하는 신형국제질서는 각 국가 간의 경제적 차이는 인정하면서 정치적으로 평등한 주권국가를 기반으로 하는 국제질서를 구축해 갈 것으로 보인다. 각 국가가 주권국가로서 정치적인 평등은 유지하지만 강대국과 약소국의 영향력 차이는 분명히 존재하는 것이기 때문에 실질적으로는 '등급 질서(差序制)'의 형태를 띨 수밖에 없을 것이다. 중국이 영향력을 행사하는 범위는 주변국 동의를 얻기 위한 왕도정치와 말을 듣지 않는 나라에게는 정치적 문제를 빌미삼아 경제적 압박을 가하는 행위(China's bullying)가 될 것이다(박재규 외, 2019: 313~314).

5. 맺음말

미·중 패권경쟁과 한국의 선택과 대응

동아시아에서 중국과 미국의 힘과 영향력을 감안할 때, 양국 간 전략적 경쟁이 심화된다는 것은 지역 질서에도 협력적인 요인보다는 경쟁적 요인이 더 많이 대두될 것임을 의미한다. 이러한 추세 자체가 동아시아 역내 국가 간 신뢰 구축의 중대한 장애요인으로 작용할 것이다. 게다가 중국, 미국과 같이 주변 국가에 대해 큰 영향력을 가진 국가 간 경쟁 심화는 이 두 국가를 각각 중심으로 하는 진영의 형성을 초래해 결국에는 정치, 경제, 이념

등 다양한 영역에서 상호 대립하는 블록이 형성될 가능성도 높다. 이 경우 동아시아 지역 내 국가들이 신뢰 구축을 통해 협력 관계를 제고하는 것은 더욱 요원하고 어려운 과제가 될 수밖에 없다. 따라서 미·중 관계의 방향성은 동아시아 지역 내 질서와 역내 국가 간 관계와도 직결되는 문제로 지속적인 관찰이 필요하다.

① 한국은 미·중 간의 편승 전략과 헤징 전략을 지혜롭게 활용해야 한다

현재 진행되고 있는 미·중 무역 전쟁은 국제정치에서 구조적으로 발생하는 투키디데스의 함정이며 패권국과 도전국의 역학 관계에서 장기전의 성격을 띠는 복잡한 패권 경쟁이다. 미국과 중국의 패권 경쟁은 하드파워 부문(제조, 통상, 통화와 군사력)에서 시작하고 있으며, 첫 번째 단계가 바로 기술 패권(중국제조 2025) 장악을 위한 무역(5000억 달러) 및 관세(25%) 전쟁이고, 차후 통화(RMB와 US dollar) 전쟁으로 전이되고 있다. 미·중 간의 패권 경쟁에서 주변국들은 패권 경쟁 국가들로부터 동승을 강요받기도 하고 독자적인 행동을 할 수도 있지만, 한국이 독자적인 헤징 전략(hedging strategy: 위험회피 전략)을 구사하기가 쉽지 않은 입장이다. 한국은 이러한 상황에서 어떠한 포지션을 유지해야 하는가 하는 문제가 중요하다. 첫째는 우선 미국과 중국이 갈등하는 분야에 편승하지 말아야 한다. 한·미 관계와 한·중 관계 모두 우리에게 너무나 중요하다. 한미동맹은 우리의 안보와 직결되고, 한·중 경제 관계는 우리 경제가 지속 성장하는 데 필요하고 중요하다. 또한 한·중·미 공조 없이는 북핵 문제를 해결할 수도 없다. 둘째는 남남갈등 극복을 위해 한국의 정치권이 제 역할을 못하면, 기업과 민간단체가 나서서 미국, 중국과 교류를 강화하는 것이다. 셋째는 미국, 중국과 모두 관계가 좋은 제3의 국가와 지역을 찾아 우리 편으로 활용하는 것이다.

② 한국에 미국과 중국은 양국 모두가 대외관계의 핵심 대상국이다

그런데 양국 간 전략적 경쟁이 심화될수록 양국 모두 한국에 대한 영향력 유지와 확대를 위해 다양한 압박을 해올 것으로 예상되고 있다. 미국은 한미동맹 구조하에서 더 많은 중국 관련 이슈에 대해 미국의 이익에 부합하는 방향으로 선택하도록 요구할 것이며, 중국도 한국에서 미국 영향력을 약화하기 위해 다양한 조치(사드 배치, 중거리 핵전력 배치 문제 제기 등)를 취하며 한국을 강하게 압박해 올 것으로 예측된다.* 이 경우 한국은 매우 피동적인 상황에 놓이게 될 것이며 안보나 정치 영역에서 특히 운신의 폭이 제한될 것이다. 따라서 한국은 향후 이 문제가 반드시 제기될 것이라는 전제하에서 내부 논의를 진행하고 일치된 입장을 정리해 선도적으로 대응할 필요성이 제기되고 있다. 그래서 안보나 정치 영역에서 미·중 간 문제에 한국이 최대한 연루되지 않도록 관리하는 것이 상책일 것이나, 불가피하게 연루될 경우는 한국의 핵심 국익이란 판단 기준에 따라 원칙 있게 대응하는 선례를 축적해 나갈 필요가 있다.

③ 한반도는 중국이나 일본의 입장에서 보면 뜨거운 감자일 수밖에 없는데, 현실주의적 차원에서 보면 중국과 일본은 한반도라는 완충지

* 중국은 지난 6월 27일 오사카 G20 한·중 정상회담에서 시진핑 주석이 한반도에 사드 배치 재검토를 정상회담 의제에 올렸고, 문재인 대통령은 북한이 비핵화를 하면 사드 문제는 자연스럽게 해결된다고 말한 후 약 1개월 뒤 7월 24일 발표한 2019년 '중국국방백서'에서 "미국이 한국에 사드를 배치해 지역의 전략적 균형을 엄중하게 파괴했고 지역 국가의 전략적 안보 이익에 엄중한 손해를 끼쳤다"라고 주장하면서 사드 문제를 재점화했다.

대가 필요한 실정이다

한반도에 대한 중국의 완충지대 구상은 일본과 직접 대치하는 부담을 회피할 수 있고, 한반도의 현 분단 상황에서 미군의 주둔을 용인하지만 통일 이후 국경선에 중국을 겨냥하는 미군이 주둔하는 것은 위협 그 자체가 되므로, 중국의 입장에서는 분단 상태의 현상유지 또는 통일 후 한반도를 친중국 동맹 세력으로 포섭하는 전략을 구사할 것이다. 결국 중국은 평화적인 한반도 통일을 지지한다고 하지만 이는 명목적 수사에 불과하고 실질적으로는 통일 한국이 미국 세력의 연장선이 아닐 경우에만 지지할 것이다. 미군 철수 후 아시아 지역에서 미군의 공백을 채우려는 일본의 군사 대국화는 중국과 북한을 겨냥한 일본의 핵무장으로 이어지고, 일본이 핵무장을 하면 한국도 자위적 차원의 핵보유 명분이 생기기 때문에 중국으로서는 부담을 가질 수밖에 없다.

④ 한반도 평화 체제 구축 가능성이 대두되자 중국이 가장 관심을 보이는 이슈 중 하나가 향후 한미동맹과 주한미군의 미래에 대한 논의이다

그런데 현재 남북 간 고위급 접촉이 활발해지고 북미 간에 핵 폐기를 둘러싼 협상이 진행되고 있지만 아직 가능성의 차원에 머물러 있을 뿐 현실화되지 않은 상황임을 고려해서, 북한의 핵과 탄도미사일 능력이 완전히 제거되고 남북 간 군사적 충돌 위험이 확실하게 해소되지 않는 한 한미동맹과 주한미군의 지위와 역할 변경 문제 논의를 시작할 수 없음을 중국에 명확히 인식시키는 것이 중요하다. 사드 한국 배치를 둘러싼 한·중 간 갈등에서 사드 시스템 한국 배치가 중국에 초래하는 전략적 위협 자체보다 한국 정부의 일관되지 못한 정책결정 과정과 중국이 사드 철수 가능성에 대해서 계속 기대를 갖게 하는 고위급 인사의 언행이 중국의 강경한 입장과 경제제재를 초래한 면도 있다.

⑤ 한미동맹과 주한미군 관련 문제에 대해서는 한국의 국가이익에 기초한 원칙을 정하고 어떤 압력에도 변경할 수 없음을 미리 중국에 확실히 전달하는 것이 필요하다

중국이 이 문제에 대한 한국의 입장을 분명히 이해하게 하고 기대를 하지 않도록 하는 것이 사드 갈등과 같은 불필요한 마찰을 방지하는 방안이다. 한반도에 비핵화가 진행된다면 중국은 다음과 같은 전략적 기회와 도전에 동시에 직면할 것으로 예상된다. 첫째, 한반도 비핵화가 중국에게 가져올 전략적 기회 요인을 생각해 보면 ▲ 한미동맹 약화와 주한미군 철수 요구의 명분 제공 ▲ 북한의 부존자원에 대한 선점 효과와 동해 지역의 차항출해(借港出海)와 서해 지역의 통강달해(通江達海) 전략 실현 ▲ 한반도 전체에 대한 영향력 증대이다. 둘째, 한반도 비핵화가 중국에게 초래할 전략적 도전 요인을 생각해 보면 ▲ 북미관계의 개선으로 북한에 대한 중국의 영향력 상쇄 ▲ 남북 간 경제협력 추진과 북한의 개혁개방으로 시작될 북한 경제개발 과정에서 한국, 미국, 일본과의 경쟁이 본격화되는 것이다(이상만, 2018 참조).

⑥ 중국을 바라보는 패러다임의 전환이 필요하다

중국은 '규칙 제정자인가 아니면 규칙 파괴자인가?'와 관련한 올바른 관계 설정은 물론 현실 인정과 평화공존을 통한 힘의 균형을 모색해야 한다. 중국은 미국에 대한 '지역적인 이해 상관자(stake-holder)'에서 '글로벌 규칙 제정자(rule-settler)'로 진화하고 있다. 현재 미·중 간 패권 투쟁은 하드파워 부문에 국한되어 진행되고 있으나, 결국은 글로벌 보편 가치를 두고 미·중은 최후의 일전을 벌일 수밖에 없다. 미·중 패권 전쟁은 동서양의 정치체제와 가치관의 경쟁으로 비화되고 있으며, 서구 민주주의 미국에 대한 동양의 이민족인 중국 문명과의 충돌로 비치고 있다(Wong, 2019).* 결국 아태지역에서 바람직한 중국의 역할은 개방적 지역주의(Open Regionalism)를 견지해 세계경제가 위축된 상태에서 글로벌 자본축적의 새로운 동력을 창출하고, 글로벌 경제발전의 공간적 시장영역의 확대를 담보할 수 있는 자유무역지대를 건설하고, 아태지역의 악화되는 안보딜레마를 극복하기 위한 지역적 또는 국제공공재(안보, 통상, 문화 등)를 제공할 수 있는 역량을 보여주는 것이다.

⑦ 주변국들은 부상하는 중국을 향해 국제공공재를 더 많이 생산하고, 중국이 원하는 것을 얻으려면 그만큼 국제사회에서 수행해야 할 역할과 임무가 막중하다는 것을 인식시킬 필요가 있다

신형 국제관계를 추진하는 중국에, 아태지역의 경제통합을 위해서는 중국의 희생과 동시에 개방적이고 포용적인 자세가 필요하다는 것을 각인시켜야 한다. 중국은 국제사회에 미국을 대신해 더 많은 국제공공재를 제공해야 하기 때문이다. 즉 인민을 위한 봉사(为人民服务)를 넘어 국제사회를 위한 봉사(为国际社会服务)로 진화될 때 중국은 주변국들로 부터 지지를 받는

* 이미 이러한 시각은 미국 국무부 내에서도 나타나고 있다. 스키너 정책기획국장은 2019년 4월 29일 워싱턴에서 열린 '미래안보포럼'에서 중국을 상대로 "우리가 백인(Caucasian)이 아닌 대단한 경쟁자를 가지는 것은 처음"이라고 말하면서 중국과의 갈등을 두고 "진정으로 다른 문명, 다른 이데올로기와의 싸움"이라며 중국문명과의 경쟁을 가시화했다", *https://www.nytimes.com/2019/06/26/world/asia/united-states-china-conflict.html(검색일:2019년* 6월 26일).

신뢰 국가가 될 수 있을 것이다. 중국이 새로운 국제질서를 형성하는 주동자의 위치에 스스로를 자리매김하기 위해서는 첫째는 주변국들에게 중화주의적 조공체계를 강요하지 않고, 둘째는 일대일로 정책이 약탈적이지 않으면서 국제공공재로서 역할을 다하고, 셋째는 주변국들과 협력해 아시아적 가치를 만들어 진실한 운명공동체를 구축해야 할 것이다.

참고문헌

미어샤이머, 존 J.(John J. Mearsheimer). 2017. 이춘근 옮김. 『강대국 국제정치의 비극: 미·중 패권경쟁의 시대』. 김앤김북스.

박재규 외. 2019. 『새로운 동북아 질서와 한반도의 미래』. 한울.

브레진스키, 즈비그뉴(Zbigniew Brzezinski). 2013. 『거대한 체스판: 21세기 미국의 세계 전략과 유라시아』. 김명섭 옮김. 도서출판 삼인.

신장(信强). 2017. 「긴장 속 평화에서 무언의 대치까지: 양안관계 평가 및 전망」. ≪Sungkyun China Brief≫, 제5권 3호, 80~86쪽.

엘리슨, 그레이엄. T(Graham T. Allison). 2018. 정혜윤 옮김, 『예정된 전쟁』. 세종서적.

이권호. 2019. 「대만 차이잉원 정부 신남향정책의 추진 현황과 평가」. ≪한·중사과학연구≫, 제17권 1호, 81~117쪽.

이상만. 2015. 「일대일로: 해양실크로드의 정치경제적 함의」. ≪중국지역연구≫, 제2권 1호, 47~96쪽.

______. 2018. 「한반도 비핵화와 중국의 전략적 접근」. ≪JPI PeaceNet: 2018-44≫.

______. 2019. 「미·중 패권경쟁과 중국제국화 프로젝트 전망」. ≪CSF중국전문가포럼≫. http://csf.kiep.go.kr/expertColr/M004000000/view.do?articleId=33379(검색일: 2019.8.8).

이웅현. 2019. 「2019년 4월 북-러 블라디보스토크 정상회담의 결과와 의미」. ≪NkBrief: 4-4-2019≫. https://csf.kiep.go.kr/expertColr/M004000000/view.do?articleId=33379(검색일: 2019.8.8).

이창규. 2019.8.8. 「나토까지 나서 中 영향력 확대 경계」. http://news1.kr/articles/?3691086(검색일: 2019.8.8).

이태준. 2018. 「대만의 "신남향(新南向)정책"과 "해바라기 학생운동" 고찰」. ≪Asia-pacific Journal of Multimedia Services Convergent with Art, Humanities, and Sociology≫, Vol.8, No.8, 775~784쪽.

李相万. 2019.「习近平新时代两岸关系: 收缩还是扩散」. ≪2019韩国外国大学台湾研究中心“中美冲突之下的国际新秩序与东亚前景”国际学术研讨会资料集≫, 2019年 6月 21日.
苏起. 2019. “中美夹缝中的台湾”. ≪联合新闻网≫, 2019年 2月 24日.
邵宗海. 2016.『蔡英文時代的兩岸關係(2016~2020)』. 湾北: 五南圖書.
王建民·陳麗麗. 2017. “蔡英文‘新南向政策’的主要目標與前景展望”. http://hk.crntt.com/doc/1045/2/4/9/104524915.html?coluid=63&kindid=0&docid=104524915&mdate=1229115522(검색일: 2019.6.25).
劉曉波. 2003. “憎羨交織的美國心結(中)”. http://www.chinesenewsnet.com/MainNews/Opinion/2003/3/31/12.htm(검색일: 2019.7.11).
张蕴岭 主编. 2008.『中国与周边国家: 构建新型伙伴关系』, 北京: 社会科学文献出版社.
赵全胜. 2019. “中美关系的走向及其半岛, 台海问题上的博弈”. ≪海外看世界≫. http://comment.cfisnet.com/2019/0401/1315674.html(검색일: 2019.4.1).
______. 2019.4.22. “中美竞合关系与台海问题”. ≪海外看世界≫.
中华人民共和国国务院新闻办公室. 2019.「新时代的中国国防白皮书」. 2019年 7月 24日.

Lee, Sangman. 2019.2.1. “Study of the Northeast Asia's Confidence Building Mechanism on Geo-Strategic Perspective.” *Korean Chinese Relations Review*, Vol.5, pp.163~197.
Shi, Ding-Sha. 2017. “The US Factors in The ‘New Southbound Policy’.” *Taiwan Studies*, Vol.4.
Taiwan Advocates. 2004. *Cross Straits Exchange and National Security of Taiwan, Taiwan Advocates*. Taibei.
The Department of Defense. 2019.6.1. “Indo-Pacific Strategy Report.” https://news.usni.org/2019/05/31/the-department-of-defenses-new-indo-pacific-strategy
THE NATIONAL ENDOWMENT FOR DEMOCRACY. 2017.7.27. “Sharp Power: Rising Authoritarian Influence.” Washington D.C.: International Forum for Democratic Studies, National Endowment for Democracy, www.ned.org/

wp-content/uploads/2017/12/SharpPower-Rising-Authoritarian-Influence-Full-Report.pdf

Walker, Christopher. 2018.4.5. "Hearing on "China's Relations with U.S. Allies and Partners in Europe and the Asia Pacific"." *Testimony before the U.S.-China Economic and Security Review Commission*. Washington, DC: Studies & Analysis, National Endowment for Democracy, https://www.uscc.gov/sites/default/files/USCCHearing_Christopher Walker_Written Statement_April 5 2018.pdf

Walker, Christopher and Jessica Ludwig. 2017. "The Meaning of Sharp Power: How Authoritarian States Project Influence." https://www.foreignaffairs.com/articles/china/2017-11-16/meaning-sharp-power.

Wallertein, I. 2000. "The U.S and China: Enemies or Allies?" *Commentary*, No.35. http://fbc.binghamton.edu/35en.htm(검색일: 2019.6.30).

Wong, Edward. 2019.7.31. "U.S. Versus China: A New Era of Great Power Competition, but Without Boundaries." *New York Times*. https://www.nytimes.com/2019/06/26/world/asia/united-states-china-conflict.html.

12

새로운 100년의 시작과 한반도 통일

김동엽
경남대학교 극동문제연구소 교수

1. 새로운 국제질서와 한반도 3중 패러독스

오늘날 우리는 제2차 세계대전 이후 지속되어 왔던 자유주의 국제질서가 급격하게 힘을 상실하면서 문명사적으로 전환의 시대를 맞고 있다. 미국을 필두로 한 서구의 선진국들은 여전히 "규칙에 기초한 자유주의 국제질서의 준수"를 주장하지만 그 핵심 두 축이라고 할 수 있는 민주주의와 시장자본주의가 위기를 맞이하고 있다. 시장의 확대를 통해 번영을 누려왔지만 번영의 과실은 전혀 고르게 분배되지 않았다. 시장의 왜곡과 함께 민주주의도 정당성을 잃어갔다.

글로벌 시대를 맞아 자유주의 제도가 확산되고 초국가적 협력이 확산될 것으로 기대했지만 예상과는 달리 오히려 '지정학의 부활'이 본격화되었다. 패권의 추억은 강경한 대외정책을, 국제협력에 대한 피로감은 고립주의를, 개방과 이민에 대한 반감은 인종주의를 부추긴다. 이로 말미암아 일견 모순적인 고립주의와 대결주의가 공생하는 것이다. 향후에도 국제 거버넌스는 그 외연의 확장에도 불구하고 문제해결은커녕 위기를 오히려 심화하고 테러리즘, 난민 문제, 사이버 보안, 핵 확산 등에 무력한 모습을 보일 가능성이 커 보인다. 특히 IS를 비롯한 테러와 자생적 테러 집단의 확산은 국제안보의 블랙홀로 작동할 수도 있다. 과거에는 국제정치가 국내정치에 영향을 끼치는 측면이 훨씬 컸지만, 최근에는 국내정치가 국제정치에 끼치는 영향이 훨씬 커졌다. 트럼프 현상의 특징인 '미국 우선주의(America First)'* 와 브렉시트의 '영국 우선주의(Britain First)'에서 나타난 바와 같이, 여

* 도널드 트럼프 미국 대통령은 '미국 우선주의'를 담은 새 국가안보전략(NSS)을 2017년 12월 공개했다. 트럼프 정부의 국가안보전략은 중국과 러시아가 미국에 도전하고 있다고 평가하면서 경제정책에 중점을 두고 있다. 자세한 내용은 박동철·박행웅(2018) 참조.

러 나라에서 내부의 실패를 외부의 탓으로 돌리고자 안보 위협을 과장하고 군비경쟁을 강조하는 배타적 민족주의 노선이 부상하고 있다. 극우적 민족주의와 안보 장사꾼들이 활개치고 있는 것이다(김준형, 2016).

현재 한반도를 둘러싼 동북아 지역은 19세기 말과 제2차 세계대전 이후, 그리고 구소련의 붕괴와 동유럽 사회주의국가의 체제 전환과 비견될 만한 전 지구적 차원의 변화에 직면해 있다. 한반도와 동북아 지역은 지정학적으로 저주받은 "아시아의 발칸"이라고 불릴 만큼 복잡한 상황이 더 심화되고 있다. 남북의 분단구조는 그대로이고, 탈냉전 도래 후 20년을 훌쩍 넘겼음에도 냉전적 대결 구도는 해소되지 않은 상태에서 미국의 영향력 약화와 일본의 침체, 중국의 급격한 부상이 겹쳐지면서 불안정성이 점점 증대되어 왔다. 이런 와중에 우리는 미·중 관계, 동북아, 한반도 영역에서 세 가지 역설, 즉 패러독스에 직면해 있다.

한국이 직면하고 있는 3중 패러독스 상황 중에서 가장 큰 글로벌 변수는 미·중 사이에 전개되고 있는 협력과 갈등의 역설 현상, 즉 미·중 패러독스이다. 고조되는 미·중 갈등이 실제 군사적 충돌까지 이를 가능성은 높지 않다. 전문가 대부분이 미·중 간의 높은 상호의존도 때문에 이른바 '투키디데스의 덫(Thucydides' Trap)'에 의한 패권 충돌이 필연적이지는 않을 것이라고 판단하는 것은 일면 타당성이 있다.* 미·중 양국의 군사적 충돌은 곧 공멸이라는 점에서 상호 협력관계를 이어가야 한다는 당위는 수용하지만, 현실에 그대로 나타날지는 단정할 수 없다. 미·중 간 협력의 구조보다 대결 구도가 심화되고 있고 상호 불신이 높아지고 있어 상호 양보와 수용을

* '투키디데스의 덫(Thucydides' Trap)'에 대해서는 그레이엄 앨리슨(Graham Allison)의 『예정된 전쟁(Destined for War)』(2018)을 추천한다.

전제로 하는 공존을 지속한다는 것은 결코 달성하기 쉬운 목표일 수 없다. 중국의 역내 패권에 대한 확장 욕구와 미국의 기존 패권에 대한 공세적 방어가 상승작용을 일으킨다면 군사적 충돌도 배제하기 어렵다.

우리가 직면한 패러독스의 두 번째 변수는 동북아 지역 내 역사적 갈등에 기반한 중층적 위험이며, 동아시아 지역까지 확장된다. 유럽과는 달리 동북아는 탈냉전 이후 30여 년이 지나서도 한반도 분단체제와 샌프란시스코 조약*으로 야기된 지역 냉전체제를 해소하지 못한 채, 여전히 분열과 대결의 시대를 살고 있다. 동북아에서 부상하고 있는 신민족주의의 발흥과 경쟁적 군비 강화의 조짐은 더 심각하다. 이 지역은 경제적인 상호의존도가 높지만 외교·군사 분야의 협력은 매우 낮은 수준이다. 역사왜곡과 영토분쟁 같은 기존 문제뿐만 아니라 북한의 핵문제와 과도한 군비경쟁 등 지역 안정을 저해하는 요소들이 증가하고 있다. 많은 역외 국가들이 동아시아 지역을 세계경제의 새로운 중심으로 여기고 관심을 돌리고 있음에도, 정작 핵심 당사국인 한국, 중국, 일본 간의 갈등 요인들은 쉽게 해소되기 어려운 중층성을 가지고 있다. 최근 미국 역시 부상하는 중국에 대응하고자 동맹을 강화하고 파트너 국가들과 더 강한 네트워크를 만들겠다는 인도태평양전략을 발표했다.** 이는 어떤 식으로 포장하더라도 냉전적 질서의 재현에 가깝다. 미국의 대아시아 정책이 이를 진영 대결로 확대하는 쪽으로 가고 있는 역설적 상황이 전개되고 있는 것이다.

* 1951년 9월 8일 미국의 샌프란시스코에서 연합국들과 일본이 '일본과의 평화조약(The Treaty of Peace With Japan)'에 서명했다. 이 조약의 발효로 연합군 최고사령부에 의한 일본의 군정기가 끝나고, 일본은 주권을 회복했다. 당시는 6·25전쟁 중이어서 이 조약은 일본을 반공 진영에 편입시키는 성격을 띠었고 미국과 영국 등 주요한 전승 국가는 배상청구권 포기를 선언해 일본이 경제적으로 재기할 수 있는 기회를 제공했다. 더 자세한 내용은 김채형(2016) 참조.

** 2019년 6월 1일 미 국방부는 「인도태평양전략 보고서(IPSR)」를 발표했다(DOD, 2019).

세 번째 패러독스는 한반도 내에서 벌어지는 남북 관계다. 남북 관계가 패러독스인 것은 분단 한반도를 구성하는 남과 북이 서로에게 위협인 동시에 화해와 공존의 대상이기 때문이다. 무엇보다 북한의 김정은 정권이 권력세습에 대한 부담과 정권의 불안정성을 핵무기를 통해 극복하려는 의지를 버리지 않는 한 남북 관계 역설은 심화될 수밖에 없다. 글로벌 및 지역의 역설이 초래하는 불안정성과 불확실성이 한반도로 투영되어 한반도 패러독스를 더 증폭시키고, 한반도 패러독스는 다시 상위의 두 패러독스를 강화해 악순환에 빠지는 상황이 벌어지고 있다.

우리가 처한 대외환경은 3중(글로벌, 동북아, 한반도) 패러독스 구조로서 불안정성, 불확실성, 복잡성이 증가하고 있다. 지금까지 이에 대응하는 한국의 대외정책은 지나치게 단선적이고 단기적인 대응으로 일관해 왔다. 고차방정식을 1차방정식으로 풀겠다는 것은 실패를 예약해 놓은 것이나 다름없다. 거기에다 최근 대외정책이 국내 정치적 역학에 영향을 받는 것까지 감안하면, 국내 정치의 패러독스까지 겹쳐 한국 외교는 더욱 복잡한 4차원의 고차방정식으로 가고 있어 해법은 점점 난해해지고 있다. 우리 정부가 바뀔 때마다 반복되는 대북·외교·국방 정책의 비연속성과 변화라는 국내 정치의 역설까지 합칠 경우 4중의 패러독스가 교차하고 있다. 1990년대 탈냉전 이후 뒤 늦게나마 김대중·노무현 정부 시기에는 분단체제를 극복하고 평화 체제를 구축하기 위해 남북 관계 개선을 모색했고, 상당한 진전을 이루었다. 그러나 이후 정부들은 다시금 북한 관리와 한반도의 안정적 관리에 한계를 드러냈다. 남한과 북한은, 경제력은 물론이고 국력 전반에서 엄청난 격차를 보이고 있음에도 불구하고 제재와 압박 중심의 정책에 매달려 한반도는 다시금 대결과 긴장이 심화될 수밖에 없었다.

2. 이명박 정부의 비핵·개방·3000과 박근혜 정부의 한반도 신뢰 프로세스

이명박 정부는 실용정부라는 정체성을 전면에 내세웠으나 실제로는 매우 이념적인 행보를 보이면서 대외 안보정책은 대북 강경책과 미국 중심의 외교안보·통일정책을 추진했다. 대북정책을 둘러싼 남남갈등을 극대화하는 것이 정권 획득을 가능케 한 최대 요인으로 여겨, 전임 김대중·노무현 정권 10년을 이념상 편향된 시기로 규정하면서 북한에 대한 봉쇄정책으로 일관했다. 지난 70여 년간 한반도는 남북한 모두 상호 적대감을 확대·재생산함으로써 국내에서의 정치적 입지를 강화하는 이른바 '적대적 공생'의 구도를 강화해 왔다. 소련과 동유럽의 붕괴로 냉전은 공식적으로 종식되었지만, 한반도 분단과 동북아에 잔존한 냉전체제하의 안보딜레마로 인해 국내 정치적으로 이념은 여전히 중요한 변수로 작동하고 있다.

이는 이명박 정부에 들어 비핵·개방·3000으로 나타났고 이를 바탕으로 '한반도 신평화구상', '그랜드 바겐(Grand Bargain)' 등을 제안했다. 대통령 취임 이전 이미 제시된 비핵·개방·3000은 명칭에서부터 선비핵화를 전제로 한 경제적·보상적 접근이라는 한계가 있었다. 비핵·개방·3000에 대한 북한의 강한 반발 속에 천안함 사건, 5·24 조치, 연평도 포격사건 등이 이어지면서 남북 관계는 최악으로 치달았다. 정권 후반기에 뒤늦게 북한과의 대화를 모색했으나 정치적 의도를 의심받았고, 김정일 사망과 김정은 세습정권의 등장, 북한의 인공위성 로켓 발사와 핵실험 등으로 성과를 거두지 못했다(백학순, 2013).

반면 박근혜 정부는 이명박 정부와 기본적으로 이념을 공유했지만 대선 당시부터 전임 정부의 전체적인 대북·외교·안보 노선에 대해 비판적 견해를 표명했다. 대선에서 승리할 수 있었던 중요한 요인 중 하나가 이명박 정부와 선긋기였고, 이에 더해 진보의 어젠다도 발 빠르게 선점했다. 이명박 정부의 대북 강경책과 친미 일변도 외교로부터의 변화를 담은 공약이 바로 '한반도 신뢰프로세스와 균형외교'였다.* 이론적으로 박근혜 정부의 한반도 신뢰프로세스나 균형외교는 김대중·노무현과 이명박 정부 사이의 중간적인 성격을 지녔다. 원칙을 강조하고 북한의 의미 있는 행동과 변화를 요구한다는 점에서 김대중·노무현 정부와 다르고, 북핵 문제와 남북 관계를 엄격하게 연동시키지 않았다는 점에서는 이명박 정부와 다르다고 평가할 수 있다. 균형외교 역시 김대중·노무현 정부가 미국으로부터 자율성을 내세우며 미·중 사이의 균형 있는 자세를 강조했던 것을 비판하면서 이명박 정부의 친미 일변도 정책에 대해서도 변화를 시사했다. 한미동맹도 중요하지만 중국과의 관계도 고려해 복원·확장하겠다는 의도를 담았다.

정권 초기부터 경제민주화와 복지공약의 불이행, 인사 실패 등을 위시해 소통과 정책수행에 많은 문제점이 나타났음에도, 상대적으로 대외관계는 긍정적인 평가를 받으면서 시작했다. 그러나 이명박 정부의 대북 및 외교 실패로 인한 반사이익에도 불구하고 실제로 그것이 의미 있는 대외 안보·통일정책 변화가 아니라는 사실이 드러나는 데는 그렇게 많은 시간이 필요하지 않았다. 실제 실행 과정에서 다른 모습을 보였기 때문이다. 신뢰프로세스는 북한의 개혁개방을 유도하기 위한 실질적인 내용은 없고 북한의 진정성과 행동 변화만을 집중적으로 제기했다. 결국 북한의 핵실험과 로켓 발사를 기다렸다는 듯이 강경 정책으로 복귀했다. 북한 정부와의 기

* 박근혜 정부의 한반도 신뢰프로세스와 통일정책의 세부적인 내용은 통일부에서 발행한 『한반도 신뢰프로세스』(통일부, 2013)와 『박근혜정부의 통일 구상』(통일부, 2015) 참조.

싸움에 몰두하면서 북한의 핵무기 고도화를 방치하고 남북 관계를 지속적으로 악화시켜 왔다. 게다가 2013년 봄의 위기 상황 이후 북한에 대한 선제타격까지 언급하며 강경 자세를 유지하는 안보 포퓰리즘으로 국내용 외교를 했다.

균형외교 노선 초기에는, 미국 편에 서서 중국을 견제하는 역할에 거의 충실했던 전임 이명박 정부와 달리 한반도와 동북아에서 중국의 역할을 중요시했다. 그러나 미·중 갈등이 심화되면서 한국은 전혀 의미 있는 변수가 되지 못했고, 한미동맹의 그늘을 벗어나지 못했다. 2015년에는 미국의 동맹국 중 유일하게 중국의 전승절 행사에 참여함으로써 균형외교의 모양을 유지하려는 듯했지만 바로 그다음 달 미국을 방문해 스스로 방중 의미를 격하시켜 버렸다. 당시 미국 오바마 정부가 경제·재정 위기를 계기로, 자국의 영향력을 유지하기 위한 복안으로 추진해 온 '아시아 회귀(Pivot to Asia)' 또는 '재균형(rebalancing)' 전략의 성패는 한국과 일본의 적극적 참여와 분담 여부에 달려 있었다. 초기에는 한·일 관계 악화로 미국의 구상이 소강상태를 보였으나 미국의 적극적인 관여로 이루어진 위안부 합의를 계기로 장애물을 제거함으로써, '한일군사정보보호협정'까지 체결되었다. 2016년 북한의 4차 핵실험을 계기로 사드 배치를 전격 결정함으로써 박근혜 정부는 한·미·일 군사안보협력 구도를 강화하는 가속 페달을 밟았고, 친미 노선으로 기울었다.*

이명박·박근혜 정부는 협상을 통한 북한의 비핵화는 사실상 불가능하다고 판단하고, 북한 정권의 교체를 통한 비핵화라는 근본주의적 접근을 선택했다. 6자회담 무용론도 이런 배경에서 나온 것이다. 그러나 북한 정

* 사드의 한반도 배치의 본질은 미·중 관계에 있다(김동엽, 2017 참조).

권의 교체와 조기 흡수통일을 통해 일거에 북한의 비핵화를 실현하겠다는 근본주의적 접근은 결과적으로 북핵 문제를 더욱 악화하는 결과를 초래했다. 북핵 문제는 시급한 문제이지만 북한의 핵능력 수준을 고려할 때 일거에 해결될 수 있는 사안이 아니다. 꾸준한 인내심을 견지하고 사용 가능한 모든 수단을 동원해 단계적으로 접근할 때 진전될 수 있다.

이명박·박근혜 정부의 북핵 정책에서 나타난 또 다른 문제점은 대북 제재 일변도의 정책이다. 제재가 국제사회에 위협이 되는 정권의 정책이나 행태 변화를 유도하기 위해 선택할 수 있는 유용한 수단이기는 하다. 그러나 이명박·박근혜 정부는 대북 제재의 효과를 극대화하기 위해 남북 관계의 모든 영역을 희생시켰다. 5·24 조치로 일체의 남북교역이 단절되었으며 북한의 긍정적 변화에 기여하는 것으로 평가되어 국제 제재에서도 예외 대상이었던 개성공단마저 폐쇄했다. 심지어 북핵 문제와 직접 관계가 없는 대북 인도적 지원과 사회문화 교류에도 극히 인색했으며, 박근혜 정부 후반에 들어서는 북한 당국과의 대화 자체를 기피하는 현상마저 나타났다. 이러한 북핵 문제 몰입식의 대북 제재 일변도 정책은 북핵 문제를 대북정책의 블랙홀로 만들 우려가 있다. 대북 제재는 필요하지만 대화와 병행될 때 더욱 효과적이다.

이명박·박근혜 정부의 대북정책은 북한붕괴론을 바탕으로 한 '흡수통일론'이라고 할 수 있다. 대체로 두 정부는 통일을 어떻게 할 것인지가 아니라, 통일 이후를 어떻게 대비할 것인지를 주로 강조했다. 이명박 정부 당시 '통일항아리' 사업이나 박근혜 정부의 '통일대박론'은 통일을 과정으로 보는 것이 아니라 결과로 보았던 시각의 산물이다. 이명박·박근혜 정부의 흡수통일론은 대한민국 정부가 지금까지 추진해 온 '민족공동체 통일방안'의 핵심기조를 부정한 것으로 볼 수 있다. 우리의 공식적인 통일방안의 입장에서 보면 연속이 아니라 단절의 시기라고 평가할 수 있다. 북한에 대한 올바른 현실 인식과 평가 없이 자기 희망적 사고만을 바탕으로 추진되었다는 점에서 당장의 책임을 방기하는 것이었다. 북한 체제를 부정하고 북한 정권을 대화의 상대로 인정하지 않았기 때문에 남북대화는 이루어질 수 없었다. 남북 관계에서 가장 기본적 현안인 이산가족 상봉과 같은 인도적인 사안에조차 접근하지 못했고, 인도적 지원과 경제협력도 원천적으로 봉쇄되었다. 북핵 문제가 심화되고 남북한 간 군사적 충돌의 위험도 낮아지지 않았다는 점에서, 군사적으로도 한반도 정세를 제대로 관리하지 못했다. 결과적으로 이명박·박근혜 정부 시기의 대북정책은 남북 관계 현안 문제를 방치했고 한반도 문제의 당사자로서의 역할과 문제 해결의 기회를 상실케 했다.

3. 문재인 정부의 한반도 정책

평화와 번영의 한반도

한반도의 분단은 동북아를 둘러싼 주변국 간의 군사적·정치적 긴장의 핵심 고리로도 작동해 왔다. 최근까지도 한반도를 둘러싼 동북아 지역은 미·중 대결 구도 속에 역사적 갈등과 함께 군비경쟁, 안보딜레마가 심화되고 있다. 무엇보다 지금까지 북한의 핵개발과 미국의 강경 대응으로 한반도 전쟁위기가 부상하는 한편, 북한 핵문제의 시급성과 심각성으로 말미암아 블랙홀처럼 다른 이슈들을 삼켜버리는 상황이 지속되어 왔다. 북핵 문제 우선 해결이라는 사고의 고착으로 인해 우리의 한반도 정책은 중장기 미래 비전의 빈곤 내지 부재를 보일 수밖에 없었다.

통일부는 2017년 11월 말에 문재인 정부의 새로운 대북정책인 '문재인의 한반도정책'을 공개했다(통일부, 2017 참고). '문재인의 한반도정책'은 그동안 문재인 대통령이 대선공약과 국정 과제, 베를린 구상, 광복절 경축사 등을 통해 제시했던 대북정책의 방향을 체계적으로 정리한 것이다. 별도의 정책 명칭을 만들지 않고, "문재인의 한반도정책"이라고 표현한 것은 국민과 소통하며 함께 만들어가는 열린 정책이라는 의미라고 설명하고 있다. 또한 정책의 범위를 북한에 한정하지 않고 한반도를 중심으로 동북아와 국제사회로 확장해, 협력을 통해 평화와 번영의 여건을 만들어나가겠다는 의미이기도 하다.

'문재인의 한반도정책'은 국정 지표인 '평화와 번영의 한반도'를 토대로 한 2대 비전, 3대 목표, 4대 전략과 5대 원칙으로 구성되어 있다. 2대 비전은 평화공존과 공동 번영이다. 한반도에서 평화를 지키면서, 경제협력의 수준을 높임으로써 평화와 경제가 선순환하는 새로운 질서를 만들겠다는 것이다. 비전의 실현을 위한 3대 목표는 ① 북핵 문제 해결 및 항구적 평화 정착, ② 지속 가능한 남북 관계 발전, ③ 한반도 신경제공동체 구현이다. 이는 평화 지키기에서 한발 더 나아가 평화를 만드는 '문재인 정부의 국가안보전략'으로 확장되었다(청와대 국가안보실, 2018).

문재인 정부의 통일·외교안보 정책의 핵심 키워드는 평화와 번영이다. 한반도 평화는 남과 북, 더 나아가 동북아 안보와 냉전 구조의 문제임과 동시에 이곳에서 살아가는 우리 모두의 삶의 문제이기도 하다. 즉 한반도의 평화는 단지 분쟁이 없는 상태를 만들고 유지하는 것만이 아니다. 진정한 평화는 전쟁의 가능성을 최소화해 제도적 수준의 평화가 안착되는 것까지 포함하는 것이다. 더 나아가 평화가 일상 속에 뿌리내릴 때 비로소 한반도의 분단과 냉전 구조가 근원적으로 해체될 수 있다. 그만큼 평화는 오랜 시간과 커다란 노력이 요구되는 지난한 과정이다.

분단으로 왜곡된 국민 모두의 온전한 삶을 회복하는 것이야말로 '평화 만들기'의 궁극적 지향점이다. 전쟁의 공포가 완전히 사라지고, 상호 적대의 심리 구조가 통합과 협력의 마음으로 전환되는 것이 바로 평화다. 전쟁과 분단, 정전 체제가 구축한 사회 내 폭력성과 배타성 등을 극복해 평화로운 삶을 구축하는 것만이 성숙한 포용 사회로 진일보하는 유일한 길이다. 문재인 정부는 한반도 '평화 만들기'로 인해 냉전적 긴장관계가 여전한 동북아 이웃 국가들에도 긍정적인 파급효과를 가져다줄 것을 기대한다. 남과 북이 평화로운 관계를 구축하는 것은 냉전시대 대결의 최전선을 평화의 중심부로 바꿔내는 일이기도 하다. 그만큼 세계사적 전환을 의미하는 것이다.

한반도 평화는 경제 번영의 또 다른 이름이다. 평화로 인한 남북 긴장 완화는 분단 비용 절감 효과가 있다. 그간 남북의 체제 대결은 값비싼 비용을 수반했다. 남북이 군비경쟁을 멈춘다면 그 경제적 재화는 한반도의 새로운 경제를 만드는 일에 투자될 수 있다. 한편 이마누엘 칸트는 "무역을 하는 국가 간에는 전쟁을 하지 않는다"라고 했다. 이는 무역을 통해 경제적 이익을 공유하는 국가들은 전쟁으로 인해 무역 이익의 위험을 초래하는 결정을 하지 않는다는 뜻이다. 경제협력은 평화를 보장하게 되고, 평화가 보장되면 경제협력이 더욱 확대되는 선순환의 관계다. 한반도에 본격적인 경제협력이 시작되면, 이를 안정적으로 지속하기 위해서라도 더욱 높은 수준의 제도적·일상적 평화가 안착될 수밖에 없다.

우리 정부의 공식 통일방안인 '민족공동체 통일방안' 역시, 통일의 과정을 점진적·단계적인 것으로 보고, ① 화해협력 → ② 남북연합 → ③ 통일국가 완성의 3단계로 상정하고 있다. 1994년 '민족공동체 통일방안'이 확정된 이후, 모든 정부는 통일 과정의 첫 단계로서 '화해협력'을 실현하기 위해 저마다의 대북정책을 수립·추진했다. 김대중 정부의 '화해협력정책', 노무현 정부의 '평화번영정책', 이명박 정부의 '상생공영정책', 박근혜 정부의 '한반도신뢰프로세스' 모두 남북 관계를 화해협력의 단계로 발전시키기 위해 노력했다. 이러한 전통을 계승한 문재인 정부의 '평화와 번영의 한반도 정책'은 남북 간 군사적 긴장완화와 교류협력을 통해 한반도의 평화와 번영을 이루어내겠다는 의지를 천명하고 있다.

남북 간에 교류협력이 일상화되어 하나의 경제·생활 공동체를 형성하게 되면, 그 자체가 바로 평화의 구현이며 사실상의 통일이다. 평화냐 통일이냐를 두고 어느 것이 더 바람직한 미래인지를 논의하는 것은 소모적인 일이다. 평화와 통일은 결코 배타적으로 구분되는 상태를 의미하는 것이 아니다. 긴장이 고조된 한반도에 평화를 안착시키는 것은 결국 분단 해체를 통해 한반도 공동체를 구축하는 것이기 때문이다. 법적·제도적인 통일은 이후 남북한 주민들의 민주적 결정에 따라 자연스럽게 이루어질 것이다.

2017년 말까지 한반도 정세는 한 치 앞을 내다볼 수 없었다. 그러나 2018년 평창 동계올림픽의 북한 참여를 계기로 한반도의 긴장이 급속히 완화되었으며, 대화 국면으로 전환되었다. 분단 이후 단 두 차례밖에 없었던 남북정상회담이 2018년 한 해에만 세 차례 열렸다. '4·27 판문점선언'과 '9월 평양공동선언'에 따라 남북은 되돌릴 수 없는 평화의 시대라는 역사적 이정표를 세웠다. 남북 정상은 한반도의 완전한 비핵화와 항구적 평화 체제 구축에도 합의했다. 무엇보다 군사적 위협과 전쟁의 위험을 종식하고 남북한 주민의 삶에 평화를 일상화하겠다고 남북 정상이 약속했다. 남북 간 군사적 긴장완화 및 신뢰 구축을 통해 한반도에서 전쟁 위험을 실질적으로 해소하는 사실상의 종전선언의 의미를 부여한 것이다.

역사상 최초로 북미정상회담도 성사되었다. 무산 위기에 처했던 북미정상회담을 견인하기 위해 남북정상은 2018년 5월 26일 판문점에서 긴급

만남을 가졌다. 이러한 노력을 바탕으로 결국 북미정상회담은 성사될 수 있었다. 이후에도 북미 간 협상이 교착상태에 빠질 때마다 우리 정부는 중재자·촉진자 역할을 담당함으로써 한반도 문제의 주인으로서 주도적인 역할을 담당하고 있다. 문재인 대통령의 중재자·촉진자 역할은 김대중 대통령의 '햇볕정책'과 노무현 대통령의 '동북아 균형자론'과 닿아 있다. 촛불혁명에 의해 탄생한 문재인 정부는 분단체제와 냉전체제를 극복하고 한반도를 넘어 동북아 평화와 번영의 시대를 열어야 할 사명이 있다. 이미 '전쟁 없는 한반도'가 실현되었고 한반도 비핵화 프로세스는 시작되었다.

4. 분단과 냉전의 구(舊)한반도 체제 재구성

한반도가 1945년 광복의 기쁨이 가시기도 전에 강대국에 의해 분단된 이후 우리는 지난 70여 년간 분단의 일상 속에서 살아오고 있다. 6·25전쟁으로 인해 정전체제가 구축되고 분단이 고착화되었다. 잠시 전쟁을 멈춘 정전체제에서 지속되어 온 남북 간 체제 경쟁과 군사 대결은 경제적 부담뿐 아니라 사회문화적 적대구조를 생산해 왔고 우리는 전쟁의 공포와 함께 일상의 삶이 안보 불안에 노출될 수밖에 없었다. 일상에 파고든 분단으로 국민의 몸과 마음은 여유를 잃고 피폐해졌다. 이념적 대립 속에 다름의 가치가 인정되지 않는 선과 악, 맞고 틀림, 적과 아를 나눠 인식하는 이분법적 사고는 한국 사회 내 남남갈등을 촉발했을 뿐만 아니라 자유로운 사고와 개인의 창의성, 잠재력까지 제한했다. 분단과 정전 체제 그리고 냉전 체제 속에서 국민은 마치 전쟁 속에 사는 것과 같은 불안정한 삶을 영위해 왔다. 오랜 기간 사회동원 체계의 상시화, 군사문화의 일상화, 분단적 사고방식의 공고화 등은 한국사회에서 자유, 평등, 인권 등 보편적 가치의 확대 및 제도화를 제한해 왔다.

문재인 대통령이 삼일절 100주년 기념식에서 '신(新)한반도 체제'를 제시했다. 문 대통령은 기념사를 통해 "'신한반도 체제'는 우리가 주도하는 100년의 질서"로 "대립과 갈등을 끝낸 새로운 평화협력공동체"이자 "이념과 진영의 시대를 끝낸 새로운 경제협력공동체"라고 규정했다. 또한 '신한반도 체제'를 통해 남북의 염원인 '통일'을 준비해 나가야 한다고 밝혔다. 지난 2017년 독일 쾨뢰버 재단 연설에서 제시한 신베를린 선언을 구체화한 새로운 한반도 평화 구상이자 통일 준비와 미래 '혁신적 포용국가'를 향해 나아갈 국가정책 방향이라고 할 수 있다. '신한반도 체제'는 새로운 100년을 통해 만들고 지속해 갈 '평화·번영의 통일 한반도'의 청사진을 제시한 국가 통치 철학이자 국가 비전의 최상위 개념이다.

문 대통령은 "새로운 100년은 과거와 질적으로 다른 100년이 될 것"이라고 했다. '신한반도 체제'가 앞으로 다가올 100년이라면 지난 100년 이상 한반도를 짓누르고 있었던 질서를 '구(舊)한반도 체제'라고 할 수 있을 것이다. '구한반도 체제'를 단 하나의 모습으로 특정하고 규정하기는 어렵다. '구한반도 체제'는 구한말 열강의 침탈과 일제 강점, 전쟁과 분단 그리고 냉전이라는, 오랜 기간 한반도가 타자에 의해 경험하고 강요당한 고난의 산물이자 집합체다(배기찬, 2017 참고).

구한반도 체제가 가진 역사적인 중층성은 한반도가 동북아 국제질서와 밀접한 관계를 맺어온 공간이기 때문이다. 1840년 아편전쟁을 계기로 서구 열강이 동북아 질서를 흔들기 시작했고 한반도에도 포함(砲艦)외교의 압력을 가해왔다. 1895년 청일전쟁의 결과 중국적 지역 질서가 붕괴되면서 한반도는 주변 강대국들 간 세력균형의 대상으로 전락했다. 결국 러일전쟁 이후

1905년 일본은 미국과 가쓰라·태프트 밀약을 맺고 한반도를 식민지화했다.

제2차 세계대전 이후 국제질서를 규정한 얄타 체제로 인해 한반도는 미·소의 주요한 관리 대상이 되었다. 1945년 8월의 광복에도 불구하고 미·소 양극체제라는 국제 구조의 변동과 냉전의 시작은 한반도 내 이념대립과 결합되어 분단과 한국전쟁이라는 민족상잔의 비극을 초래했다. 1945년 12월 모스크바삼상회의에서 결정된 한반도 신탁통치안은 미·소 양극체제의 전형적 사례이다. 한국전쟁을 통해 미국과 소련이 양 진영 내 결속을 강화한 사실도 미·소 양극체제의 일단을 보여주는 것이다.

제2차 세계대전 이후 동북아 지역은 유럽이나 다른 여타 지역과는 다른 길을 걸어왔다. 1949년 중화인민공화국의 수립과 한국전쟁은 미국이 소련과 중국을 봉쇄하기 위해 일본의 역할을 재평가하고 대일 정책의 전환을 가져오게끔 했다. 미국은 1951년 9월 동북아시아의 전후 처리를 위한 샌프란시스코 강화조약을 맺고 동시에 미·일 군사동맹 조약을 체결했다. 샌프란시스코 조약은 일본의 책임을 청산하지 못한 채 오히려 영토 문제 등 갈등 요인들만 남기고 말았다. 오랜 기간 한·미·일 남방 삼각과 북·중·소 북방 삼각 체제의 대립 구도는 동북아시아 냉전 질서의 핵심이자 남북 관계의 성격과 한반도 상황을 결정지어 왔다.

미일동맹을 중심으로 한 샌프란시스코 체제는 미국의 소련에 이어 중국에 대한 봉쇄 전략의 산물이자 냉전과 탈냉전을 관통해 온 미국 동북아시아 안보전략의 근간이다. 20세기 후반 탈냉전이라는 전환기를 맞았지만 한반도를 둘러싼 동북아 지역은 여전히 냉전의 기운이 사라지지 않고 있다. 1991년 소련의 해체와 동유럽 사회주의국가들의 체제 전환으로 냉전이 종식되었지만 동북아에서 냉전의 기운은 사라지지 않고 있다. 동북아 질서는 근대로의 불완전한 이행, 냉전시대의 국제관계에 기초한 이론과 세력균형 체제의 중시, 이후 탈냉전적 국제관계 속에서 이념보다는 이익을 중시하면서도 협력과 경쟁, 대립과 갈등 양상 등 중층적이고 복합적인 상호작용이 강하게 작동하면서, 역내 자국의 이익과 영향력을 극대화하려는 자국우선주의와 배타적 민족주의 성향이 우선되었다.

미국의 상대적 약화와 중국의 부상은 국제질서 구조의 변화를 대표하고 있고, 미일동맹의 강화와 중국의 대응은 지금까지도 샌프란시스코 체제의 관성이 동북아 국제질서 형성에 온존되어 있음을 그대로 이어지고 있음을 보여준다. 미·중 두 초강대국이 경쟁하는 G2 체제로의 이행은 한반도 문제와 동북아시아 안보 질서를 집어삼키는 블랙홀이 되고 있다. 미·중이 가장 첨예하게 충돌하는 곳이 동북아 지역이고 시작점이 바로 한반도이다. 70년 이상 지속되어 온 분단체제와 미·중 관계 변화라는 두 가지 복합적 갈등 구조로 인해 한반도 미래의 불확실성은 줄어들지 않고 있다. 미·중 간 경쟁과 대립이 격화되면서 한국에게 선택을 강요하고 있는 형국이다. 이러한 상황이 지속되는 '구한반도 체제'의 주체는 우리 남북이 아니다.

5. '신한반도 체제'의 확장성과 지전략적 경세치국(statecraft)

현재 한반도를 둘러싼 동북아는 19세기 말과 제2차 세계대전 이후 시기와 비견될 수 있는 지구적·지역적 차원의 거대한 변화에 직면해 있다. 다시 국제질서가 재편되는 시기에 가장 중요한 것은 우리 스스로 미래 운명의 결정권을 쥐어야 한다는 것이다. '신한반도 체제'는 '구한반도 체제'를 끝내고 이를 대체하는 새로운 질서의 주도적 형성을 의미한다. 그러나 '신한반도 체제'는 '구한반도 체제' 해체 이상의 의미가 있다. '신한반도 체제'는 역사의 대전환을 맞이하는 우리의 주인 된 자세에서부터 시작되어야 한다. '신한반도 체제'는 삼일절 기념사에 분명히 밝힌 것처럼 "국민과 함께, 남북이 함께" 만들어가는 "우리가 주도하는 100년의 질서"다. '신한반도 체제'의 주체는 국민이고, 국민 통합이 없이는 신한반도 체제의 입구로 들어설 수조차 없을 것이다. 한반도 문제에서 당사자라는 확고한 주인 의식을 바탕으로 이념과 진영을 넘어 5000만 국민이 하나로 결집해야만 가능하다.

'신한반도 체제'의 또 다른 주체는 남북이다. 미·중 간 경쟁과 갈등이 점차 심화되면서 한반도 문제에 대해 개별적인 남북의 입지나 선택권은 현저히 약화될 우려가 있다. 북한이 중국에 기대어 미국과 직접 상대하고 우리의 지위와 역할이 불투명한 상황에서의 '신한반도 체제'에 대한 생각은 사상누각일 수밖에 없다. '신한반도 체제'를 현실화하기 위해서는 무엇보다 남북이 함께 중심이 되어 한반도 문제를 주도하고 동북아 안정을 견인해 나가야 한다. 특히 최근 심화되어 가는 미·중 간 상호의존과 갈등의 패러독스를 극복하고 남북 당사자 간 한반도 문제를 주도적으로 해결해 나가기 위해서는 확고한 상호의존적 신뢰를 바탕으로 남북 관계를 안정적으로 발전시키는 것이 최우선이다.

'신한반도 체제'의 주체는 국민과 남북이지만, 대상이나 공간이 한반도에만 머물지는 않는다. '신한반도 체제'의 목표는 한반도 차원에서 '항구적인 평화 체제 구축'과 '평화경제'의 시대를 열어가겠다는 것이나, 거기에는 동북아 지역 이상으로의 확장성이 담겨 있다. 삼일절 기념사에서도 "남북관계 발전이 북미관계의 정상화와 북일관계 정상화로 연결되고, 동북아 지역의 새로운 평화안보 질서로 확장될 것"이라며 '동아시아 철도 공동체'의 실현을 앞당겨 '에너지 공동체'와 '경제공동체'로 발전하고, 역내 '다자 평화안보 체제' 구축과 함께 아세안 국가들과는 '사람 중심의 평화와 번영의 공동체'를 만들어나가겠다고 밝혔다. 또한 "한반도의 평화는 남과 북을 넘어 동북아와 아세안, 유라시아를 포괄하는 새로운 경제성장의 동력이 될 것"이라는, 지역을 넘어선 글로벌 차원의 목표를 제시하고 있다.

'신한반도 체제'의 적용 공간은 한반도에 한정되어 있지 않다. 미국, 일본, 중국, 러시아 등 이른바 한반도를 둘러싼 '구한반도 체제'의 4강을 포함해 아세안, 유라시아 등을 '신한반도 체제'의 협력적 파트너로 보고 있다. 문재인 정부가 지난 2년간 추진해 온 신북방정책과 연결해 더 넓은 범위에서 평화와 번영의 질서를 창출하려는 것이다. 나아가 세계 전체의 포용 국가 모델이 될 것임을 자임하고 있다는 점에서 '신한반도 체제'는 인류 전체를 향한 변화와 혁신의 메시지다.

현재 한반도와 동북아에는 미래를 향한 역동적이고 긍정적인 번영 가능성이 하나의 축을 이루고 있고, 불확실성과 불안정성이 또 다른 한 축을 이루고 있다. 오랜 기간 우리의 선택과 발전은 분단체제와 강대국 간 지정학적 이해관계 속에서 강요되고 추구되어 왔다. 동북아에서 한반도가 가지는 지정학적 공간에 관한 편견은 한반도를 중심이 아닌 주변부라는 지리적 숙명성에 매몰시켰다. 미래 한반도 발전은 이제 분단이라는 구조적 제약과 대륙과 해양의 경계라는 자조적 한계에서 벗어나야 한다. 한국은 대륙이자 해양이다. 한국이 가진 대륙과 해양, 이 양면의 정체성이 우리의 운명을 규정한다. '신한반도 체제'는 분단체제를 해소한 한반도를 중심으로 동북아 지역을 해양과 대륙의 발전 에너지가 뒤섞이는 변화와 혁신의 용광로로 만들어나갈 수 있다.

'신한반도 체제'는 한반도와 동북아시아 문제에 대한 패러다임 전환이라는 점에서, 우리는 과거 구한반도 체제가 갇혀 있었던 지정학의 틀을 부수고 한반도와 동북아의 가치를 지전략(geostrategy) 개념으로 확장할 필요가 있다. 지전략적 국가전략은 전통적 안보 중심의 국가주의를 넘어 다양한 영역에서 진행되는 지역 차원의 공존 전략을 의미한다. 즉, 지전략(geostrategy) = 지정학(geopolitics) + 지경학(geoeconomics)+ 지안보학(geosecurity) + 지문화학(geoculture) 등이 융합된 다층적이고 복합적인 영역이다(경남대학교 극동문제연구소, 2015). 지리적 영토에서 전략적 영토로 개념을 확장함과 동시에 개방된 국경 및 통합된 접경지역으로 진화해 한반도와 동북아를 결합함으로써, 신한반도 체제에서는 한반도를 중심으로 한 동북아 지역을 동적(dynamic) 입체 공간으로 확장시켜야 한다. 또한 국가안보를 인간안보 영역으로 확장해 한반도와 동북아의 잠재성을 현실로 전환해 나가야 한다.

한반도의 분단체제 하에서 나타나는 위협요인과 불안정성은 한반도와 동북아 미래를 저해하는 중요한 원인 중 하나다. '신한반도 체제'의 도래를 앞당기기 위해 한반도 비핵화와 평화 체제 구축 노력이 우선되어야 하는 이유다. 남북이 주도적으로 북한 핵문제의 완전한 해결과 한반도 평화 체제의 구축을 통해 동북아 질서 재편에 능동적으로 참여하고 견인하는 전략을 추진해 나가야 한다. 남북 중심의 한반도 평화 체제 구축과 북핵 문제 해결을 위해서 우선 해결해야 할 중요한 과제는 남북한 신뢰를 바탕으로 한 전방위 외교력을 증대해 나가는 것이다. 또 세계 속에서 동북아 공동의 지역 전략과 지역 보편 이익을 추구하는 열린 중견국 외교를 펼쳐나가야 한다.

한반도 비핵화와 평화 체제를 구축하는 과정에 남과 북이 어떠한 위치에서 어떠한 역할을 할 것인가 역시 매우 중요하다. 한반도 평화 체제와 비핵화 문제의 병행에서 우선순위를 조율하는 조율자의 역할을 남과 북이 함께 해나가며 내용을 만들어가야 한다. 비핵화와 한반도 평화 체제 구축이 상호 시너지 효과를 내기 위해서는 다방면에 걸친 남북 관계의 개선을 병행해서 추진해야 한다. 평화 체제의 실효성을 확보하기 위해서는 남북 간의 정치적·군사적 신뢰와 함께 경제협력과 사회문화적 교류가 동시에 확대되어야 한다. 또한 한반도 평화 체제를 통해 남북한이 동북아 군비통제를 주창하고 동북아 다자안보협력의 시발점이 될 수 있도록 프로세스를 정교히 진행해 나가야 한다. 북핵 문제 해결을 전제하고 남북 간 군사적 긴장 완화 및 신뢰 구축이 이루어진 이후에야 평화협정 체결이 가능하다는 결과 중심의 순차적 추진 방식에서 벗어나, 비핵화와 평화 체제 구축 그리고 남북 관계가 선순환 효과를 발휘할 수 있도록 병행하여 추진해야 한다.

과거 한·미·일 3자 동맹 구도에 갇혀 있던 냉전시대 외교안보의 틀에서 탈피해 한반도 평화 체제 구축과 북핵 문제 해결, 동북아 협력과 연결된 지역 설계(architecture)와 다자주의를 추구하는 것이 핵심이다. 미국 및 중국과의 독자적인 양자관계도 중요하지만, 남북 관계 수준에 따라 다양한 양자 및 다자간 협력체를 만들어 국가 간의 다양한 이해관계를 조정하고 강대국 위주의 동북아 질서가 갖는 경직성을 주도적으로 완화해 나가는 노력이 필요하다. 미·중 간 경쟁을 협력적으로 이끌 수 있는 지역 설계, 다자주의 협력을 추구하면서도 동맹과 지역주의, 협력과 경쟁, 정체성과 세계화 등 상충되는 요소들 간의 조화와 균형을 추구하고, 지역 내 위협 발생과 갈등·분쟁 등을 사전에 방지하며 조화와 균형을 기조로 하는 외교 전략을 추구해 나가야 할 것이다.

동북아 국가들 간의 불신과 대립의 역사적 유산 타개 및 문화적 동질성 회복을 통해 해양과 대륙의 에너지가 한반도로 유입되는 다양한 통로를 확보해 나가는 노력도 중요하다. 동북아 지역 내 정보·교통·물류·에너지·환경 등 비전통 인간안보 영역에서의 분야별 네트워크 구축을 강화하면서, 남북이 해양과 대륙의 접속국가 역할을 수행해 나갈 수 있도록 해야 할 것이다. 단선적인 연결과 고정성, 통과의 공간으로서의 가교(bridge)와 달리 접속(node)은 네트워크가 가지는 중층 구조와 확장성을 강조한다.* 역내의 중국과 일본, 미국과 러시아와의 관계를 고려해 볼 때, 남한의 일방적인 접속국가 역할 수행보다는 조금은 부족하더라도 남북이 함께 접속국가의 역할 분담을 해나가는 것이 필요하다. '신한반도 체제'를 통해 한반도를 중심으로 하는 해양과 대륙 에너지의 순환과 융합으로 동북아 지역이 세계의 중심지역으로 부상할 수 있을 것이다.

6. 한반도를 넘어 동북아의 평화 번영을 향해

한반도와 동북아의 미래는 상호 밀접한 관계를 맺고 있다. 한반도의 분단 극복 없이 평화와 번영의 동북아를 기대하기는 어렵다. 남북 관계를 통한 동북아 안정, 남북 주도의 동북아 협력과 함께 남북통일은 동북아가 세계의 중심으로 성장하기 위해 필요하다. 미·중 관계 변화와 동북아 국가들 간의 갈등 속에서 남북이 문제를 주도적으로 이끌어나가기 위해서는 한반도와 동북아 내에서 신뢰와 균형의 개념을 더욱 구체화해야 한다. 그러나 한반도의 평화 번영과 동북아의 평화 번영의 우선순위는 무의미하며, 순차적 달성이나 결과가 아닌 견인 주체와, 과정상에서 상호 긍정적 영향을 주고받을 수 있는지가 중요하다.

한반도에 전쟁 없는 상태가 지속된다고 해서 공고한 평화가 주어지는

* 문재인 대통령도 2019년 8·15 광복절 경축사를 통해 대륙과 해양을 아우르며 평화와 번영을 선도하는 교량국가가 되겠다고 언급하면서 남과 북 사이 끊긴 철길과 도로를 잇는 일은 교량국가로 가는 첫걸음이라고 밝힌 바 있다. 문재인 대통령이 언급한 교량국가는 플랫폼을 기반으로 한 평화와 번영의 인프라로 남과 북, 남방과 북방을 연결한다는 점에서 접속국가와 일맥상통하는 개념이다.

것은 아니다. 북핵 문제 해결과 동시에 한반도에 좀 더 항구적이고 지속 가능한 평화를 정착시키기 위해서는 '평화 지키기'를 넘어 '평화 만들기'를 실천할 수 있어야 한다. 한반도의 분단체제와 동북아에 남아 있는 냉전 구조의 해체 노력을 통해 우리 삶의 터전인 한반도에서 긴장과 갈등의 가능성을 근원적으로 제거하고 되돌릴 수 없는 수준까지 제도적 평화를 안착시켜야 한다. 한반도의 완전한 비핵화와 항구적인 평화 체제 구축을 위해서는 남·북·미 간 긴밀한 협력을 토대로 현재 진행되고 있는 한반도 비핵화 프로세스를 더욱 촉진시켜 나가는 노력이 필요하다. 이 과정에서 북미관계를 정상화하고, 북한의 비핵화 진전 과정에 발맞추어 종전선언은 물론, 관련국이 참여하는 평화협정을 체결해야 할 것이다. 또한, 비핵화와 평화 체제의 진전 수준에 따라 남북 간 군비통제를 단계적으로 병행해 나갈 수 있다.

그런 다음 남북 및 역내 국가들 간에, 단순한 상호 신뢰를 넘어 미래를 함께 열어갈 수 있을 만한 신뢰 수준의 형성과 그 영역의 확대가 필요하다. 동북아시아 역내 환경은 협력적 관계보다 여전히 안보상의 국익을 중요시하고 있어, 안보와 경제 영역을 포괄하는 상호 의존적 신뢰 형성이 필요하다. 남북 간 경제 분야 교류협력의 진전과 함께 상호 연관된 안보 분야의 병행 접근을 통해 신뢰 구축의 확대 및 심화가 가능할 것이다. 한반도의 평화 증진 노력은 동북아 냉전구조를 해체함으로써 역내의 평화와 번영을 가능하게 할 것이다. 즉 남북의 평화는 동북아 안보 협력을 증진시키고, 역으로 동북아 안보 협력이 한반도 평화를 보장하는 선순환의 관계 속에서 동북아 다자 안보·평화 체제도 가능하다.

결과적으로 남북 관계와 동북아시아 안보와 경제협력의 다층적 균형을 만들어야 한다. 대북 및 외교정책의 균형을 포함해 남북 관계와 역내 국가들 간 안보와 경제 문제에 대한 조화롭고 균형적인 병행 접근이 필요하다.

현재 남한 지역은 분단으로 인해 '섬 아닌 섬'으로 고립되어 있다. 또한, 동북아에 남아 있는 냉전 잔재는 역내 평화의 제도화와 공동 번영을 위한 협력을 가로막는 가장 큰 장애물로 작용하고 있다. 그러나 남과 북이 경제적으로 연결되면, 한반도는 대륙과 해양의 교차점에 위치한 교량국가로서 그 지경학적 위상이 제고될 것이다. 우리의 경제 지평이 위로는 중국과 유라시아 대륙, 아래로는 동남아시아까지 확장되어, 역내 경제협력을 선도하고 동아시아 전체의 공동 번영을 견인할 수 있게 된다. 남북 간 철도·도로가 대륙과 연결되면 에너지, 자원, 관광 등 다른 분야로까지 협력이 무한히 확장될 것이다. 동아시아 차원의 철도 협력이 물류 공동체와 에너지 공동체로 확장되고, 궁극적으로 동아시아 경제공동체 형성으로 이어질 것이다. 남북한을 포함한 동아시아 경제협력의 확대는 역내 분쟁과 갈등의 평화적 해결에도 크게 기여하고 역내 평화 정착은 경제협력을 가속화해, 동아시아에서 평화와 번영이 선순환되는 다자간 협력체제를 구축할 수 있다.

번영은 단순히 경제적 수준에만 국한된 것이 아니다. 번영된 한반도 구현이야말로 성숙한 사회 만들기의 과정이다. 역사상 번영을 이루었던 나라들은 하나같이 다양성을 포용하는 관용적인 사회였다. '신한반도 체제'를 통해 한반도 통일과 동북아 시대를 이끌어갈 한국의 미래상은 먼저 한반도에서 북한의 변화를 이끌어내고 껴안을 책임 있는 포용국가가 되어야 한다. 신한반도 체제로 북한을 편입시키고, 북한이 안심하고 스스로 변화를 선택할 수 있도록 긍정적인 환경을 제공할 수 있는 것은 우리라는 것이다. 또한 우리가 주도하는 신한반도 체제를 통해 한반도 문제 해결과 통일 과정에서의 주체성과 정통성 확립이라는 차원에서도 북한을 포용할 수 있는 책임 국가로서의 모습이 필요하다.

그리고 동북아 지역의 경제와 안보가 연계된 상호 의존적 전략을 추진하는 조정국가의 역할과 함께 동북아의 공통적 문화 형성을 주도하고 세계적 경쟁력을 갖춘 고품질의 동북아 문화가치를 창출해 나가는 규범 국가의 역할이 요구된다. 조화로운 보편적 가치 선점을 통한 이질성 극복과 동질성 창출로써 문화공동체 형성에 기여해야 한다. 동북아 지역의 상호 경쟁적 대결 구도의 중립적 위치에서 지리적 중심을 초월한 협력적 균형자 역할이 중요하다. 한국의 기술과 인프라, 일본의 자본과 경영, 중국의 노동력과 자원에 의한 시너지 효과, 그리고 북한의 노동력과 자원, 무한한 성장 잠재력을 지역 경제공동체라는 하나의 바구니에 담을 수 있는 동북아시아 경제협력상의 '상호 보완적 관계'를 주도할 촉진 국가의 모습이 요구된다. 안정된 지역 안보 환경과 지역 경제발전은 불가분의 관계다. 경제와 안보가 연계된 상호 의존적 안보전략을 추진하면서, 역내 국가 중심의 전통적 안보로부터 비전통적 안보와 인간안보 영역으로 확대해 나가는 동북아 안보 협력 과정에서 '공존·공멸적 관계'를 주도할 조정국가가 되어야 한다.

'신한반도 체제'는 변화와 혁신을 대비하는 것이 아니라 변화와 혁신을 준비하고 주도하는 것이다. '신한반도 체제'를 통해 한반도의 평화와 번영을 거쳐 통일을 만들어나가기 위해서는, 새로운 국가 통치 철학과 원대한 국가 비전을 제시하고 이를 실천하기 위한 구체적인 국가전략을 수립해 추진해야 한다(김동엽, 2019). 한반도에 진정한 평화가 정착되고 그 평화가 동북아로 확산되어 경제적 번영과 상승작용을 일으키면, 우리도 관용적이고 포용적인 국가로 성장할 수 있을 것이다. 우리 스스로가 한반도의 통일된 미래와 동북아의 평화 번영을 위해 힘쓰는 동시에, 어떤 모습의 미래로 나아갈지에 대해 끊임없이 성찰하고 이를 위해 부단히 노력해야 한다.

참고문헌

경남대 극동문제연구소. 2015. 『동아시아 질서변화와 한반도 미래』. 선인.

김동엽. 2017. 「사드 한반도 배치의 군사적 효용성과 한반도 미래」. ≪국제정치논총≫. 제57권 2호, 291~327쪽.

______. 2019. 「신한반도 체제, 새로운 100년을 향한 길」. ≪민족화해≫, 제98호, 12~15쪽.

김준형. 2016. 「트럼프 현상과 브렉시트가 한국에 경고하는 미래: 고립과 대립의 동거」. ≪동아시아재단 정책논쟁≫, 제55호.

김채형. 2016. 「샌프란시스코평화조약의 법적체제와 주요국가의 입장분석」. ≪인문사회과학연구≫, 제17권 2호, 215~252쪽.

박동철·박행웅 옮김. 2018. 『트럼프의 미국 우선주의』. 한울.

배기찬. 2017. 『코리아 생존전략』. 위즈덤하우스.

백학순. 2013. 『이명박정부의 대북정책 2008~2012』. 세종연구소.

앨리슨, 그레이엄(Graham Allison). 2018. 『예정된 전쟁』. 정혜윤 옮김. 세종서적.

통일부. 2017. 『문재인의 한반도정책: 평화와 번영의 한반도』.

______. 2015. 『박근혜정부의 통일 구상』. 통일부.

______. 2013. 『한반도 신뢰프로세스』. 통일부.

청와대 국가안보실. 2018. 『문재인정부의 국가안보전략』. 국가안보실.

DOD. 2019.6.1. "Indo-Pacific Strategy Report: Preparedness, Partnerships, and Promoting a Networked Region." https://www.defense.gov/Newsroom/eleases/Release/Article/1863396/dod-releases-indo-pacific-strategy-report/ (검색일: 2019.7.26)

지은이

김계동 건국대학교 안보·재난관리학과 초빙교수

김근식 경남대학교 정치외교학과 교수

김동엽 경남대학교 극동문제연구소 교수

문용일 경남대학교 극동문제연구소 교수

박정진 경남대학교 서울 부총장

이상만 경남대학교 극동문제연구소 교수

이완범 한국학중앙연구원 교수

이웅현 한국지정학연구원 원장

정재정 광주과학기술원 초빙석학교수

조성렬 북한대학원대학교 초빙교수

조재욱 경남대학교 정치외교학과 교수

조진구 경남대학교 극동문제연구소 교수

홍용표 한양대학교 정치외교학과 교수

한울아카데미 2207

한반도 국제관계사

지은이 | **김계동·김근식·김동엽·문용일·박정진·이상만·이완범·이웅현·정재정·조성렬·조재욱·조진구·홍용표**
펴낸이 | **김종수**
펴낸곳 | **한울엠플러스(주)**
책임편집 | **최진희**

초판 1쇄 인쇄 | **2019년 12월 18일**
초판 1쇄 발행 | **2019년 12월 30일**

주소 | 10881 경기도 파주시 광인사길 153 한울시소빌딩 3층
전화 | 031-955-0655
팩스 | 031-955-0656
홈페이지 | www.hanulmplus.kr
등록 | 제406-2015-000143호

Printed in Korea.
ISBN 978-89-460-7207-7 93340 (양장)
978-89-460-6850-6 93340 (무선)

* 책값은 겉표지에 표시되어 있습니다.
* 이 책은 강의를 위한 학생용 교재를 따로 준비했습니다.
강의 교재로 사용하실 때는 본사로 연락해 주시기 바랍니다.